# 古代歷史文化研究輯刊

## 二七編

王明蓀 主編

# 第5冊

## 唐代嶺南國家化進程研究

董文陽 著

國家圖書館出版品預行編目資料

唐代嶺南國家化進程研究／董文陽　著 -- 初版 -- 新北市：花
木蘭文化事業有限公司，2022〔民111〕
目 4+316 面；19×26 公分
（古代歷史文化研究輯刊　二七編；第 5 冊）
ISBN 978-986-518-773-6（精裝）
1.CST：區域研究　2.CST：地方政治　3.CST：唐史
618　　　　　　　　　　　　　　　　　110022106

ISBN-978-986-518-773-6

9 789865 187736

古代歷史文化研究輯刊
二七編　第 五 冊　　　　　　ISBN：978-986-518-773-6

唐代嶺南國家化進程研究

作　　　者　董文陽
主　　　編　王明蓀
總 編 輯　杜潔祥
副總編輯　楊嘉樂
編輯主任　許郁翎
編　　　輯　張雅淋、潘玟靜、劉子瑄　美術編輯　陳逸婷
出　　　版　花木蘭文化事業有限公司
發 行 人　高小娟
聯絡地址　235 新北市中和區中安街七二號十三樓
　　　　　　電話：02-2923-1455／傳真：02-2923-1452
網　　　址　http://www.huamulan.tw 信箱 service@huamulans.com
印　　　刷　普羅文化出版廣告事業
初　　　版　2022 年 3 月
定　　　價　二七編 13 冊（精裝）台幣 38,000 元

# 唐代嶺南國家化進程研究

董文陽 著

## 作者簡介

董文陽，男，1990 年生，漢族，安徽省滁州市人。先後就讀於安徽師範大學（本科）、安徽大學（碩士）。2016 年考入華東師範大學，師從牟發松先生攻讀博士學位。現任教於南通大學文學院歷史系，從事中國古代史的教學和研究工作。主要研究方向為魏晉南北朝隋唐史，對這一時期內的邊緣地區治理、邊疆族群、歷史地理等問題有所關注。

## 提　　要

任何國家要維持其統治，都必須從社會中獲取用於支持統治的資源。國家從一塊領土上獲取、利用統治資源的能力稱為領土效益。中國古代王朝以提高領土效益為目的而對邊緣地區進行的政治管理、控制與整合活動就是國家化。唐代嶺南國家化有其特定的背景，包括嶺南的地理環境、交通線路、疆界範圍、族群結構及前代的國家化政策。基於上述背景，唐代在嶺南採取了一系列國家化措施，包括：在地方行政體系方面，增設行政中心、增加行政層級，對蠻族豪酋裂地授官；在選官制度方面，在唐前期實行南選，在唐後期實行使司差攝；在軍事體系方面，建立上下相維、輕重相制的統兵體制，並以這一體制來統轄一定數量的常備軍，再配以戰時動員機制，構成嶺南的全部武裝力量。上述國家化措施對唐代嶺南的領土效益產生了重大影響。這種影響在唐前期主要表現為國家對戶口的控制，以及在此基礎上對軍隊的徵調；在唐後期，主要表現為財賦的增長，嶺南成為國家所倚重的穩定賦稅來源地之一。在唐代，與嶺南類似的南方邊緣地區還有福建、雲南、黔中。四個地區在國家化的背景、措施、結果等方面有諸多差異。通過對比，南方邊緣地區國家化的共性和嶺南國家化的特點均得以顯現。

# 目

# 次

# 緒　論

## 一、選題的緣起

本文以「唐代嶺南國家化進程」為研究課題。這一課題的提出是基於古代中國歷史的區域多樣性，即某些區域在歷史發展中會呈現出一些與眾不同的特質。〔註1〕這種多樣性在中國歷史發展的各個方面都有所體現，包括邊緣地區的國家化進程。而嶺南正是這樣一個在國家化進程中較為特殊的案例，其特殊性表現在：第一，嶺南的國家化進程兼具久遠性和連貫性。漢武帝時期，嶺南被正式納入漢朝版圖。自此以後，嶺南的主體部分在政治上長期保持了對中國古代王朝的隸屬，既沒有從內部產生長期穩定的割據政權，也沒有被外敵長期佔領。儘管嶺南曾經是割據活動頻發的地區，但這些活動絕大多數難以持久。五代時期的南漢算是一個穩定的割據政權，但其正式建國也不過五十四年（917～971）。安南雖然在五代時分裂出去，但它只是嶺南的一個局部。除掉以上兩例，認為嶺南主體部分在絕大多數時間裏穩定地處於中國古代王朝疆域之內，是沒有問題的。相比之下，其他邊緣地區則不同：東北地區、蒙古地區、青藏地區被正式納入中國古代王朝疆域、開啟國家化進程的時間很晚；西域地區、雲貴地區雖然開啟國家化的時間與嶺南接近，但它們沒能長期穩定地處於疆域之內，其國家化進程是不連續的。第二，嶺南的環境具有複雜性。嶺南既位於邊疆，又擁有廣闊的內陸腹地；既有難以深

---

〔註1〕 有關中國歷史文化的區域多樣性及其表現，參見魯西奇《中國歷史與文化的「區域多樣性」》，《廈門大學學報》2010 年第 6 期。

入的群山，又有四通八達的海港；既有可供農耕的平原，又有難以墾殖的山地；既有繁華的城市，又有荒僻的村洞；既有頻繁動亂的內部蠻族，又有窺伺邊疆的外敵。多種不同的自然和人文要素集中出現在嶺南地區，從而形成複雜的環境。具備上述特殊性的嶺南，其國家化進程是怎樣的？這一進程與其他地區相比有何共性，又有什麼特點？形成這些特點的原因是什麼？以上這些構成了本課題主要的問題意識。

之所以要把研究的時段確定在唐，是因為唐代在嶺南國家化的歷程中處於承上啟下的轉折地位。唐代前期嶺南的國家化進程大體上是對兩漢六朝以來各種歷史因素的繼承和發展，而唐代後期嶺南的國家化則初步孕育了宋及宋以後的一些變化。以唐代為研究時段，可以收瞻前顧後之效。

## 二、學術史回顧

儘管以唐代嶺南國家化進程為主題的專著目前尚未出現，但與之相關的多方面研究都已經取得了豐碩的成果，這些成果是本文需要參考和利用的。下面首先回顧有關嶺南的整體性研究，再介紹學界對國家化問題進行的探討，然後依本文章節主題分類回顧相關成果，主要分為國家化背景（地理、交通、疆界）、國家化措施（地方行政體系、選官措施、軍事行動與軍事體系）、領土效益（財賦、戶口）這幾個類別。

### （一）有關嶺南的整體性研究

曾華滿《唐代嶺南發展的核心性》（香港中文大學碩士學位論文，1973 年）是筆者所見最早對唐代嶺南進行綜合性研究的文獻；其所謂「核心性」，指的是嶺南整體落後，而廣州一地畸形繁榮，廣州就是嶺南的核心。劉孝炎《唐代嶺南之區域研究》（臺北：華世出版社，1977 年）主要論述了唐代嶺南的經濟、社會、中央與地方關係三個部分，指出嶺南許多州開元戶口少於貞觀戶口的怪現象。林世清《唐代嶺南道研究》（中國文化大學碩士學位論文，1998 年）是一篇對唐代嶺南道作全面考察的文章，主要內容包括嶺南道之史地文化淵源、人文情況、經濟概況、戰略地理、地方角色。林文編製了大量的表格和統計圖，使得論證直觀有力，但力求面面俱到，缺少深入分析。

### （二）對國家化的研究

在不同的語境中，國家化的對象不同，含義各異，如社會、財政、軍隊、教育乃至學術的國家化等。筆者所說的國家化，是中國古代邊緣地區的國

家化。21 世紀以來，中國學者在邊緣地區及其族群研究中大量使用國家化概念。蒙愛軍《國家化進程中的水族傳統宗族與社會》（《西南民族大學學報》2010 年第 5 期）把特定民族通過國家的整合參與構建多民族國家的過程稱為國家化。岳小國、陳紅《不被「整合」的向心力──民族走廊「國家化」研究》（《青海民族研究》2013 年第 2 期）把國家化視為民族走廊與王朝國家產生關聯進而被王朝國家整合的過程，並認為使用「內地化」、「漢化」模式，會把邊疆進入國家看作是先驗的、不言而喻的進程。張中奎《清代苗疆「國家化」範式研究》（《廣西民族大學學報》（哲學社會學科版）2014 年第 3 期）認為在清帝國時期，國家化等同於王化，指的是清帝國開闢苗疆、武力征服苗民、設置政區要塞、建立新的社會統治秩序等一系列王化、教化措施；文章又稱清代苗疆的國家化實質是這一土地上的族群自我認同為清帝國子民的過程。楊志強《「國家化」視野下的中國西南地域與民族社會》（《廣西民族大學學報》（哲學社會科學版）2014 年第 3 期）認為國家化在前近代時期指的是中原王朝在政治、經濟、文化諸領域自上而下地對邊疆地區進行控制的「一體化」整合過程。楊文還就國家化與內地化兩個相似而不同的概念進行了辨析，認為國家化主要是國家權力對邊疆有意識地控制的過程，而內地化則是一個邊疆對內地自下而上實現心理認同的過程。陸夐、楊亭《「巴鹽古道」在「國家化」進程中的歷史地位》（《成都大學學報》（社會科學版）2014 年第 5 期）把國家力量向邊疆滲透並將其納入國家體系的過程稱為國家化。岳小國、梁豔麟《試論土司的「地方化」與「國家化」──以鄂西地區為例》（《青海民族研究》2015 年第 2 期）認為國家化是土司社會進入國家體制、被納入「王化」的過程或結果。張江華《民胞物與、一視同仁──清代廣西土司地區的「國家政權建設」與國家化》（《西南民族大學學報》（人文社科版）2016 年第 10 期）借用西方的「國家政權建設」概念來描述國家權力向邊疆地區滲透、並將邊疆納入國家體系的過程，也就是國家化。

　　以上這些成果以各自的方式闡釋了國家化的內涵，其差異主要在於將國家化視角運用於不同的具體對象。不過，系統性研究某地區國家化進程的專著尚未出現。另外，上述成果對國家化的定義更多的是總結式的，即根據歷史上的國家化現象總結其特徵，並沒有指出這一現象的內在邏輯，即國家化為什麼會發生。而這一問題恰恰是國家化研究的關鍵所在。

### （三）嶺南的地理、交通、疆界

這裡所說地理是指廣義的地理，包含氣候、地形、水文等多種自然因素。嶺南古代的地理與當代相比，大體一致又略有差異。鹿世瑾《華南氣候》（北京：氣象出版社，1990 年）為介紹華南地區（包括今廣東、廣西、海南）當代氣候狀況的專著，書中涉及了華南古今氣候的對比。研究當代嶺南地理的專著主要有曾昭璇、黃偉峰主編《廣東自然地理》（廣州：廣東人民出版社，2001 年）、廖正城主編《廣西壯族自治區自然地理》（南寧：廣西人民出版社，1988 年）、曾昭璇、曾憲中《海南島自然地理》（北京：科學出版社，1989 年）等。另外梁志明《越南情況簡介》（北京：戰士出版社，1980 年）介紹了越南地區的氣候、地理情況。此外，中國科學院《中國自然地理》編委會所撰的《中國自然地理‧歷史自然地理》是我國第一部綜合性的歷史自然地理專著，其中涉及嶺南的內容主要是古代珠江水系之變遷。

在嶺南交通史研究方面，成果豐碩。1904 年伯希和（Paul Pelliot）《交廣印度兩道考》（馮承鈞譯，北京：中華書局，1955 年；初出於 1904 年）考證嶺南對外通向中南半島、東南亞諸島國的陸海通道及相關史事，此為嶺南交通史研究的早期著作。陳偉明《唐五代嶺南道交通路線述略》（《學術研究》1987 年第 1 期）對唐五代嶺南交通路線作了簡要的介紹。陳氏又有《全方位與多功能：歷史時期嶺南交通地理的演變發展》（廣州：暨南大學出版社，2006 年），對整個歷史時期內嶺南交通地理的發展狀況進行全面研究。廖幼華《深入南荒：唐宋時期嶺南西部史地論集》（臺北：文津出版社，2013 年）收錄了作者自九十年代以來關於唐宋時期嶺南史地的多篇論文，有關文章對嶺南內部的幾條重要交通線進行了具體的考證。王承文《晚唐高駢開鑿安南「天威遙」運河事蹟釋證——以裴鉶所撰〈天威遙碑〉為中心的考察》（《中央研究院歷史語言研究所集刊》第八十一本第三分，臺北：中央研究院歷史語言研究所，2010 年）考證了「天威遙」運河的地望，這是以往成果所沒有闡明的。除了這些對具體交通線的研究，還有一些學者關注到了嶺南古代交通的特點。陳代光《論歷史時期嶺南地區交通發展的特徵》（《中國歷史地理論叢》1991 年第 3 期）分析了嶺南交通的特徵，如水路為基礎，水陸相結合；過嶺山道隨全國政治經濟形勢變化而變化；南北信道的重要性高於東西通道等。許倬雲《越、朝、日為何沒納入中國疆域》（《國家人文歷史》2015 年 2 月上）則從交通方式的角度來解釋越南為何最終沒有納入中國疆域。交通史是嶺南歷

史研究中受到關注較多的領域，以上只列舉了其中較有代表性的一部分成果。已有的研究成果基本覆蓋了唐代嶺南主要的交通線路，並且出現了一定程度的重複勞動。嶺南交通線具有強烈的軍事色彩，與國家經略嶺南的軍事行動緊密聯繫，這也成為了共識。一些學者在細化對交通路線研究的同時，注意考察影響交通路線的背景因素、交通的影響、交通線的特點等問題，嶺南交通史研究有向縱深拓展的趨勢。

最早研究嶺南疆界的也是伯希和（Paul Pelliot），《交廣印度兩道考》中提到雲南分屬安南、四川的問題。馬司帛洛（Georges Maspero）《唐代安南都護府疆域考》（馮承鈞譯，北京：商務印書館，1962 年；初出於 1910 年）對安南疆界進行了考察。方國瑜《唐代前期南寧州都督府與安南都護府的邊界》（《雲南社會科學》1982 年第 5 期）通過研究安南與南寧州的邊界，指出雲南東南部由南寧州管轄，並非安南；駁斥了伯希和之言論。嚴耕望《唐代盛時與西南鄰國之疆界》（《嚴耕望史學論文集》（中），上海：上海古籍出版社，2009 年；初出於 1988 年）研究了唐代嶺南疆界的具體位置。周振鶴主編《中國行政區劃通史》（上海：復旦大學出版，2017 年）系列著作中也有大量涉及漢唐間嶺南疆界的內容，主要見於周振鶴、李曉傑、張莉著《秦漢卷》；胡阿祥、孔祥軍、徐成著《三國兩晉南北朝卷》；施和金著《隋代卷》；郭聲波著《唐代卷》。經過前輩學者長期的努力，漢唐時期嶺南疆界變遷已經得到了較為充分的研究。

## （四）族群結構

族群結構的變遷是影響嶺南國家化的重要因素之一。周一良《南朝境內之各種人及政府對待之政策》（《魏晉南北朝史論集》，北京：中華書局，1963 年；初出於 1938 年）是最早研究南朝族群問題的重要著作。周文將南朝境內的人群分為僑人、吳人、蠻俚三類。其中僑人居於最高統治地位，吳人次之，蠻俚處於最下層的被統治地位。陳寅恪《魏書司馬睿傳江東民族條釋證及推論》（《金明館叢稿初編》，北京：生活・讀書・新知三聯書店，2001 年；初出於 1944 年）對東晉南朝時期南方各族群進行了分析，提出侯景之亂是江東社會劃分時期之大事，原因在於所謂岩穴村屯之豪長乃乘此役興起，造成南朝民族及社會階級的變動。這是關於南朝族群結構變遷的重要論斷。

梁陳之際，嶺南出現了一批地方大族，他們的勢力一直延續到唐代，因而其興衰演變是影響唐代嶺南國家化的重要因素。這些大族的族屬是聚訟最

多的一個問題。多數學者把嶺南的地方大族視為南下的漢人家族。鄭超雄《廣西欽州俚僚酋帥甯氏家族研究》（《廣西民族研究》1986 年第 6 期）、楊豪《嶺南甯氏家族源流新證》（《考古》1989 年第 3 期）、黃學成《古代欽州甯氏豪族》（《欽州文史》1999 年第 6 期）等論著都認為欽州甯氏是來自北方的漢族。黃惠賢《有關高力士和廣東馮氏舊貫、世系的幾點補正》（《魏晉南北朝隋唐史資料》第十四輯，武漢：武漢大學出版社，1996 年）一文考證了馮氏家族成員的情況，認為嶺南馮氏不是東晉馮祖思之後，而是北燕後裔；馮氏作為鮮卑化的漢人，來到嶺南之後又與當地民族融合，即瑤族化。王承文《從碑刻資料論唐代粵西韋氏家族淵源》（《華學》第一輯，廣州：中山大學出版社，1995 年）認為澄州韋氏等嶺南大族都是源於永嘉之亂中南下的北方漢族。王承文另一篇文章《中古嶺南沿海甯氏家族淵源及其夷夏身份認同——以隋唐欽州甯氏碑刻為中心的考察》（《魏晉南北朝隋唐史資料》第三十一輯，武漢：武漢大學出版社，2015 年）從隋唐欽州甯氏家族的北方淵源、遷居欽州的原因和時間及其文化認同入手，考察了以甯氏家族為代表的中古嶺南「漢族移民後裔」身份認同的矛盾及原因，認為土著化和割據傾向是移民後裔被視為蠻夷的原因，其根源在於中原、嶺南兩種文化世界的差異和矛盾。

另一些學者則認為這些大族是土著蠻族，其漢族身份是建構的結果。劉美崧《〈新唐書·南平獠〉辯誤——兼論欽州酋帥甯猛力及其家族的活動地域與族屬》（《歷史文獻研究》北京新三輯，北京：燕山出版社，1992 年）認為《新唐書·南平獠傳》中有關甯氏的記載是竄入的，二者實際上並無關係；作者提出欽州甯氏是土著少數民族烏滸獠之後裔，並分析了《新唐書·南平獠傳》出現錯誤的原因。戶崎哲彥《廣西上林縣唐代石刻〈韋敬辦智城碑〉考》（《唐代嶺南文學與石刻考》，北京：中華書局，2014 年）對上林縣智城碑進行考釋，認為韋氏是當地少數民族，所謂祖先「韋厥」僅僅是壯族的圖騰而已。王玉來《隋唐時期的欽州甯氏家族》（《北部灣海洋文化研究》，南寧：廣西人民出版社，2010 年）、《繼承與更始：隋代統一進程中的地域集團與政治整合》第四章第一節（華東師範大學博士學位論文，2013 年）分析了碑刻文獻中存在的錯誤，認為甯氏家族是偽託華夏的土著民族，其興衰過程與南北結束分裂、統一逐步穩固的歷史大背景密切相關。鄭維寬、梁瑋羽《王朝制度漸進視角下嶺南土酋族屬的建構——以欽州甯氏家族為中心》（《成都理工大學學報》（社會科學版）2014 年第 2 期）根據甯氏出土墓誌與正史記載的

矛盾及墓誌自身的錯誤，認為甯氏家族為當地土著，他們有意識地建構「漢族」身份，體現了王朝體制在嶺南的推行、邊疆少數民族地區納入王朝統治體系的歷程。

　　以大族為切入點，分析嶺南社會歷史變遷，尤其是嶺南融入以中原為主導的統一國家的歷史進程是另一個被關注的重點。楊凡《從馮氏家族的興衰看嶺南漢族社會的嬗變》（雲南大學碩士學位論文，2010 年）研究馮氏家族進入嶺南後逐漸土著化的過程，並將其放在嶺南融入中原文化的背景中研究。耿慧玲《越南青梅社鐘與貞元時期的安南研究》（香港：香港饒宗頤學術館，2010 年）通過考察青梅社鐘的銘文，研究安南當地的姓氏分布，指出杜氏是安南重要的地方勢力，杜氏的官職結構體現了唐代政府通過官職將地方勢力收攬到中央的體系中。車越川《俚人大族研究》（中南民族大學碩士學位論文，2013 年）認為俚人大族是在中原王朝和南來漢人影響下，俚人土著社會重構和發展的產物。劉景虹《論唐初高涼地區的正州化》（《中國邊疆史地研究》2009 年第 1 期）提出中央通過分置政區的方式削弱馮氏勢力的觀點。

　　除地方大族之外，對嶺南地區少數族群的研究也有不少。首先是對單一族群的源流、族屬進行研究，如白耀天《僮族源流試探》（《史學月刊》1959 年第 5 期）、張雄《唐代西原部族屬源流考》（《中南民族學院學報》（人文社會科學版）1981 年第 2 期）等。進入九十年代後，出現了以嶺南多個族群為研究對象的專門性著作，如王文光、李曉斌《百越民族發展演變史——從越、僚到壯侗語族各民族》（北京：民族出版社，2007 年），徐傑舜、李輝《嶺南民族源流史》（昆明：雲南人民出版社，2014 年）。

### （五）地方行政體系

　　唐代嶺南地方權力體系包括道、府／方鎮、州、縣四個層級，其中道、府／方鎮屬高層級，其相應的行政機構在唐代經歷了一個發展變化的過程。艾沖《論唐代「嶺南五府」建制的創置與演替——兼論唐後期嶺南地域節度使司建制》（《唐都學刊》2011 年第 6 期）、羅凱《唐代容府的設置與嶺南五府格局的形成》（《中國邊疆史地研究》2015 年第 2 期）是對唐代嶺南高層行政機構的研究。不過二者討論的重點在於五府的空間格局，而非五府長官的職權。此外，對於嶺南最高行政長官——嶺南採訪處置使和嶺南觀察處置使，學界尚無專題研究。

　　唐代最基本、最穩定的政區是州縣二級，又分為經制政區即正州、正縣

和羈縻政區即羈縻州、羈縻縣。對唐代嶺南經制政區的研究已經取得了不少成果。這首先體現在對政區的考證和整理上，與本文關係較大的如譚其驤《自漢至唐海南島歷史政治地理——附論梁隋間高涼洗夫人功業及隋唐高涼馮氏地方勢力》（《歷史研究》1988 年第 5 期）、《再論海南島建置沿革——答楊武泉同志駁難》（《歷史研究》1989 年第 6 期）、《答呂名中論漢初南越國領有海南島否》（《長水集續編》，北京：人民出版社，1994 年；原作於 1989 年，未刊）。這三篇文章主要考證海南島的沿革情況。張偉然《唐代嶺南潘州的遷徙與牢禺二州的由來》（《嶺南文史》1996 年第 3 期）考證嶺南潘、牢、禺三州的沿革變遷。郭聲波《中國行政區劃通史·唐代卷》（上海：復旦大學出版社，2017 年）是全面研究唐代行政區劃的系統性著作，對唐代正州逐一作了考證。廖幼華《歷史地理學的應用——嶺南地區早期開發之探討》（臺北：文津出版社，2004 年）通過梳理、考證自秦至唐歷代在嶺南設置郡縣的數量及地理位置，來分析嶺南的開發歷程及不同時期所具有的特色。其餘對政區邊界或地望進行考證的成果還有不少，因與本文無直接關係，不再羅列。

唐代嶺南設置了安南都護府這一專門治理邊疆的機構。有不少成果涉及安南都護府在管理安南、推行國家化方面所發揮的作用，因此有必要單獨討論。粟美玲《略論安南都護府的設置及其歷史作用》（《廣西民族學院學報》（哲學社會科學版）1987 年第 4 期）認為安南都護府有穩定統治秩序、促進國家統一等作用。朱達鈞《唐代經營安南之研究》（國立中興大學碩士學位論文，2000 年）一文對唐代經營安南的史實進行了全面考察，重視運用越南方面的史料，並談到了國家治理安南所帶來的漢化問題。烏小花、李大龍《有關安南都護府的幾個問題》（《中國邊疆史地研究》2003 年第 2 期）認為安南都護府治理不善的根源是安南都護的選任、管理制度不規範，人選更迭頻繁，施政缺乏穩定性。陳國保《安南都護府與唐代邊疆防禦體系的構建及影響》（《中國邊疆史地研究》2003 年第 2 期）把安南與邕州、南寧州並列為唐朝經營西南邊疆的重鎮，強調安南在經營雲南中發揮的作用。陳國保《安南都護府與唐代南部邊疆》（雲南大學碩士學位論文，2008 年）認為唐代治理安南的根本措施是推動安南內地化，使羈縻州轉化為正州。陳文認為安南動亂時常發生的根本原因是國家州縣行政體制在南部邊疆的不斷鞏固，及由此促成的因俗而治的羈縻州制與唐帝國在南部邊疆統治一體化進程之間的矛盾。

羈縻制度是唐代國家治理邊疆少數民族的重要政治制度。羈縻制度在嶺

南的實施、南方羈縻州的特點、南方羈縻州與正州的轉換等問題都與嶺南的國家化密切相關。林超民《羈縻府州與唐代民族關係》(《思想戰線》1985 年第 5 期)論述了羈縻府州的四個特點：「即其部落列置州縣」、首領世襲任官、不直接向國家繳納賦稅、可以保留本部兵卒。史繼忠《試論西南邊疆的羈縻州》(《思想戰線》1989 年第 5 期)分析唐宋西南羈縻州的形成、演變、特點、社會基礎。史文的一個創獲是將西南羈縻州分為「諸羌部落」、「昆明各部」、「俚獠溪洞」、「湘西大姓」四個不同的類型加以討論，認為嶺南俚獠溪洞社會是封建領主經濟。史文還認為經濟因素是羈縻州與正州轉化的關鍵因素。譚其驤《唐代羈縻州述論》(《長水集續編》，北京：人民出版社，1994 年；初出 1990 年)就《新唐書·地理志》所載羈縻州特點進行總結，與上揭林文大致相同；但譚文指出，以內附部落設置的不一定是羈縻州，部落首領為都督刺史的也不一定是羈縻州，羈縻州也有繳納賦稅的，總之唐代正州與羈縻州並無法制上的區別。劉統《唐代羈縻府州研究》(西安：西北大學出版社，1998 年)是系統研究唐代羈縻府州的專著，其中上篇第五章「羈縻府州與正州間的轉化」專門分析了「嶺南道大族豪強控制下的正州」，認為除了五府等少數正州外，嶺南大多數州都處在機構不全、荒陋落後的狀態，並由當地豪強大族控制。這一類的正州實際上是羈縻性正州。本書下篇另有專門篇幅考證嶺南羈縻州地望。毛漢光《中晚唐南疆安南羈縻關係之研究》(《嚴耕望先生紀念論文集》，臺北：稻香出版社，1998 年)分析了西北、南疆羈縻之異同，指出南疆無羈縻都督府、南疆羈縻州刺史是否世襲取決於是否長保地方領袖之地位、南疆羈縻州有地望，並認為在羈縻州與正州轉換的過程中，政治控制力的強弱是主要因素，這與前揭史文觀點不同。左之濤《試論唐代羈縻州與正州的轉換》(魯東大學碩士學位論文，2006 年)認為南方羈縻州與正州轉換只是簡單的經濟原因，這與史文一致。左文對於南方出現羈縻性正州，提出了一個新的解釋，認為原因是南方民族生產生活方式與漢族較為接近，因而可以設為正州。樊文禮《唐代羈縻府州的類別劃分及其與藩屬國的區別》(《唐史論叢》2006 年)對唐代羈縻州的不同分類方法進行了討論，並認為羈縻府州與藩屬國是有區別的。樊文禮《唐代羈縻州的南北差異》(《唐史論叢》2009 年)指出了南北羈縻州的主要差異，包括南方羈縻州實行「羈縻州—縣」的管理體制等；樊文認為造成這種差異的原因在於地理環境的不同、民族歷史及與中原王朝關係的不同、唐朝邊防體系的變化。

以上成果都是對羈縻州的性質、特點等進行概括性的研究。對唐代羈縻州區劃沿革進行系統考證的，除了上揭劉統《唐代羈縻府州研究》，還有郭聲波《中國行政區劃通史‧唐代卷》（上海：復旦大學出版社，2017 年），該書下卷對唐代所有羈縻政區進行了詳細而全面的考證，是研究唐代羈縻政區的重要成果。

另有一些成果以羈縻制度為視角對唐代嶺南歷史進行研究。廖幼華《唐宋兩朝嶺南西部的羈縻式正州——對南疆統治深化程度的觀察》（《深入南荒：唐宋時期嶺南西部史地論集》，臺北：文津出版社，2013 年）提出「羈縻式正州」，並以是否任用流官、州縣是否有戶口數和四至八到、納稅戶占居民比例是否較高、是否位於漢文化強勢區內四個指標來判斷州的類別，並考察了唐宋嶺南有哪些州屬於羈縻式正州及其沿革變化，由此觀察唐宋王朝在嶺南統治的深化程度。廖文所考證的羈縻式正州占嶺南正州總數的比例較小，這與前揭劉統《唐代羈縻州研究》認為嶺南大多數正州與羈縻州無異的觀點差異較大。

## （六）選官方式

對嶺南選官方式的研究集中在南選上。南選制度不同於全國其他地方通行的選官方式，它既是南方邊緣地區自身特殊社會條件的產物，也是國家控制這些地區的手段。張澤咸《唐代「南選」及其產生的社會前提》（《文史》1984 年第 1 期）是較早對南選進行研究的文獻，從漢唐嶺南等地區社會經濟的發展探討南選實施的社會背景以及南選的程序。段承校《唐代「南選」制度考論》（《學術論壇》1999 年第 5 期）認為中央通過南選將少數民族首領納入其管理體系。王承文《唐代「南選」與嶺南溪洞豪族》（《中國史研究》1998年第 1 期）認為南選是要把嶺南選官納入中央體制，以遏制當地豪族。他另有《唐代「南選」制度相關問題新探索》（《唐研究》第十九卷，北京：北京大學出版社，2013 年）一文，對南選進行了深入研究。該文認為南選推行的範圍主要是經制州，而不是羈縻州；嶺南道選官也並非是僅有南選，而是南選北選並行，在比較發達的地區實行的是與內地基本一致的北選；南選停止的原因是藩鎮權力的擴大，中央直接控制的南選已經沒有繼續實行的條件。王承文與張澤咸在兩個問題上產生了本質的差異：一是張澤咸認為南選的基礎之一是羈縻制度，南選適用於羈縻政區，而王承文認為南選只適用於正州；二是張澤咸將都督府選任官員的制度也視為南選，而王承文認為都督府選官

與南選有本質不同，恰恰是因為都督府選官不善才導致了南選的實行。周鼎《「邑客」與「土豪」：唐代精英家族的轉型與地域社會的秩序》（華東師範大學博士學位論文，2016 年）關注了南選衰落後嶺南地方官員的選任情況，指出在南選衰落之後，流寓士人大量充任州縣攝官，是嶺南地區一個比較突出的社會現象；另外當地的土豪也有任攝官、監官的，二者存在競爭關係。對南選的研究主要集中在其特定的社會背景和發揮的作用上。相關成果都認為南選有助於中央集權。

嶺南是隋唐時期最主要的流貶官員目的地，因而嶺南官員中有不少是左降官。唐曉濤著有關於嶺南貶官的一系列文章，如《唐代桂管地區貶官研究》（北京師範大學碩士學位論文，2001 年）、《唐代貶官與流人分布地區差異探究——以嶺西地區為例》（《玉林師範學院學報》2002 年第 2 期）等。梁瑞《唐代流貶官研究》（浙江大學博士學位論文，2011 年）對流貶官作空間分布的研究，涉及了嶺南。

### （七）軍事行動與軍事體系

唐代嶺南的軍事行動絕大多數是針對境內的少數族群動亂（筆者稱為「蠻亂」）。曾華滿《唐代嶺南發展的核心性》（香港中文大學碩士學位論文，1973 年）認為蠻亂頻發的原因是唐王朝對嶺南土著民族採取妥協政策。張雄《從嶺南「俚僚」的反抗鬥爭看唐朝晚期的民族政策》（《學術論壇》1984 年第 6 期）認為唐後期南方邊吏對少數民族治理不善，「擾之使叛」。陳偉明《唐代嶺南用兵與安邊》（《廣西民族研究》1987 年第 4 期）指出唐代在嶺南的軍事政策核心是「懷之以德」並對其原因進行了分析。雷學華《試論唐代嶺南民族政策》（《中南民族學院學報》（哲學社會科學版）1991 年第 2 期）則認為唐代在嶺南實行和緩漸進的統治政策，總體上是有效的，使得嶺南政治局面比較穩定。林世清《唐代嶺南道研究》（中國文化大學碩士學位論文，1998 年）則將官吏侵刻作為唐代蠻亂頻發的主要原因。這些成果從不同的角度分析了國家對少數族群的政策，因而得出了不同的結論。除蠻亂之外，唐代嶺南遭遇的最大一次外患是咸通年間的南詔入侵。陳國保《論南詔入犯安南對唐代國家安全的影響》（《雲南師範大學學報》2011 年第 1 期）認為南詔侵犯安南導致唐朝在西南邊疆構築的防禦體系被擊潰，削弱了唐朝國勢。

研究唐代嶺南軍隊出征的成果很少。黃永年《說隋末的驍果——兼論本國中古兵制的變革》（《燕京學報》新三期，北京：北京大學出版社，1997 年）、

《對府兵制所以敗壞的再認識》（《中國典籍與文化論叢》第四輯，北京：北京大學出版社，1997 年）兩文對隋代從嶺南徵調的驍果有所涉及。

羅香林《唐代嶺南道兵府軍鎮考》（《文史雜誌》1944 年第 3 卷第 9 期、第 10 期）考證了嶺南道的折衝府及軍鎮之名稱、地理位置、兵額。耿慧玲《越南青梅社鐘與貞元時期的安南研究》（香港：香港饒宗頤學術館，2010 年）分析了青梅社鐘上大量府兵官職出現的原因。

### （八）財賦與戶口

唐代嶺南的領土效益主要體現在輸納財賦、控制戶口、軍隊出征三個方面。唐代嶺南輸納財賦的情況，尚未有專門的論著出現。一些有關財賦的綜合性研究中涉及了嶺南，如李錦繡《唐代財政史稿》（北京：北京大學出版社，2001 年）、文媛媛《唐代土貢研究》（陝西師範大學博士學位論文，2014 年）都有與嶺南有關的內容。齊勇鋒《中晚唐賦入「止於江南八道」說辯疑》（《唐史論叢》第二輯，1986 年）指出唐後期賦稅不止依靠江南八道，嶺南也向中央輸納財賦。

唐代嶺南向中央提供的財賦中，金銀占重要地位。唐代嶺南的金銀使用是一個聚焦較多的問題。加藤繁的《唐宋時代金銀之研究——以金銀之貨幣機能為中心》（北京：中華書局，2006 年；初出於 1926 年）詳細研究了唐宋時期金銀的貨幣機能。王毓瑚《唐代嶺南產銀與貨幣經濟發展》（《文史雜誌》1946 年第 6 卷第 3 期）考察了唐代經濟中用銀的史實及嶺南產銀的情況。陝西出土的金銀器中不少產自嶺南，學者們對此進行了一系列研究，如李問渠《彌足珍貴的天寶遺物——西安市郊發現楊國忠進貢銀鋌》（《文物》1957 年第 4 期）、唐長孺《跋西安出土唐代銀鋌》（《學術月刊》1957 年第 7 期）、朱捷元《陝西藍田出土的唐末廣明元年銀鋌》（《文物資料叢刊》第一輯，北京：文物出版社，1977 年）、樊維岳《陝西藍田發現一批唐代金銀器》（《考古與文物》1982 年第 1 期）。王承文《晉唐時代嶺南地區金銀的生產和流通——以敦煌所藏唐天寶初年地志殘卷為中心》（《唐研究》第十三卷，北京：北京大學出版社，2007 年）一文通過研究敦煌地志文書中對嶺南州縣公廨本錢的記載，探討唐代嶺南地區金銀的生產流通情況。作者認為唐代嶺南金銀流通的原因主要有中央王朝禁止銅錢流入嶺南、嶺南本地的金銀生產、嶺南活躍的外貿。作者還認為，六朝至隋唐時期嶺南一直是國家最主要的金銀產地，其金銀生產流通也推動了唐宋白銀貨幣化的進程。王承文關於嶺南金銀的另一篇論文

《論唐代嶺南地區的金銀生產及其社會影響》(《中國史研究》2008 年第 3 期)
在加藤繁著作的基礎上分析金銀對嶺南社會產生的影響,包括對金銀的追求
引起了嶺南豪族與中央的矛盾、改善吏治的困難、促進了白銀貨幣化進程等。

　　嶺南另一重要經濟現象是市舶使的存在。市舶使與嶺南財賦關係如何
呢?甯志新《試論唐代市舶使的職能及其任職特點》(《中國社會經濟史研究》
1996 年第 1 期)認為市舶使的職能是向皇帝「進奉」而非增加政府稅收,交、
廣為海外珍寶匯聚之地,因此皇帝直接派宦官掌管市舶,以取其利。陳明光、
靳小龍《論唐代廣州的海外交易、市舶制度與財政》(《中國經濟史研究》2005
年第 1 期)明確指出了市舶制度無益於財政收入,並對原因進行了分析。黃
櫻《〈進嶺南王館市舶使院圖表〉撰者及製作年代考——兼論唐代市舶使職掌
及其演變等相關問題》(《中山大學學報》(社會科學版)2009 年第 2 期)同樣
認為市舶使主要掌管收市、管理宮廷所需舶來品,而管理貿易、海關並非其
職能,唐宋兩代市舶使名同實異。總之,市舶收入主要供皇帝「內府」享用,
而不是直接補充國家財政,這與宋代的「徵榷」之司差異很大,這是當前成
果形成的共識。

　　嶺南還存在一個管理外貿的官職:押蕃舶使。黎虎《唐代的市舶使與市
舶管理》(《歷史研究》1998 年第 3 期)分析了地方長官對市舶事務的管理權
限、市舶使與地方長官的職權關係問題。黎文還指出,過去學界普遍認為「市
舶使」和「押蕃舶使」是同一個官職,其實不然;押蕃舶使與市舶使是不同性
質不同序列的職務,且押蕃舶使由節度使兼任。李錦繡《押蕃舶使、閱貨宴
與唐代的海外貿易管理》(《隋唐遼宋金元史論叢》第六輯,上海:上海古籍
出版,2016 年)一文對押蕃舶使進行了更加細化的研究,認為嶺南節度使例
兼押蕃舶職掌,並且下設一系列屬官,形成嚴密的外貿管理體系;唐代管理
海外貿易,實行嶺南節度使與市舶使雙重組合制。

　　目前還沒有研究唐代嶺南戶口問題的專著出現。葛劍雄主編、凍國棟著
《中國人口史》第二卷《隋唐五代時期》(上海:復旦大學出版社,2002 年)
是系統研究唐代人口的專著,其中以專門的章節分析了嶺南戶口。葛劍雄主
編、吳松弟著《中國移民史》第三卷《隋唐五代時期》(福州:福建人民出版
社,1997 年)對唐代嶺南移民進行了研究,認為在安史之亂和藩鎮割據階段,
遷入嶺南的移民很少;至唐末,一定規模的移民潮始衝擊到嶺南。嚴耕望:
《唐代戶口實際數量之檢討》(《嚴耕望史學論文集》(下),上海:上海古籍

出版社，2009 年；初出於 1985 年）對唐代戶口不實的現象進行了分析，這種現象在嶺南同樣存在。唐長孺《唐代宦官籍貫與南口進獻》（《山居存稿續編》，北京：中華書局，2011 年；初出於 1989 年）分析了唐代南口進獻現象，而嶺南正是南口的重要來源地之一。

## （九）總結

從以上回顧可以看出，唐代嶺南國家化問題的各個相關領域都積累了一定成果，其中尤以政區、族群、交通這幾個方面最為集中。一方面現有成果為進一步研究奠定了基礎，提供了方便；另一方面也留下了一些空間。

首先，以國家化為視角進行綜合性研究的成果比較缺乏。唐代嶺南國家化是在何種背景下展開的？唐代採取了何種措施來推進國家化？這些措施產生了怎樣的效果？嶺南國家化的推進是否遵循某種線索？這些問題都有待研究。筆者擬以各領域現有成果為基礎來探討上述問題，先研究唐代嶺南國家化的背景，再從地方政治體系、選官制度、軍事體系三個方面分析其措施，最後從領土效益方面來探討其效果。同時，嘗試在上述分析中釐清嶺南國家化的內在線索。

其次，現有成果對國家化這一概念的解釋比較含糊，沒有理清國家化現象的內在邏輯。國家化行為的發生、發展、衰退、終止都有其內在邏輯，而不是自然而然發生的。現有成果對國家化的定義往往是總結現象，而沒有解釋這種現象何以會出現，彷彿古代王朝統治某一邊緣地區後推行國家化是理所當然的。這顯然並不符合事實。只有弄清其內在邏輯，才能對國家化實現深入研究。

再次，現有成果沒有對比較的研究方法給予足夠重視，在研究方法上，微觀的分析較多，宏觀的比較較少。要想對研究對象有深刻的理解，就不能把目光單純鎖定在特定的研究對象上，而應該用宏觀的視野觀察其他同類對象，並分析其異同。因而，本文在分析唐代嶺南國家化各方面措施時，擬將其與兩漢六朝相對比，以突出唐代的時代特色；再以專章研究唐代同時期的其他南方邊緣地區——福建、雲南、黔中，將它們與嶺南對比，以突出嶺南的地區特色。

第四，在一些具體問題的研究上，現有成果的解釋未必完全正確，論說未必非常充分。比如嶺南的地方大族，在以往的研究中無論其族屬被認定為漢族或蠻族，都是歸類為同一個群體。但筆者認為他們並非同類，而是來自

不同的族群，而嶺南不同族群勢力的興衰升降，又影響到政區設置、統治策略等一系列問題。再比如唐代嶺南政區數量龐大，對這個問題的研究，現有成果沒有重視唐代政區與梁代的繼承關係。這使得筆者有必要對一些具體問題進行重新探討。

## 三、概念的闡釋

### （一）何為「嶺南」

「嶺南」即古代中國五嶺以南的地方，其境域大致相當於現代中國廣東廣西二省之大部分、海南島、越南北部諸省。據研究，兩漢時期「以人名地」，往往將嶺南地區稱為「百越」或「南越」；東晉南朝時期這一地區才開始被頻繁地稱為「嶺南」。〔註2〕另外，在唐以前「嶺南」一詞有時並不特指五嶺以南地方；在唐代「嶺南」才開始成為一個固定的專有名詞。〔註3〕

「嶺南」既是自然地理區域，也是政治地理區域。〔註4〕「嶺南」之名本身就有強烈的政治色彩。「嶺南」一詞的構成方式是自然地理界線（五嶺）加方位（南）的模式；然而五嶺山地大致相當於今江西湖南二省與廣東廣西二省的交界，這只是「嶺南」北部邊界中的一段而已。那麼，古人為什麼要選擇這一段來命名這個廣袤的地區呢？事實上，「嶺」之原義並非今天自然地理意義上的五嶺山地，而是古代國家征服嶺南時軍隊所經的五條通道。《說文解字》稱：「嶺，山道也。」〔註5〕《晉書·地理志下》稱：「自北徂南，入越之道，必由嶺嶠，時有五處，故曰五嶺。」〔註6〕宋代周去非《嶺外代答·地理門》稱：「自秦世有五嶺之說，皆指山名之。考之，乃入嶺之途五耳，非必山也。」〔註7〕對於統治中心位於北方的政權而言，這五條「入嶺之途」是其軍事力量進入嶺南的最重要通道，意義重大；而嶺南北緣的其餘地段對國家控制該地

〔註2〕趙世瑜：《「嶺南」的建構及其意義》，《四川大學學報》（社會科學版）2016年第5期。

〔註3〕馬雷：《「嶺南」、「五嶺」考》，《中華文史論叢》，2015年第4期。

〔註4〕周振鶴先生認為，政治地理研究的是「地理區域與政治過程的相互作用」，那麼只要參與了政治過程的地理區域，都可以視為一個政治地理區域。參見周振鶴《中國歷史政治地理十六講》，北京：中華書局，2013年，第17頁。

〔註5〕許慎：《說文解字》卷9上，北京：中華書局，1985年，第307頁。

〔註6〕《晉書》卷15，北京：中華書局，1974年，第464頁。

〔註7〕周去非撰，楊武泉校注：《嶺外代答校注》卷1，北京：中華書局，1999年，第11頁。

區來說則相對次要。因此，「嶺」最初是指「入越之道」，「非必山也」，後來所指對象才變為五嶺山地。「嶺南」作為地名，和「關內」、「劍南」類似，是帶有政治色彩的。

歷史時期內，嶺南所屬的行政區域（簡稱政區）經歷了複雜的變化。政區的劃分是「在既定的政治目的與行政管理需要的指導下，遵循相關的法律法規，建立在一定的自然與人文地理基礎之上，並充分考慮歷史淵源、人口密度、經濟條件、民族分布、文化背景等各種因素的情況下進行的，其結果是在國土上建立起一個由若干層級、不等幅員的行政區域所組成的體系」〔註8〕簡而言之，政區是國家主導劃分的、有明確等級和幅員的政治地理區域。由於其邊界是人為劃定的，因此不一定與自然邊界重合，比如嶺南北部的嶺嶠三郡——始安、始興、臨賀在兩漢六朝時期曾長期隸屬於北方的荊州、湘州，而非嶺南的廣州。〔註9〕到了唐代，嶺南全境處於同一個準跨高層政區——嶺南道之內，嶺南道的政區邊界與嶺南的自然邊界基本重合。〔註10〕因此，本文以唐代嶺南道所轄政區來界定研究範圍。嶺南道轄正州、羈縻州各七十餘，數目龐大，且廢置不常。本文以《中國行政區劃通史·唐代卷》所考天寶十三載（754）嶺南道七十四正州、七十三羈縻州為標準，剔去福建地區的漳州，補入嶺南地區的連州，仍為七十四州。〔註11〕諸正州按五府轄屬關係分列如表1。以今天的地形、政區而論，唐嶺南道之大陸部分東、南臨南海；北界東段大致與廣東同福建、江西、湖南的省界重合；北界西段大致依廣西同

〔註8〕周振鶴：《中國歷史政治地理十六講》，第28頁。

〔註9〕始安、始興、臨賀三郡均位於嶺嶠南緣，是進入嶺南的門戶，地理位置極為重要。三郡之地在兩漢時屬荊州之零陵郡、桂陽郡及交州之蒼梧郡。孫吳始設三郡。《晉書》卷15《地理志下》荊州條稱：「（孫權）又分蒼梧立臨賀郡……孫晧分零陵立始安郡，分桂陽立始興郡……及武帝平吳……又以始興、始安、臨賀三郡屬廣州（第454頁）。」《宋書》卷37《州郡三》湘州條載湘州轄有廣興（按：即始興）、臨慶（按：即臨賀）、始建（按：即始安），它們先隸屬廣州，晉成帝時屬荊州，元嘉二十九（452）年復隸廣州，次年又隸湘州（北京：中華書局，1974年，第1133～1135頁）。

〔註10〕將唐代的「道」視為準跨高層政區的觀點，見於郭聲波《中國行政區劃通史·唐代卷》，上海：復旦大學出版社，2017年，第16～27頁。

〔註11〕參見郭聲波《中國行政區劃通史·唐代卷》，第585～762、第1214～1251頁。剔除漳州的原因是：漳州在地理上位於嶺北，且儘管漳州在天寶十三載屬嶺南道，但它在唐代多數時間裏屬江南道。補入連州的原因是：連州在地理上位於嶺南；且儘管唐代多數時間連州屬江南道，但它也曾改隸嶺南道。剔漳補連，主要是考慮到嶺南地理空間的完整性。

湖南、貴州省界而略偏南，全州、資源、南丹、東蘭、鳳山、凌雲諸縣分布在其外側，該段又從西林縣向西南至文山縣轉而向西至紅河縣，由金平縣南入越南境內；西界大致沿紅河以西之黃連山脈向東南行，又沿長山山脈南行形成一個南北狹長地帶，唯最南部略向西突出；南界大致與橫山山脈吻合。除大陸部分外，唐嶺南道還包括海南島及上述陸地之沿海島嶼。嶺南道具體轄地參照《中國歷史地圖集》第五冊唐嶺南道相關部分，見圖 1、圖 2。〔註 12〕

## 表 1　嶺南七十四正州

| 廣州都督府 | 容州都督府 | 安南都護府 | 邕州都督府 | 桂州都督府 |
|---|---|---|---|---|
| 廣州南海郡 | 容州普寧郡 | 交州 | 邕州朗寧郡 | 桂州始安郡 |
| 韶州始興郡 | 藤州感義郡 | 龐州武曲郡 | 賓州安城郡 | 昭州平樂郡 |
| 循州海豐郡 | 義州連城郡 | 長州文陽郡 | 澄州賀水郡 | 賀州臨賀郡 |
| 潮州潮陽郡 | 竇州懷德郡 | 愛州九真郡 | 嚴州修德郡 | 梧州蒼梧郡 |
| 連州連山郡 | 辯州陵水郡 | 驩州日南郡 | 貴州懷澤郡 | 富州開江郡 |
| 岡州義寧郡 | 禺州溫水郡 | 福祿州福祿郡 | 橫州寧浦郡 | 蒙州蒙山郡 |
| 端州高要郡 | 白州南昌郡 | 峰州承化郡 | 淳州永定郡 | 龔州臨江郡 |
| 康州晉康郡 | 廉州合浦郡 | 武峨州武峨郡 | 欽州寧越郡 | 潯州潯江郡 |
| 封州臨封郡 | 岩州安樂郡 | 湯州湯泉郡 | 山州龍池郡 | 象州象郡 |
| 瀧州開陽郡 | 牟州定川郡 | 陸州玉山郡 | 羅州招義郡 | 柳州龍城郡 |
| 勤州雲浮郡 | 黨州寧仁郡 | | 瀼州臨潭郡 | 芝州忻城郡 |
| 新州新興郡 | 平琴州平琴郡 | | 籠州扶南郡 | 宜州龍水郡 |
| 恩州恩平郡 | 鬱林州鬱林郡 | | 田州橫山郡 | 環州正平郡 |
| 春州南陵郡 | 繡州常林郡 | | | 融州融水郡 |
| 高州高涼郡 | | | | 古州樂平郡 |
| 潘州南潘郡 | | | | |
| 雷州海康郡 | | | | |
| 崖州珠崖郡 | | | | |
| 瓊州瓊山郡 | | | | |
| 萬安州萬安郡 | | | | |
| 振州延德郡 | | | | |
| 儋州昌化郡 | | | | |

〔註 12〕譚其驤主編：《中國歷史地圖集》第五冊圖幅第 69～70《唐—嶺南道東部》（圖 1）、圖幅第 71《桂州容州附近》、圖幅第 72～73《唐—嶺南道西部》（圖 2），北京：中國地圖出版社，1982 年。

圖1　嶺南道東部

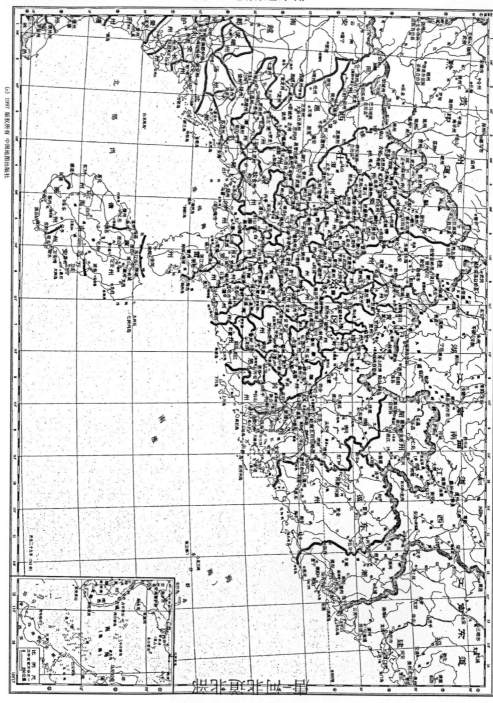

## 圖 2　嶺南道西部

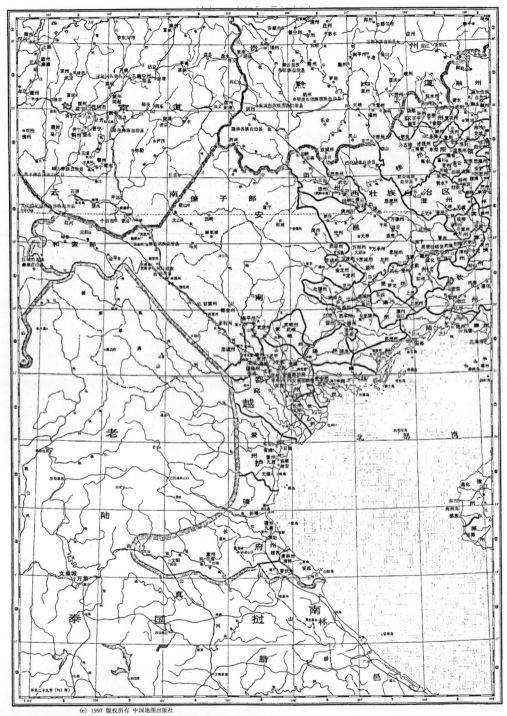

## （二）何為「國家化」

「國家化」是當代學者提出的概念，其具體內涵隨著使用場合的不同而有所不同。筆者所稱的「國家化」是指國家對邊緣地區進行的政治管理、控制、整合。國家化的推行，目的在於提升領土效益。

任何國家要維持其統治，都必須從社會中獲取支持統治的資源，筆者稱之為「統治資源」。〔註13〕統治資源可以大致歸為「人」、「物」、「地」三類。

「人」又分成兩種情況：一是精英分子，他們的個人行為足以對國家產生較大影響，如政府機構的組成者（可以出任官僚的政治、經濟人才）、維護者（可以出任將帥的軍事人才）、服務者（塑造、闡發、傳播意識形態的文化人才）等等；二是一般群眾，他們大多以群體的面貌發揮作用，如士兵、役夫以及服務於宮廷官府的各種差人、僕役、奴婢等。

「物」是用於供養上述各類人，或者供其使用以支持國家統治的實體資源。從內容上看，「物」的種類極為繁多，既包括通常意義上的「財賦」如貨幣、糧食、紡織品，也包括用於征戰、運輸的各類牲畜如馬、驟等，用於製造軍備的原料如銅、鐵、竹、筋、角、革，用於修築城池、宮殿、陵寢的物材如磚、瓦、木、石，等等。從獲取方式上看，國家取得這些實物資源主要是通過以下幾種途徑：（一）「貢」，地方按照「任土作貢」的原則，根據制度或法令向中央進獻方物，帶有強制性，非詔令不得免除；（二）「獻」，地方官以私人身份向君主進獻財物，唐代後期地方官的進奉就是典型的「獻」；〔註14〕（三）「賦」，即國家稅收，徵收形式與內容由法令統一規定；（四）「利」，鹽、茶、酒等專賣徵權收入。（五）「徵」，或稱「括」，即無條件的強制徵收，如戰爭時期曾出現的「括粟」「括馬」。（六）「買」，即以有償購買的方式獲取資源，如和糴、宮市，但這種購買往往帶有強制性。

「地」是指領土的區位價值，即一個地理區域因其所處的相對位置而對國家實施統治具有的特殊價值。〔註15〕以河西走廊為例，《後漢書》載虞詡論

---

〔註13〕本文所說的「國家」，均特指中國古代的王朝國家。

〔註14〕「貢」與「獻」的差別，參見張國剛《唐代藩鎮研究》，北京：中國人民大學出版社，2010年，第159頁。

〔註15〕「領土」概念在當代國際法中指的是「地球上隸屬於國家主權的特定部分」，「國家領土由領陸、領水、領空和底層領土組成」。這一概念是伴隨著現代國家的出現而產生的，並非古代中國的產物。本文借用「領土」這個概念，用來指稱一個政權管轄下的疆域。參見邵津主編：《國際法》，北京：北京大學

涼州的價值：「諺曰：『關西出將，關東出相。』觀其習兵壯勇，實過余州。今羌胡所以不敢入據三輔，為心腹之害者，以涼州在後故也。」〔註 16〕虞詡指出涼州的重要統治資源有「人」（將、兵）和「地」（區位）兩個方面，涼州出將且民眾「習兵壯勇」，這是「人」的方面；涼州位於三輔以西，一旦羌人入據三輔，則涼州對其後方構成威脅，這是「地」的方面。河西走廊內可衛關中，外可通西域。唐代安史之亂後，河西為吐蕃佔據，西域遂不能守。唐武宗時黠戛斯滅回鶻，攻安西、北庭，請唐朝出兵助其收復，李德裕反對稱：「承平時，向西路自河西、隴右出玉門關，迤邐是國家州縣，所在皆有重兵。其安西、北庭要兵，便於側近徵發。自艱難已後，河、隴盡陷吐蕃，若通安西、北庭，須取回紇路去。今回紇破滅，又不知的屬黠戛斯否。縱令救得，便須卻置都護，須以漢兵鎮守。每處不下萬人，萬人從何徵發？饋運取何道路？」〔註 17〕顯然，喪失了河西走廊這個連接西域的咽喉要道，唐朝既無法於「側近徵發」軍隊，也沒有合適的道路以通饋運。缺少了河西走廊提供的「人」「地」兩方面資源，也就談不上統治西域了。

　　總之，凡屬上述「人」、「物」、「地」的都可以視為統治資源，他們都具有可變性。三種資源中，「人」是最易變的一個，戶口的消長、人口素質的高低、精英分子的培養與流動等，都很容易發生變化。「物」雖然以自然產出為基礎，但需要人的加工、培育、採集、搬運等活動，才能將自然物轉變為有助於軍國的統治資源，因而也具有可變性。「地」即區位價值，某地的地理位置雖然恒定不變，但其區位價值卻會發生變化，這種變化與多種因素有關，地緣態勢和交通條件是兩個重要因素。南北對峙時期，襄陽、漢中等城因地處中間地帶，區位價值很高，成為南北交爭之地；一旦南北統一，上述地方雖然地理位置不變，但區位價值就大打折扣。劉禹錫《西塞山懷古》所謂「今逢四海為家日，故壘蕭蕭蘆荻秋」，說的就是天下統一時，南北對峙時期的軍事堡壘遂被荒廢。這是地緣態勢的影響。揚州因地處長江、大運河交匯處而繁榮，徐州因地處古汴水與泗水交匯處而成軍事要衝。這是交通條件的影響。

　　在明確了何為統治資源的基礎上，筆者提出「領土效益」的概念：領土效益是指國家從某塊領土內獲取和利用統治資源的能力。需要注意的是，領

出版社，2008 年，第 95、99 頁。

〔註 16〕《後漢書》卷 58《虞詡傳》，北京：中華書局，1965 年，第 1866 頁。

〔註 17〕《舊唐書》卷 174《李德裕傳》，北京：中華書局，1975 年，第 4522～4523 頁。

土效益指的是一種能力，而不是統治資源本身；換句話說，地方擁有統治資源的多少和領土效益的高低並不是一回事。較高的領土效益是指國家能夠從地方上實際獲取較多的統治資源，或更好地利用統治資源。

任一國家的疆域內部都不是絕對均質的，因此不同區域的領土效益必然有高低之別。這種區域差異性對於古代中國這樣一個疆域遼闊、內部情況複雜的國家來說，顯得尤為凸出。基於此，筆者將國家內部領土效益較高的區域稱為核心地區，反之則為邊緣地區。這裡的核心、邊緣概念，強調的是國家與地方的關係，即國家能夠從該地區獲取多少統治資源。「高」與「低」是相對而言的，不同時期、不同地域，其區分標準也有不同。一個國家內部可以有多個核心或邊緣區，每一個核心或邊緣區內部也可以進一步分割為次級核心區與次級邊緣區；國家內部核心地區與邊緣地區之間往往是漸變的而非界線分明；介於二者之間的屬性模糊的地區也是存在的。「核心—邊緣」的二分法只是提供一個簡化的研究範式，現實情況複雜得多，要具體問題具體分析。

領土效益的高低主要與兩個因素有關：第一，當地的自然條件與社會發展狀況。所謂自然條件，即氣候、地理、生物、礦物等方面的條件。所謂社會發展狀況，包括社會組織、戶口、經濟、文化等方面的狀況。國家從某地獲取的領土效益不可能脫離當地的自然條件，也不可能超越當地社會發展的現實水平，這是毋庸置疑的。可以說，自然條件和社會發展狀況制約了領土效益的上限。第二，由於領土效益本質上體現的是國家與地方的一種關係，因此在既定自然條件與社會發展水平下，領土效益的高低還與政治管理、控制與整合的程度呈正相關，試舉一例：《隋書·梁睿傳》載其兩份奏疏稱：

> （南寧州）戶口殷實，金寶富饒，二河有駿馬、明珠，益寧出鹽井、犀角。……至偽梁南寧州刺史徐文盛，被湘東征赴荊州，屬東夏尚阻，未遑遠略。土民蠻瓚遂竊據一方，國家遙授刺史。其子震，相承至今。而震臣禮多虧，貢賦不入，每年奉獻，不過數十匹馬。……幸因平蜀士眾，不煩重興師旅，押獠既訖，即請略定南寧。自盧、戎已來，軍糧須給，過此即於蠻夷徵稅，以供兵馬。其寧州、朱提、雲南、西爨，並置總管州鎮。計彼熟蠻租調，足供城防倉儲。一則以肅蠻夷，二則裨益軍國。〔註18〕

又稱：

---

〔註18〕《隋書》卷37《梁睿傳》，北京：中華書局，1973年，第1126～1127頁。

南寧州，漢代牂柯之郡，其地沃壤，多是漢人，既饒寶物，又出

名馬。今若往取，仍置州郡，一則遠振威名，二則有益軍國。〔註19〕

兩份奏疏的背景是北周大象二年（580）梁睿率軍平定益州王謙之亂，當時楊堅任大丞相，處於代周立隋的前夕。這兩則材料說明以下問題：第一，當時雲南的自然條件、社會發展狀況具備提供大量統治資源的能力。從自然條件上講，「其地沃壤」，物產豐富，有駿馬、明珠、鹽井、犀角等物，足以「裨益軍國」。從社會發展狀況上看，南寧州不僅「戶口殷實」，而且「熟蠻租調，足供城防倉儲」，軍隊出盧（按：「盧」應作「瀘」）、戎二州進入雲南後，可以「於蠻夷徵稅，以供兵馬」，說明農業生產比較發達，糧食產量豐足。第二，當時雲南實際的領土效益極為低下，爨氏「臣禮多虧，貢賦不入，每年奉獻，不過數十匹馬」。國家無法對南寧州徵收賦稅，只能獲取象徵性的「奉獻」；而這種象徵性的「奉獻」也不過是數十匹馬而已。雲南的領土效益幾乎可以忽略不計。第三，當時雲南的自然條件、社會發展狀況與領土效益形成巨大反差，原因在於政治管控的衰退。南朝對寧州至少派遣刺史如徐文盛；而北周對爨氏只是「遙授刺史」、羈縻而已，可見北周對南寧州的控制程度尚不及南朝（按：兩晉南朝時期雲南設寧州，西魏北周改南寧州）。既然遙處長安的北周朝廷對爨氏無法進行實際管控，南寧州的領土效益自然也無從談起。第四，梁睿認為，要想改變上述情況，必須出兵平定爨氏勢力，通過「置總管州鎮」等手段，強化國家對雲南的管控。

總之，政治管理、控制及整合的程度是制約領土效益的重要因素。在既定的自然、社會條件下，國家為了從邊緣地區獲取更高的領土效益，會加強對該地區的政治管理、控制及整合，這一過程就是本文所說的國家化。

對於國家化與領土效益的關係，筆者認為應作如下理解：

第一，國家化必須是國家主導進行的。某些社會現象並不是由國家主導，但同樣能夠迅速提升一個地區的領土效益，比如永嘉之亂後的北民南遷、唐末五代時期的北民南遷等。這些移民可以在短時間內改變南方的社會發展狀況，無疑有助於國家化。不過這一移民浪潮是民間自發地進行，而不是由政府主動組織。這種移民可能會成為國家化的一個影響因素（如本文第七章會講到移民對福建國家化的影響），但它並不是國家化措施本身。而國家有意識地、動用政權力量組織的移民，如明代官方組織的對西南地區的移民，則可

---

〔註19〕《隋書》卷37《梁睿傳》，第1127頁。

以視為國家化措施的一種。

第二，國家化必須是以領土效益的提升為目標。不能將所有政治管控行為均視為國家化，因為此類行為的目的未必是提升領土效益。某些政治管理或控制措施是以滿足統治者的個人慾望為目標，如唐代嶺南設置市舶使管理外貿，單純是為了購買海外珠寶奇珍以供賞玩，於國無助。

第三，國家化雖然以提升領土效益為目標，但這一目標的實現是以適當的國家化措施為必要條件的，如果措施不當則可能起反作用。

第四，同一領土，對不同國家主體而言具有不同的角色和效益。中國古代存在多種多樣的政權形式，有兩漢隋唐這種公認的大一統政權，有宋齊梁陳這種局部統一的政權，也有王閩、南漢、馬楚這種區域性政區。對前兩種國家而言，嶺南是一個邊緣地區。但當嶺南出現了南越這種區域政權，對中原的秦、漢王朝來說國家化就中斷了，領土效益隨之趨於歸零；但對南越來說，嶺南是它的全部疆域，其核心區、邊緣區都是嶺南內部的次級區域。《史記・南越列傳》稱：「（趙）佗因此以兵威邊，財物賂遺閩越、西甌、駱，役屬焉，東西萬餘里。」[註20] 南越「以兵威邊」，並役屬甌、駱等民族的行為，就可以視為對境內邊緣地區的國家化。類似行為還可再舉一例：據《舊五代史・世襲・馬希範傳》，後晉天福五年（940），「溪州洞蠻彭士愁寇辰、澧二州，希範討平之，士愁以五州乞盟，乃銘於銅柱。」[註21] 馬楚經略溪州蠻族地區就是典型的區域政權內部的國家化。由於以嶺南為研究對象，因此本文所稱國家指的是第一、第二類政權。

最後，筆者要對當前學術研究中所使用的「國家化」及其他類似概念進行辨析。正如學術史回顧中所說，在不同的語境中，國家化的對象不同，含義各異，如社會、財政、軍隊、教育乃至學術的國家化等。有一些學者從政治控制與整合的角度使用「國家化」概念，這與本文比較相似。不同之處在於，現有成果所研究的「國家化」，其對象或為邊疆地區，[註22] 或為民族走廊，[註23]

[註20]《史記》卷113，北京：中華書局，1959年，第2969頁。
[註21]《舊五代史》卷133，北京：中華書局，1976年，第1758頁。
[註22] 楊志強：《「國家化」視野下的中國西南地域與民族社會》，《廣西民族大學學報》（哲學社會科學版）2014年第3期；陸韌、楊亭：《「巴鹽古道」在「國家化」進程中的歷史地位》，《成都大學學報》（社會科學版）2014年第5期；張江華《民胞物與、一視同仁——清代廣西土司地區的「國家政權建設」與國家化》，《西南民族大學學報》（人文社科版）2016年第10期。
[註23] 岳小國、陳紅：《不被「整合」的向心力——民族走廊「國家化」研究》，《青

或為少數族群；〔註24〕而本文在領土效益概念的基礎上提出邊緣地區作為「國家化」的對象。邊緣地區既不等於地理上的邊疆，也不是某個族群，而是國家疆域內的低領土效益區，「國家化」的根本目的正是提升這種效益，這較之以往的研究是一個新的角度。另外，需要注意的是還有一種「國家化」概念指的是早期國家形成或出現的進程，這與本文的定義是完全不同的。〔註25〕

　　與「國家化」相關的概念還有「漢化」、「內地化」、「華夏化」。據研究，「漢化」原為「sinicization」的漢譯，這一概念在使用之初就沒有被明確定義；此後，學者或是約定俗成地使用「漢化」，或是對其提出各自不同的解釋。〔註26〕但有一點是明確的，即「漢化」一詞的使用對象主要是非漢族人群或者其建立的政權，強調的是族群層面。而本文所提「國家化」的對象是邊緣地區，邊緣地區的族群中除少數族群外還存在大量的華夏族群。「國家化」一詞強調的是國家與地方的關係，與「漢化」含義不同。

　　「內地化」最初是 20 世紀 70 年代中國臺灣學者郭廷以先生提出，由李國祁先生完善的概念。〔註27〕而今「內地化」一般指邊疆地區或族群在政治、經濟、文化各個方面與內地靠近的過程。〔註28〕就此而言，「內地化」的內涵更廣泛，相對而言本文的「國家化」則主要強調政治方面。此外，有學者指出，「內地化」為一種「預期」研究模式，視邊緣地區進入國家為一種先驗的、

---

海民族研究》2013 年第 2 期。

〔註24〕蒙愛軍：《國家化進程中的水族傳統宗族與社會》，《西南民族大學學報》2010 年第 5 期；張中奎《清代苗疆「國家化」範式研究》，《廣西民族大學學報》（哲學社會學科版）2014 年第 3 期（按：張文雖以「苗疆」為題，但指出國家化的「實質是這一土地上的族群自我認同為清帝國子民的過程」。）；岳小國、梁豔麟：《試論土司的「地方化」與「國家化」——以鄂西地區為例》，《青海民族研究》2015 年第 2 期。

〔註25〕此類「國家化」概念，見謝維揚《先秦時期中原周邊地區國家化進程的三種模式（上）》，《華東師範大學學報》（哲學社會科學版），1995 年第 3 期；謝維揚《先秦時期中原周邊地區國家化進程的三種模式（下）》，《華東師範大學學報》（哲學社會科學版），1995 年第 4 期。

〔註26〕何幸真：《承襲、響應與發展——臺灣清史研究中的「漢化」論述》，《史匯》2010 年第 14 期。

〔註27〕尹全海：《移民與臺灣的「內地化」》，《尋根》2006 年第 6 期。

〔註28〕以「內地化」為主題的相關成果如陳徵平、劉鴻燕：《試論歷史上皇朝中央對西南邊疆社會的內地化經略》，《思想戰線》2012 年第 2 期；王丹：《唐宋以降紅水河上游地區土著族群的「內地化」進程》，廣西民族大學碩士學位論文，2016 年。

不言而喻的進程。〔註29〕「內地化」本身具有的這種目的論色彩，也是筆者沒有使用這一概念的原因。

「華夏化」與「漢化」的含義基本相同，只不過用華夏代替漢，避免了因漢族這一稱謂出現較晚而造成的概念不清。另外還有一種觀點是把華夏視為政治體而非族群來看待，研究非華夏政治體向華夏政治體的轉變。這種觀點見於胡鴻先生的研究。〔註30〕筆者之所以不使用這種含義的「華夏化」概念，是基於以下兩點考慮：第一，胡鴻先生為了使政治體觀點成立，首先考證華夏不是族群或者民族而是政治體，這等於繞了一個圈子；而國家本身就是政治體，國家化就是政治行為。在研究中使用「國家化」，可以使概念更加簡明。第二，由於嶺南的少數族群從來沒有建立過如北魏那樣穩定的獨立政權，所以嶺南的少數族群也無法像鮮卑族那樣以獨立的政權力量進行自我改造。嶺南地區向中國古代王朝國家靠攏的歷程始終是由核心區位於中原或長江流域的國家主導的。因此使用「國家化」這一概念，可以更準確地體現國家在嶺南歷史進程中的主導作用。

## 四、本文的結構與研究方法、研究目的

### （一）本文結構

正文除緒論、結論之外，分為七章。

第一、第二章闡述唐代嶺南國家化的背景，第一章介紹唐代嶺南的地理、交通和疆界。第二章介紹嶺南的族群結構以及前代的國家化措施及其效果。

第三至五章關注唐代嶺南國家化的措施。第三章研究唐代對嶺南地方行政體系的調整，分兩節：第一節研究嶺南道、府二級行政長官的設置及職權；第二節研究唐代嶺南州、縣二級的增置現象。第四章研究唐代嶺南的選官方式，分兩節：第一節闡述唐前期嶺南的各種選官方式，並比較都督選官與南選之異同；第二節研究唐後期的使司差攝及其與南選的區別。第五章研究唐代在嶺南的軍事行動及軍事體系建設，分三節：第一節按時間線索梳理唐代嶺南的內亂、外患，對文獻記載中的闕漏、訛誤進行考訂，並分析這些動亂

---

〔註29〕岳小國、陳紅：《不被整合的「向心力」——「民族走廊」國家化研究》，《青海民族研究》2013 年第 2 期。

〔註30〕胡鴻：《能夏則大與漸慕華風——政治體視角下的華夏與華夏化》，北京：北京師範大學出版社，2017 年。

及唐廷軍事行動的特徵；第二節研究唐代嶺南的統兵體制；第三節研究唐代嶺南的武裝力量，包括平時常備武裝和戰時動員機制。

第六章通過領土效益的變遷觀察唐代嶺南國家化的情況。本章分為三節：第一節研究唐代國家從嶺南獲取財賦的能力，第二節研究唐代嶺南戶口的變動，第三節研究唐代嶺南軍隊出征的情況。

第七章選取福建、雲南、黔中三個地區為對象，以國家化背景、措施及領土效益為比較項，通過比較的方法觀察嶺南與上述三地之異同。

結論除了對全文研究所得進行總結之外，還力圖就唐代嶺南國家化進程中所體現的特點、規律試作探索。

## （二）研究方法與研究目的

本文主要採用文獻分析的方法，所用文獻以正史、編年史、文集等傳世文獻為主，輔之以墓誌、碑刻等出土文獻。在分析文獻的基礎上，本文還運用對比的方法，通過將不同時代的嶺南加以對比、在相同時段內將嶺南與其他地區加以對比，來揭示唐代嶺南國家化進程中的特點。除此之外，本文還將適當採用量化統計、個案分析等方法。

本文的研究目的在於掌握唐代嶺南國家化的背景和措施，釐清其線索，揭示國家化對唐代嶺南領土效益的影響，分析嶺南與唐代其他南方邊緣地區的異同。

# 第一章　唐代嶺南國家化背景之一：
　　　　地理環境、交通路線與疆界

　　唐代嶺南國家化的背景主要包括地理環境，交通線路，疆界，族群結構變遷、前代的國家化措施這幾個方面。按照變動性的強弱，筆者對其進行分類：第一，地理環境。本文所說的地理環境包含氣候、地形、水文等方面，它們是長期保持穩定的自然因素。第二，交通線路和疆界。一方面，交通線路的形成及分布高度依賴於地理環境，具有穩定性；另一方面，其興廢又受到政治、經濟、社會發展及技術條件變化的影響，是可變的。古代國家的疆界受戰爭的影響，可能在短時間內發生劇變；但在非戰爭狀態下，通常還是基於自然地理而形成穩定的分界。交通路線和疆界均受到自然和人文因素的雙重影響。第三，族群的變遷、前代國家化的措施。這些屬於人文因素，變動性較強。

　　本章首先介紹嶺南的地理環境，再介紹基於此環境而形成的交通線路和疆界，並分析其變化與國家化之關係。

## 第一節　嶺南的地理環境

　　唐代嶺南的地理環境與今天相比基本一致，唯一突出的差異是大河入海口因泥沙搬運而導致的河道改易與海岸線變遷。不過這種變遷相對於整個嶺南的地理環境而言，是局部的、緩慢的；它對唐代嶺南國家化的影響也很有限。因此筆者以當代自然地理著作為依據介紹唐代情況，涉及古今地理差異的內容，會特別說明。

## 一、地形

嶺南地形的總體特徵是以山地丘陵為主，盆地平原分布其間。下文將嶺南按現代區劃分為廣東、廣西、海南島、越南北部四個部分加以介紹，主要參考了《廣東自然地理》、〔註1〕《廣西壯族自治區自然地理》、〔註2〕《海南島自然地理》〔註3〕及《越南情況簡介》。〔註4〕

廣東東南部是面積廣闊的珠江三角洲，這是嶺南第二大平原。三角洲以東是一組東北—西南向平行排列的山脈，主要包括蓮花山、羅浮山、九連山、青雲山、滑石山，呈現山嶺谷地相間、平行分布的格局；在這片「平行嶺谷區」以東，是粵東沿海臺地和平原。三角洲以北，是由大庾嶺、騎田嶺、蔚嶺、瑤山、大東山、九嶷山等山脈組成的山地，這是南嶺東段部分。〔註5〕南嶺並不是一條山脈，而是長江、珠江之間的一片分水高地。〔註6〕三角洲以西，有起微山、天露山、雲霧山、雲開大山等山脈，它們多數為東北—西南走向，其中雲開大山是今廣東、廣西的界山。在這片山地以南，是粵西沿海臺地，分布於粵西沿海及雷州半島地區。

廣西地形四周高中間低，整體上類似一個盆地。其東部邊緣有大桂山、大容山，並以雲開大山與廣東分界。其北部邊緣的萌渚嶺、都龐嶺、海洋山、越城嶺等山脈組成南嶺西段部分。其西部為雲貴高原的一部分，有九萬大山、鳳凰山、青龍山、金鐘山、六詔山等山脈。其南部有大青山、十萬大山、羅陽山、六萬大山等山脈。廣西地區不僅被這些山脈所包圍，其內部還有一組弧形排列的山脈，這組弧形山脈自東向西依次是駕橋嶺、大瑤山、蓮花山、大明山、都陽山，其整體走向類似一個「U」形。在這兩層山脈之間分布著幾個盆地、平原，它們是：弧形山脈內緣的桂中盆地，弧形山脈外緣的左右江盆地、南寧盆地、鬱江平原、潯江平原。西江穿過兩廣之間的山脈，形成西江谷地。

越南北部的山脈呈西北—東南走向，分為北部山區和長山山脈兩個部分。紅河斜穿北部山區，又將其分為東北部山地與西北部的黃連山。東北部山地

---

〔註1〕曾昭璇、黃偉峰主編：《廣東自然地理》，廣州：廣東人民出版社，2001年。
〔註2〕廖正城主編：《廣西壯族自治區自然地理》，南寧：廣西人民出版社，1988年。
〔註3〕曾昭璇、曾憲中：《海南島自然地理》，北京：科學出版社，1989年。
〔註4〕梁志明：《越南情況簡介》，北京：戰士出版社，1980年。
〔註5〕以上山脈，只有騎田嶺和九嶷山在今湖南境內，其餘都在廣東境內。
〔註6〕曾昭璇、黃偉峰主編：《廣東自然地理》，第4頁。

海拔不是很高，但地形複雜；西北部的黃連山是整個中南半島地勢最高的地區，山高林密，人煙稀少，交通不便。在這片山脈以南的紅河三角洲，是嶺南面積最大的平原。長山整體上為北—南走向，並向東凸出，呈弧形；長山山脈與海岸線之間形成了狹窄的沿海平原帶。在長山以東，有東—西走向的橫山將沿海平原阻斷，這條山脈是一條重要的地理界線，漢代九真郡與日南郡、唐與林邑國、今越南河靜省與廣平省之間均以橫山為界。

　　海南島中央為山地，平原臺地環繞四周，海拔由中央到四周逐漸下降。

## 二、水文

　　嶺南水系的總體特徵是流域面積廣、流量大、汛期長，但內部各水系規模不均衡。

　　嶺南的水系主要由四個部分構成，它們是：珠江水系、沿海諸水系、安南諸水系、海南島諸水系。珠江水系是嶺南最大的獨立水系，自西向東橫貫嶺南大部分地區。珠江有西、北、東三大支流，其中西江為正源，發源於雲貴高原的南盤江，沿途接納北盤江、邕江、柳江、灕江、賀江等眾多支流；東江、北江發源於南嶺，流至廣州附近與西江匯流入海。

### 表 2　珠江三大支流對比 〔註7〕

| 支流名稱 | 流域面積<br>（萬平方公里） | 多年平均流量<br>（立方米／秒） | 次級支流數量（條） |
|---|---|---|---|
| 西江 | 34.05 | 8300 | 216 |
| 北江 | 4.66 | 1535 | 56 |
| 東江 | 3.32 | 938 | 23 |

　　據表可知，西江水系在流域面積、多年平均流量和擁有的次級支流數量上都遠高於其他二江。這種特徵使得珠江水系形成了東西兩側不對稱的分布格局。發達的水系使得西江擁有便利的通航條件，清代顧祖禹《讀史方輿紀

---

〔註7〕 表格的數據源於朱道清編《中國水系大辭典》，青島：青島出版社，1993 年，第 466～505 頁。本書收錄的標準是長度 40 公里以上、集雨面積 200～300 平方公里以上的單獨水體（見第 1 頁《出版說明》）。表格中的「支流數量」由筆者據本書收錄條目統計而得。同一條河流在不同河段以不同名稱出現，不重複統計。以下三種情況不納入支流的統計範圍：1. 水庫湖泊，2. 地下暗河，3. 人工河。

要·廣東一》稱：「西江即廣西黔、鬱、桂三江之水。……今西粵往來，百斛巨舟可方行無礙者，惟西江耳。」〔註8〕《中國河運地理》稱：「西江流域是珠江三大主流中貨運最繁忙的河流。」〔註9〕東、西、北三江在廣州附近匯合後隨即入海，因此珠江的幹流實際上很短。珠江下游水系變遷是嶺南古今地理的一個顯著差異。曾昭璇先生、黃少敏先生《珠江水系下游河道變遷》一文指出唐代珠江下游的變遷主要有西江下游旱峽、東門坳兩個汊道的淤斷，東江河口平原的發展等；珠江下游水系變化除了自然因素外，也是唐宋以來人們不斷改造水網的結果。〔註10〕《中國自然地理·歷史自然地理》指出珠江三角洲的推展在唐以前較為緩慢，唐代以後對南方山地的普遍開發導致了珠江三角洲的迅速增長。〔註11〕

沿海諸水系是指嶺南沿海地區直接流入大海的眾多河流，如韓江、漠陽江、鑒江、南流江、欽江、北侖河等。在北起長江口、南至中越邊境之北侖河口之間，除長江、珠江外眾多獨立入海的中小河流共同形成了一個近乎連續的狹長沿海水系帶，綿延浙、閩、粵、桂四省，只在珠江入海口處被截斷。本文所說的嶺南沿海諸水系，正是這個水系帶的嶺南部分。它所包含的河流多發源於西、北部山地，流程較短。

安南諸水系發源於嶺南區域之外的雲貴高原或中南半島山地，主要有紅河、馬江、朱江、蘭江等。它們多為西北—東南流向，自北向南平行排列，在安南地區流入大海。上述諸河流，以紅河流程最長、下游水系最複雜，三角洲面積最廣。紅河下游河道及三角洲的形成必然經歷一個漫長過程。以常理推斷，這應是嶺南古今地理又一顯著差異。不過囿於學識，筆者尚未找到研究這一問題的專門論著。

海南島由於中央高四周低的地勢特點，河流呈放射狀分布，流程均較短。

---

〔註8〕顧祖禹：《讀史方輿紀要》卷100，北京：中華書局，2005年，第4585～4586頁。

〔註9〕北京大學地質地理系經濟地理專業1955級編著：《中國河運地理》，北京：商務印書館，1962年，第206頁。本書第三篇第一章《珠江航運地理》詳細介紹了珠江三大支流的航運條件，可供參考。

〔註10〕曾昭璇、黃少敏：《珠江水系下游河道變遷》，《廣東師範學院學報》（自然科學版）1977年第1期。

〔註11〕中國科學院《中國自然地理》編輯委員會：《中國自然地理·歷史自然地理》，北京：科學出版社，1982年，第243頁。按：本書第四章《歷史時期的水系變遷》「珠江」一節，是根據前揭曾昭璇、黃少敏文改寫。

## 三、氣候

由於缺乏精確的氣象資料，嶺南古代氣候的具體情況不得而知。不過根據古代文獻中對嶺南氣候的描述、對嶺南生物資源的記載，可知古代嶺南氣候與今天華南及越南北部地區的氣候特徵大致吻合，沒有本質性的差異。有所不同的是，在歷史時期裏中國氣候呈現有規律的冷暖變化，唐代屬溫暖期。〔註12〕據研究，唐代華南地區的氣候比今天還要更暖一些。〔註13〕鑒於此，本文以當代華南、越南北部地區氣候研究成果為依據，介紹嶺南氣候的基本特徵，並援引古代文獻中的記載與之相印證。本文這部分內容，主要參考了《華南氣候》與《越南情況簡介》兩部著作。

嶺南地區緯度低、太陽高度角（太陽光的入射方向和地平面之間的夾角）大、輻射強，受熱帶海洋的影響大，所以其氣候的總體特徵是：溫度高、降水多、濕度大。

### （一）溫度

嶺南地區的年平均氣溫大約在 18℃～24℃。除海島外，年平均等溫線基本呈緯向分布：北部山地約為 17℃，屬中亞熱帶；兩廣大部分地區在 20℃以上，屬南亞熱帶；雷州半島、海南島、越南北部約在 21℃～25℃，屬北熱帶。杜甫《寄李十二白二十韻》稱：「五嶺炎蒸地，三危放逐臣。」〔註14〕杜甫又有《寄楊五桂州》稱：「五嶺皆炎熱，宜人獨桂林。」〔註15〕上引杜詩中，「五嶺」泛指嶺南地區。桂林在整個嶺南的最北部，因此相對於炎熱的嶺南大部分地區，桂林尚可稱為「宜人」。從季節上說，嶺南冬季短暫溫暖，夏季漫長炎熱，春季回溫早，秋季降溫遲，氣溫年較差、日較差都比較小。盧綸《逢南中使因寄嶺外故人》稱：「過秋天更暖，邊海日長陰。」〔註16〕孟浩然《題梧

〔註12〕竺可楨：《中國近五千年來氣候變遷的初步研究》，《考古學報》1972 年第 1 期。

〔註13〕麃世瑾：《華南氣候》，北京：氣象出版社，1990 年，第 289 頁。何業恒：《近五千年來華南氣候冷暖的變遷》，《中國歷史地理論叢》1999 年第 1 期。按上述論著、論文所謂「華南」指福建、臺灣、廣東、廣西、海南，包含了唐代嶺南之大部。

〔註14〕杜甫撰，錢謙益箋注：《錢注杜詩》卷 10，上海：上海古籍出版社，1958 年，第 366 頁。

〔註15〕杜甫撰，錢謙益箋注：《錢注杜詩》卷 11，第 378 頁。

〔註16〕《全唐詩》卷 278，北京：中華書局，1999 年，第 3150 頁。

州陳司馬山齋》稱：「南國無霜霰，連年對物華。」〔註 17〕可見即使是秋冬，嶺南天氣也比較溫暖。

## （二）降水

嶺南是降水非常豐沛的地區，大部分地區地的年平均降水量都在 1000 毫米以上，部分地區達到了 1500～2000 毫米以上；在降水的時間分布上以夏季為主。嶺南地區除了受鋒面雨帶影響外，還受到颱風的影響，不僅降水總量大，而且是大雨、暴雨出現較多的地區。張籍《送南客》稱：「行路雨修修，青山盡海頭。」〔註 18〕《太平廣記·草木十一·花卉怪》芥蟲條引《嶺南異物志》記載：「五嶺春夏率皆霪水，晴日既少，涉秋入冬方止。凡物皆易蠹敗，萠膠氈罽，無逾年者。」〔註 19〕可見嶺南降水之多。不過需要注意的是，雷州半島的情況比較特殊，它是嶺南內部的一個乾旱區，其季節性乾旱十分嚴重。〔註 20〕

## （三）濕度與瘴癘

嶺南是一個高濕地區，年平均相對濕度 75%以上，春夏兩季濕度較高，秋冬兩季濕度較低。嶺南的年平均晴天數也較低，總體日照時數偏少。前引文獻中所謂「邊海日長陰」、「五嶺春夏率皆霪水，晴日既少，涉秋入冬方止」，即反映了嶺南高濕少晴的氣候特徵。與高濕相關的另一個現象是瘴氣。古代文獻常將濕與瘴聯繫起來，如《隋書·地理志下》稱：「自嶺已南二十餘郡，大率土地下濕，皆多瘴厲，人尤夭折。」〔註 21〕瘴氣被古人視為一種有毒的氣體，如韓愈《潮州刺史謝上表》稱：「毒霧瘴氛，日夕發作。」〔註 22〕現代學者對瘴氣有不同認識：有的認為瘴氣就是指瘧疾；有的認為瘴氣是指致病

〔註 17〕《全唐詩》卷 160，第 1659 頁。《文苑英華》卷 317 作者、詩句同（北京：中華書局，1966 年，第 1635 頁）。此詩一作宋之問《經梧州》，「連年對物華」作「連年見物華」，見《全唐詩》卷 52，第 639 頁；《文苑英華》卷 290，第 1480 頁。

〔註 18〕《全唐詩》卷 384，第 4321 頁。

〔註 19〕《太平廣記》卷 416，北京：中華書局，1961 年，第 3392 頁。

〔註 20〕關於雷州半島乾旱的特徵及成因，參見杜堯東、劉錦鑾、宋麗莉、錢光明：《雷州半島乾旱特徵、成因與治理對策》，《乾旱地區農業研究》2004 年第 1 期。

〔註 21〕《隋書》卷 30，第 887 頁。

〔註 22〕韓愈撰，馬其昶校注，馬茂元整理：《韓昌黎文集校注》卷 8，上海：上海古籍出版社，2014 年，第 690 頁。

的自然環境，而瘴癘才是由瘴氣導致的疾病。〔註23〕無論如何，瘴氣作為一種與濕熱氣候關係緊密的現象，是古代嶺南最具標誌性和威脅性的自然特徵之一，這是沒有疑問的。這裡就古代文獻所見嶺南瘴氣及其危害舉幾個例子。唐末五代劉恂《嶺表錄異》稱：「嶺表山川，盤鬱結聚，不易疏泄，故多嵐霧作瘴。人感之多病，腹脹成蠱。」〔註24〕宋代《太平惠聖方》記載：「夫江東嶺南，土地卑濕，春夏之間，風毒彌盛。又山水濕蒸，致多瘴毒。」〔註25〕宋代章傑《嶺表十說》記載：「蓋南土暑濕，嗜酒則多中暑毒，兼以瘴瘧之作，率因上膈痰飲，而酒則尤能聚痰。」〔註26〕瘴氣使時人談之色變，唐貞觀二年（628），盧祖尚被任命為交州都督，但他不願赴任，稱「嶺南瘴癘，皆日飲酒，臣不便酒，去無還理」，後來他竟因拒命而被殺。〔註27〕可見嶺南瘴氣給時人造成的心理壓力之大。

唐代杜審言有《旅寓安南》一首，集中體現了嶺南高溫多雨瘴霧等氣候要素，可謂唐代嶺南氣候特徵之真實寫照。詩云：「交趾殊風候，寒遲暖復催。仲冬山果熟，正月野花開。積雨生昏霧，輕霜下震雷。故鄉逾萬里，客思倍從來。」〔註28〕

## 第二節　嶺南的交通路線

在技術條件比較落後的古代，交通路線的分布在很大程度上取決於自然地理環境。因此，本文將「交通路線」一節置於「地理環境」之後，以便相互對照。本節按照自北向南，自東向西的順序，介紹唐代嶺南的主要交通路線如下（凡涉江河，如無特別說明的均用唐代名，括注現代名；古今名相同僅稱謂有別者，如贛江贛水、湘江湘水，則不注）：

〔註23〕關於瘴氣的不同觀點及研究狀況，參見周瓊《瘴氣研究綜述》，《中國史研究動態》2006年第5期。

〔註24〕劉恂撰，商璧、潘博校補：《嶺表錄異校補》卷上瘴條，南寧：廣西民族出版社，1988年，第22頁。

〔註25〕王懷隱等編：《太平聖惠方》卷45，〔日〕西山尚志、王震主編：《子海珍本編》海外卷（日本）《蓬左文庫》第3冊，南京：鳳凰出版社，2016年，第190頁。

〔註26〕章傑：《嶺表十說》，李璆、張致遠原輯，黎繼洪纂修，郭瑞華、馬湃點校：《校刻嶺南衛生方》中卷，上海：上海科技出版社，2003年，第31頁。

〔註27〕《舊唐書》卷69《盧祖尚傳》，第2522頁。

〔註28〕《全唐詩》卷62，第732頁。

漳州—潮州道：《元和郡縣圖志・嶺南道一》潮州條載：「西南至廣州水陸路相兼約一千六百里。西南至循州一千五百里。東北至漳州取漳浦縣路四百八十里。」〔註29〕這條路當自漳州出發，向西南行可達潮州。潮州通向循、廣的道路需要溯韓江支流興寧江（梅江）而上，經過程鄉、興寧二縣，走陸路到雷鄉，再順循江（東江）而下，可達循州、廣州。自福建汀州也可至循州，其路徑順韓江支流白石溪（汀江）南下，進入嶺南後再溯梅江而上，後續道路與漳州—潮州道相同。

虔州—韶州道：自江西地區溯贛水到虔州，再溯章水到大庾縣，陸路翻越大庾嶺之後，順滇水而下，經過湞昌、始興二縣到韶州。自韶州順韶江（北江）南下可達廣州。此道又稱大庾嶺道、梅嶺道。這條路在唐以前就是江西通往嶺南的重要通道。《史記・南越列傳》：「元鼎五年（前112）秋⋯⋯主爵都尉楊僕為樓船將軍，出豫章，下橫浦。」〔註30〕《元和郡縣圖志・嶺南道一》韶州湞水條稱：「元鼎五年征南越，樓船將軍下橫浦，入湞水，即此水。」〔註31〕據《晉書・盧循傳》，盧循佔據廣州，其所署始興太守徐道覆勸盧循北上，並說之稱：「若平齊（按：「齊」指南燕）之後，劉公（裕）自率眾至豫章，遣銳師過嶺，雖復君之神武，必不能當也。」〔註32〕此後徐道覆出兵北上，也是從始興向南康、廬陵、豫章諸郡。〔註33〕東晉時始興郡即唐之韶州，南康郡即唐之虔州。然而大庾嶺陸路艱險難行，張九齡《開大庾嶺路序》稱：「初嶺東廢路，人苦峻極，行徑寅緣，數里重林之表；飛梁嶮嶵，千丈層崖之半。顛躋用惕，漸絕其元，故以載則曾不容軌，以運則負之以背。」〔註34〕開元四年（716），張九齡整修大庾嶺道路之後，「坦坦而方五軌，闐闐而走四通，轉輸以之化勞，高深為之失險」。〔註35〕自此，虔州—韶州道的通行能力大大提高。據李翱《來南錄》，元和四年（809）五月李翱走此路進入廣州，詳載其行程：「壬戌（十七），至虔州。⋯⋯辛未（二十六），上大庾嶺。明日，

〔註29〕李吉甫撰，賀次君點校：《元和郡縣圖志》卷34，北京：中書書局，1983年，第895頁。

〔註30〕《史記》卷113，第2975頁。

〔註31〕李吉甫撰，賀次君點校：《元和郡縣圖志》卷34，第902頁。

〔註32〕《晉書》卷70，第2635頁。

〔註33〕《晉書》卷70，第2635頁。

〔註34〕張九齡撰，熊飛校注：《張九齡集校注》卷17，北京：中華書局，2008年，第890頁。

〔註35〕《全唐文》卷291，第2950頁。

至湞昌。癸酉（二十八），上靈屯西嶺，見韶石。甲戌（二十九），宿靈鷲山居。六月乙亥朔，至韶州。丙子（初二），至始興公室。戊寅（初四），入東蔭山，看大竹筍如嬰兒，過湞陽峽。己卯（初五），宿清遠峽山。癸未（初九），至廣州。……自洪州至大庾嶺一千有八百里，逆流，謂之漳江。自大庾嶺至湞昌一百有一十里，陸道，謂之大庾嶺。自湞昌至廣州九百有四十里，順流，謂之湞江，出韶州謂之韶江。」〔註36〕

郴州—韶州道：自郴州南下越騎田嶺，再順武溪水（武江）向東南，經樂昌縣至韶州。《太平寰宇記·嶺南道三》韶州樂昌縣條記載：「縣南臨武溪水，當郴州往韶州驛。」〔註37〕武溪水又名瀧水，路危峻難行，古人對此記載頗多。《水經注·溱水》稱：「武溪水又南入重山，山名藍豪，廣圓五百里，悉曲江縣界，崖峻險阻，岩嶺干天，交柯雲蔚，霾天晦景，謂之瀧中。懸湍回注，崩浪震山，名之瀧水。」〔註38〕唐代韓愈貶潮州走的就是這條路，故有《瀧吏》詩云：「南行逾六旬，始下昌樂瀧。險惡不可狀，船石相舂撞。往問瀧頭吏，潮州尚幾里？」〔註39〕按：昌樂，應為樂昌之倒文。又《續資治通鑑長編》卷12太祖開寶四年（971）正月條，宋初潘美征南漢，「王師次瀧頭，南漢主遣使請和，且求緩師。瀧頭山水險惡，潘美等疑有伏兵，乃挾其使而速度諸險」。〔註40〕《輿地紀勝》韶州景物上條稱：「武水……古名虎溪，唐改名為武溪，湍瀧危峻。」〔註41〕此應為避諱而改。

郴州—連州道：自郴州出發，越過騎田嶺到連州，順湟水（連江）而下經過陽山、洛洭二縣可達廣州。《史記·南越列傳》：「元鼎五年（前112）秋，衛尉路博德為伏波將軍，出桂陽，下匯水。」〔註42〕本條索引云：「『匯』當作『湟』。」漢代桂陽郡，即唐之郴州。據韓愈《燕喜亭記》，王弘中貶連州即

〔註36〕《全唐文》卷638，第6443頁。

〔註37〕樂史撰，王文楚等點校：《太平寰宇記》卷159，北京：中華書局，2007年，第3056頁。

〔註38〕酈道元撰，陳橋驛校證：《水經注校證》卷38，北京：中華書局，2007年，第900頁。

〔註39〕方世舉撰，郝潤華、丁俊麗整理：《韓昌黎詩集編年箋注》卷10，北京：中華書局，2012年，第579頁。

〔註40〕李燾：《續資治通鑑長編》卷12太祖開寶四年正月條，北京：中華書局，1992年，第259頁。

〔註41〕王象之撰，李勇先點校：《輿地紀勝》卷90，成都：四川大學出版社，2005年，第3124頁。

〔註42〕《史記》卷113，第2975頁。

「絫郴逾嶺」，當從此路。〔註43〕

永州—連州道：自永州出發，溯瀟水南下，經道州由陸路翻越九嶷山，到達連州，再由連州順湟水可達廣州。此路為東漢鄭弘奏請開闢。《後漢書‧鄭弘傳》載：「建初八年（83年）……舊交阯七郡貢獻轉運，皆從東冶泛海而至，風波艱阻，沉溺相係。弘奏開零陵、桂陽嶠道，於是夷通，至今遂為常路。」〔註44〕東漢零陵郡即唐之永州，桂陽縣即唐之連州。東漢也有桂陽郡，但桂陽郡當唐之郴州，在嶺北。引文中稱開闢新路是為了把交阯七郡的貢獻運出去，所辟的顯然是溝通五嶺南北的道路。那麼這裡的「桂陽」應是位於五嶺以南的桂陽縣，而非桂陽郡。

永州—賀州道：自永州出發，溯瀟水經道州由陸路翻越萌渚嶺，再順臨賀水（唐也稱封溪水，今賀江）上游南下，可達賀州。沿著這條水路繼續前進，可達臨賀水與西江交匯處的封州。由封州順流而下，經過康、端二州，可達廣州。這條路也被稱為「萌渚嶺道」、「桂嶺道」。據研究，這條路開闢很早，不過秦代開鑿靈渠、打通湘江和灕江水路之後，地位逐漸下降。〔註45〕據《續資治通鑑長編》卷11太祖開寶三年（970）九月條，宋伐南漢，「仍遣使發諸州兵赴賀州城下」，就是由此路進入嶺南；不過攻佔賀州後，宋軍只是「聲言順流趨廣州」以作惑敵之策。〔註46〕事實上宋軍先後攻佔昭、桂、連、韶諸州，最後由韶州南下廣州，可見賀州道不及韶州道便捷。然而當時虔州為南唐控制，宋軍不能走虔州—韶州道，只能先從賀州進入嶺南，再聲東擊西，取道韶州進兵。

永州—桂州道：自永州出發，溯湘水經過靈渠翻越越城嶺，可達桂州。由桂州順灕江（唐代也稱桂江）而下，經過昭，富二州，可達灕江與西江交匯處的梧州，由此順流而下可達廣州。唐代在灕江與柳江支流白石水（洛清江）之間開鑿了一條人工運河「相思埭」，今也稱「桂柳運河」。這條運河的開通使得桂州可以直接連通柳州、象州，其交通條件大為改善。〔註47〕由於靈渠

---

〔註43〕韓愈撰，馬其昶校注，馬茂元整理：《韓昌黎文集校注》卷2，第93頁。

〔註44〕《後漢書》卷33，第1156頁。

〔註45〕廖幼華：《歷史地理學的應用——嶺南地區早期發展之探討》，臺北：文津出版社，2004年，第32頁。

〔註46〕李燾：《續資治通鑑長編》卷11太祖開寶三年九月條，第249、251頁。

〔註47〕關於相思埭的修建及其交通意義，參見廖幼華《唐代桂州相思埭之探討》，《深入南荒——唐宋時期嶺南西部史地論集》，臺北：文津出版社，2013年，第112～130頁。

的存在，永州—桂州道是穿越五嶺的諸通道中唯一一條可以全程走水路的。據《史記‧南越列傳》，漢武帝伐南越，以歸義越侯二人為戈船、下厲將軍「出零陵，或下離水，或抵蒼梧」。〔註48〕離水即漓水，漢零陵郡即唐永州，出零陵下漓水者，就是走永州—桂州道。據《舊唐書‧懿宗紀》，唐咸通年間「南蠻陷交趾，征諸道兵赴嶺南。詔湖南水運，自湘江入澪渠」；〔註49〕當時因為「湖南、桂州，是嶺路係口，諸道兵馬綱運，無不經過」，朝廷還特命賜錢，「以充館驛息利本錢」。〔註50〕據《新唐書‧逆臣下‧黃巢傳》，黃巢由嶺南北上攻入湖南也取道於此，「自桂編大桴，沿湘下衡、永，破潭州」。〔註51〕

廣州—邕州道：廣州位於西江匯合韶江（北江）、循江（東江）入海之處，西江的眾多支流在南北兩側近似平行排布，幹流自西向東橫貫嶺南中部，將眾多支流貫穿在一起。從廣州出發，溯西江而上，依次經過端、康、封、梧、藤、龔、潯諸州，再轉入南側支流邕江經貫、橫、淳三州，可達邕州。邕州為左江、右江交匯處，由此上溯左右兩江，即可進入邕州以西遍布羈縻政區的地帶。據《續資治通鑑長編》卷172仁宗皇祐四年（1052）五月條，儂智高作亂於廣南，五月乙巳（初一）破邕州，而後順流而下，經橫、貴、龔、藤、梧、封、康、端，同月丙寅（二十二）進圍廣州，前後只用了二十餘日。〔註52〕

藤州—廉州道：從藤州出發，溯北流江到達容州，在容州走陸路越鬼門關，進入南流江上游，經牢、白二州，可達廉州。這條道路也被稱為瘴江水路。〔註53〕廉州即漢代合浦郡，這裡很早就是重要的海港，連通安南的海上航線多從這裡出發，唐代在這裡設有海門鎮。據《舊唐書‧懿宗紀》，咸通（860～873）年間南詔佔領安南，唐軍即在海門鎮屯駐集結；高駢也是「自海門進軍破蠻軍，收復安南府」。〔註54〕此路的支線由白州分出，經過辯、羅二州，可達雷州。《唐大和上東征傳》載：「（鑒真）三日三夜，便達雷州。羅州、辨州、象州、白州、儋州、藤州、梧州、桂州等官人、僧道、父老迎送禮拜，供養承事，其

〔註48〕《史記》卷113，第2975頁。

〔註49〕《舊唐書》卷19上，第652頁。

〔註50〕《舊唐書》卷19上，第656頁。

〔註51〕《新唐書》卷225下，北京：中華書局，1975年，第6455頁。

〔註52〕李燾：《續資治通鑒長編》卷172仁宗皇祐四年五月條，第4142～4146頁。

〔註53〕關於瘴江水路的線路及其意義，參見廖幼華《唐宋時代鬼門關及瘴江水路》，《深入南荒——唐宋時期嶺南西部史地論集》，第39～79頁。

〔註54〕《舊唐書》卷19上，第659頁。

事無量，不可言記。」〔註55〕象州遠在桂管轄區，這裡應是衍文或誤記。據原書本條注，傭州可能是容州。筆者按，容州在白州通往藤州的必經之路上，原注是。鑒真所走的這條路，就是從雷州半島的支線進入藤州—廉州道。

邕州—安南道：古代中國內陸連通安南，主要依靠北部灣沿岸的海上交通，自廉州或陸州之烏雷出發，沿海岸航行，至紅河入海口轉向內陸。這一地區海路交通「不但比陸路發展的早，還更為經濟、便捷」。〔註56〕明代鄭若曾《安南圖志》引俞大逌《平交圖說》稱：「欲取安南必由海進，其各陸路只張虛聲而已。」〔註57〕可知海路對於進入安南的重要性。不過古代入安南也有陸路。《通典·州郡十四》臨潭郡條載：「瀼州，隋大將軍劉方始開此路，置鎮守，尋廢不通。大唐貞觀中清平公李弘節，尋劉方故道開置瀼州，以達交趾。……州界有瀼水。」〔註58〕可知進入安南的陸路自瀼州經過。據考證，其具體行程從邕州出發至羈縻上思州，再沿今明江向西，經過瀼州、羈縻思明州，轉入思陵水，經過羈縻思陵州，取陸路向西南經過羈縻祿州，可達安南府。〔註59〕按：明江為今名，唐名無考。據上引《通典》所謂「州界有瀼水」，殆即今明江。此外，沿今水口河、今平而河也可以進入安南。〔註60〕

安南—雲南道：從安南出發，逆流而上經峰州向西北行，至賈勇步，從賈勇步登陸，經湯泉、祿索、龍武等羈縻州，始入劍南管界。這條道路記載於《新唐書·地理志七下》，體現的是唐前期雲南地區歸劍南道管理時的情況，劍南道和嶺南道分界於龍武州以西。〔註61〕唐代樊綽的《蠻書·雲南界內途

---

〔註55〕〔日〕真人元開撰，汪向榮校注：《唐大和上東征傳》，北京：中華書局，1979年，第71頁。

〔註56〕廖幼華：《唐宋時期邕州入交三道》，《深入南荒——唐宋時期嶺南西部史地論集》，第186頁。

〔註57〕鄭若曾：《安南圖志》，《邊疆邊務資料初編·西南邊務》第九冊，北京：中央編譯出版社，2011年，第185頁。

〔註58〕《通典》卷184，北京：中華書局，1988年，第4955頁。

〔註59〕對邕州至安南陸路具體路線的考證，參見廖幼華《唐宋時期邕州入交三道》，《深入南荒——唐宋時期嶺南西部史地論集》，第158～187頁。

〔註60〕據嚴耕望《唐代交通圖考》第四卷《山劍滇黔區》篇三四黔中牂牁諸道（四）引《安南圖志》載入交之道有三，一自憑祥州，一自思明府，一自龍州，並推測「實本之唐前古道可知」（臺北：臺灣商務印書館，1986年，第1304頁）。而據前揭廖幼華文考證，明清史家所熟知的憑祥鎮南關道，「並不是唐宋兩朝故道」。

〔註61〕《新唐書》卷43下，第1151頁。

程》同樣記載了這條道路，但其背景是南詔建國以後，雲南為南詔所據。《蠻書》中地名與《新唐書》有所不同，南詔與安南分界於賈勇步。〔註62〕這條路的具體地望，譚其驤先生主編《中國歷史地圖集》將其標在今紅河沿岸。〔註63〕而據嚴耕望先生考證，這條路應該在紅河支流盤龍江沿岸。盤龍江古稱葉榆水，是漢晉以來溝通滇、越的舊路；而紅河也是滇、越之間的水路通道，古籍中所提到的「步頭」就在此路之上，但此路在唐代不及盤龍江水路重要，元明清時期地位上升。〔註64〕

　　總結前文，可以得出嶺南古代交通路線的主要特徵是：從空間分布上講，交通線主要沿江或越嶺分布，兼有海上交通；從交通方式上講，水運占特別重要的地位。陳偉明先生在《全方位與多功能：歷史時期嶺南交通地理的演變發展》一書中將嶺南交通路線歸納為越嶺路線和沿江路線，並指出：「儘管歷史時期嶺南水上交通通行條件在一些地區較為差劣，但是從整體上衡量，無損水上交通作為嶺南地區最重要交通路線的地位，水上交通仍然是相對較為安全便捷的交通路線。」〔註65〕結合以上兩個特徵，可以看到交通路線對嶺南國家化的影響。先看交通線沿江、越嶺分布的影響。首先，由於五嶺山地是長江、珠江水系的分水嶺，導致無論是從南向北或從北向南翻越五嶺，在進入沿江水路後都是順流。再者，五嶺山地並不十分高峻，存在多個易於翻越的通道，甚至可以開鑿靈渠這樣的運河。這種地理及交通態勢導致嶺南成為一個軍事上的易攻難守之地。以五嶺為界，防守方的戰線太長，難以全面防禦；而可供進攻方選擇的進兵路線很多，既可以多路並舉分進合擊（如漢武帝滅南越），也可以聲東擊西重點突破（如宋太祖滅南漢），且一旦翻過五嶺，就可以順流而進，勢不可擋。反之，從嶺南的角度出發，北上長江流域同樣可以享受攻方的優勢。前述盧循、黃巢都曾從嶺南北上，對東晉和唐王朝構成了巨大威脅。不過需要注意的是，盧循、黃巢都是外來者，而非嶺南本土勢力。總得來說，嶺南本土勢力相對於中央政府而言是比較弱小的，多數情況下為防守方；而易攻難守的地理、交通態勢不利於地方割據自守，這對嶺南的國家化是有利的。但安南地區與內陸主要以海運方式聯繫，這使得

---

〔註62〕樊綽撰、向達校注：《蠻書校注》卷1，北京：中華書局，2018年，第1～10頁。
〔註63〕譚其驤主編：《中國歷史地圖集》第五冊，圖幅第72～73《嶺南道西部》。
〔註64〕嚴耕望：《唐代交通圖考》第四卷《山劍滇黔區》，第1332頁。
〔註65〕陳偉明：《全方位與多功能：歷史時期嶺南交通地理的演變發展》，廣州：暨南大學出版社，2006年，第54頁。

國家控制安南的難度比較大。許倬雲先生就認為安南地區最終未能被中國納
入疆域，原因之一就是海路交通難以「編織為持續存在的道路網，網羅新的
地區於中國的版圖」。〔註66〕再看以水運為主的交通方式的影響。《史記‧南
越列傳》載漢武帝以樓船討南越事，《集解》稱：「時欲擊越，非水不至，故作
大船。」〔註67〕《史記‧平準書》載漢武帝時修昆明池、治樓船事，《索隱》
稱：「蓋始穿昆明池，欲與滇王戰，今乃更大修之，將與南越呂嘉戰逐，故作
樓船，於是楊僕有將軍之號。」〔註68〕可見西漢征南越前，針對嶺南交通以
水運為主的特徵，訓練水戰，製作樓船，作了充足準備。《唐會要‧安南都護
府》載張舟到任後改造戰船：「自創新意，造艨艟舟四百餘隻，每船戰手二十
五人。掉（按：「掉」應作「棹」）手三十二人，車弩一支，兩弓弩一支，掉出
船內，回船向背，皆疾如飛。」〔註69〕可見，嶺南水運之重古人早有認識，
故國家經略嶺南特重製作舟楫與訓練水戰。

## 第三節　嶺南的疆界

　　本節所說「嶺南的疆界」，是指有關政權在嶺南地區的外部邊界。嶺南不
僅是邊緣地區，也是邊疆地區；因而嶺南不僅存在與內部不同政區間的邊界，
也存在本國與鄰國的外部邊界。前者主要沿著五嶺山地分布，比較穩定；後
者則因邊疆戰守形勢而時有變化。

### 一、嶺南被納入王朝疆域的經過

　　《尚書‧堯典》載：「申命羲叔，宅南交。」〔註70〕《墨子‧節用中》載：
「古者堯治天下，南撫交阯。」〔註71〕《韓非子‧十過》載：「昔者堯有天下……
其地南至交阯。」〔註72〕《大戴禮記‧少間》載：「虞舜以天德嗣堯……南撫

〔註66〕許倬雲：《越、朝、日為何沒納入中國疆域》，《國家人文歷史》，2015 年第 3
　　　　期。
〔註67〕《史記》卷 113，第 2975 頁。
〔註68〕《史記》卷 30，第 1436 頁。
〔註69〕《唐會要》卷 73，北京：中華書局，1960 年，第 1321 頁。
〔註70〕《尚書正義》卷 2，北京：北京大學出版社，1999 年，第 29 頁。
〔註71〕吳毓江撰，孫啟治點校：《墨子校注》卷 6，北京：中華書局，1993 年，第 255
　　　　頁。
〔註72〕王先慎撰，鍾哲點校：《韓非子集解》卷 3，北京：中華書局，1998 年，第 70
　　　　頁。

交趾。」〔註73〕有學者認為，先秦時期嶺南就已經進入古代聖王經略的範圍，上述文獻中所說的「南交」「交趾（阯）」都是指今天的越南北部。〔註74〕然而，這一觀點缺乏充分的依據。首先，上引《尚書·堯典》傳稱：「南交言夏與春交。舉一隅以見之。此居治南方之官。」〔註75〕則「南交」並不是一個明確的地名。其餘幾則文獻中出現的「交趾」雖然是地名，但「交」或「交趾（阯）」成為指稱越南北部地區的正式地名，是漢代才有的事情。漢武帝平南越後設交阯郡，位於今越南北部。這並不能證明先秦的「交」或「交趾（阯）」指的是同一地區。《禮記·王制》載：「中國戎夷，五方之民，皆有性也，不可推移。⋯⋯南方曰蠻，雕題交趾，有不火食者矣。」〔註76〕同頁注稱：「交趾，足相鄉然。」又正義稱：「趾，足也。言蠻臥時頭向外，而足在內而相交，故云『交趾』。」〔註77〕可知「交趾」的本義是描述雙足相交的生活習俗。由於擁有這種習俗的「蠻」生活在南方，故前揭《墨子》《韓非子》《大戴禮記》等文獻用「交趾」指代南方。這裡「交趾」所指的應是一個含糊的方位，而非明確的地域範圍，更無證據表明它與越南北部的關係。顧頡剛先生《中國疆域沿革史》稱戰國時代中國「已佔有今陝西、湖北、湖南、江西、浙江、安徽、江蘇、山東、河南、河北、山西及甘肅、四川，以至甘肅、綏遠、察哈爾、熱河及遼寧之一部焉」。〔註78〕據此，戰國時期兩廣尚不在疆域內，堯時代顯然不可能「地至交趾」。總之，先秦時期，嶺南從來沒有處於中國古代王朝的實際統治之下。

《史記·秦始皇本紀》載：「三十三年（前214年），發諸嘗逋亡人、贅婿、賈人略取陸梁地，為桂林、象郡、南海，以適遣戍。⋯⋯三十四年，適治獄吏不直者，築長城及南越地。」〔註79〕此次事件是嶺南被納入中國古代王朝疆域的標誌。據《史記·南越列傳》，秦末戰亂中，嶺南趙佗「絕道聚兵自

---

〔註73〕王聘珍撰，王文錦點校：《大戴禮記解詁》卷11，北京：中華書局，1983年，第216頁。

〔註74〕王承文：《唐代環南海開發與地域社會變遷研究》，北京：中華書局，2018年，第2頁。

〔註75〕《尚書正義》卷2，第29頁。

〔註76〕《禮記正義》卷12，北京：北京大學出版社，1999年，第398頁。

〔註77〕《禮記正義》卷12，第400頁。

〔註78〕顧頡剛：《中國疆域沿革史》，北京：商務印書館，1999年，第49頁。按本書由商務印書館初刊於1938年，所謂「今」省份，是指民國而言。

〔註79〕《史記》卷6，第253頁。

守」，割據南海郡，「秦已破滅，佗即擊並桂林、象郡，自立為南越武王」，佔有了整個嶺南，秦對嶺南的短暫統治遂告結束；西漢建立後，「與（南越）剖符通使」，事實上承認了南越政權的合法存在。〔註80〕此後除了一度於呂后當政時交惡外，南越一直是西漢名義上的藩臣。漢武帝元鼎六年（前111）平定南越，設九郡：南海、合浦、蒼梧、鬱林、交阯、九真、日南、儋耳、珠崖；嶺嶠地帶則割屬嶺北的零陵、桂陽二郡。〔註81〕至此，嶺南被正式納入中國古代王朝的疆域。自此以後，除了五代時期國祚短促的南漢之外，嶺南整體再也沒有形成一個完全獨立的政權。

## 二、嶺南疆界的局部變化

漢唐時期嶺南疆界的變化主要有兩個：海南島的得失和大陸南界的盈縮。西漢後期對海南島的放棄是嶺南疆界第一次大變動。《漢書·賈捐之傳》載：「自初為郡至昭帝始元元年（前86年），二十餘年間，凡六反叛。至其五年，罷儋耳郡並屬珠崖。至宣帝神爵三年（前59年），珠崖三縣復反。反後七年，甘露元年（前53年），九縣反，輒發兵擊定之。元帝初元元年（前48年），珠崖又反，發兵擊之。諸縣更叛，連年不定。」〔註82〕不斷的叛亂帶來了高昂的統治成本，西漢不得不在始元五年（前82）、初元三年（前46）先後放棄儋耳郡、珠崖郡。〔註83〕至此海南島完全退出嶺南疆界範圍，「漢元帝以後大陸王朝重新在島上設置郡縣，實始於梁」。〔註84〕《隋書·地理志下》珠崖郡條：「梁置崖州。」〔註85〕隋代珠崖郡就在海南島上，該郡承襲梁代崖州。這是梁代在海南島設政區的證據。此後歷代國家均在海南島設置政區，再也沒有放棄。

嶺南最南端與林邑國為鄰。關於嶺南與林邑國邊界的移動，胡阿祥先生

〔註80〕《史記》卷113，第2967頁。
〔註81〕《漢書》卷7《昭帝紀》元鳳五年（前76年）條載：「秋，罷象郡，分屬鬱林、牂柯（北京：中華書局，1962年，第231頁）。」據此可知，西漢在嶺南還設有象郡，但由於存在時間較短，這裡沒有列入。
〔註82〕《漢書》卷64下，第2830頁。
〔註83〕《漢書》卷7《昭帝紀》始元五年條，第223頁；卷8《宣帝紀》，初元三年條，第283頁。
〔註84〕譚其驤：《自漢至唐海南島歷史政治地理——附論梁隋間高涼冼夫人功業及隋唐高涼馮氏地方勢力》，《歷史研究》1988年第5期。吳赤烏五年（242）復置珠崖郡，但此郡不在海南島而是雷州半島，上揭譚文對此作了專門考證。
〔註85〕《隋書》卷31，第885頁。

《六朝疆域與政區研究》做了詳細研究。〔註86〕林邑獨立的經過及其疆界，《水經注・溫水》載：

> 林邑……秦、漢象郡之象林縣也。……建國起自漢末，初平（190～193）之亂，人懷異心，象林功曹姓區，有子名連，攻其縣，殺令，自號為王。值世亂離，林邑遂立，後乃襲代，傳位子孫。三國鼎爭，未有所附。吳有交土，與之鄰接，進侵壽泠，以為疆界。〔註87〕

又稱：

> 魏正始九年（吳赤烏十一年，248），林邑進侵至壽泠縣，以為疆界，即此縣也。〔註88〕

據此，林邑國獨立於東漢初平年間，最初佔有象林縣之地。漢代日南郡轄五縣，自北向南依次為比景、朱吾、西卷（郡治）、盧容、象林。由此推測，象林縣與盧容縣的分界應該就是日南郡與林邑國的分界。魏正始九年，林邑北進至壽泠。據胡阿祥先生研究，壽泠水為今越南廣治西南向東北流之河，殆即吳日南郡南部與林邑之間的界河；孫吳較之東漢，在中南半島長山山脈以東的狹長地帶上又北縮一個緯度，一百八十餘公里。〔註89〕漢代西卷在今越南廣治附近，據此，則盧容縣也被林邑侵佔。

西晉初年，日南郡南界越過壽泠水，日南郡遷治盧容縣。胡阿祥先生據此推測，西晉初年「即恢復了東漢末年以前日南郡的南部邊界」。〔註90〕按林邑國建立的時間為初平（190～193）年間，已經是東漢末年。西晉復盧容縣，只是恢復了魏正始九年（吳赤烏十一年）以前的疆界，即以盧容、象林二縣界為邊界。

東晉時期，林邑國頻繁侵擾日南、九真等郡，疆界進退不常，至東晉末年，《水經注・溫水》引《林邑記》稱：「渡比景至朱吾。朱吾縣浦，今之封界。」〔註91〕朱吾縣浦，據胡阿祥先生研究，為今越南廣平省美麗西南部的河流。日南郡與林邑以此為界，則西卷也為林邑佔據，東晉僅保有原漢代日南郡北部比景、朱吾之地。

〔註86〕胡阿祥：《六朝疆域與政區研究》，北京：學苑出版社，2005年。
〔註87〕酈道元撰，陳橋驛校證：《水經注校證》卷36，第837頁。
〔註88〕酈道元撰，陳橋驛校證：《水經注校證》卷36，第833頁。
〔註89〕胡阿祥：《六朝疆域與政區研究》，第58頁。
〔註90〕胡阿祥：《六朝疆域與政區研究》，第145頁。
〔註91〕酈道元撰，陳橋驛校證：《水經注校證》卷36，第836頁。

　　劉宋時期，嶺南南部邊界進一步北縮到橫山一線，並且基本穩定了下來。《南史·林邑傳》稱：「林邑國，本漢日南郡象林縣。……其地縱廣可六百里……北接九德郡。」〔註92〕據《宋書·州郡志四》九德郡，「故屬九真，吳分立」。〔註93〕林邑「北接九德郡」，意味著原漢代日南郡之地事實上已經完全喪失。林邑國與宋九德郡之邊界，等同於漢代九真郡與日南郡之邊界，即橫山山脈。此後這條邊界長期穩定。隋煬帝時期，劉方一度征服林邑，設比景、海陰、林邑三郡。然而據《隋書·林邑傳》，「（劉）方班師，（林邑王）梵志復其故地」。〔註94〕隋朝並沒有穩定控制橫山以南地方。橫山邊界一直延續到唐代保持不變。

　　唐代嶺南疆界大體沿襲隋代之舊，唯一的不同是在長山山脈以西設羈縻棠州，轄日落、文陽二縣。該州轄境主要在今老撾境內，西側與文單國為鄰。自漢以來歷代國家在今越南北部地區的疆土均限於長山山脈與海岸線之間，形成一個南北狹長的形態。唐代所設羈縻棠州將國界向西作了局部拓展，形成一個突出部。據嚴耕望先生考證，這段邊界的最西端約在東經104度湄公河與南屯河合流地區。〔註95〕《中國歷史地圖集》所畫邊界與嚴先生所考大致吻合，唯更偏西約半個經度。〔註96〕

　　綜上，唐代嶺南包有海南島、以橫山與林邑為鄰的疆界是經過漢至隋的長期演變而形成的。這一疆界在唐代大體保持了穩定。唐以後，嶺南疆界仍有變化，其影響最為重大的是安南地區的獨立。南漢大保十一年（968）丁部領稱帝，此事一般被認為是安南獨立建國之始。〔註97〕此後除了明永樂五年（1407）至宣德二年（1427）曾佔據安南並設交趾布政司外，安南不再屬於中國古代王朝疆域。

---

〔註92〕《南史》卷78，北京：中華書局，1975年，第1947～1948頁。
〔註93〕《宋書》卷38，第1206頁。
〔註94〕《隋書》卷82，第1833頁。
〔註95〕嚴耕望：《唐代盛時與西南鄰國之疆界》，《嚴耕望史學論文集》（中），上海：上海古籍出版社，2009年，第692～693頁。原載《史語所集刊》第五十九本《李方桂先生紀念論文集》第四分，1988年。
〔註96〕譚其驤主編：《中國歷史地圖集》第五冊圖幅第72～73《嶺南道西部》。
〔註97〕關於對丁氏稱帝的記載及其對安南獨立的影響，參見葉少飛《丁部領、丁璉父子稱帝考》，《宋史研究論叢》第十六輯，保定：河北大學出版，2015年。

## 小結

　　嶺南氣候的特徵是溫度高、降水多、濕度大，且多瘴癘。嶺南地形以山地丘陵為主，平原、盆地散佈期間。嶺南水系分為珠江水系、沿海諸水系、安南諸水系、海南島諸水系四個部分，其中以珠江水系規模最大。嶺南上述氣候、地形、水文條件導致了嶺南地區交通的總體特徵是交通線路多沿江、越嶺分布，交通方式以水運為主，兼有海運。秦漢時期，嶺南正式進入中國古代王朝疆域，其北部以五嶺為界，南界則有盈縮：一是西漢後期撤廢了設置在海南島的珠崖、儋耳兩郡，至梁代才重新將海南島納入王朝疆域之內；二是林邑國建立後不斷北犯，導致嶺南在大陸上的南端邊界不斷北縮，劉宋至唐穩定於橫山一線。唐代在長山山脈以西作了局部拓展。

# 第二章　唐代嶺南國家化背景之二：
## 族群結構與前代國家化政策

　　周一良先生《南朝境內之各種人及政府對待之政策》將南朝境內的人群分為僑人、吳人、蠻俚三類，其中僑人居於最高統治地位，吳人次之，蠻俚處於最下層的被統治地位。〔註1〕漢唐時期嶺南的情況與此類似但又有所區別。漢唐嶺南族群可以分為三個類別：北人、土人、蠻族。北人即外地人，包括接受中央任命來到嶺南的官員；土人是指從外地遷入，久居嶺南遂成土著的人，主要是華夏族群。蠻族是指嶺南本地的非華夏族群。《禮記・王制》載：「中國戎夷，五方之民，皆有性也，不可推移。……南方曰蠻，雕題交趾，有不火食者矣。」〔註2〕除了「蠻」之外，南方的非華夏族群在古代文獻中還有「越」、「俚」、「獠」等稱呼，陳寅恪先生以「蠻為南方非漢族之通稱」。〔註3〕出於研究的方便，本文用「蠻族」概稱這些中國古代南方地區的非華夏族群。上述三個族群起伏消長，相互影響，導致了漢唐間嶺南族群結構的變化。下文遵循這一線索將漢至隋的歷史分為三個時期來分析，即兩漢時期，漢末至宋齊，梁至隋。在每個階段，嶺南族群結構分別呈現出不同的特徵，而國家也相應採取不

---

〔註1〕周一良：《南朝境內之各種人及政府對待之政策》，《魏晉南北朝史論集》，北京：中華書局，1963 年，第 30～93 頁；原載《歷史語言研究所集刊》第七本，1938 年。

〔註2〕《禮記正義》卷12，第398頁。

〔註3〕陳寅恪：《魏書司馬睿傳江東民族條釋證及推論》，《金明館叢稿初編》，北京：生活・讀書・新知三聯書店，2001 年，第 85 頁；原載《歷史語言研究所集刊》第十一本，1944 年。

同的國家化措施。二者共同構成了唐代嶺南國家化的重要歷史背景。

# 第一節　兩漢時期

## 一、兩漢的族群結構

　　秦代統治嶺南為時很短。中國古代王朝對嶺南實施長期而有效的統治，始於漢武帝平南越。自漢武帝時期以來，上述三種人就同時存在於嶺南。在兩漢大多數時期，北人擁有最高的政治地位，蠻族處於被統治的地位；而土人尚未形成強大的勢力。西漢嶺南設交阯刺史部，東漢改交州，下設郡、縣二級政區。據嚴耕望先生《兩漢太守刺史表》交州部分，在東漢末年的動亂之前，兩漢嶺南太守、刺史中籍貫可考的均是北人。〔註4〕這些北人是接受國家任命來到嶺南做官的，說明嶺南太守、刺史的任命權牢牢掌握在兩漢國家手中。

　　兩漢時期土人、蠻族的情況如何呢？《後漢書・南蠻西南夷傳》描述西漢時期嶺南稱：

　　　　凡交阯所統，雖置郡縣，而言語各異，重譯乃通。人如禽獸，長幼無別。項髻徒跣，以布貫頭而著之。後頗徙中國罪人，使雜居其間，乃稍知言語，漸見禮化。〔註5〕

兩漢時期蠻族是嶺南當地人口的主體，「中國」移民不過是「雜居其間」罷了。可知此時在嶺南定居的華夏人口應該很少，定居的時間也不會太長，故土人還沒有形成強大的勢力。蠻族雖然人口占比很高，但政治地位低下。《水經注・葉榆水》引《交州外域記》稱：

　　　　越王令二使者典主交阯、九真二郡民……（路博德平南越後）乃拜二使者為交阯、九真太守。諸雒將主民如故。……（馬援平徵側後）悉定郡縣，為令長也。〔註6〕

「雒」即為嶺南蠻族之一種，常見於漢代文獻。「越王令二使者典主交阯、九真二郡民」，說明二使者是作為南越王的代表監理二郡，本身似乎不是雒人。

---

〔註4〕嚴耕望：《兩漢太守刺史表》，上海：商務印書館，1948 年，第 97～99，270～275、283、309～310 頁。

〔註5〕《後漢書》卷 86，第 2836 頁。

〔註6〕酈道元撰，陳橋驛校證：《水經注校證》卷 37，第 860 頁。

又據《史記‧南越列傳》，趙佗割據嶺南時「頗有中國人相輔」。〔註7〕可知南
越政權中有不少北人，二使者應屬此類。路博德「乃拜二使者為交趾、九真
太守，諸雒將主民如故」，這裡將「使者」與「雒將」分開敘述，也清楚地表
明使者與雒將有區別。西漢平南越以後，郡一級有郡守，而郡之下雖設縣，
其實由雒將主民，即由蠻族首領自行治理其部眾。這是基於當時嶺南蠻族眾
多而華夏族群人數極少的現實。東漢馬援平定二徵叛亂後，「悉定郡縣，為令
長也」，這句話的意思應是指原先由雒將主民的縣被平定後改由國家任命令、
長。令、長都是縣的長官，因此這裡雖然說「郡縣」，其實主要是縣。《後漢
書‧南蠻西南夷傳》：「徵側者，麊泠縣雒將之女也。嫁為朱鳶人詩索妻，甚雄
勇。交阯太守蘇定以法繩之，側忿，故反。」〔註8〕徵側是「麊泠縣雒將」之
女，雒將前面冠以縣名，說明其勢力仍然在一縣範圍，故以此區別（當然，一
縣之中也可能不止一個雒將）。此次動亂是由雒將領導的，他們的勢力在平叛
戰爭中必然受到打擊。因此，馬援得以在原先由雒將主民的縣改置令、長。
此後這些縣令、縣長的族群情況，尚無充分案例可供研究。從後來的邊緣地
區國家化的歷史經驗推測，國家為了籠絡蠻族而繼續委任其首領的可能性是
很大的。總之，無論是西漢時主民的雒將，還是東漢時可能出任縣令、縣長
的蠻族首領，其勢力範圍不出一縣，其官職不超過縣之令、長，政治地位是
比較低的。

　　北人代表中央來到嶺南任官，其背後有國家的支持，兩漢時期力量尚較
薄弱的土人、蠻族難以與之抗衡。因此，這時嶺南呈現二元化的政治格局：
上層是中央派遣的刺史、太守；下層是雒將及其所統部眾；土人也處於下層，
但因其數量很少，尚未對政治產生重大影響。上下兩層之間是彼此割裂甚至
對立的。國家委派的太守、刺史奉行的是國家的法令，而「重譯乃通」的蠻族
民眾對他們很難產生認同。北人與蠻族之間存在很深的隔閡。這導致嶺南的
太守、刺史難以從基層汲取力量形成地方勢力；相反，他們需要依靠中央的
權威來壓制這些「人如禽獸，長幼無別」的蠻族。因此兩漢時期嶺南對中央
的政治態度是比較恭順的，「中央—地方」這對矛盾在兩漢時期並不突出。東
漢末年以前，嶺南蠻族動亂發生了不少，但刺史、太守圖謀割據的事情從來
沒有發生過。即便是在兩漢之交的戰亂時期，嶺南諸郡不過是「閉境拒守」

〔註7〕　《史記》卷113，第2967頁。
〔註8〕　《後漢書》卷86，第2836頁。

而已；〔註9〕一旦東漢政權「移檄江南，班行詔命」，則「相率遣使貢獻」歸順東漢。〔註10〕中央只需要一紙檄文詔命，就可以取得嶺南的歸附，可見這一時期嶺南還沒有形成強大的地方政治勢力，地方官在政治態度上是依附於中央的。

## 二、國家化措施

地方上層與下層的隔閡同時意味著國家的統治尚不能深入到由蠻族首領控制的嶺南下層社會之中，「華夏—蠻族」這對矛盾在嶺南是比較尖銳的，兩漢嶺南的國家化處於起步階段。除了建立地方軍政體系、平定蠻族動亂這些維持統治的基本手段之外，國家還根據實際情況採取了初郡制度和徙罪民實邊的措施。此外，地方官逐漸推行「教化」，不過還是非常初步的。

西漢設交阯刺史部監察嶺南大部分地區，東漢改交州。州以下設郡、縣二級。西漢時期地方上有郡兵，統於太守而由都尉率領，另有戍邊一歲而更代的戍卒；東漢光武帝時期罷地方輕車、材官、騎士，又罷邊郡亭候吏卒，改以將屯兵戍邊。〔註11〕東漢嶺南常備軍可考的有交阯屯兵和象林屯兵。〔註12〕

兩漢是嶺南蠻亂多發的時期，平定蠻亂是這一時期國家化的又一重要舉措。筆者用蠻亂指稱古代國家與蠻族間的武裝衝突。儘管衝突可能是由官員的劣跡或政策不當引起的，但古代文獻從國家的立場出發，一律將蠻族視為反叛者，將其武裝鬥爭稱為「亂」。本文使用「蠻亂」一詞既是出於文辭的簡潔與研究的方便，也是基於尊重文獻的原始語境，並不代表筆者認同此類文獻的立場。

有關兩漢的蠻亂，《後漢書·南蠻西南夷傳》記載最為詳細，列簡表如下。

### 表3　兩漢嶺南蠻亂情況〔註13〕

| | |
|---|---|
| 西漢武帝末 | 珠崖郡蠻反，孫豹討平之。此後仍數歲一反。 |
| 建武十六年（40） | 交阯女子徵側反，九真、日南、合浦蠻俚皆應之。伏波將軍馬援討平之。 |

〔註9〕《後漢書》卷76《循吏·任延傳》，第2462頁。
〔註10〕《後漢書》卷17《岑彭傳》，第659頁。
〔註11〕關於兩漢兵制變遷，參見賀昌群《東漢更役戍役制度的廢止》，《歷史研究》1962年第5期；陳連慶《漢代兵制述略》，《史學集刊》1982年第2期。
〔註12〕《後漢書》卷31《賈琮傳》，第1111頁；卷86《南蠻西南夷傳》，第2837頁。
〔註13〕表中內容據《後漢書》卷86《南蠻西南夷傳》，第2835～2839頁。

| | |
|---|---|
| 永元十二年<br>（100） | 日南象林蠻夷反，郡兵討破之，置象林將兵長史以防其患。 |
| 元初三年<br>（116） | 蒼梧、鬱林、合浦蠻夷反。侍御使任逴奉詔赦之。 |
| 永和元年<br>（136年） | 象林蠻夷叛，次年攻日南郡，並引發交阯兵變。九真太守祝良、交阯刺史張喬招降之。 |
| 建康元年<br>（144） | 日南蠻夷煽動九真，攻燒城邑。交阯刺史夏方開恩招誘，賊皆降服。 |
| 永壽三年<br>（157） | 九真蠻賊作亂，郡守戰死。九真都尉魏朗討破之。渠帥猶屯據日南，後為夏方招降。 |
| 光和元年<br>（178） | 合浦、交阯烏滸蠻叛，招誘九真、日南民攻沒郡縣。刺史朱儁擊破之。 |

《史記·平準書》載：「漢連兵三歲，誅羌，滅南越，番禺以西至蜀南者置初郡十七，且以其故俗治，毋賦稅。」〔註14〕嶺南大部分地區包括在十七初郡中。〔註15〕西漢對這類地區採取因俗而治、不收賦稅的統治政策，僅實行形式上的管理。初郡制度保護了嶺南蠻族的風俗習慣和既有利益，符合當時國家化處於起步階段的實際情況，因而西漢時期嶺南總體上蠻亂相對較少。

從西漢末期開始，國家大量遷徙罪人至嶺南，略舉幾例：《漢書·杜欽傳》：「哀帝崩，王莽秉政，諸前議立廟尊號者皆免，徙合浦。」〔註16〕《漢書·息夫躬傳》載其坐祝詛下獄事，稱：「妻充漢與家屬徙合浦。」〔註17〕《後漢書·梁竦傳》：「後坐兄松事，與弟恭俱徙九真。」〔註18〕前引《後漢書·南蠻西南夷傳》稱：「後頗徙中國罪人，使雜居其間，乃稍知言語，漸見禮化。」〔註19〕

兩漢時期，地方官在嶺南推行初步的「教化」。這方面比較典型的事例是《後漢書·循吏傳》所載兩漢之交的交阯太守錫光、東漢初年的九真太守任延，他們「鑄作田器，教之墾闢」，「教導民夷，漸以禮義」，史稱「領南華風，始於二守焉」。〔註20〕

---

〔註14〕《史記》卷30，第1440頁。
〔註15〕關於初郡制度的內容及其作用，參見劉瑞《漢代的初郡制度》，《唐都學刊》
　　　　2017年第2期。
〔註16〕《漢書》卷60，第2682頁。
〔註17〕《漢書》卷45，第2187頁。
〔註18〕《後漢書》卷34，第1170頁。
〔註19〕《後漢書》卷86，第2836頁。
〔註20〕《後漢書》卷76，第2462頁。

## 第二節　漢末至宋齊時期

### 一、族群結構變遷

#### （一）漢末土人的崛起

漢末至宋齊，嶺南族群結構變遷最突出的表現是土人的崛起，這是以西漢末年以來嶺南移民數量的增長為基礎的。前文已述，兩漢時期嶺南人口中蠻族所佔比例很大；西漢末年以來實行徙罪民於嶺南的措施，華夏族群人口逐漸增長。除徙罪民之外，嶺南土人的另一來源是躲避戰亂的移民。如著名的士燮家族就是「至王莽之亂，避地交州」。〔註21〕又如《大越史記外紀全書・前李紀》載梁朝李賁：「其先北人，西漢末苦於征伐，避居南土，七世遂為南人。」〔註22〕經過兩漢百餘年的人口遷移，北方人口移入嶺南定居的數量增多，定居的時間加長，土人的勢力逐漸形成。只待時機成熟，土人就可以正式登上歷史舞臺、改變嶺南原有的政治格局。

東漢末年的戰亂局面正是這樣的契機。如前所述，兩漢時期嶺南刺史、郡守均由北人擔任，嶺南本地人是不能染指的。但自東漢末年開始，土人獲得了擔任郡守的權力，這種情況始於蒼梧士氏家族。據《三國志・吳書・士燮傳》載：「士燮字威彥，蒼梧廣信人。其先本魯國汶陽人，至王莽之亂，避地交州。六世至燮父賜，桓帝時為日南太守。」〔註23〕據此可知士燮家族從中原遷來，至士賜已經六代，久居嶺南遂成土著，是典型的土人。士賜在桓帝時擔任日南太守，這是目前文獻所見整個兩漢時期嶺南地區郡守由本地人出任的最早記錄。同傳又載：

> 父賜喪闋後，（士燮）舉茂才，除巫令，遷交阯太守。……交州刺史朱符為夷賊所殺，州郡擾亂。燮乃表（弟）壹領合浦太守，次弟徐聞令䵋領九真太守，䵋弟武，領南海太守。……燮兄弟並為列郡，雄長一州，偏在萬里，威尊無上。……漢聞（交州刺史）張津死，賜燮璽書曰：「交州絕域，南帶江海，上恩不宣，下義壅隔，知逆賊劉表又遣賴恭窺看南土，今以燮為綏南中郎將，董督七郡，領

---

〔註21〕《三國志》卷49《吳書・士燮傳》，北京：中華書局，1971年，第1191頁。
〔註22〕〔越〕吳士璉：《大越史記外紀全書》卷4，重慶：西南師範大學出版社，2015年，第88頁。
〔註23〕《三國志》卷49，第1191頁。

交阯太守如故。」後燮遣吏張旻奉貢詣京都，是時天下喪亂，道路斷絕（後略）。〔註24〕

同傳稱：「燮在郡四十餘歲，黃武五年（226），年九十卒。」〔註25〕據此推算，士燮遷交阯太守當在中平（184～189）初，距中平元年黃巾起義的爆發不久；士氏兄弟三人被表為合浦、九真、南海三郡太守的時機是朱符被殺、州郡擾亂；士燮「董督七郡」的時機是張津死後劉表試圖爭奪交州。士氏家族的一步步崛起，正是與嶺南的動亂局勢緊密聯繫在一起的。可見，在「天下喪亂，道路斷絕」的情況下，國家難以維持對邊緣地區的有效管控，不得不委權於勢力強大的土人大族以控制嶺南。除了士燮家族這個典型案例外，東漢末年土人任嶺南地方長官的情況還有一些。《大越史記外紀全書·屬東漢紀》稱，中平元年（184）賈琮任交州刺史，三年後使李進代之，「李進我交州人」。〔註26〕李進任交州刺史的時間與士燮任交阯太守非常接近。據《太平御覽·服章部十二》褌條引《廣州先賢傳》，蒼梧人申朔為九真都尉、鬱林太守。〔註27〕可見，士燮家族在政治上的成功並非特例。土人作為一個政治勢力在東漢末年已經整體性崛起，而士燮家族是其典型個案。

### （二）土人政治地位的提升

土人崛起後，在漢末至宋齊時期得以出任郡守，政治地位有顯著提高。當時，嶺南最高職位是廣、交二州的刺史，廣州刺史常兼都督。這兩個職位原則上由中央任命北人擔任，土人不得染指，這是對兩漢傳統的沿襲。北人依舊擁有最高的政治地位。東漢末年李進任交州刺史，當屬戰亂時期的臨時措施，不是常制。不過土人可以任郡守，這是漢末至宋齊土人崛起後的新現象。前述士燮家族「雄長一州」，也只是「並為列郡」；士燮雖然「董督七郡」，但這僅是差遣性質，其本職是「交阯太守」。下面再舉兩個例子：第一是東晉初年的梁碩。《太平御覽·人事部十》臂條稱其為「（交）州人」，證明其為土

---

〔註24〕　《三國志》卷49，第1192頁。

〔註25〕　《三國志》卷49《吳書·士燮傳》，第1193頁。

〔註26〕　〔越〕吳士璉：《大越史記外紀全書》卷3，第70頁。

〔註27〕　《太平御覽》卷695《服章部十二》褌條，北京：中華書局，1960年，第3103頁；並見於虞世南《北堂書鈔》卷129《褌褐》，而申朔作鍾翔，北京：中國書店，1989年，第510頁。雍正《廣西通志》卷50《秩官》將申朔列為東漢末人，《中國地方志輯成·省志輯·廣西》，南京：鳳凰出版社，2010年，第205頁。

人。〔註28〕據《晉書·陶璜傳》，他曾擔任帳下督一職，是交州刺史的部下；〔註29〕又《晉書·元帝紀》稱他曾任新昌太守。〔註30〕《晉書·忠義·王諒傳》載，梁碩後來「專威交土，迎立陶咸為刺史。咸卒，王敦以王機為刺史，碩發兵距機，自領交趾太守，乃迎前刺史修則子湛行州事」。〔註31〕按：陶咸，據《晉書·陶璜傳》應作「陶威」，陶璜之子。〔註32〕上引材料說明，即使已經成為交州事實上的控制者，梁碩依然沒有立即自領刺史，而要兩次迎立前任刺史之子。修允為臨川人，陶璜為丹陽秣陵人，均為北人。可見按當時的慣例，刺史必須是北人，梁碩需要借助陶威、修湛之名，行自己「專威交土」之實。第二是宋齊之交的李叔獻。宋時李長仁佔據交州，據《宋書·恩倖·徐爰傳》其身份為交州「土人」。〔註33〕據《南齊書·東南夷傳》：「（李長仁）數年病死，從弟叔獻嗣事，號令未行，遣使求刺史。宋朝以南海太守沈煥為交州刺史，以叔獻為煥寧遠司馬、武平新昌二郡太守。叔獻得朝命，人情服從，遂發兵守險不納煥，煥停鬱林病卒。」〔註34〕李叔獻雖然事實上已經割據交州，但宋廷仍然只授予司馬、太守之職，而另派刺史。這說明當時土人只能出任刺史的部下或者郡守。也正因土人具有擔任郡守的資格，李叔獻得到朝命之後才會「人情服從」。不久，南齊代宋，齊高帝欲討李叔獻，劉善明上疏諫阻：「今大化創始，宜懷以恩德，未應遠勞將士，動搖邊氓。」〔註35〕可見南齊建國之初不願「遠勞將士，動搖邊氓」，為了安撫李叔獻只得「懷以恩德」，故破例授予其交州刺史之職。但不久國家形勢穩定，齊武帝便以武力迫其入朝。

由於土人在當地有強大的勢力，卻不能出任嶺南最高長官，這種政治實力與政治地位不匹配的狀態導致土人常常與中央爭奪嶺南的控制權，如前舉梁碩、李長仁、李叔獻；這種爭奪在族群關係上也會有所體現。《晉書·王機傳》：

> 王敦以（王）機難制，又欲因機討梁碩，故以降杜弘之勳轉為交州刺史。……（梁）碩曰：「王郎已壞廣州，何可復來破交州也！」

---

〔註28〕《太平御覽》卷369，第1701頁。
〔註29〕《晉書》卷57，第1561頁。
〔註30〕《晉書》卷6，第，156頁。
〔註31〕《晉書》卷89，第2319頁。
〔註32〕《晉書》卷57，第1561頁。
〔註33〕《宋書》卷94，第2312頁。
〔註34〕《南齊書》卷58，北京：中華書局，1972年，第1017頁。
〔註35〕《南齊書》卷28《劉善明傳》，第525～526頁。

乃禁州人不許迎之。府司馬杜瓚以碩不迎機，率兵討碩，為碩所敗。

碩恐諸僑人為機，於是悉殺其良者，乃自領交阯太守。〔註36〕

在抗拒王機的過程中，梁碩禁止「州人」迎接王機，而司馬杜瓚卻反抗梁碩。從打敗杜瓚後梁碩誅殺僑人的事件看，杜瓚應是僑人，也就是北人。梁碩所謂「王郎已壞廣州，何可復來破交州也」，是站在交州本土的立場上發言。可見梁碩與王機的對立，代表的是州人（土人）與僑人（北人）兩個群體的對立。誅殺北人的情況不僅發生在梁碩身上，李長仁佔據交州後也「悉誅北來流寓，無或免者」，可見這並非偶然。〔註37〕

### （三）蠻族的情況

漢末至宋齊，蠻族在社會發展程度和政治地位方面沒有發生質的變化。《太平御覽·四夷六》俚條引《南州異物志》稱：「（俚人）往往別村各有長帥，無君主，恃在山險，不用王。」〔註38〕又引《廣州記》稱：「俚獠貴銅鼓……欲相攻擊，鳴此鼓集眾，到者如雲。有是鼓者，極為豪強。」〔註39〕《南州異物志》為孫吳萬震所撰，《廣州記》則有兩種，一是晉代裴淵撰，一是晉代顧微撰。據研究，上引材料說明魏晉時期嶺南俚人的首領如村的「長帥」之類，以鳴銅鼓的方式來集眾，其統攝的範圍不會太大。〔註40〕可知這一時期蠻族的社會發展程度與兩漢相比並無質變。從族群關係上說，蠻族與土人大族的關係比較密切。《宋書·良吏·杜慧度傳》載：「九真太守李遜父子勇壯有權力，威制交土。」〔註41〕李遜當為土人大族。又據同傳：「李遜子李弈、李脫等奔竄石碕，盤結俚、獠，各有部曲。（盧）循知弈等與杜氏有怨，遣使招之，弈等引諸俚帥眾五六千人，受循節度。」〔註42〕可見李氏與俚獠的關係是比較密切的。

總之，漢末至宋齊，土人的政治地位上升，嶺南族群結構呈現高（北人）、中（土人）、低（蠻族）三個層次。

---

〔註36〕《晉書》卷100，第2624～2625頁。
〔註37〕《宋書》卷94《恩倖·徐爰傳》，第2312頁。
〔註38〕《太平御覽》卷785，第3478頁。
〔註39〕《太平御覽》卷785，第3478頁。
〔註40〕胡鴻：《能夏則大與漸慕華風——政治體視角下的華夏與華夏化》，北京：北京師範大學出版社，2017年，第189頁。
〔註41〕《宋書》卷92，第2263頁。
〔註42〕《宋書》卷92，第2264頁。

## 二、國家化措施

漢末至宋齊，國家對嶺南地方行政、軍事體系進行了調整。首先是分置廣州，交廣並峙的格局形成。據《三國志‧吳書‧呂岱傳》，黃武五年（226）分海南三郡為交州，海東四郡為廣州。〔註43〕海東四郡，即南海、蒼梧、合浦、鬱林。此次設州當與士燮之子士徽試圖割據交阯有關，故誅殺士徽後即復交州如故。孫吳永安七年（264）再次設廣州，嶺南形成了交廣二州並峙的局面。劉宋泰始七年（471）增置越州，然而據《南齊書‧州郡志上》越州條：「夷獠叢居，隱伏岩障，寇盜不賓，略無編戶。」〔註44〕越州的重要性遠不及廣、交。

其次，設置都督。漢末至宋齊嶺南地方行政體系分四個層次：都督區、州、郡、縣。據嚴耕望先生研究，嶺南地區的都督始於孫吳，有廣州都督、交州都督；晉代廣交常置一個督區，由廣州刺史任都督，其轄區多數時候為一獨立督區，有時隸屬荊州督區；宋代廣交督區加督湘州南部的嶺嶠三郡，交州有時單獨設都督；嚴先生認為南齊廣交似不置督。〔註45〕按：吳、晉、宋、梁、陳諸朝均置督於嶺南，南齊自不會例外。《南齊書‧王思遠傳》：「（王思遠）出為使持節、都督廣交越三州諸軍事、寧朔將軍、平越中郎將、廣州刺史。」〔註46〕據此可知南齊依舊在嶺南置督。都督對屬州不僅有指揮督察、徵聚兵戎、調用財物之權，還有一定的選官權力；西晉以後至南朝，都督可板授郡守，且可上言黜陟刺史。〔註47〕

廣州刺史常兼任廣交都督，自是位高權重。交州雖然名義上在廣交督區之內，但因與內地之間交通主要依靠海路，故聯繫較為脆弱。《南齊書‧東南夷傳》就稱：「交州斗絕海島，控帶外國，故恃險數不賓。」〔註48〕且朝廷有時也設都督於交州，如《宋書‧吳喜傳》：「（吳喜）仍除使持節、都督交州廣州之鬱林寧浦二郡諸軍事、輔國將軍、交州刺史。」〔註49〕再者，孫吳、兩

---

〔註43〕《三國志》卷60，第1384頁。
〔註44〕《南齊書》卷14，第267頁。
〔註45〕嚴耕望：《中國地方行政制度史‧魏晉南北朝地方行政制度》（上），上海：上海古籍出版社，2007年，第33～34頁，第44～45頁，第71～72頁。
〔註46〕《南齊書》卷43，第765頁。
〔註47〕嚴耕望：《中國地方行政制度史‧魏晉南北朝地方行政制度》（上），第109頁。
〔註48〕《南齊書》卷58，第1017頁。
〔註49〕《宋書》卷83，第2115頁。

晉時期不僅都督府有軍隊，州郡也是有常備軍的。晉武帝時期一度罷州郡兵，陶璜即上言稱「（廣、交）二州唇齒，唯兵是鎮」。〔註 50〕可知廣、交都有軍隊鎮守。南朝地方上的常備軍依然包括都督府統轄的軍隊和州郡兵兩個主要部分。〔註 51〕可知交州即便不加督，也擁有自己的武裝力量。因此，從政治地位上說，廣州是嶺南首府，廣州都督是嶺南最高軍政長官；但從實際權力上說，廣交二州刺史都有很大權力，廣交二州並峙是當時嶺南地緣政治的顯著特徵。

其三，設西江、南江督護。《南齊書・州郡志上》廣州條：「俚獠雜猥，皆樓居山險，不肯賓服。西南二江，川源深遠，別置督護，專征討之。」〔註 52〕可知西江、南江二督護是主要負責征討蠻族的地方軍事長官，他們應各自轄有一支常備軍。根據文獻所見西江督護的年代來看，這一職務存在於宋齊梁三代。〔註 53〕南江督護記載缺乏，大概與西江督護同時。由於宋齊時期蠻亂並不特別顯著，因而文獻中關於西江、南江督護的記載極為稀少。

## 三、中央與地方的關係

漢末至宋齊，中央與地方爭奪本地控制權成為嶺南國家化的重要內容，「中央—地方」取代「華夏—蠻族」，成為嶺南最顯著的政治矛盾。前文已述，兩漢時期「中央—地方」矛盾在嶺南並不突出。但漢末以來情況發生了變化，嶺南地方勢力割據的威脅大大增加，表現為嶺南出現了世官現象。所謂世官，即世襲任官。前文已經說過，自漢以來蠻族首領如果任地方長官，最高只能是縣級。儘管沒有直接材料，但從梁唐間俚獠豪酋世襲官職的情況看，此前蠻酋所任縣職應該也是世襲的，因為國家尚無力直接控制基層的蠻族部落。漢末以來，隨著土人的崛起並試圖爭奪嶺南的控制權，世官現象在土人中出現，且涉及的是太守、刺史這樣的中、高級職位。士燮死後，其子士徽自署交阯太守。〔註 54〕李長仁兄弟世襲交州已見前述。《宋書・良吏・杜慧度傳》載其「交阯朱鳶人也。本屬京兆。曾祖元，為寧浦太守，遂居交阯」，則杜氏是

---

〔註 50〕《晉書》卷 57《陶璜傳》，第 1560 頁。
〔註 51〕汪奎：《南朝中外軍研究》，華東師範大學博士學位論文，2008 年，第 113～114 頁。
〔註 52〕《南齊書》卷 14，第 262 頁。
〔註 53〕彭豐文：《西江督護與南朝嶺南開發》，《廣西民族研究》2004 年第 2 期。
〔註 54〕《三國志》卷 49《吳書・士燮傳》，第 1193 頁。

自北方遷入、久居嶺南的土人；杜瑗、杜慧度、杜弘文「杖節三世」，祖孫三代任交州刺史。〔註55〕這是土人為世官的又一典型例子。

除了土人，北人家族中也有一部分出現了世官。據《晉書・陶璜傳》，丹陽秣陵陶氏，「自基至綏四世，為交州者五人」。〔註56〕《晉書・王機傳》載機「長沙人也」，其父毅任廣州刺史「甚得南越之情」。〔註57〕《晉書・王機附兄矩傳》王機兄矩「豫討陳恢有功，遷廣州刺史」。〔註58〕王毅、王矩父子世襲廣州刺史。〔註59〕吳郡顧秘任交州刺史，《晉書・忠義・王諒傳》載：「秘卒，州人逼秘子參領州事。參尋卒，參弟壽求領州，州人不聽，固求之，遂領州。」〔註60〕父子兩代三人任交州刺史。

為什麼北人與土人中均出現了世官呢？這與當時的政治局勢有關。某一家族任世官，多是出現在朝代更迭及動亂之時。他們或是因為「甚得南越之情」，被朝廷「委以南方事」，〔註61〕扮演了國家在嶺南代理人的角色；或是以非法手段奪取權力，再向朝廷請求任命。士氏世襲交阯郡在漢末動亂之時。王氏世襲廣州刺史在晉元康六年（296）到光熙元年（306），〔註62〕經歷了「陳敏作亂，江揚震盪」的時期。〔註63〕顧氏世襲交州刺史在太安二年（303）到永嘉四年（310），〔註64〕經歷了八王之亂、永嘉之亂。杜氏世襲交州在晉隆安三年（399）到宋元嘉四年（427），〔註65〕其間經歷了晉宋鼎革。李長仁、李叔獻兄弟世襲交州在宋泰始四年（468）到齊永明三年（485），其間經歷了宋齊鼎革。

---

〔註55〕《宋書》卷92《良吏・杜慧度傳》，第2263～2265頁。

〔註56〕《晉書》卷57，第1561頁。

〔註57〕《晉書》卷100，第2624頁。

〔註58〕《晉書》卷100，第2625頁。

〔註59〕據吳廷燮《晉方鎮年表》廣州刺條，王毅之後為嵇含、王矩（《二十五史補編》，上海：開明書店，1937年，第3451頁）。然而據《晉書》卷89《忠義・嵇含傳》：「屬陳敏作亂，江揚震盪，南越險遠，而廣州刺史王毅病卒，（劉）弘表（嵇）含為平越中郎將、廣州刺史、假節。未發……（郭勵）夜掩殺之（第2302～2303頁）。」可知嵇含實際上沒有到任，王毅、王矩父子是連任廣州刺史。

〔註60〕《晉書》卷89，第2319頁。

〔註61〕《晉書》卷57《滕修傳》，第1553頁。

〔註62〕吳廷燮：《晉方鎮年表》，《二十五史補編》，第3451頁。

〔註63〕《晉書》卷89《忠義・嵇含傳》，第2302～2303頁。

〔註64〕吳廷燮：《晉方鎮年表》，《二十五史補編》，第3450頁。

〔註65〕吳廷燮：《東晉方鎮年表》，《二十五史補編》，第3506頁。《宋書》卷92《良吏・杜慧度傳》，第2265頁。

世官還與漢末以來國家對嶺南軍政體系的調整有關。由於設置都督、州郡領兵等一系列措施的推行，廣、交二州刺史掌握了轄區內的行政、軍事甚至部分選官權，成為兩個權力中心。嶺南內部缺乏對廣、交刺史的制衡機制。一方面國家需要廣、交刺史這樣的地方大員來「委以南方事」，另一方面任廣、交刺史者也因缺乏制約而得以手握大權，有了專制一方、世襲官職的可能。這就是地方軍政體系權力失衡的結果。

在基層的蠻族部落中，蠻族酋長世襲出任國家官僚是因為酋長本就是世襲，國家不過是通過授官以示承認，將其納入國家化軌道而已。但土人、北人世襲州郡則依賴於特定的政治背景，不是常態。國家一旦進入承平時期，就不會再允許家族世襲州郡，因而以各種手段瓦解這種世官，以確保中央對嶺南的控制。有的世官是以和平方式終止的。東晉末至宋初的戰亂時期，杜瑗、杜慧度父子任交州刺史。宋少帝景平元年（423）杜慧度卒，此時劉宋朝廷尚不穩定，杜慧度長子杜弘文得以繼任刺史。文帝元嘉四年（427），宋廷政局穩定下來，即以廷尉王徽為交州刺史，徵杜弘文入朝。《宋書·良吏·杜慧度傳》載：

> 弘文就徵。會得重疾，輿以就路，親舊見其患篤，勸表待病癒。
> 弘文曰：「吾世荷皇恩，杖節三世，常欲投軀帝庭，以報所荷。況親被徵命，而可宴然者乎！如其顛沛，此乃命也。」……到廣州，遂卒。〔註66〕

所謂「常欲投軀帝庭，以報所荷」，恐怕只是虛詞。杜弘文之所以輿疾就路，可能最主要的原因是看清了形勢，認識到朝廷不能允許杜氏家族繼續在交州世襲，因此為家門計，不得不做出姿態。

有的世官則被武力解決。據《三國志·吳書·士燮傳》，士燮卒後其子徽自署為交阯太守，發兵抗拒國家所署刺史，後為呂岱所誅。〔註67〕李長仁、李叔獻兄弟割據交州，據《南齊書·東南夷傳》，齊武帝永明三年（485），「以司農劉楷為交州刺史，發南康、廬陵、始興郡兵征交州。……叔獻懼為楷所襲，間道自湘州還朝。」〔註68〕

總之，漢末至宋齊時期嶺南地方軍政體系調整、頻繁動盪的政局共同導致了世官在土人、北人中的出現，且所任的主要是郡守、刺史這樣的中、高

〔註66〕《宋書》卷92，第2265頁。
〔註67〕《三國志》卷49，第1193頁。
〔註68〕《南齊書》卷58，第1018頁。

層官職。中央與地方的矛盾成為本階段內嶺南國家化的主要矛盾。

## 第三節 梁至隋時期

### 一、土人的衰落

梁以來國家對土人採取了兩種措施：一方面崇其名位，一方面鎮壓其反叛，使得漢末至宋齊時期勢力強盛的土人逐漸衰落了下去。就土人大族的盛衰變遷來看，交州李氏可以視為一個典型的案例。筆者將漢末到唐初交州李氏人物整理成表，以展現其變遷歷程。表中「身份」一欄，文獻記載明確的直接標出，筆者根據記載推測的加括號，無記載可考的不標。

**表4　漢唐交州李氏人物**

| 姓名 | 身份 | 官職 | 活動時間 | 活動內容 | 出處 | 備註 |
|---|---|---|---|---|---|---|
| 李進 | 交州人 | 交州刺史 | 東漢中平四年（187）之後 | 表請依中州例貢南士。 | 《大越史記外紀全書》卷3，第70頁。 | |
| 李統 | （交州人） | 交趾功曹 | 孫吳永安六年（263） | 殺叛者呂興。 | 《晉書》卷57，第1558頁。 | 兩漢魏晉時期，郡功曹由本地人擔任，由此推定李統、李祚為交州人。 |
| 李祚 | （交州人） | 九真功曹 | 孫吳建衡三年（271） | 保郡附晉，為陶璜所平。 | 《晉書》卷57，第1559頁。 | |
| 李遜 | （交州土人大族） | 九真太守 | 東晉太元五年（380） | 「威制交土」，為杜瑗所平。 | 《宋書》卷92，第2263頁。 | 李遜父子「威制交土」，當為土人 |
| 李弈 | 李遜之子 | | 東晉義熙七年（411） | 連結盧循作亂，為杜慧度所平。 | 《宋書》卷92，第2264頁。 | |
| 李脫 | 李遜之子 | | 東晉義熙七年（411） | 連結盧循作亂，為杜慧度所平。 | 《宋書》卷92，第2264頁。 | |
| 李長仁 | 交州土人 | 自稱刺史、行州事 | 宋泰始四年（468） | 悉誅北來流寓，據州反。 | 《宋書》卷54，第2312頁。 | |

| 李叔獻 | 長仁之從弟 | 寧遠司馬、武平新昌二郡太守 | 齊建元元年至永明二年（479～484） | 發兵守險，最終被迫入朝。 | 《南齊書》卷58，第1017頁。 | |
|---|---|---|---|---|---|---|
| 李畟 | （交州大族） | 交州長史、交州刺史 | 梁天監四年 | 平交州刺史李凱之亂。 | 《梁書》卷2，第42頁。《大越史記外紀全書》卷4，第87頁。 | 據《大越史記外紀全書》，李畟利用其「宗兵」討平李凱，則李畟當為土人大族。 |
| 李凱 | | 交州刺史 | 梁天監四年 | 據州叛亂。 | 《梁書》卷2，第42頁。《大越史記外紀全書》卷4，第87頁。 | |
| 李賁 | 交州豪右 | 監德州 | 梁大同七年至太清二年（541～548） | 據州反叛。 | 《梁書》卷3，第87～93頁。《資治通鑒》卷158，第5001頁。 | 李賁事蹟，中、越文獻記載很多，本表「出處」一欄只列《梁書》和《資治通鑒》中的一部分。 |
| 李天寶 | 李賁之兄 | | 梁中大同、太清年間（546～549） | 居夷獠中作亂。 | 《大越史記外紀全書》卷4，第92頁。 | |
| 李春 | 交州人 | | 開皇十年（590） | 自稱大都督，作亂。 | 《隋書》卷2，第35頁。 | |
| 李佛子 | 交州俚帥、李賁族人 | | 仁壽二年（602） | 據越王故城作亂。 | 《隋書》卷53，第1357頁；《大越史記外紀全書》卷4，第93頁。 | |
| 李大權 | 李佛子之兄子 | | 仁壽二年（602） | 與李佛子一同作亂。 | 《隋書》卷53，第1357頁。 | |
| 李普鼎 | 李佛子部下別帥 | | 仁壽二年（602） | 與李佛子一同作亂。 | 《隋書》卷53，第1357頁。 | |
| 李□□ | | 驩州刺史 | 仁壽年間（601～604） | | 《安南志略》卷8，第206頁。〔註69〕 | |

〔註69〕〔越〕黎崱撰，武尚清點校：《安南志略》，北京：中華書局，2000年。

| 李暟 | | 日南太守 | 武德五年（622） | 降唐。 | 《資治通鑑》卷190，第6063頁。 | |
| 李嗣仙 | 安南俚人首領 | | 垂拱三年（687） | 謀亂被誅。 | 《舊唐書》卷190上，第4995頁。 | |
| 李慎思 | 李嗣仙同黨 | | 垂拱三年（687） | 謀亂被誅。 | 《舊唐書》卷190上，第4995頁。 | |

以上李氏諸人，除了梁初李凱和隋唐之際的李□□、李暟之外，其餘均有證據可以證明或推斷為交州土人。而上述人物中，又有不少具有明確的親屬關係，如李遜及其子弈、脫，李長仁及其從弟叔獻，李賁及其兄天寶、族人佛子、族人大權。自漢至唐，交州出現如此眾多的李姓人物，且其中不乏有親緣關係者。以此推測，李氏為長期存在於交州的一個土人大族。

按照漢末至宋齊時期的慣例，土人可以出任郡守或者刺史的部下；土人任刺史者偶而有之，但不是常態。據上表見，李賁以前的李氏諸人所任官職基本符合上述特徵。然而自李賁以後，李氏諸人則無官可做。李□□、李暟雖在驩州（日南郡）任職，但他們是否為交州李氏還不能確定。顯然，李賁作亂導致被鎮壓的經歷是交州李氏命運轉折的關鍵。《資治通鑑》卷158梁武帝大同七年（541）十二月條載李賁作亂的緣由：

> 交趾李賁世為豪右，仕不得志。有并韶者，富於詞藻，詣選求官，吏部尚書蔡撙以并姓無前賢，除廣陽門郎，韶恥之。賁與韶還鄉里……時賁監德州，因連結數州豪傑俱反，（交州刺史蕭）諮輸賄於賁，奔還廣州。〔註70〕

據《大越史記外紀全書‧前李紀》：「（李賁）其先北人，西漢末苦於征伐，避居南土，七世遂為南人。」〔註71〕結合上引《資治通鑑》，可知李賁是土人大族。並韶與李賁「還鄉里」，顯然并韶也是交州人。李賁作亂的原因是「仕不得志」，并韶也是恥於廣陽門郎之位。可見這些在鄉里得到「數州豪傑」支持的土人在當時的政治環境中並不被重用。李賁的官職是「監德州」。據研究，南朝時期任用地方官，有「監」「行」「帶」等名目，均表示非正式

〔註70〕《資治通鑑》卷158梁武帝大同七年十二月條，第5001頁。
〔註71〕〔越〕吳士璉：《大越史記外紀全書》卷4，第88頁。

的任用。〔註72〕李賁可以任州的長官，其政治地位較之以往似乎是顯著提高了。然而梁代在嶺南大量增置政區導致州的數量激增、轄區變小。《通典·州郡十四》日南郡條：「吳分置九德郡……隋置驩州，後為日南郡。」〔註73〕又《隋書·地理志下》日南郡條：「梁置德州，開皇十八年（598）改曰驩州。」〔註74〕李賁所監德州，即由孫吳九德郡升置。就李賁實際行使權力的轄區而言仍相當於過去的一個郡。且儘管州的數目大大增加，但李賁仍沒有真授刺史，而僅能監州。可見梁代國家雖對土人崇其名位，但實際上並沒有擴大其權力，土人政治實力與政治地位不匹配的情況依然存在。這應是李賁「不得志」的原因所在。

大同七年（541）李賁叛亂爆發後梁朝派軍鎮壓。經過數年戰爭，太清二年（548）李賁死於屈獠洞。交州李氏自此被逐出地方權力體系，但這並不意味著李氏立即衰落下去。在此後的時間裏，李氏家族成員繼續發動叛亂，試圖奪取權力。從表4可以看出，對李賁餘黨的鎮壓一直持續到隋代才終告完成。《隋書·劉方傳》載：「交州俚人李佛子作亂。」〔註75〕據《大越史記外紀全書·後李紀》載：「帝姓李，諱佛子，前南帝族將也。」〔註76〕前南帝即李賁。值得注意的是，李佛子在隋代已經被稱為「俚人」了。據此，交州李氏衰落之後可能發生了「蠻族化」，即在生活方式、文化面貌等方面變得與蠻族沒有什麼差異。這一方面是因為土人、蠻族長期混居的自然結果，另一方面是在不利於土人的政治大背景下的一種生存策略。到了唐前期，交州李氏人物依然被視為俚僚。《舊唐書·文苑上·劉延祐傳》載：「嶺南俚戶，舊輸半課，及（安南都護劉）延祐到，遂勒全輸。由是其下皆怨，謀欲將叛，延祐乃誅其首惡李嗣仙。」〔註77〕蠻族化現象不止發生在交州李氏身上。交州的另一個土人大族——杜氏也有類似情況。晉宋之際，杜氏曾世襲交州刺史，但此後直到唐代，杜氏罕見於記載，可能杜氏比李氏衰落得更早一些。《舊唐書·德宗紀下》貞元七年（791）四月條：「己未，安南首領杜英翰叛，攻都護府，

---

〔註72〕嚴耕望：《中國地方行政制度史·魏晉南北朝地方行政制度》（上），第373頁。
〔註73〕《通典》卷184，第4949頁。
〔註74〕《隋書》卷31，第886頁。
〔註75〕《隋書》卷53，第1357頁。
〔註76〕〔越〕吳士璉：《大越史記外紀全書》卷4，第93頁。
〔註77〕《舊唐書》卷190上，第4995頁。

都護高正平憂死。」〔註78〕《資治通鑒》卷233唐德宗貞元七年四月條明確記載杜英翰為「群蠻酋長」。〔註79〕《新唐書・裴行立傳》載:「(杜)英策及范廷芝者,皆溪洞豪也。」〔註80〕可見到了唐代,安南地區的杜氏人物已經是以蠻族的面貌出現了。

總之,交州李氏崛起於漢末,興盛於孫吳至宋齊。梁代對李賁崇以高位,但並沒有擴大其實權,這使得李賁因不得志而發動叛亂,招致了國家的軍事鎮壓。李氏家族從此走向衰落,隋以後逐漸蠻族化。儘管李氏的經歷有其特殊性,但梁以來嶺南土人的衰落是一個總的趨勢。前文曾專門分析過漢末至宋齊時期土人任世官的現象,這種現象在梁以後幾乎不再出現。梁以來出任世官者主要是俚僚豪酋。嶺南世官來源的變遷印證了兩個族群地位的升降。

## 二、俚僚豪酋在梁代的崛起

梁至隋,嶺南族群結構發生的最大變化在於以俚僚豪酋為代表的蠻族崛起為一大政治勢力。嶺南蠻族在梁代表現出兩個特點:第一,文獻中有關蠻族活動的記載增加;第二,蠻族豪酋的政治地位大大提高,可以出任太守、刺史。

蠻族活動有多種形式,相關的文獻記載也很多。筆者統計了六朝正史中嶺南蠻族動亂的相關記載,見表5。正史是目前瞭解六朝歷史的最重要文獻;而見於正史的蠻族活動的主要類型是蠻亂。因此,儘管上述統計並非六朝時期蠻族活動的全貌,但可以反映蠻族的整體動向。據表可見,梁代是六朝蠻亂的一個高峰。梁代有關蠻亂記載不僅在數量上超過於前代,且多「累征」「頻征」之類的描述,說明當時對俚僚用兵是非常頻繁的。

表5　正史所見六朝蠻亂

| 朝代 | 時　間 | 蠻亂記載 | 出　處 | 總計 |
|---|---|---|---|---|
| 孫吳 | 赤烏元年（239） | 冬十月,將軍蔣秘南討夷賊。秘所部都督廖式……搖動交趾、蒼梧、鬱林諸郡。 | 《三國志》卷47,第1143頁。 | 4 |
| | 赤烏十一年（248） | 交阯、九真夷賊攻沒城邑,交部騷動。 | 《三國志》卷61,第1409頁 | |

〔註78〕《舊唐書》卷13,第372頁。
〔註79〕《資治通鑒》卷233,唐德宗貞元七年四月條,第7645頁。
〔註80〕《新唐書》卷129,第4475頁。

| | | | | |
|---|---|---|---|---|
| | 永安六年（263） | 五月，交阯郡吏呂興等反……招誘諸夷也。 | 《三國志》卷48，第1161頁。 | |
| | 建衡三年（271） | 武平、九德、新昌……夷獠勁悍，歷世不賓，璜征討，開置三郡，及九真屬國三十餘縣。 | 《晉書》卷57，第1560頁。 | |
| 晉 | 義熙七年（411） | 李遜子李弈、李脫等奔竄石碕，盤結俚獠。 | 《宋書》卷92，第2264頁。 | 1 |
| 宋 | 大明（457～464）中 | 廣州諸山並俚、獠……世祖大明中……遣前朱提太守費沈、龍驤將軍武期伐俚獠，並通朱崖道。 | 《宋書》卷97，第2379頁。 | 4 |
| | 大明（457～464）中 | 大明中……臨賀蠻反……振武將軍蕭沖之討之。〔註81〕 | 《宋書》卷97，第2397頁 | |
| | 泰始四年（468） | （廣州刺史羊）希以沛郡劉思道行晉康太守，領軍伐俚。 | 《宋書》卷54，第1538頁。 | |
| | 泰始四年（468） | 時龍驤將軍陳伯紹伐俚。 | 《宋書》卷54，第1538頁。 | |
| 齊 | | | | 0 |
| 梁 | 天監元年（502） | （荀）斐為鬱林太守，征俚賊。 | 《南史》卷74，第1839頁。〔註82〕 | 10 |
| | 中大通（529～534） | （蘭欽）破天漆蠻帥晚時得。 | 《梁書》卷32，第466頁。 | |
| | 中大通（529～534） | （蘭欽）討桂陽、陽山、始興叛蠻。 | 《梁書》卷32，第466頁。 | |
| | 中大通（529～534） | 衡州刺史元慶和為桂陽人嚴容所圍，（蘭）欽往應援，破容羅溪，長樂諸洞一時平蕩。 | 《梁書》卷32，第466頁。 | |
| | 大同（535～545）初 | 西江俚帥陳文徹出寇高要。 | 《南史》卷51，第1262頁。 | |
| | 大同（535～545） | （杜僧明）頻征俚獠有功。 | 《陳書》卷8，第135頁。〔註83〕 | |

〔註81〕臨賀郡在政區上屬湘州（見《宋書》卷37《州郡志三》，第1134頁），但地理上屬嶺南，這裡一併列入。

〔註82〕按此事也見於《梁書》卷47《孝行傳》，北京：中華書局，1973年，第650頁。《梁書》文字與《南史》略同，而缺「天監元年」。

〔註83〕《陳書》，北京：中華書局，1972年。

| | 大同（535～545） | （周文育）累征俚獠，所在有功。 | 《陳書》卷8，第138頁。 | |
|---|---|---|---|---|
| | 梁 | （沈恪）常領兵討伐俚洞。 | 《陳書》卷12，第193頁。 | |
| | 梁 | （胡穎）出番禺，征討俚洞。 | 《陳書》卷12，第187頁。 | |
| | 梁 | 時湘衡之界五十餘洞不賓，……（歐陽）頠為都督，悉皆平殄。 | 《陳書》卷9，第157頁 | |
| 陳 | 太建（569～582） | （廣州刺史馬靖）每年深入俚洞，又數有戰功。 | 《陳書》卷21，第290頁。 | 1 |

不僅蠻亂記載以梁為最多，且蠻族豪酋出任州郡官職也多始於梁代，其中最著名的有陳、寧、馮、冼四家。

張說《潁川郡太夫人陳氏碑》載：「潁川郡太夫人……雷州大首領陳元之女……陳氏家富兵甲，世首嶠外。」〔註84〕《舊唐書·陳集原傳》載：「陳集原，瀧州開陽人也。代為嶺表酋長。父龍樹，欽州刺史。」〔註85〕文獻中稱「酋長」、「首領」者，一般不是漢族，唐長孺先生即據《潁川郡太夫人陳氏碑》判斷唐代著名宦官楊思勗為嶺南少數族人（陳氏為楊思勖之母）。〔註86〕以上兩則材料可證明唐代嶺南陳氏是一個勢力強大的蠻族家族。天順五年（1461）《大明一統志》載：「陳佛智，其先鄢陵人。父法念，為梁新、石二州刺史，居瀧水。……唐陳龍樹，佛智子。」〔註87〕法念、佛智、龍樹，陳氏一族的名字具有明顯的佛教色彩。《梁書·蘭欽傳》稱「破俚帥陳文徹兄弟」。〔註88〕除陳文徹外，其兄弟還有何人，史無明文，但《陳書·高祖紀上》稱李賁餘黨「殺德州刺史陳文戒」。〔註89〕陳文徹、陳文戒所生活的時代相近，行輩字相同，名字都有佛教色彩，由此推測文戒或即文徹的兄弟，他們與法念等人，也應是同族。既然陳文徹被稱為「俚帥」，也就印證了前文對陳氏蠻

---

〔註84〕張說撰，熊飛校注：《張說集校注》卷21，北京：中華書局，2013年，第1044頁。

〔註85〕《舊唐書》卷188《孝友·陳集原傳》，第4923頁。

〔註86〕唐長孺：《唐代宦官籍貫與南口進獻》，《山居存稿續編》，北京：中華書局，2011年，第362～363頁；原載《陳寅恪先生誕辰一百週年紀念論文集》，北京：北京大學出版社，1989年。

〔註87〕李賢等撰：《大明一統志》卷81《肇慶府》「人物·南北朝」，西安：三秦出版社，1990年，第1244頁。

〔註88〕《梁書》卷32，第467頁。

〔註89〕《陳書》卷1，第3頁。

族身份的判斷。上引《大明一統志》將瀧州陳氏的源頭追溯到鄢陵，應是後世的附會；目前可見的有關陳氏任官的記載，始於梁代陳法念任新、石二州刺史。

甯氏在正史中被明確記載為蠻族。《隋書・何稠傳》載：「有欽州刺史甯猛力……倔強山洞。」〔註90〕現代學者一般認為「洞」是南方少數民族的農耕區或農耕村落。〔註91〕既稱「山洞」，則甯氏為蠻族。同傳又載何稠使甯氏入朝，隋文帝稱讚何稠「著信蠻夷，乃至於此」。〔註92〕《新唐書》直接將欽州甯氏事蹟列入《南平獠傳》中。〔註93〕綜上，甯氏應是蠻族。〔註94〕《梁書・武帝紀下》大同八年（542）有派遣「羅州刺史寧巨」（「寧」應為「甯」之訛）等人征討李賁的文字，這是甯氏任地方長官的最早記載。〔註95〕

再看馮氏的情況。《隋書・譙國夫人傳》載：「梁大同初，羅州刺史馮融聞（洗）夫人有志行，為其子高涼太守寶娉以為妻。融本北燕苗裔。初，馮弘之投高麗也，遣融大父業以三百人浮海歸宋，因留於新會。自業及融，三世為守牧，他鄉羈旅，號令不行。」〔註96〕《新唐書・馮盎傳》載馮業渡海事，稱業

〔註90〕《隋書》卷68，第1596頁。
〔註91〕關於「洞」的研究，參見張壽祺《關於侗族名姓的來源問題》，《民族研究》1982年第3期；牟發松《唐代長江中游的經濟與社會》，武漢：武漢大學出版社，1989年，第61頁；王承文《論唐代的「溪洞」和「山洞」的開發》，《人文雜誌》2018年第5期。
〔註92〕《隋書》卷68，第1596頁。
〔註93〕《新唐書》卷222下《南蠻下・南平獠傳》，第6326頁。據劉美崧考證，《新唐書・南平獠傳》中有關甯氏的內容，是由《新唐書・西原蠻傳》竄入，參見劉美崧《〈新唐書・南平獠〉辯誤——兼論欽州酋帥甯猛力及其家族的活動地域與族屬》，《歷史文獻研究》北京新第三輯，北京：燕山出版社，1992年。
〔註94〕隋大業五年（609）《寧越郡欽江縣正議大夫之碑》、唐開元二十年（732）《刺史寧道務墓誌銘》的出土，為甯氏家族研究提供了新的資料。然而，上述二碑對欽州甯氏祖源的記載其實很有問題，不少學已經指出其中錯誤並肯定了甯氏為當地土著蠻族的觀點。參見劉美崧《〈新唐書・南平獠〉辯誤——兼論欽州酋帥甯猛力及其家族的活動地域與族屬》，《歷史文獻研究》北京新第三輯，第249頁；王玉來《隋唐時期的欽州甯氏家族》，《北部灣海洋文化研究》，廣西人民出版社，2010年；王玉來《繼承與更始：隋代統一進程中的地域集團與政治整合》第四章第一節，華東師範大學博士學位論文，2013年，第178～180頁；鄭維寬、梁瑋羽《王朝制度漸進視角下嶺南土酋族屬的建構——以欽州甯氏家族為中心》，《成都理工大學學報》，2014年第2期。
〔註95〕《梁書》卷3，第87頁。
〔註96〕《隋書》卷80，第1801頁。

為弘之子,並稱:「弘已滅,業留番禺,至孫融,事梁為羅州刺史。」〔註97〕然而馮氏南遷一事在不同文獻中的記載有一些矛盾之處,這已為前人所注意。〔註98〕在前人研究的基礎上,筆者再提出兩點理由以證明「浮海歸宋」說有誤:第一,相關材料一致認為「馮業率三百人渡海南下」。當時從遼東渡海來到南方無疑非常艱難。能受燕帝之託、率三百人遠渡大海的馮業,應是一個富有威望和經驗的人,估計馮業當時至少二十歲,應不至大謬。北燕亡於太興六年(436),若以二十歲計,則馮業生於東晉義熙十三年(417)。據上引《隋書·譙國夫人傳》梁大同(535~545)初,馮寶娶冼夫人。據研究,魏晉南北朝時盛行早婚,男子多在十歲到十七歲娶妻。〔註99〕如果以大同元年馮寶十七歲計算,則馮寶生於天監十八年(519),距義熙十三年馮業出生前已經過去了102年,其間馮氏經歷了馮業、業子某、業孫融三代,平均一代的時間長達34年。〔註100〕這與魏晉南北朝時期男子的常見婚齡比較,就顯得異常。更何況,這個數字是保守估計的結果。事實上,渡海南下時馮業的年齡完全有可能遠高於20歲,甚至可能其子已經成年;而馮寶的婚齡也完全有可能小於17歲。若真如此,馮氏代際時間就會更長更不合理。第二,上引材料或稱「留新會」或稱「留番禺」。「留」字說明嶺南是馮氏渡海登陸之地。馮氏從遼東渡海,在山東半島登陸無疑是最近便的路線,也可以直抵長江口趨建康,然而馮氏竟然捨近求遠來到當時被視為蠻夷之地的嶺南且留駐不遷。這一做法從情理上說令人費解,從實際操作的角度來講也顯得不可思議。〔註101〕綜上,渡海南下的說

---

〔註97〕《新唐書》卷110,第4112頁。

〔註98〕黃惠賢:《有關高力士和廣東馮氏舊貫、世系的幾點補證》,《魏晉南北朝隋唐史資料》第十四輯,武漢:武漢大學出版社,1996年。劉佐泉:《高涼馮氏族屬辨析》,《湛江師範學院學報》2005年第2期。

〔註99〕石小英:《由敦煌籍帳文書引發的對魏晉南北朝時期婚齡問題的探討》,《商丘師範學院學報》2005年第1期。

〔註100〕據《馮氏務滋堂家譜》,業子名誼。見黃惠賢《有關高力士和廣東馮氏舊貫、世系的幾點補證》,《魏晉南北朝隋唐史資料》第十四輯,武漢:武漢大學出版社,1996年。

〔註101〕孫吳時,孫權曾想渡海遠征遼東,薛綜諫曰:「加又洪流浩瀁,有成山之難,海行無常,風波難免,倏忽之間,人船異勢。雖有堯舜之德,智無所施,賁育之勇,力不得設,此不可二也。加以郁霧冥其上,鹹水蒸其下,善生流腫,轉相汿染,凡行海者,稀無斯患,此不可三也(《三國志》卷53《吳書·薛綜傳》,第1253~1254頁)。」可見即便是遼東與建康之間的海運也極為兇險,何況從遼東遠航至嶺南!

法不可靠，馮氏應為嶺南本地蠻族。馮業及其子的官職，《隋書》《新唐書》記載不詳。《資治通鑒》稱其「世為羅州刺史」，〔註102〕但宋無羅州。因此，馮氏明確可靠的任官記載，是始於梁代的羅州刺史馮融。

再看冼氏。《隋書・譙國夫人傳》載其為「越人」，又稱梁代有南梁州刺史冼挺，「歸附者千餘洞」。〔註103〕冼氏家族成為「歸附者千餘洞」的強大勢力，並出現了刺史級別的官員，時間也是梁代。

通過上述分析，可知嶺南蠻族並非一直勻速地發展，而是在梁代經歷了一個快速崛起的過程。這裡所謂梁代嶺南蠻族的「崛起」，是指蠻族豪酋被任命為刺史、太守級別的官員，開始大規模地參與到國家化進程中，且其作用與影響較之以往都大大加強。筆者並不否認，梁代以前蠻族就是嶺南具有影響力的族群，但彼時蠻族的活動頻率、規模都不如梁以後。更重要的是，梁以前蠻族在嶺南的政治地位很低，在嶺南國家化進程中缺乏發言權，扮演的是「攪局者」的角色，頻頻以武裝暴動的方式反抗國家化進程。而從梁代開始，蠻族豪酋通過出任地方長官，真正大規模地參與到國家化之中，蠻族的頻繁動亂和蠻族豪酋大量出任乃至世襲刺史、太守的現象並存。一方面，他們作為國家的官員，是國家化的執行者、參與者，另一方面，他們作為蠻族的首領又可能變為國家化的阻礙者、「被國家化」的對象。這使得嶺南國家化在梁代進入了一個新階段。「華夏—蠻族」矛盾上升，與「中央—地方」矛盾一併成為嶺南國家化的主要矛盾。

筆者將梁代崛起的蠻族豪酋稱為「俚僚豪酋」。前文中陳氏被稱為「俚帥」。《新唐書・高儉傳》稱甯氏為「欽州俚帥」。〔註104〕《隋書・列女・譙國夫人傳》記載「時番州總管趙訥貪虐，諸俚獠多有亡叛」，冼夫人上書稱趙訥不能「招懷遠人」，據此冼氏也是俚人。〔註105〕與冼氏聯姻的馮氏也當是俚人。這裡需要解釋一下「俚僚」這個詞。秦漢時期，嶺南少數族群多被稱為「越」，也有稱「蠻」的。「俚」「僚」在文獻中的大量出現是六朝。現在多數觀點認為俚、僚是關係近密的不同族群，因此文獻中往往俚僚並稱，如胡守為先生《嶺

---

〔註102〕《資治通鑒》卷163梁簡文帝大寶元年六月條，第5143頁。
〔註103〕《隋書》卷80，第1801頁。按：梁代嶺南無南梁州，從地望上看，可能是南合州。鍾萬全《高涼寨與南梁州》（《嶺南文史》1992年第3期）對南梁州的地望進行的考察，但並沒有提出非常可靠的證據。
〔註104〕《新唐書》卷95，第3839頁。
〔註105〕《隋書》卷80，第1803頁。

南古史》認為俚、僚關係密切，但種族不同。〔註106〕王文光、李曉斌《百越民族發展演變史：從越、僚到壯侗語族各民族》認為俚、僚都是以駱越為主體發展而來的，只是分布地區不同。〔註107〕但筆者認為，僚是一個更大的概念，所謂俚僚，是僚的一個分支。理由有二：第一，僚人的分布範圍較俚人為廣，且包含了俚人的分布區。據研究，僚人的分布區遍及今四川、重慶、雲南、貴州、廣東、廣西、海南及中南半島北部。〔註108〕而俚人集中分布於嶺南中東部，《太平御覽‧四夷六》俚條引孫吳萬震《南州異物志》載：「廣州南有賊曰俚，此賊在廣州之南，蒼梧、鬱林、合浦、寧浦、高涼五郡，中央地方數千里。」〔註109〕《宋書‧夷蠻傳》載：「廣州諸山並俚、獠，種類繁熾，前後屢為侵暴，歷世患苦之。」〔註110〕《南齊書‧州郡志上》廣州條稱當地「俚獠猥雜」。〔註111〕第二，文獻記載中稱「俚僚」者極多，但從來沒有「僚俚」之稱。唯元稹《授王師魯等嶺南判官制》稱：「古稱南海為難理，蓋蠻蜒獠俚之雜俗，有珠璣瑇瑁之奇貨。」〔註112〕這裡「蠻蜒獠俚」是四個名詞並列，並不是以「獠俚」為一個詞。其實陳寅恪先生很早就注意到文獻中俚僚並稱的問題，他認為：「至屬於廣越諸州範圍，有所謂獠，或以夷獠俚獠等連綴為詞者，當即伯起書之俚也。獠之一名後來頗普遍用之，竟成輕賤南人之詞。」〔註113〕陳先生認為俚僚連綴指的是俚，而僚則逐漸變為泛稱。其實俚僚是僚之一種，除了俚僚外，還有南平僚、葛僚等種類。〔註114〕相對於俚、南平、葛這些分支而言，僚可以視為總稱。

## 三、俚僚豪酋勢力的延續

俚僚豪酋在梁代崛起後，其勢力在陳、隋、唐初得以延續。這表現為俚僚豪酋取代前一個時期中的土人、北人，大量出任郡守、刺史級別的世官。

〔註106〕胡守為：《嶺南古史》，廣州：廣東人民出版社，1999年，第250～251頁。
〔註107〕王文光、李曉斌：《百越民族發展演變史：從越、僚到壯侗語族各民族》，北京：民族出版社，2007年，第179頁。
〔註108〕王文光、仇學琴：《僚族源流考釋》，《廣西民族學院學報》2006年第3期。
〔註109〕《太平御覽》卷785，第3478頁。
〔註110〕《宋書》卷97，第2379頁。
〔註111〕《南齊書》卷14，第262頁。
〔註112〕元稹撰，冀勤點校：《元稹集》，北京：中華書局，2015年，第774頁。
〔註113〕陳寅恪：《魏書司馬睿傳江東民族條釋證及推論》，《金明館叢稿初編》，第89頁。
〔註114〕《新唐書》卷222下《南蠻‧南平僚傳》，第6325、6328頁。

《大唐故康州刺史陳君（承親）墓誌》載：

祖頵銀青光祿大夫、使持節康州諸軍事康州刺史、安化郡開國公、上柱國；父檢……檢校康州刺史、襲封安化郡開國公、上柱國。君以家承閥閱，代紹箕裘……使持節康州諸軍事守康州刺史，襲封安化郡開國公、上柱國。……以大唐開元二年（714）二月寢疾，薨於私第，春秋卅有七。〔註 115〕

又據嘉靖《廣東通志》載：「陳頵，德慶人。少讀書秉義，明練孫吳，洞達權變。隋末馮盎調兵端溪，頵率眾赴之。」〔註 116〕陳頵活動的時間在隋末唐初，陳承親卒於開元二年，陳氏「家承閥閱，代紹箕裘」，世襲康州刺史，其時間範圍從隋末到開元二年。

隋大業五年（609）《寧越郡欽江縣正議大夫（甯贙）之碑》載：

祖逵……陳宣武皇帝又除授安州刺史。父猛力……文皇帝除使持節開府儀同三司安州諸軍事，安州刺史，宋壽縣開國侯。兄長真……帝授上儀同三司，欽州刺史。〔註 117〕

此碑記載了甯贙祖、父、兄三代的官職。碑文稱「陳宣武皇帝，又除授安州刺史」，陳代只有武帝、宣帝，而無宣武帝，記載顯然有誤。但甯氏既為欽州豪酋，在陳代任安州（即後來的欽州）刺史是有可能的。謹慎起見，關於甯逵的任官情況暫且存疑。不過甯猛力、甯長真任欽州刺史（寧越太守）則有史傳可以印證。《新唐書・南蠻下・南平獠傳》載：「陳末，以其帥猛力為寧越太守……猛力死，子長真襲刺史。……長真死，子據襲刺史。」〔註 118〕這段記載的背景是嶺南諸俚僚酋長叛亂，「群臣請擊之，（唐）太宗不許」。〔註 119〕按陳代安州，隋文帝改欽州，隋煬帝改寧越郡，皆為同一地方。據此，甯氏世襲該地長官之位至少三代，時間從陳末到唐貞觀（627～649）中。

《新唐書・南蠻下・南平獠傳》載：

武德（618～626）初……（合浦太守）甯宣亦遣使請降，未報而

〔註 115〕錄文引自歐清煜《馬墟河文化與陳頵》，《德慶文史》第二十一輯，德慶：德慶縣政協學習文史委員會，2005 年。

〔註 116〕嘉靖《廣東通志》卷 55《人物二》，香港：大東圖書公司，1977 年，第 1450 頁。

〔註 117〕伍慶祿、陳鴻鈞：《廣東金石圖志》，北京：線裝書局，2015 年，第 31～34 頁。

〔註 118〕《新唐書》卷 222 下，第 6326 頁。

〔註 119〕《新唐書》卷 222 下，第 6326 頁。

卒。以其子純為廉州刺史，族人道明為南越州刺史。六年……道明與
高州首領馮暄、談殿據南越州反，攻姜州，甯純以兵援之。〔註120〕

又《資治通鑑》卷190唐高祖武德六年（623）四月條載：

丁卯，南州刺史龐孝恭、南越州民甯道明、高州首領馮暄俱反，
陷南越州，進攻姜州；合州刺史甯純引兵救之。〔註121〕

據前引《南平獠傳》，甯宣任隋合浦太守，武德初歸唐，未報而卒。唐朝任命
其子甯純為廉州刺史。然而當時該地不稱廉州。《舊唐書・地理志四》廉州條
載：「隋合浦郡。武德五年，置越州……（貞觀）八年，改越州為廉州。」〔註
122〕唐代江南道有越州，故嶺南道越州稱南越州。據此，武德時期的南越州就
是隋代合浦郡，也就是後來的廉州。然而《南平獠傳》又載「族人道明為南越
州刺史」。南越州和廉州是同一政區不同時間的名稱，豈能同時各有刺史？《資
治通鑑》稱甯道明為「南越州民」，未知何據，或許是注意到了廉州刺史和南
越州刺史不能並存的問題。嘉靖《廣東通志》記載：「（甯）宣卒，以純為廉州
刺史。……已而徙刺合州。族子道明刺南越州，為高州守領馮暄所陷，純舉
兵擊退之。」〔註123〕據此可知，甯純與甯道明其實是先後出任南越州刺史。
據上引嘉靖《廣東通志》，甯純離開南越州之後改任合州刺史，恰與前引《資
治通鑑》武德六年（623）「合州刺史甯純引兵救之」的記載相吻合。《舊唐書・
地理志四》雷州條：「隋合浦郡之海康縣。武德四年，平蕭銑，置南合州，……
貞觀元年（627），改為東合州。……八年，改東合州為雷州。」〔註124〕唐山
南道有合州，故嶺南道合州稱南合州、東合州。武德六年嶺南之合州，即貞
觀八年以後的雷州。甯宣、甯純、甯道明三代世襲廉州刺史，時間從至少隋
末到武德六年，是世官現象的典型案例。

寶應二年（763）《高力士墓誌》載：

曾祖盎，皇唐初高州都督……有三子，曰智戣、智戴、智玳，耿
公知而內舉，請以分憂。朝廷許之：戣為高州刺史、戴為恩州刺史、
玳為潘州刺史。聖曆中，潘州府君捐館舍，子君衡襲其位焉。〔註125〕

〔註120〕《新唐書》卷222，第6326頁。
〔註121〕《資治通鑑》卷190唐高祖武德六年四月條，第6079頁。
〔註122〕《舊唐書》卷41，第1758頁。
〔註123〕嘉靖《廣東通志》卷55《人物二》，第1449頁。
〔註124〕《舊唐書》卷41，第1750頁。
〔註125〕吳鋼主編：《全唐文補遺》第七輯《大唐故開府儀同三司兼內侍監上柱國齊國

按高力士本姓馮，後為高氏所養而改姓。上引志文是追述其本生祖先。據此，則馮盎、馮智戣父子世襲高州刺史；馮智玳、馮君衡父子世襲潘州刺史。又據《馮□思墓誌》：「公諱□思，字□，恩州□□人。……祖知（智）戴，左驍騎大（下缺）國公。父子游，光祿大夫、本州刺史、封□□郡開國公。……授恩州諸軍事、恩州刺史。」〔註126〕馮智戴、馮子游、馮□思祖孫三代任恩州刺史。〔註127〕按恩、潘二州為析高州而置。馮盎據有高州之地在隋代，「武德五年622），始以地降」，唐高祖「授盎上柱國、高州總管」。〔註128〕據《高力士墓誌》，聖曆（698～699）中，馮君衡襲位不久，馮氏「家遂藉沒」。〔註129〕馮氏在高州地區任世官，時間從隋代到唐聖曆年間。

開元二十八年（740）《楊思勗墓誌》稱：

> 其先本扶風蘇氏……初公之五代祖密，守於河內，以剛直忤時，左責交趾，而考盤樂土，因家羅州之石城。既則高祖彞、曾祖尋、祖業、考歷等，皆為大首領於羅州，以紀綱南土。〔註130〕

按楊思勗本姓蘇，後賜姓楊。既然稱為「大首領」，蘇氏應是蠻族。墓誌記載楊思勗卒於開元二十八年，卒年八十七歲，應生於永徽五年（654）。若按照二十年一代人計算，則蘇密生於梁元帝承聖三年（554）。可知蘇密的出生年代大約在梁或陳。梁、陳均無河內郡，蘇密為河內太守的經歷當屬偽造。〔註131〕那麼「以剛直忤時，左責交趾，而考盤樂土，因家羅州之石城」的經歷很可能

　　　　公贈揚州大都督高公墓誌銘並序》，西安：三秦出版社，2000 年，第 59 頁。
〔註126〕周紹良主編：《唐代墓誌彙編續集》神功〇〇四號，上海：上海古籍出版社，2001 年，第 359 頁。按墓誌標題為筆者所擬。
〔註127〕黃惠賢先生據《馮□思墓誌》認為馮子游為潘州刺史。參見黃惠賢：《有關高力士和廣東馮氏舊貫、世系的幾點補正》，《魏晉南北朝隋唐史資料》第十四輯，武漢：武漢大學出版社，1996 年。然而《馮□思墓誌》稱：「公諱□思，字口，恩州□□人。……祖知（智）戴，左驍騎大（下缺）國公。父子游，光祿大夫、本州刺史、封□□郡開國公。」馮□思既是恩州人，其父所任「本州刺史」當指恩州刺史。
〔註128〕《新唐書》卷 110《馮盎傳》，第 4113 頁。
〔註129〕吳鋼主編：《全唐文補遺》第七輯，第 59 頁。
〔註130〕周紹良主編：《唐代墓誌彙編》（下），開元五一五號《唐故驃騎大將軍兼左驍衛大將軍知內侍事上柱國虢國公楊公墓誌銘並序》，上海：上海古籍出版社，1992 年，第 1509 頁。
〔註131〕參見胡阿祥列《六朝疆域與政區研究》梁陳兩代政區表（第 483～502 頁）。又據《宋書》卷 36《州郡志二》司州條，列司州四郡，亦無河內（第 1103～1104 頁）。

也是不存在的。蘇氏不是南遷漢族，應是梁、陳時期興起的本地蠻族豪酋。蘇氏五代「紀綱南土」，顯然是世官，只是不能確定所任何職。其世襲時間為五代人，從梁陳之際到唐代。

## 四、國家化措施

### （一）地方行政體系的調整

隨著梁至隋時期蠻族的崛起，嶺南國家化措施又有一些新的變化。嶺南蠻族在梁代迎來了發展歷程中的轉折點，一批勢力強大的俚僚豪酋登上歷史舞臺。梁代國家尚無能力把這些蠻族勢力徹底征服，只能承認其存在並加以控制和利用。這正如歷史上的各種起義或叛亂，勢力較大者往往更有可能被收編或招撫。梁代國家採取的策略就是對蠻族豪酋裂地授官，即增置政區（包括提升原有政區的級別和創置新政區），並由當地蠻酋出任長官。增置政區的背景是多方面的，不過控制蠻族是其中的主導因素。胡阿祥先生在《六朝政區增置濫置述論》一文中對六朝在嶺南增置政區的原因作了分析，認為「為了嶺南的社會安定與經濟開發的大局，六朝政權對少數民族多實行招撫為主的羈縻政策……嶺南政區的增置，尤其是州的增置，此殆最重要的原因。」〔註132〕據胡阿祥先生統計，南齊時期嶺南有 3 州 55 郡；而至梁代激增為 26 州 80 郡；陳代略有增置，為 27 州 85 郡。〔註133〕可見梁代在嶺南增置政區數量之多。由於梁代在全國大量增置政區，以致於當時需要將州按照大小分品。《資治通鑒》卷 158 梁武帝大同五年（539）十一月條載：

> 時上方事征伐，恢拓境宇，北逾淮、汝，東距彭城，西開牂柯，南平俚洞，紛綸甚眾，故（朱）異請分之。其下品皆異國之人，徒有州名而無土地，或因荒徼之民所居村落置州及郡縣，刺史守令皆用彼人為之，尚書不能悉領，山川險遠，職貢罕通。五品之外，又有二十餘州不知處所。〔註134〕

引文稱增置政區的範圍甚廣，「俚洞」即嶺南蠻族地區是其中一部分。梁代國家在不同地區增置政區的原因及統治狀況不同，如巴蜀及江淮地區增置政區是受到政治隸屬關係、民族關係、軍事形勢、乃至統治格局、內部紛爭等多

---

〔註132〕 胡阿祥：《六朝政區增置濫置述論》，《中國歷史地理論叢》1993 年第 3 期。
〔註133〕 胡阿祥：《六朝政區增置濫置述論》，《中國歷史地理論叢》1993 年第 3 期。
〔註134〕 《資治通鑒》卷 158 梁武帝大同五年十一月條，第 4996 頁。

因素的影響，與嶺南有所不同。〔註135〕而引文中所見「下品州」的民眾主要由「異國之人」即少數族群構成，這些州的長官也由他們出任，尚書省不能完全掌握其任用情況；國家對這些「山川險遠」的州鞭長莫及，因而它們往往不能履行正常的職貢義務。這反映的正是在包括嶺南在內的邊緣地區對蠻族豪酋裂地授官的情況。前文討論了梁代俚僚豪酋的崛起，其中陳法念任刺史的新、石二州，陳文戒任刺史的德州，甯巨、馮融任刺史的羅州，均為梁代所置，這些是對蠻族豪酋裂地授官的實例。

陳代在時間上與梁代銜接，且自身短祚，嶺南政治格局尚未發生重大變化，因此無需、也無暇對已有政區作重大調整。故而陳代嶺南政區較梁增置不多。但在梁朝所置的那些州，陳朝依然沿續「刺史守令皆用彼人為之」的政策，例如據《隋書・譙國夫人傳》，陳代馮僕曾擔任陽春郡、石龍郡太守。〔註136〕這二郡均為梁所置。《新唐書・南蠻下・南平獠傳》載：「陳末，以其帥猛力為寧越太守。」〔註137〕前文已述，陳代無寧越郡，應為安州，也是梁所置。

隋文帝平陳之初，嶺南撤郡，廢龍州，增置七州。〔註138〕除玉州為梁黃州所改，其餘均是前代置郡，隋文帝升州。隋文帝在全國範圍內推行廢郡政策，嶺南自然不能例外。但由於俚僚豪酋勢力在嶺南依然存在，隋文帝不得不將前代的郡保留了一部分並將其升州，作為全國性廢郡政策與嶺南客觀實際之間的一種調和。因此，隋文帝時期嶺南政區總數雖然因廢郡而大大下降，但州的數量卻增加了。然而到了隋煬帝時期，由於「當時的社會背景和煬帝的為人」，他在嶺南大幅度省併政區。〔註139〕這種具有強烈主觀色彩的政策嚴重偏離了嶺南的實際情況，遂為唐代在嶺南大量復置前代尤其是梁代的政區埋下伏筆。

國家對蠻族採取裂地授官的策略有兩方面好處。第一，國家無需付出什麼代價，就可以在名義上將大量土地、人口納入版圖，為這一地區日後國家化的進一步開展準備了條件。第二，可以制約嶺南地方長官的力量，遏制潛

〔註135〕胡阿祥：《六朝政區增置濫置述論》，《中國歷史地理論叢》1993 年第 3 期。
〔註136〕《隋書》卷 80，第 1802 頁。
〔註137〕《新唐書》卷 222 下，第 6326 頁。
〔註138〕施和金：《中國行政區劃通史・隋代卷》，上海：復旦大學出版社，2017 年，第 12 頁、67 頁。增置的七州是：循、潮、端、賀、簡、玉、連。
〔註139〕施和金：《中國行政區劃通史・隋代卷》，第 15 頁。

在的割據企圖。《隋書・譙國夫人傳》載：

> 高州刺史李遷仕據大皋口，遣召（馮）寶。寶欲往，夫人止之
> 曰：「刺史無故不合召太守，必欲詐君共為反耳。」寶曰：「何以知
> 之？」夫人曰：「刺史被召援臺，乃稱有疾，鑄兵聚眾，而後喚君。
> 今者若往，必留質，追君兵眾。此意可見，願且無行，以觀其勢。」
> 數日，遷仕果反……夫人擊之，大捷。〔註140〕

譙國夫人即冼夫人。她明確指出「刺史無故不合召太守」。且馮氏為俚僚豪酋，
其手中握有本族部眾組成的武裝，這是對刺史重要的制約力量。李遷仕之所
以召馮寶，目的就是扣留馮寶為人質，再追其兵眾為己用。同傳又載：

> 後（陳朝）廣州刺史歐陽紇謀反，召（陽春郡守馮）僕至高安，
> 誘與為亂。僕遣使歸告夫人，夫人曰：「我為忠貞，經今兩代，不能
> 惜汝輒負國家。」遂發兵拒境，帥百越酋長迎章昭達。內外逼之，
> 紇徒潰散。〔註141〕

冼夫人所率領的是「百越酋長」，她「發兵拒境」，所用兵眾也應是本族武裝；
所謂「內外逼之」，外指章昭達所率的陳朝軍隊，內即冼夫人所率的蠻族武裝。

嶺南地方長官的權力來自於國家。如前所述，漢末至宋齊，經過一系列政
策調整，嶺南形成了地方長官權力高度集中且缺乏制約的局面，這給了地方長
官割據的資本。但俚僚豪酋則不同，他們不是被國家賦予權力，而是在本身擁
有實力的情況下被國家吸納到地方軍政體系之中。這是蠻族豪酋之所以能夠
制約嶺南地方長官的根源所在。李遷仕、歐陽紇作亂，都欲將馮氏引以為援；
而朝廷兩次平定叛亂，也都得益於馮氏家族的支持。可見當時俚僚豪酋已經成
為嶺南不可忽視的一支力量。正是因為國家對俚僚豪酋裂地授官，將這些擁有
「兵眾」的豪酋吸納到統治隊伍中，才有了忠貞兩代、不「輒負國家」的冼夫
人。這是俚僚豪酋制約地方長官權力的例子。此外，增置政區也分割了刺史、
郡守行使權力的空間，起到了類似「眾建諸侯而少其力」的效果。

不過需要注意的是，裂地授官的措施並沒有徹底解決漢末至宋齊以來嶺
南地方割據的威脅。這是因為廣、交二州的轄區雖然因增置政區而遭到分割，
但廣州刺史還兼任都督，其轄區仍然很大。《陳書・歐陽頠傳》載，陳代長沙
人歐陽頠任「都督廣交越成定明新高合羅愛建德宜黃利安石雙十九州諸軍事、

---

〔註140〕《隋書》卷80，第1801頁。
〔註141〕《隋書》卷80，第1802頁。

鎮南將軍、平越中郎將、廣州刺史，持節、常侍、侯並如故。」〔註142〕這十九州雖非當時嶺南州的全部（如崖州、桂州等不在其內），但已經包含了大部分。歐陽頠死後，其子歐陽紇即以都督身份反叛。可見增置政區削弱的是刺史、郡守的權力，對最高軍政長官——都督則影響不大。嶺南地方軍政體系中的最高層依然存在權力過於集中的問題。隋代通過增置總管府的方式來應對這一問題。隋滅陳之時，對嶺南地區的招撫是分東西兩道進行的，一道由韋洸、王景巡撫嶺南東部，一道由周法尚巡撫嶺南西部。《隋書·高祖紀下》開皇十年（590）八月條：「壬申，遣柱國、襄陽郡公韋洸，上開府、東萊郡公王景，並持節巡撫嶺南，百越皆服。冬十月……戊辰，以永州總管周法尚為桂州總管。」〔註143〕《隋書·周法尚傳》：「（開皇）十年，尋轉桂州總管，仍為嶺南安撫大使。」〔註144〕此後桂州成為隋代經略嶺南的根據地之一。隋代在嶺南廣置總管府，並以廣、桂、交三個總管府為首，節制其他州及地位較低的總管府，這一格局被學者稱為「統府三分」〔註145〕隋煬帝繼位後更進一步，直接廢除了總管府，以徹底消除地方割據的可能。然而廢除總管府的做法走向了另一個極端。據研究，這一做法導致地方上出現了權力分散、相互掣肘、不能快速應變的弊端，隋末地方行政體制未能發揮整體職能就與此相關，因此唐初迅速恢復了總管府建置。〔註146〕

　　由隋到唐，嶺南的總管府從增置到廢置再到復置，這一歷程說明總管府或都督府這種管若干州的權力中心在嶺南這樣的邊緣地區有其存在的必要性。《隋書·令狐熙傳》記載當時的情況是「嶺南夷、越數為反亂」，「州縣生梗，長吏多不得之官，寄政於總管府」。〔註147〕可見由於州、縣受到蠻族勢力的強烈影響，國家權力尚不能全面滲透到這兩個層次。中央直接控制的總管府成為國家維繫對嶺南統治的樞紐。但總管府或都督府的權力過大又有形成割據的風險。既要保證行政效率，又要遏制割據威脅，這對矛盾的存在使得唐代有必要對嶺南地方行政體系繼續進行調整。

〔註142〕《陳書》卷9，第158～159頁。
〔註143〕《隋書》卷2，第35頁。
〔註144〕《隋書》卷65，第1527頁。
〔註145〕參見羅凱《唐代容府的設置與嶺南五府格局的形成》，《中國邊疆史地研究》2015年第2期；羅凱《隋唐政治地理格局研究——以高層政治區為中心》，復旦大學博士學位論文，2012年。
〔註146〕艾沖：《隋代總管府制的發展與廢止》，《唐都學刊》1998年第4期。
〔註147〕《隋書》卷56，第1386頁。

## （二）選官方式的變革

　　梁代對嶺南的選官方式作出了一些調整。除了對俚僚豪酋裂地授官、實行「刺史守令皆用彼人為之」的措施外，還表現為派遣宗室任職嶺南。

　　宗室任職嶺南始於劉宋，但當時人數不多，影響也不顯著；至梁代人數大大增加，且有較大影響。〔註148〕梁代宗室任職嶺南者，這裡略舉幾例：衡陽王蕭元簡，天監十三年持節、都督廣交越三州諸軍事、平越中郎將、廣州刺史。〔註149〕吳平侯蕭勱，任廣州刺史，頗有政績，曾表請於高涼郡立州。〔註150〕武林侯蕭諮，大同（535～545）中任交州刺史，以嚴刻失和，引發李賁之亂。〔註151〕新渝侯蕭映，大同中任廣州刺史。〔註152〕曲江鄉侯蕭勃，太清（547～549）中為定州刺史。〔註153〕這一現象在陳代同樣存在，如《陳書·南康愍王曇朗附子方泰傳》載，南康嗣王方泰「太建四年（572），遷使持節、都督廣衡交越成定明新合羅德宜黃利安建石崖十九州諸軍事、平越中郎將、廣州刺史。」〔註154〕同傳所附《陳方慶傳》載：「太建九年，出為輕車將軍、假節、都督定州諸軍事、定州刺史。……初，廣州刺史馬靖久居嶺表，大得人心，士馬強盛，朝廷疑之。至是以方慶為仁威將軍、廣州刺史，以兵襲靖。靖誅，進號宣毅將軍。」〔註155〕

　　梁、陳以宗室任職嶺南，有兩個背景。第一，漢末至宋齊，不僅是土人，甚至北人中也有一部分出任世官。入梁以後，土人勢力漸衰。但由於地方軍政體系中存在的問題沒能徹底解決，北人任世官的可能依然存在，如前述歐陽頠、歐陽紇父子世襲廣州刺史、都督。為此，國家選擇以較信賴的群體——宗室來控制嶺南。如前文所舉的陳方慶任廣州刺史，就是取代被朝廷所疑的馬靖。這一任命清楚地體現了朝廷以宗室控制嶺南的意圖。

　　第二，六朝率以宗室統軍出鎮。唐長孺先生分析該現象，認為原因在於貴族政權之下皇室通過擴大家族成員的權勢以保持其對其他貴族的優越地

〔註148〕胡守為：《嶺南古史》，第 184 頁。
〔註149〕《梁書》卷 23《衡陽王元簡傳》，第 364 頁。
〔註150〕《南史》卷 51《蕭勱傳》，第 1262～1263 頁。
〔註151〕《陳書》卷 1《高祖紀上》，第 2 頁。
〔註152〕《陳書》卷 1《高祖紀上》，第 2 頁。
〔註153〕《陳書》卷 1《高祖紀上》，第 2 頁。
〔註154〕《陳書》卷 14，第 211 頁。
〔註155〕《陳書》卷 14，第 213 頁。

位。〔註 156〕這一做法同樣適用於嶺南。梁陳以宗室任職嶺南，正是這一做法在嶺南的推行。

　　到了隋代，嶺南選官方式有繼承也有變革。平陳之初隋文帝《安邊詔》稱：「嶺外土宇，置州立縣，既令擇彼人物，隨便為官，省迎送之煩，知風俗之事。」〔註 157〕所謂「擇彼人物，隨便為官」，即對梁陳以來「刺史守令皆用彼人為之」的繼承。所不同者，對於隋代而言，嶺南是遙遠的被征服領地，朝廷主要依靠派出的總管而非宗室對嶺南加以控制，並且授予總管「承制補授」的權力，即總管有權以中央名義直接任命官員。《隋書‧令狐熙傳》：「上以嶺南夷、越數為反亂，徵拜桂州總管十七州諸軍事，許以便宜從事，刺史以下官得承制補授。」〔註 158〕又《隋書‧何稠傳》載何稠任桂州總管時「承制署首領為州縣官而還」。〔註 159〕可見，隋代嶺南任官方式已經發展出兩個不同的方向：一是「擇彼人物，隨便為官」，二是「承制補授」。這兩種不同的任官方式後來分別被唐代的南選與都督選官繼承，為唐代嶺南形成多樣化選官方式奠定了基礎。

### （三）地方軍事體系的調整

　　梁陳時期嶺南常備軍依舊是由都督府軍隊、州郡兵、西江南江二督護所轄軍隊組成。隋平陳以後，嶺南軍事體系發生了比較大的變化。《隋書‧令狐熙傳》：「溪洞渠帥更相謂曰：『前時總管皆以兵威相脅，今者乃以手教相論，我輩其可違乎？』」〔註 160〕既然「以兵威相脅」，說明總管有直轄的軍隊。總管還統領鎮、戍。〔註 161〕鎮和戍是隋代地方常備的駐守機構，煬帝時期廢除了總管府，鎮戍當直屬諸郡。不過據研究，目前可考的隋代鎮、戍無一例分布於嶺南。〔註 162〕不僅如此，目前可考的隋代鷹揚府也沒有位於嶺南的。〔註 163〕鷹揚

---

〔註 156〕唐長孺：《魏晉南北朝隋唐史三論》，武漢：武漢大學出版社，1992 年，第 52 頁。

〔註 157〕許敬宗編，羅國威整理：《日藏弘文本文館詞林校證》卷 664，北京：中華書局，2001 年，第 244 頁。

〔註 158〕《隋書》卷 56，第 1386 頁。

〔註 159〕《隋書》卷 68，第 1596 頁。

〔註 160〕《隋書》卷 56，第 1386 頁。

〔註 161〕李鵬飛：《隋代鎮戍制度考》，南京師範大學碩士學位論文，2013 年，第 43 頁。

〔註 162〕李鵬飛：《隋代鎮戍制度考》，第 58～59 頁。

〔註 163〕張小永：《隋代鷹揚府新考訂》，陝西師範大學碩士學位論文，2005 年，第 47～51 頁。

府雖然不是駐防機構，但負責提供兵源。隋代嶺南鎮、戍及鷹揚府俱無考，說明當時嶺南除總管直轄軍隊外，分駐諸州的常備軍可能非常有限，這或許就是「州縣生梗，長吏多不得之官，寄政於總管府」的原因之一。在常備軍有限的情況下，遇到戰事往往臨時徵發蠻族士兵，如《隋書·何稠傳》載：「開皇（581～600）末，桂州俚李光仕聚眾為亂，詔稠召募討之。……稠至五更，掩入其（按：即渠帥莫崇）洞，悉發俚兵，以臨餘賊。」〔註164〕征蠻為兵的動員方式在唐代也被延續下來。

## 小結

　　族群結構演變及前代的國家化措施，是影響唐代嶺南國家化的兩個重要因素。兩漢時期北人出任刺史、太守，在政治上居於最高地位；土人的勢力尚未形成；而蠻族首領最多只能任縣級長官，地位很低。這種二元族群結構導致嶺南國家化的主要矛盾是華夏與蠻族的矛盾。

　　西漢末期以來的移民使得嶺南土人人口不斷增長，漢末的動亂為其崛起提供了契機。漢末至宋齊，土人的政治地位顯著提高，表現為可以出任郡守，但不能任廣、交二州的刺史。由於嶺南土人政治實力與政治地位的不匹配，因此土人在政治上具有比較強烈的反抗性或割據性，往往成為嶺南政局中的「麻煩製造者」。這一時期國家強化了廣、交二州刺史的權力，加之政局頻繁動盪，導致地方勢力的割據傾向比較強烈，其突出表現是世官現象的出現。中央與地方爭奪嶺南控制權的矛盾成為該時期嶺南國家化的主要矛盾。

　　梁至隋時期，土人逐漸衰落，一部分土人融入了蠻族。俚僚豪酋則在這一時期崛起，他們可以出任郡守乃至刺史，政治地位大大提升。嶺南國家化同時面臨「中央—地方」「華夏—蠻族」兩大矛盾。針對這一局面，梁代採取對蠻酋裂地授官的措施，在嶺南大量增置政區，並在新置政區中實行「刺史守令皆用彼人為之」的辦法，以此將這些豪酋吸納到國家統治秩序之中，並利用他們制約地方長官的權力，從而實現一舉兩得之效。此外，針對前代廣、交二州刺史被某個家族世襲的情況，梁代還大量派遣宗室到嶺南任職，藉以強化對嶺南的控制。陳代對梁代政區略有增置，任用蠻酋為地方官以及宗室任職嶺南的措施都被繼承。隋文帝時期在全國範圍內推行廢郡政策，嶺南雖

〔註164〕《隋書》卷68，第1596頁。

不能例外，但出於現實考慮，朝廷將嶺南一部分郡升為州以照顧蠻族豪酋的利益。隋代「擢彼人物，隨便為官」的選官方式，也是對前代政策的繼承。此外，總管還有「承制補授」之權。隋煬帝對文帝時期的多種政策改弦易轍，他大幅度削減嶺南政區，又廢除了總管府，使得中央對地方的控制被削弱。這些做法背離了嶺南的實際情況。

唐朝建立之初，嶺南面臨這樣的局面：一方面梁至隋以來對地方行政體系的調整證明了高層權力中心有繼續存在的必要，但其存在又有可能形成地方割據；另一方面，梁代崛起的俚僚豪酋勢力延續到了唐初，嶺南的國家化既依賴這一政治勢力的配合，又需要防範他們過於強盛。唐廷必須在嶺南同時處理「中央—地方」「華夏—蠻族」兩對矛盾。

# 第三章　唐代嶺南國家化措施之一：
# 地方行政體系建設

　　本文第三、第四、第五章將從地方行政體系、選官方式、軍事行動與地方軍事體系三個方面來探究唐代嶺南國家化的措施。需要說明的是，國家化措施的種類極多，本文選擇上述三個方面，是因為它們在唐代嶺南國家化進程中屬於較為重要且具有系統性的措施。對於一個地區來說，設置政區或接受特定地方行政長官的管轄，意味著該地區被納入國家疆域，也是該地國家化的前提性措施。因為只有建立相應的地方行政體系，後續其他國家化措施才能夠通過這一體系的運轉來落實。而任何一個行政體系都是由人組成的。完善的選官制度為國家化提供了人才保障。在推行國家化的過程中，難免受到各種阻力。國家建立相應的軍事體系，在必要時通過軍事行動來應對各種阻力，這是國家化的武力保障。三者相輔相成，從不同側面助力國家化的推行。

　　唐代對嶺南地方行政體系進行調整，主要包含兩個方面的內容：一是在州之上設置更高層的行政機構，唐前期為廣、容、桂、邕四個都督府加上安南都護府，唐後期改置為五個藩鎮；此外，又設置監察行政類使職總領五府成為最高長官。二是增置政區，包括復置、創置正州正縣，以及創置數量龐大的羈縻州縣。

## 第一節　嶺南最高行政長官與四級行政體制

　　前文已經說過，在國家權力尚不能全面滲透到嶺南州、縣兩個層次的情

況下，通過少數幾個地方權力中心來控制這一遼闊的邊緣地區是很有必要的。因而在隋煬帝廢除總管府後，唐朝恢復了這一建置，後又改為都督府。問題是唐以前的都督府、總管府擁有地方軍政大權，是潛在的割據威脅。一方面要保證國家對嶺南的有效控制，一方面又要遏制這種威脅，這是唐朝面臨的一個問題。對此，唐代採取了增置層級、增設權力中心的方法，使得嶺南形成了四層行政體系：道、府、州、縣。這裡的「道」是指以整個嶺南道為管轄範圍的嶺南採訪使、嶺南觀察使及其僚屬組成的行政機構。這裡的「府」是指嶺南五府，它們在唐前期為四個都督府加一個都護府，後期為五個藩鎮。道、府二級有高於州縣的行政權，且常常兼管軍隊，筆者稱之為高層行政機構。有關第二層級即都督府、都護府、藩鎮的成果很多，且專門討論嶺南五府的成果也已問世，而關於嶺南「道」級行政機構的研究還比較匱乏。〔註1〕此外，在唐後期全國普遍形成三級行政體系的情況下，嶺南依舊因為道級機構的存在而保持了四級體系，這是嶺南國家化之地域特殊性的體現。因此，筆者把討論的重點放在「道」級行政機構特別是其長官上。嶺南「道」級長官的形成及演變情況如何？他們具有怎樣的權力？道、府兩級在職權上有何不同？這是筆者嘗試解決的問題。

## 一、嶺南採訪使與四級體系的形成

採訪處置使源於唐前期的道級監察使職。該類使職名目眾多，如巡察、按察、黜陟、撫慰、採訪、處置等。貞觀（627～649）初，唐廷開始實行遣使臣分巡諸州的做法。《新唐書·百官志四下》觀察處置使條：「貞觀初，遣大使十三人巡省天下諸州，水旱則遣使，有巡察、安撫、存撫之名。」〔註2〕巡嶺南者如《冊府元龜·帝王部·命使一》：「（貞觀）七年七月遣大理少卿李弘節、太子中允張玄素、都水使者長孫師巡撫嶺南。……（貞觀二十年）九月，遣霍王府長史段寶玄、滄州別駕張開諒、同州別駕張文會等三道使巡察嶺南諸州。」〔註3〕上述使臣是臨時性的差遣，至武后光宅元年（684），這種差遣逐漸演變

---

〔註1〕 專門討論嶺南五府的論著，主要有艾沖《論唐代「嶺南五府」建制的創置與演替——兼論唐後期嶺南地域節度使司建制》，《唐都學刊》2011 年第 6 期；羅凱《唐代容府的設置與嶺南五府格局的形成》，《中國邊疆史地研究》2015 年第 2 期。

〔註2〕 《新唐書》卷 49 下，第 1310 頁。

〔註3〕 《宋本冊府元龜》卷 161，北京：中華書局，1988 年，第 347 頁。

為制度化、經常化的地方監察專職官員，或曰監察使職，並先後出現巡察使、按察使之名目。〔註4〕到了玄宗時期，這些監察使職的行政權逐漸強化，單純的監察使職變成具備監察行政複合職能的使職，有學者稱之為「監理使職」。〔註5〕直至開元二十一年（733），唐廷分天下為十五道，各置採訪處置使一人，其僚佐有判官、支使、推官等，他們共同組成使府，正式成為道級行政機構。

採訪使的職權如何呢？既然以「採訪」和「處置」為名，其職權顯然是包含監察和行政兩個方面，即《敕授十道使》所謂「豈徒刺察，將委緝寧」。〔註6〕就其監察權而言，是與此前的巡察使、按察使一脈相承的；就其行政權而言，則是在玄宗以來既有權力的基礎上加以規範。開元二十二年（734）《敕置十道使》稱：

> 其天下諸道，宜依舊逐要便置使，令採訪處置。若牧宰無政，不能綱理，吏人有犯，所在侵漁；及物土異宜，人情不便，差科賦稅，量事取安。朕所責成，貴在簡要，其餘常務，不可橫干。〔註7〕

同年《敕授十道使》稱：

> 吏又不畏不仁，人或不安不便，誠須矯過，必在仗賢。而前此使車，不無殷鑒，事皆掣肘，務欲總權，小有舉於毫髮，大莫振於綱領。本令條察，卻用煩苛，永言所期，豈云自弊？〔註8〕

天寶九載（750）《禁採訪使兼理郡縣敕》又強調：

> 本置採訪使，令舉天下大綱，若大小必由，是一人兼理數郡。自今已後，採訪使考察善惡，舉其大綱，自餘郡縣所有奏請，並委郡守，不須干及。〔註9〕

這三則敕書說明採訪使的地方行政權僅限於「舉其大綱」，具體來說是對出現問題的重要政務進行糾正，即所謂「矯過」，這是監察權的派生，而對州縣的日常工作則無權干涉。然而據「事皆掣肘，務欲總權」之語，說明採訪使干涉

---

〔註4〕何汝泉：《唐代前期的地方監察制度》，《中國史研究》1989 年第 2 期。

〔註5〕郭聲波先生認為「唐代道的監察巡按使者不同程度地具有處理某些行政事務的職能」，因此謂之「監理」而非「監察」，參見氏著《中國行政區劃通史‧唐代卷》，第 18 頁。筆者認為這種行政職能的擴大有一個過程，監察使職在玄宗時期才逐漸成為真正的監理使職。

〔註6〕張九齡撰，熊飛校注：《張九齡集校注》7，第 490 頁。

〔註7〕張九齡撰，熊飛校注：《張九齡集校注》7，第 488 頁。

〔註8〕張九齡撰，熊飛校注：《張九齡集校注》7，第 490 頁。

〔註9〕《全唐文》卷36，第 398 頁。

州縣「常務」的現象在現實中是存在的，否則天寶九載敕文不必明令禁止。不過一件事情屬於「常務」還是「大事」，並無一個客觀的標準，而取決於看問題的立場、觀點等主觀因素；不同立場、觀點的人對同一個事件的定性可能會有很大差異。《文苑英華‧為政門》載《為人興利判》稱：

> 南陽太守好為人興利，作均水刻石立於田畔，採訪使奏煩擾，訴云：「以防忿爭。」〔註10〕

此判文雖無明確繫年，但據「南陽太守」的稱呼可知是天寶中所作。對於在田畔立均水刻石這一事件，採訪使將其上升到了擾民的高度，而判案者卻認為採訪使「妄云煩擾」。〔註11〕可見「察善惡、舉大綱」本身就是一個有彈性的指令，要求採訪使在有所作為的同時還能恰到好處地把握分寸（而且這個分寸還是朝廷心目中的分寸），是不太容易的。因此，筆者認為不能把採訪使對「常務」的糾察簡單地歸結為「務欲總權」的逾制行為。這種現象本質上是制度自身的彈性導致了制度制定者和制度執行者之間的失調。這是制度範圍內的失調，因為採訪使確實是按照朝廷的要求對存在漏洞的政務進行糾正（無論這些漏洞在朝廷看來是大是小），而對於其他日常政務並無干涉；且糾正工作均奏請處理，而不自專。例如《唐會要‧尊崇道教》載：「開元二十九年（741）正月，河南採訪使汴州刺史齊澣奏：……其道士僧尼女冠等，有犯，望準道格處分，所由州縣官，不得擅行決罰。」〔註12〕這是針對州縣「擅行決罰」、不依道格（有關僧道的格條）處分的情況，顯然是小事。又《太平寰宇記‧江南西道十》鄂州崇陽縣條：「唐天寶元年（742），江西採訪使奏以蒲圻梓洞中二千餘戶，去縣六百餘里，若不別置縣則難以統攝；二年敕於其洞桃花溪口置唐年縣。」〔註13〕這是針對政區對民戶「難以統攝」的問題，應屬大事。可見無論是大事還是小事，採訪使都是奏請而行，並沒有超出制度規定的範疇。因此，我們在文獻中看到的才是對「舉大綱」原則的反覆強調和規範，而不是對逾制的採訪使進行懲處，或取消採訪使制度。總之，採訪使的行政權是由監察權派生而來的，主要是對轄區內重大政務存在的問題進行糾正，對州縣「常務」則嚴禁干涉。在現實中，採訪使干涉「常務」的情況儘管難以禁

---

〔註10〕《文苑英華》卷533，第2725頁。
〔註11〕《文苑英華》卷533，第2725頁。
〔註12〕《唐會要》卷50，第865頁。
〔註13〕樂史撰，王文楚等點校：《太平寰宇記》卷112，第2286頁。

絕，但大小事宜均需奏請，不可自專。至於「開元末，置諸採訪使，許其專停刺史務，廢置由己」。〔註14〕這也是以刺史理政存在嚴重問題為前提的，且是朝廷所認可的權力。總之，採訪使對州縣只能以「矯過」的方式發揮間接作用，其行政權是受到嚴格制約的。

就嶺南而言，採訪處置使位於地方行政體系的最高層，其下管轄嶺南五府。五府在各自轄區內都擁有直接的行政權。唐前期都督府之性質及其對屬州的權力，學界有多種不同的認識。〔註15〕僅就嶺南具體實際來看，都督府對管內諸州無疑是有直接行政權的。《舊唐書・王方慶傳》載其拜廣州都督，稱：「又管內諸州首領，舊多貪縱，百姓有詣府稱冤者，府官以先受首領參餉，未嘗鞫問。方慶乃集止府僚，絕其交往，首領縱暴者悉繩之，由是境內清肅。」〔註16〕據此，都督府可以受理管州百姓的訴訟、鞫問轄下蠻酋。李青淼先生認為引文中的「首領」屬於羈縻州，其實廣州都督府轄區內並沒有羈縻州。〔註17〕嶺南五府中，除了廣、桂、容、邕四個都督府，還有安南都護府。《通典・職官十四》都護條：「掌所統諸蕃宣慰、征討、斥堠，安輯蕃人及諸賞罰，敘錄勳功，總判府事。」〔註18〕可見都護府擁有宣慰、安輯蕃人的行政權。嶺南採訪處置使與五府在行政權方面主要是間接管轄和直接管轄的區別。由於採訪處置使一般由廣州都督兼任，因此廣州都督等於擁有了間接管轄嶺南道和直接管轄廣管地區的雙重權力。

綜上，我們可以理出唐代對調整嶺南高層行政體系的基本思路。既然過往的歷史經驗表明地方高層權力中心在嶺南有存在的必要，那麼就必須在恢復它們的基礎上想方設法抑制其形成割據的可能。唐代通過增置層級、增設權力中心的方式，形成了一種上下相維、輕重相制的局面：一方面，在嶺南設置最高行政長官——採訪處置使，他對整個嶺南道擁有監察、行政權，嶺南形成了道—府—州—縣四級地方行政體系。然而採訪使地位雖高卻只能在宏觀層面發揮作用，難以直接控制基層；而五府卻可以直接管理州縣，地位

〔註14〕 《唐會要》卷78《諸使中》，第1421頁。
〔註15〕 關於對唐前期都督府的不同認識，李青淼《唐代前期都督府探討》（《中國歷史地理論叢》2006年第4輯）及郭聲波《中國行政區劃通史・唐代卷》緒言部分（第28～31頁）進行了梳理，可供參考。
〔註16〕 《舊唐書》卷89，第2897頁。
〔註17〕 李青淼：《唐代前期都督府探討》，《中國歷史地理論叢》2006年第4輯。
〔註18〕 《通典》卷32，第896頁。

低但權力更加具體。另一方面，地方權力中心從六朝時期的兩個（廣、交）到隋代的三個（廣、交、桂），至唐代增加到了五個（廣、桂、容、邕、安南），力量更加分散。採訪使與五府之間、五府彼此之間都互相制衡，從而實現了在保障行政效率的前提下制約地方割據的效果。

## 二、嶺南觀察使與四級體系的維持

唐後期，採訪使被觀察使取代。《唐會要・諸使中》採訪處置使條載乾元元年（758）四月十一日詔曰：「其採訪使置來日久，並諸道黜陟使便宜且停，待後當有處分。」文末原注：「其年，改為觀察處置使。」〔註19〕據此，乾元元年唐廷廢採訪處置使，另置觀察處置使。觀察使取代採訪使，對地方行政體系產生的變化主要有兩點：

第一、職權變化。據《新唐書・百官志四下》，觀察處置使的職能是「掌察所部善惡，舉大綱」，這與採訪使一致；但其考課「以豐稔為上考，省刑為中考，辦稅為下考」，這就涉及發展生產、省定刑獄、辦理賦稅等地方具體政務了。〔註20〕可見觀察使的行政權在不斷鞏固和深化，這是唐後期地方權力強化的表現之一。

第二、空間格局變化。唐前期的採訪使始以十五道為轄區，人數少而轄區遼闊。唐後期觀察使是以藩鎮為轄區，人數眾多而轄區則大為縮小。藩鎮長官一般由治所州（或都護府等政區）長官兼任觀察處置使和各種軍事使職而形成。藩鎮雖然也被稱為「道」（可能是因為採訪使與觀察使前後承襲的關係），但從行政區域上看，藩鎮「與都督府分統諸州的區域遂合二為一」。〔註21〕也就是說，藩鎮轄區多數承襲唐前期的都督府、都護府；一個採訪道往往會析出多個藩鎮或曰觀察道，從級別上說採訪道比藩鎮要高一級，二者完全不同。因此有學者認為，唐廷將採訪使改置為觀察使的原因之一就是通過增置藩鎮的方式縮小其規模、強化中央控制。〔註22〕比如嶺南道就從一個採訪使變為五個觀察使，廣、桂、邕、容四都督府和安南都護府分別設置藩鎮，長官分別為：廣州刺史兼嶺南節度、觀察使；桂州刺史兼桂州管內經略、觀察

---

〔註19〕《唐會要》卷 78，第 1421 頁。

〔註20〕《新唐書》卷 49 下，第 1310 頁。

〔註21〕周振鶴：《中國地方行政制度史》，上海：上海人民出版社，2005 年，第 161 頁。

〔註22〕趙一鳴：《「坐而為使」：唐代地方監察制度變遷中的採訪處置使研究》，《安徽大學學報》（哲學社會科學版）2019 年第 3 期。

使；容州刺史兼容州管內經略、觀察使；邕州刺史兼邕州管內經略、觀察使；安南都護兼安南管內經略、觀察使。〔註23〕但需要注意的是，廣州刺史所兼的不是廣管觀察使而是嶺南觀察使，這意味著他除了直轄廣管區域外，還可以對整個嶺南道行使「掌善惡，舉大綱」的權力。《資治通鑒》卷241唐憲宗元和十四年（819）十月條引胡三省注稱「嶺南節度雖兼統五管，而廣州所管自為巡屬」。〔註24〕按：「節度使」是省稱，其實包含觀察使在內。這則材料清晰地說明了嶺南節度使的雙重管轄權，這種權力是自唐前期沿襲而來。韓愈《南海神廟碑》稱：「（廣州）刺史常節度五嶺諸軍，仍觀察其郡邑，於南方事無所不統。」〔註25〕可知廣州刺史的職權包括「節度」（軍權）、「觀察」（監察、行政）兩個方面，行使職權的範圍是「五嶺」即整個嶺南之內的「諸軍」和「郡邑」，故稱其「事無所不統」。韓愈又有《送鄭尚書序》稱「嶺之南其州七十，其二十二隸嶺南節度府，其四十餘分四府，府各置帥，然獨嶺南節度為大府」，又詳載嶺南節度與四府藩帥交往之禮儀，稱四府藩帥對嶺南節度「虔若小侯之事大國」。〔註26〕會昌四年（844）封敖撰《授崔龜從嶺南節度使制》稱：「庾嶺之南五諸侯，而番禺總其襟帶。他管之務，豈相伴焉。」〔註27〕可見，嶺南觀察使繼承了唐前期嶺南採訪使的權力，仍然是五管之上的嶺南最高行政長官。嶺南的道級行政機構沒有瓦解，而是保留了下來；嶺南維持了四級行政體系，沒有分裂為五個完全獨立的藩鎮。這種現象是其他道所沒有的，也是過往學界較少關注的。有關嶺南觀察使對其他四管行使權力的具體情況，文獻缺乏記載。不過鑒於其他四管各有觀察使，嶺南觀察使應仍然發揮間接作用。

---

〔註23〕唐代藩鎮長官常兼任多種使職，其具體職銜非常複雜，文獻中往往簡化處理，只稱呼最重要的職務，如《全唐文》卷502《金紫光祿大夫檢校禮部尚書使持節都督廣州諸軍事兼廣州刺史御史大夫充嶺南節度支度營田觀察處置本管經略等使東海郡開國公贈太子少保徐公（申）墓誌銘並序》（第5108頁），其職銜繁複若此，而《舊唐書》卷13《德宗紀下》徑稱徐申為「嶺南節度使」（第396頁）。此處，筆者只列出較為重要的行政、軍事兩種使職。另外，除嶺南外，桂、邕、容、安南四個藩鎮的軍事使職變化頻繁，或稱經略、或稱都防禦、或兼有二職，這裡只顯示任職最穩定的經略使。

〔註24〕《資治通鑒》卷241唐憲宗元和十四年十月條，第7896頁。

〔註25〕韓愈撰，馬其昶校注，馬茂元整理：《韓昌黎文集校注》卷7，第543頁。

〔註26〕韓愈撰，馬其昶校注，馬茂元整理：《韓昌黎文集校注》卷4《送鄭尚書序》，第317頁。

〔註27〕《全唐文》卷728，第7502頁。

咸通三年（862）嶺南東西分道，嶺南觀察使隨之分為嶺南東道觀察使和嶺南西道觀察使。這次分道是對嶺南高層統治體系的一次重大調整，雖然兼及行政，但其重點在於軍事，其有關內容將在本文第五章第二節詳細論述。

## 三、從族屬看高層行政長官的選任

唐代嶺南的道、府兩級長官絕大多數情況下由北人出任，這說明北人在唐代依然擁有最高的政治地位。土人出任嶺南道、府長官者雖有其人，但只是個例，如張九齡、張九皋兄弟。開元二十九年（741）徐浩撰《張九齡神道碑》：「曾祖諱君政，皇朝韶州別駕，終於官舍，因為土著姓。大父諱胄，越州剡縣令。列考諱宏愈，新州索盧縣丞、贈太常卿廣州都督。」〔註28〕據此，張九齡為因官落籍的土人，從曾祖君政至九齡，已經四代。然而其曾祖、祖、父僅任別駕、令、丞，且三人任官地點各不相同。顯然，當時始興張氏並未在當地形成強大的家族勢力。《舊唐書·張九齡傳》：「九齡以母老在鄉，而河北道里遼遠，上疏固請換江南一州，望得數承母音耗，優制許之，改為洪州都督。俄轉桂州都督，仍充嶺南道按察使。上又以其弟九章、九皋為嶺南道刺史，令歲時伏臘，皆得寧覲。」〔註29〕張九齡任桂州都督，已經進入了嶺南行政體系的高層。然而這一任命是出自朝廷，目的是使其「得數承母音耗」，以便於「歲時伏臘，皆得寧覲」。至德元載（756）蕭昕撰《張九皋神道碑》載：「屬南夷不虞，西蜀騷動，掎角之勢，連於嶺隅。以公有經略之才，委公以干城之任，乃除南海太守兼五府節度經略採訪處置等使，攝御史中丞，賜紫金魚袋。」〔註30〕張九皋為九齡之弟。「南海太守兼五府節度經略採訪處置等使」這一任命同樣是出自朝廷，目的是為了應對南詔的騷擾。顯然，張九齡、九皋兄弟的任命均與始興張氏的家族勢力無關。整個唐代，沒有發現土人形成地方政治勢力的證據。這說明土人作為一個族群雖然一直存在於嶺南，但作為一種地方政治勢力，在梁至隋階段已經消亡。至於蠻族任道、府長官的也是個例，如據《舊唐書·馮盎傳》，武德四年（621）馮盎降唐後被封為

---

〔註28〕《全唐文》卷440《唐尚書右丞相中書令張公神道碑》，第4489頁。
〔註29〕《舊唐書》卷99，第3098～3099頁。
〔註30〕《全唐文》355《唐銀青光祿大夫嶺南五府節度經略採訪處置等使攝御史中丞賜紫金魚袋殿中監南康縣開國伯贈揚州大都督長史張公神道碑》，第3599頁。

「高羅（州）總管」。〔註31〕唐初的總管府後來改為都督府。馮盎任高州總管時，嶺南五府格局尚未形成，當時嶺南存在多個總管府，多是為安置降唐酋帥而置，這些酋帥身死後府即撤廢。〔註32〕總之，蠻族豪酋任高層軍政長官，僅是唐初權宜之計，不是唐代經制。但蠻族並不像土人那樣在唐以前就退出政治舞臺，相反，嶺南蠻族豪酋入唐後仍相當活躍。那麼，唐廷是如何在地方行政體系中協調與蠻族的關係呢？這就要涉及蠻族在唐代的演變以及州縣二級政區的增置了。

## 第二節　唐代蠻族興替與政區的增置

梁代以來，族群成為影響嶺南政區變動的主導因素，這一情況持續到了唐代。唐代在嶺南繼續推行對蠻族豪酋裂地授官的措施，對他們加以控制和籠絡。由於唐代蠻族內部出現了不同分支的興替，因而在政區類型和設置方式上也體現出相應的特點。

### 一、蠻族在唐代的繼續演變

唐初，崛起於梁代的俚僚豪酋勢力依然強盛。從高宗、武后時期開始，唐廷採用各種手段瓦解這些蠻酋勢力，馮、甯、陳、蘇等大族逐漸衰落。大曆以後，俚僚豪酋的活動幾乎不再見於文獻，而西原蠻則在唐後期崛起。

### （一）俚僚豪酋的衰落

《舊唐書·高力士傳》載：「高力士，潘州人，本姓馮。少閹，與同類金剛二人，聖曆元年（698）嶺南討擊使李千里進入宮。」〔註33〕高力士是馮盎後代，其家族衰落後被沒為閹人。據《高力士墓誌》稱：

> 公本姓馮，初諱元一，則天聖后賜姓高，改名力士。……曾祖盎，皇唐初高州都督、耿國公、廣韶等十八州總管，贈荊州大都督。……有三子，曰智戣、智戴、智玭，耿公知而內舉，請以分憂。

〔註31〕《舊唐書》卷109，第3288頁。按《新唐書·高祖紀》《新唐書·馮盎傳》將馮盎降唐係於武德五年（622），武德四年平蕭銑，次年嶺南諸帥相繼歸唐，應依《新唐書》。
〔註32〕關於唐初嶺南多個總管府並存的情況，以及這些總管府置廢的原因，參見羅凱：《隋唐政治地理格局研究——以高層政區為中心》，第245～250頁。
〔註33〕《舊唐書》卷184，第4757頁。

朝廷許之：戭為高州刺史、戴為恩州刺史、玭為潘州刺史。聖曆中，潘州府君捐館舍，子君衡襲其位焉，父沒子繼，南州故事，且持棨戟，方俟絲綸。按察使摧折高標，摘抉瑕釁，禍心潛構，飛語上聞，帝闈難叫（按：「叫」應為「叩」），家遂藉沒。〔註34〕

據此可知高力士本名馮元一，是馮盎曾孫。馮盎死後，朝廷就著手削弱馮氏勢力，做法是將原馮盎所管的高州一分為三，由其三子分別繼承。出任潘州刺史的馮智玭死後，其子馮君衡襲位。墓誌對這一事件的描述是：「父沒子繼，南州故事，且持棨戟，方俟絲綸。」「故事」是還沒有形成正式法律規定的慣例，通常是非正常事件。墓誌認為官職父死子繼乃是嶺南慣例，在實際操作中繼任者往往是先任職管事，再由朝廷履行形式上的任命手續。「父沒子繼」的世官現象被稱為「故事」，恰恰說明其性質並非國家正式規定的制度或詔令，「且持棨戟，方俟絲綸」的做法嚴格地說也是不符合制度的。接著，墓誌從馮氏立場出發，認為按察使打壓馮氏（摧折高標），刻意挑毛病（摘抉瑕釁），然後向朝廷彙報（禍心潛構，飛語上聞）。顯然，墓誌所謂的「瑕釁」只能是前述的「父沒子繼」、「且持棨戟，方俟絲綸」一事，否則也沒有必要預先作解釋了。墓誌所代表的馮氏立場與按察使在襲位事件上的觀點對立，是基於對「南州故事」的不同理解。「南州故事」作為沒有明文規定的慣例具有含糊性，這種含糊性使得國家可以靈活地處理同俚僚豪酋之間的關係。當國家對豪酋採取羈縻政策時，就默認他們按照這一慣例來世襲官位；而一旦當國家想要打擊豪酋，就可以抓住「南州故事」中不符合制度的地方來做文章。當然，墓誌不可能把矛頭對準國家，就只能歸罪於按察使，認為他「禍心潛構」，意圖陷害。總之，國家借按察使之手，對「南州故事」借題發揮，是要實現打擊馮君衡家族的目的。這也說明嶺南的世官本質上只是一種政治現象，而不是國家制定的政治制度。〔註35〕

〔註34〕吳鋼主編《全唐文補遺》第七輯，第 59 頁。

〔註35〕羅凱《略論唐代嶺南地區的世官制與區域流官制》（《史林》2018 年第 4 期）一文將唐代嶺南存在的世官現象視為地方行政制度，並認為這種制度為朝廷所認可，且長期實行。筆者認為：首先，地方行政制度應由國家以詔書敕令等形式頒布，有明文可依。其次，地方行政制度要具備明確的適用範圍、起止時間和具體操作方法。然而事實是，目前尚無任何資料可以證明，唐廷頒布過在嶺南推行世官制度的詔書敕令；也沒有資料可以顯示，這種「制度」適用於何地，起止於何時，具體的規則和操作方法是什麼。羅凱先生在其文章結論中也承認：「限於史料與學識，本文雖欲討論『世官制』與『區域流官

高力士家族遭到按察使的舉報之後，「家遂藉沒」。其時間是「聖曆（698～699）中」，與《舊唐書・高力士傳》一致。然而據《高元珪墓誌》稱：

> 公諱元珪，字符珪，本馮氏。隋荊州長史盎之曾孫，皇高州都督智戣之孫，廣州都督君衡之子也。垂拱（685～688）中，武太后臨朝，公時尚幼。屬姦臣擅權，誅滅豪族，避此禍易姓高氏。〔註36〕

引文所謂「誅滅豪族」就指國家對馮氏等嶺南蠻族豪酋勢力的清洗。按元珪為高力士兄，然而《高元珪墓誌》稱其祖父為智戣，《高力士墓誌》作智玭。關於馮氏世系，這裡需要略作考證。筆者將有關文獻所見高涼馮氏世系及任刺史的情況表列於下，以便對比。由於諸文獻均以馮盎為祖並無異說，故僅列其子、孫、曾孫三輩；所任刺史以括號附於名後。

表6　文獻所見馮氏世系、官職〔註37〕

| 文獻簡稱 | 文獻形成時間 | 馮盎子輩 | 馮盎孫輩 | 馮盎曾孫輩 |
|---|---|---|---|---|
| 馮□思墓誌 | 神功元年（697） | 智戴 | 子游（恩） | □思（潘、恩） |
| 馮君衡墓誌 | 開元十七年（729） | 智戣（高） | | |
| | | 智玭（恩） | 君衡（潘、廣） | 元瑝 |
| | | | | 元珪 |
| | | | | 力士 |
| | | 子猷（潘） | | |

制』，然而呈現出來的，其實不過是一些『世官』與『區域流官』的現象而已，對其制度的真正探索，只好留待來日了。」事實上，世官作為地方行政制度本不成立，也無史料可用，又如何探索呢？世官只是一種政治現象罷了。

〔註36〕 吳鋼主編：《全唐文補遺》第三輯《大唐故明威將軍檢校左威衛將軍贈使持節陳留郡諸軍事陳留郡太守上柱國高府君墓誌銘並序》，西安：三秦出版社，1996年，第12頁。

〔註37〕 表中馮君衡的官職均為贈官。文獻來源如下：《馮□思墓誌》，《唐代墓誌彙編續集》神功〇〇四號，第359頁。《馮君衡墓誌》，原名《贈潘州刺史馮君墓誌銘並序》，《張說集校注》卷22，第1070～1072頁。《馮君衡神道碑》，原名《贈廣州大都督馮府君神道碑銘並序》，《張說集校注》卷16，第816～818頁。《高元珪墓誌》，原名《大唐故明威將軍檢校左威衛將軍贈使持節陳留郡諸軍事陳留郡太守上柱國高府君墓誌銘並序》，《全唐文補遺》第三輯，第12～13頁。《高力士墓誌》，原名《大唐故開府儀同三司兼內侍監上柱國齊國公贈揚州大都督高公墓誌銘並序》，《全唐文補遺》第七輯，第59頁。《高力士神道碑》，原名《大唐故開府儀同三司兼內侍監贈揚州大都督陪葬泰陵高公神道碑並序》，《全唐文補遺》第一輯，第35～37頁。

| 馮君衡神道碑 | 開元十七年（729） | 智㦤（高） | 君衡（潘、廣） | 元璡 |
|---|---|---|---|---|
| | | | | 元珪 |
| | | | | 力士 |
| 高元珪墓誌 | 至德元載（756） | 智㦤（高） | 君衡 | 元珪 |
| 高力士墓誌 | 寶應二年（763） | 智㦤（高） | | |
| | | 智戴（恩） | | |
| | | 智玳（潘） | 君衡（潘、廣） | 元璡 |
| | | | | 元珪 |
| | | | | 力士 |
| 高力士神道碑 | 寶應二年（763） | 智㦤（高） | | |
| | | 智戴（恩） | | |
| | | 智玳（潘） | 君衡（潘、廣） | 力士 |

　　黃惠賢先生《有關高力士和廣東馮氏舊貫、世系的幾點補正》一文針對馮君衡之碑、誌自相矛盾的情況，提出「戴、玳音近，當即一人而字音相近而訛」，又君衡為智㦤之子（智㦤又作智彧），理由是：「張說為馮君衡作碑、誌，其所依據的是與力士失散 20 餘年的生母和二兄長的記憶；而力士母子相見時已『音、容莫識』，其記憶致誤似乎在所難免。馮盎之子，智戴最知名，《墓誌》撰寫在前，係於智戴；《神道碑》書之於後，旋改智㦤，以常理推測，當從《神道碑》為是。」〔註38〕然而在《馮君衡墓誌》《高力士墓誌》《高力士神道碑》中，智戴、智玳均並見，二者顯然不是同一個人。智戴一支的情況（智戴—子游—□思），《馮□思墓誌》交代得很清楚。高力士兄弟的祖父只能是智㦤或智玳之一。黃先生認為應從《馮君衡神道碑》，只是基於推測。如果說《馮君衡神道碑》作於後，與《馮君衡墓誌》有差異的原因可能是對墓誌錯誤的修改，那麼時間更晚的《高元珪墓誌》《高力士墓誌》《高力士神道碑》對祖父的記載竟然也各執一詞。這說明即使馮氏兄弟自己也沒有弄清楚祖父到底是誰。依據馮氏兄弟及其家人回憶所作的碑、誌，顯然不可能考證出高力士祖父，只能存疑。筆者對以上諸材料加以比勘，認為《高力士墓誌》《高力士神道碑》最為準確，暫且從之，理由如下：首先，智㦤為高州刺史，這一點諸文獻記載並無異議。然而據《高力士墓誌》《高力士神道碑》稱，

〔註38〕黃惠賢：《有關高力士和廣東馮氏舊貫、世系的幾點補證》，《魏晉南北朝隋唐史資料》第十四輯，武漢：武漢大學出版社，1996 年。

馮君衡依慣例承襲潘州刺史之位，他死後也被贈予潘州刺史。若馮君衡為高州刺史智戣之子，為何要繼任潘州？又為何會被追贈潘州刺史？再者，《舊唐書‧高力士傳》與高力士的碑、誌有不少參差之處，這說明傳並非以碑、誌作為唯一史源。因此，《舊唐書‧高力士傳》就具有了驗證馮氏家族碑、誌正確性的資格。《舊唐書‧高力士傳》稱高力士為「潘州人」，又稱嶺南節度使「於潘州求其本母麥氏送長安」。〔註39〕若馮君衡為高州刺史智戣之子，高力士為何會被《舊唐書‧高力士傳》記載為潘州人？其母為何在潘州？要解釋上述疑問，只能暫從《高力士墓誌》及《高力士神道碑》，將高力士的世系視為：高州總管馮盎—潘州刺史馮智玳—贈潘州刺史馮君衡—高力士。另外，馮氏沒落的時間，兩《唐書》均作「聖曆（698～699）中」，《馮君衡神道碑》《高力士墓誌》《高力士神道碑》亦同。《高元珪墓誌》作「垂拱（685～688）中」，誤。

　　總之，高涼馮氏潘州一支在聖曆年間遭到了按察使的彈劾，走向了衰落。此後馮氏雖偶有記載見於史書但迅速沒落，正如譚其驤先生所說，「自開元（713～741）、大曆（766～779）以後，嶺南海北馮氏遂不見於史。」〔註40〕

　　自高宗以後，除馮氏之外的其他俚僚豪酋也相繼衰落。《舊唐書‧外戚‧韋溫傳》載：「（韋）后母崔氏，為欽州首領甯承兄弟所殺。……（中宗）又遣廣州都督周仁軌率兵討斬甯承兄弟，以其首祭於崔氏。」〔註41〕《舊唐書‧宦官‧楊思勗傳》：「（開元）十六年（728），瀧州首領陳行範、何遊魯、馮璘等聚徒作亂，陷四十餘城。……（楊思勗）兵至瀧州，臨陣擒遊魯、馮璘，斬之。行範潛竄深州，投雲際、盤遼二洞。思勗悉衆攻之，生擒行範，斬之。斬其黨六萬級，獲口馬金玉鉅萬計。」〔註42〕《楊思勗墓誌》稱陳行範為「澄州刺史」。〔註43〕然而討陳行範之戰確實是在瀧州、勤州一帶進行的。《新唐書‧地理志七上》勤州條載：「開元十八年（730）平春、瀧等州，首領陳行範餘黨保銅陵北山，廣州都督耿仁忠奏復置州，治富林洞，因以為縣。」〔註44〕

---

〔註39〕《舊唐書》卷184，第4757、4758頁。

〔註40〕譚其驤：《自漢至唐海南島歷史政治地理——附論梁隋間高涼冼夫人功業及隋唐高涼馮氏地方勢力》，《歷史研究》1988年第5期。

〔註41〕《舊唐書》卷183，第4743～4744頁。

〔註42〕《舊唐書》卷184，第4756頁。

〔註43〕周紹良主編：《唐代墓誌彙編》下，開元五一五號，第1509頁。

〔註44〕《新唐書》卷43上，第1099頁。

《楊思勖墓誌》可能是誤將「瀧」作「澄」。羅凱先生提出了另一種看法，他推測唐廷讓世居瀧州的陳行範去澄州當刺史，是迫使其離開自己的根據地，遂導致其造反。〔註45〕這也可備一說。另外，討平陳行範的楊思勖生於永徽五年（654），據《楊思勖墓誌》，其家是連續五代「為大首領於羅州，以紀綱南土」的俚僚豪酋。〔註46〕然而楊思勖卻入宮為宦官，說明其家族可能在高宗以後也衰落了。

大曆二年（767）《宣慰嶺南制》稱：「馮季康、何如英等，南方右族，累代純臣，協其義烈之心，積有艱危之效。惑於所譖，虐用其刑，無狀致闕，遂生邊患。」〔註47〕大約同一時期，廣州馮崇道發動叛亂，《宣慰嶺南制》可能與之有關。〔註48〕馮季康被稱為「南方右族，累代純臣」，應屬高涼馮氏。這是唐代文獻所見俚僚豪酋活動的最後記載。唐亡以後，嶺南中東部原俚僚分布區內，還長期存在著各種少數族群，他們當中應包含俚僚及其後裔，但如同梁唐間俚僚豪酋那種強大的家族勢力不再見於史冊。也就是說，正如唐代的土人那樣，儘管俚僚及其後裔仍然長期存在於嶺南，但作為一種政治勢力，俚僚豪酋在後來的嶺南國家化進程中已不再發揮重大影響了。

## （二）西原蠻的崛起

唐代嶺南出現了一支名為「西原蠻」的族群，他們在唐代活動頻繁，十分引人注目。系統介紹西原蠻情況的文獻，最早的是《新唐書·南蠻下·西原蠻傳》。在此之前的正史中，從來沒有為嶺南的某一支蠻族專門立傳。《新唐書·南蠻下》包含《南平獠》《西原蠻》等多篇傳記，其中《南平獠傳》涉及了甯、馮等俚僚豪酋的活動。據劉美崧先生考證，這些內容是由《西原蠻傳》竄入。〔註49〕西原蠻和俚僚的關係，學界從民族源流的角度出發，一般認為西原蠻就是六朝時期嶺南俚僚的後裔或俚僚之別稱。〔註50〕然而俚僚和西原

〔註45〕羅凱：《略論唐代嶺南地區的世官制與區域流官制》，《史林》2018年第4期。

〔註46〕周紹良主編：《唐代墓誌彙編》下，開元五一五號，第1509頁。

〔註47〕《全唐文》卷414，第4241頁。

〔註48〕關於馮崇道之亂時間的考證，詳見第五章第一節。

〔註49〕劉美崧：《〈新唐書·南平獠〉辯誤——兼論欽州酋帥甯猛力及其家族的活動地域與族屬》，《歷史文獻研究》北京新第三輯，北京：燕山出版社，1992年。

〔註50〕王文光、李曉斌：《百越民族發展演變史：從越、僚到壯侗語族各民族》，第219頁。徐傑舜、李輝：《嶺南民族源流史》，昆明：雲南人民出版社，2014年，第288～289頁。張聲震：《壯族通史》（中），北京：民族出版社，1997年，第496頁。

蠻有以下幾點不同：第一，分布區不同，前文已述，俚僚主要分布於嶺南中東部，而據《西原蠻傳》載：「西原蠻，居廣、容之南，邕、桂之西。……其地西接南詔。」〔註51〕從西原蠻實際活動的情況來看，他們主要分布於邕、桂之西的羈縻州，雖然曾短暫佔據容管地區，但廣管、容管並不是他們的常規分布區。據李商隱《為榮陽公桂州謝上表》：「首南服以稱藩，控西原而遏寇。」〔註52〕李商隱《為中丞榮陽公桂州賽城隍神文》：「既禦寇於西原，亦觀風於南國。」〔註53〕李商隱《為榮陽公論安南行營將士月糧狀》：「臣當道係敕額兵數只一千五百人，內一千人散於西原防遏。」〔註54〕據此，西原為一地名，其地就在桂管境內。西原蠻當得名於此。可知俚僚與西原蠻分布區並不重合。第二，代表性家族不同。俚僚豪酋中有代表性的是陳、甯、馮、洗四個家族。而西原蠻中的大家族是黃、周、韋、儂。據李翱撰《徐申行狀》，貞元十七年（801）徐申任邕管經略使，其轄區內「黃氏、周氏、韋氏、儂氏，皆群盜也，黃氏之族最強」。〔註55〕第三，所任官職類型不同。俚僚豪酋大多數任正州官職，而西原蠻首領主要任羈縻州官職，雖然也有少數任正州的，但是不多。上述差異導致了二者在國家體系中的政治地位、在嶺南國家化進程中發揮的作用也不同。因此在考察嶺南國家化歷程時，就有必要將這兩個族群作為不同的對象分別研究。至於兩個族群在民族源流上是否有關，不是本文討論的問題。除了西原蠻之外，唐代嶺南還有一些其他蠻族勢力，如爨蠻。張九齡《敕安南首領爨仁哲等書》稱：「敕安南首領歸州刺史爨仁哲……卿等雖在僻遠，各有部落，俱屬國家，並識王化。」〔註56〕據《新唐書·地理志七下》，歸州為嶺南道羈縻州，隸屬安南都護府；該志又載，貞元七年（791）爨蠻地區置十八羈縻州，隸屬峰州都督府。〔註57〕可見有不少爨蠻首領出任

---

〔註51〕《新唐書》卷222下，第6329頁。

〔註52〕李商隱撰，馮浩詳注：《樊南文集詳注》卷1，《樊南文集》，上海：上海古籍出版社，1988年，第88～89頁。

〔註53〕李商隱撰，馮浩詳注：《樊南文集詳注》卷1，《樊南文集》，第284頁。

〔註54〕李商隱撰，錢振倫、錢振常箋注：《樊南文集補編》卷1，《樊南文集》，第532頁。

〔註55〕《全唐文》卷639《唐故金紫光祿大夫檢校禮部尚書使持節都督廣州諸軍事兼廣州刺史兼御史大夫充嶺南節度營田觀察制置本管經略等使東海郡開國公食邑二千戶徐公行狀》，第6459頁。

〔註56〕張九齡撰，熊飛校注：《張九齡集校注》，第693頁。

〔註57〕《新唐書》卷43下，第1145、1146頁。

羈縻州長官，爨蠻在嶺南也有一定勢力。

俚僚豪酋在唐高宗以後走向衰落，唐後期逐漸銷聲匿跡。西原蠻在唐後期則崛起為嶺南最具影響力的一族支蠻族。這是唐代嶺南族群結構變化的主要表現，這一變化對政區的設置產生了重大影響。

## 二、唐代嶺南增置政區的現象

唐代嶺南政區數量大幅度增長。嶺南政區經過隋煬帝時期的省併，一度只有十七郡。〔註58〕大業元年（605）劉方平林邑置比景、海陰、林邑三郡，然「方班師，梵志復其故地」。〔註59〕可知隋朝沒有長期控制這三個郡。《輿地紀勝》吉陽軍沿革條引《元和郡縣圖志》稱「隋煬帝大業六年開置珠崖郡，又置儋耳、臨振二郡」。〔註60〕算上儋耳、臨振，隋亡時嶺南共存十九郡。《唐六典・尚書戶部》載嶺南「凡七十州焉」，〔註61〕《通典・州郡十四》載嶺南「今置郡府七十一」，〔註62〕韓愈《送鄭尚書序》稱「嶺之南其州七十」，〔註63〕《舊唐書・地理志四》嶺南道部分所載共計七十一州，〔註64〕《新唐書・地理志七上》載嶺南「為州七十有三」。〔註65〕資料差異可能是州郡廢置不常而各書統計時間點不一所致。如果說唐代嶺南州的數目為七十左右是沒有問題的。若以隋末十九郡計算，唐嶺南州的數目是隋郡三倍還多。除此之外，唐代在嶺南還廣置羈縻州縣。縱觀自漢至唐的嶺南政區沿革史，唐代嶺南政區的增置是很驚人的。下表統計了漢唐間嶺南政區數量變化。羈縻州作為唐代才開始設置的一種特殊政區，不納入下表有關政區數目的統計範圍。

---

〔註58〕據《隋書》卷31《地理下》，第880～886頁、第896頁。當時嶺南有南海、龍川、義安、高涼、信安、永熙、蒼梧、始安、永平、鬱林、合浦、珠崖、寧越、交趾、九真、日南、熙平共十七郡。

〔註59〕《隋書》卷82《林邑傳》，第1833頁。

〔註60〕王象之撰，李勇先點校：《輿地紀勝》卷127，第3996頁。

〔註61〕李林甫等撰、陳仲夫點校：《唐六典》卷3，北京：中華書局，1992年，第71～72、94～95頁。按：本條實載六十九州，點校者經考證，「疑《六典》正文所脫者正係蒙州」。

〔註62〕《通典》卷184，第4905頁。

〔註63〕韓愈撰，馬其昶校注，馬茂元整理：《韓昌黎文集校注》卷4，第317頁。

〔註64〕《舊唐書》卷41，第1711～1765頁。

〔註65〕《新唐書》卷43上，第1095頁。

表7　漢唐間嶺南州郡數目〔註66〕

| 朝　　代 | 西漢 | 東漢 | 孫吳 | 晉 | | 宋 | 齊 | 梁 | 陳 | 隋 | | 唐 |
| | | | | 西晉 | 東晉 | | | | | 文帝 | 煬帝 | |
| --- | --- | --- | --- | --- | --- | --- | --- | --- | --- | --- | --- | --- |
| 州　數 | 0 | 1 | 2 | 2 | 2 | 3 | 3 | 26 | 27 | 32 | 19（郡） | 74 |
| 郡　數 | 9 | 7 | 16 | 17 | 22 | 38 | 55 | 80 | 85 | | | |

　　據表可見，以梁代為分水嶺，自漢至唐的嶺南州郡數變動可以分為截然不同的前後兩段：自漢至齊為前一段，政區總數特別是州的數量及各朝代的增幅均較小；自梁至唐為後一階段，政區數目的變化幅度陡然增大，經歷了梁、唐兩次劇增和隋代的銳減。

## 三、唐代嶺南增置政區的原因

　　國家在特定地方增置政區的背景很複雜，政區數目的簡單增長並不等同於國家化的推進。國家在核心地區同樣會以增置政區的方式來應對人口增殖、環境變遷等問題。只有弄清增置政區的內在動因，才能明確嶺南政區數目增長與國家化的關係。前文已經說明，梁代政區劇增的主導因素是國家為了應對俚僚豪酋崛起而採取的裂地授官措施。這一措施為陳代繼承。隋代政區的銳減，是隋文帝撤郡和隋煬帝大幅度省併政區的結果，隋煬帝的做法違背了嶺南的客觀現實。唐代嶺南增置政區，正是基於上述背景。關於這一點，前人的研究有所涉及。廖幼華先生指出武德（618～626）年間增置政區是為了安置降唐的嶺南地方勢力，唐太宗時期統治穩定下來，就逐漸省併政區。〔註67〕周振鶴先生也注意到嶺南政區過多的「反常」現象，認為這是「為了爭取和團結最大多數的支持者」，以及「通過當地豪酋進行管理」的結果。〔註68〕然而學界尚未將唐代嶺南增置政區放到梁陳以來的族群變動這一大背景中來

---

〔註66〕東漢至陳嶺南州郡數目，見於胡阿祥《六朝政區增置濫置述論》，《中國歷史地理論叢》1993年第3期。西漢數據見《漢書》卷95《西南夷兩粵朝鮮傳》，第3859頁；隋文帝時期資料，見施和金《中國行政區劃通史·隋代卷》，第79頁圖22。隋煬帝、唐代數據見上文。又，西漢至陳皆有郡數，隋文帝平陳後隨即在南方推行廢郡存州的改革；隋煬帝改州為郡，其實僅是名稱的變化。故隋代不列郡數。

〔註67〕廖幼華：《歷史地理學的應用——嶺南地區早期開發之探討》，第86～89、142頁。

〔註68〕周振鶴：《中國地方行政制度史》，第305～307頁。

考慮。對此，筆者將通過唐代嶺南政區的設置方式來考察。

　　唐代嶺南政區，按照其設置的方式可以分為三種：襲置——隋末尚存、唐代沿襲的政區；復置——前代撤廢、唐代重新設置的政區；創置——前代所無、唐代首創的政區。這裡僅針對州而言，不包括縣在內。這是因為州郡數目變遷幅度更大，與國家化關聯更為緊密。有關唐代嶺南縣級政區增置的情況後文另作說明，這裡將諸州沿革及設置方式表列如下，具體考證詳見附錄《唐嶺南州沿革考》。

表8　唐嶺南州沿革〔註69〕

| 編號 | 西漢 | 東漢 | 孫吳 | 晉 | 宋 | 齊 | 梁 | 陳 | 隋·文帝 | 隋·煬帝 | 唐 |
|---|---|---|---|---|---|---|---|---|---|---|---|
| 1 | 南海郡 | —— | 廣州 | —— | —— | —— | —— | —— | —— | 南海郡 | 廣 |
| 2 | | | | | | | 梁化郡 | —— | 循州 | 龍川郡 | 循 |
| 3 | | | 義安郡 | —— | 瀛州 | 義安郡 | 潮州 | 義安郡 | 潮州 | 義安郡 | 潮 |
| 4 | | | | | | | 陽山郡 | —— | 連州 | 熙平郡 | 連 |
| 5 | | | | | | | 高要郡 | —— | 端州 | 信安郡 | 端 |
| 6 | | | | | | | 成州 | —— | 封州 | 蒼梧郡 | 封 |
| 7 | | | | | | | 瀧州 | —— | —— | 永熙郡 | 瀧 |
| 8 | | | 高涼郡 | —— | —— | —— | 高州 | —— | —— | 高涼郡 | 高 |
| 9 | 珠崖郡 | | | | | | | | | 珠崖郡 | 崖 |
| 10 | | | | | | | | | | 臨振郡 | 振 |

〔註69〕一、本表主要根據附錄《唐嶺南州沿革考》及《中國行政區劃通史》系列中《三國兩晉南朝卷》(上海：復旦大學出版社，2017年)《隋代卷》《唐代卷》；二、「隋·文帝」從開皇九年平陳以後開始算起；三、同一階段內，同一地點設有州郡兩級政區，表中只列州級，如自交趾郡東漢開始設交州，就只列交州；四、符號「——」表示政區沿襲前代不變；五、唐代政區名一律省略「州」字。

| | | | | | | | | | | |
|---|---|---|---|---|---|---|---|---|---|---|
| 11 | 儋耳郡 | | | | | 崖州 | —— | —— | 儋耳郡 | 儋 |
| 12 | | | 永平郡 | —— | —— | 石州 | —— | 藤州 | 永平郡 | 藤 |
| 13 | 合浦郡 | —— | | —— | 越州 | —— | —— | | 合浦郡 | 廉 |
| 14 | 交阯郡 | 交州 | | | | | | | | 交阯郡 | 交 |
| 15 | 九真郡 | —— | | | | 愛州 | —— | —— | 九真郡 | 愛 |
| 16 | | | 九德郡 | —— | —— | 德州 | —— | 驩州 | 日南郡 | 驩 |
| 17 | 鬱林郡 | —— | —— | | | 定州 | —— | 尹州 | 鬱林郡 | 貴 |
| 18 | | | | 宋壽郡 | —— | 安州 | —— | 欽州 | 寧越郡 | 欽 |
| 19 | | | 始安郡 | —— | —— | 桂州 | —— | —— | 始安郡 | 桂 |
| 20 | | | 始興郡 | —— | —— | 東衡州 | —— | | | 韶 |
| 21 | | | 晉康郡 | —— | —— | —— | | | | 康 |
| 22 | | | 新寧郡 | —— | —— | 新州 | —— | | | 新 |
| 23 | | | | | | 陽春郡 | —— | | | 春 |
| 24 | | | | | | 羅州 | —— | —— | | 辯 |
| 25 | | | | | 齊安郡 | | | | | 恩 |
| 26 | | | 晉興郡 | —— | —— | —— | | | | 邕 |
| 27 | | | | | | 領方郡 | —— | | | 賓 |
| 28 | | | 寧浦郡 | —— | —— | —— | | 簡州 | | 橫 |
| 29 | | | | | | 桂平郡 | —— | | | 潯 |

| | | | | | | | | | |
|---|---|---|---|---|---|---|---|---|---|
| 30 | 蒼梧郡 | — | — | — | — | — | — | | 梧 |
| 31 | | 臨賀郡 | — | — | — | — | — | 賀州 | 賀 |
| 32 | | | | | | 龍州 | — | | 柳 |
| 33 | | | | | | 靜州 | — | — | 富 |
| 34 | | | | | 齊熙郡 | 東寧州 | — | 融州 | 融 |
| 35 | | | | 南流郡 | 定川郡 | — | — | | 牢 |
| 36 | | | | | | | 石南郡 | | 鬱林 |
| 37 | | | | | | 黃州 | — | 玉州 | 陸 |
| 38 | | 新興郡 | — | — | | 興州 | — | 峰州 | 峰 |
| 39 | | | 新會郡 | — | — | — | | 岡州 | 岡 |
| 40 | | 桂林郡 | — | — | — | | | 象州 | 象 |
| 41 | | | | | | 永業郡 | | | 義 |
| 42 | | | | | | 梁德郡 | — | | 寶 |
| 43 | | | | | | 抱郡 | | | 山 |
| 44 | | | | 北流郡 | | | | | 容 |
| 45 | | | | | | 南合州 | — | 合州 | 雷 |
| 46 | | | | | | | | | 白 |
| 47 | | | | | | | | | 勤 |
| 48 | | | | | | | | | 潘 |
| 49 | | | | | | | | | 瓊 |
| 50 | | | | | | | | | 萬安 |
| 51 | | | | | | | | | 禺 |

| 52 |  |  |  |  |  |  |  |  | 岩 |
|----|--|--|--|--|--|--|--|--|----|
| 53 |  |  |  |  |  |  |  |  | 繡 |
| 54 |  |  |  |  |  |  |  |  | 武安 |
| 55 |  |  |  |  |  |  |  |  | 羅 |
| 56 |  |  |  |  |  |  |  |  | 昭 |
| 57 |  |  |  |  |  |  |  |  | 蒙 |
| 58 |  |  |  |  |  |  |  |  | 襲 |
| 59 |  |  |  |  |  |  |  |  | 黨 |
| 60 |  |  |  |  |  |  |  |  | 平琴 |
| 61 |  |  |  |  |  |  |  |  | 長 |
| 62 |  |  |  |  |  |  |  |  | 福祿 |
| 63 |  |  |  |  |  |  |  |  | 武峨 |
| 64 |  |  |  |  |  |  |  |  | 湯 |
| 65 |  |  |  |  |  |  |  |  | 澄 |
| 66 |  |  |  |  |  |  |  |  | 嚴 |
| 67 |  |  |  |  |  |  |  |  | 淳 |
| 68 |  |  |  |  |  |  |  |  | 瀼 |
| 69 |  |  |  |  |  |  |  |  | 籠 |
| 70 |  |  |  |  |  |  |  |  | 田 |
| 71 |  |  |  |  |  |  |  |  | 芝 |
| 72 |  |  |  |  |  |  |  |  | 宜 |
| 73 |  |  |  |  |  |  |  |  | 環 |
| 74 |  |  |  |  |  |  |  |  | 古 |

　　據此，唐嶺南襲置州共 19 個：廣、循、潮、連、端、封、瀧、高、崖、振、儋、藤、廉、交、愛、驩、貴、欽、桂。襲置州約占嶺南州總數的 25.5%，是三個類別中占比最小的。下面主要分析復置州和創置州。

## （一）復置州

　　復置州共 26 個：韶、康、新、春、辯、恩、邕、賓、橫、潯、梧、賀、柳、富、融、牢、鬱林、陸、峰、岡、象、義、寶、山、容、雷。復置州約占嶺南州總數的 35%。前文已述，梁、陳、隋時期增置政區，有提升原有政區

級別和創置新政區兩種形式。唐代 26 個復置州中大多數是在梁、陳、隋時期創置或升級的，共 21 個，如下表。表格據表 8 及附錄製成，「升置情況」一欄空白，表示沒有變化。

表 9　唐嶺南復置州情況

| 序　號 | 始設情況 | 升置情況 | 撤廢時間 | 唐代州名 |
|---|---|---|---|---|
| 1 | 吳 始興郡 | 梁 東衡州 | 隋文帝 | 韶州 |
| 2 | 晉 晉康郡 | | 隋文帝 | 康州 |
| 3 | 晉 新寧郡 | 梁 新州 | 隋煬帝 | 新州 |
| 4 | 梁 陽春郡 | | 隋文帝 | 春州 |
| 5 | 梁 羅州 | | 隋煬帝 | 辯州 |
| 6 | 齊 齊安郡 | | 隋文帝 | 恩州 |
| 7 | 晉 晉興郡 | | 隋文帝 | 邕州 |
| 8 | 梁 領方郡 | | 隋文帝 | 賓州 |
| 9 | 吳 寧浦郡 | 隋文帝 簡州 | 隋煬帝 | 橫州 |
| 10 | 梁 桂平郡 | | 隋文帝 | 潯州 |
| 11 | 漢 蒼梧郡 | | 隋文帝 | 梧州 |
| 12 | 吳 臨賀郡 | 隋文帝 賀州 | 隋煬帝 | 賀州 |
| 13 | 梁 龍州 | | 隋文帝 | 柳州 |
| 14 | 梁 靜州 | | 隋煬帝 | 富州 |
| 15 | 齊 齊熙郡 | 梁 東寧州 | 隋煬帝 | 融州 |
| 16 | 宋 南流郡 | | 隋文帝 | 牢州 |
| 17 | 陳 石南郡 | | 隋文帝 | 鬱林州 |
| 18 | 梁 黃州 | | 隋煬帝 | 陸州 |
| 19 | 吳 新興郡 | 梁 興州 | 隋煬帝 | 峰州 |
| 20 | 晉 新會郡 | 隋文帝 岡州 | 隋煬帝 | 岡州 |
| 21 | 吳 桂林郡 | 隋文帝 象州 | 隋煬帝 | 象州 |
| 22 | 梁 永業郡 | | 梁 | 義州 |
| 23 | 梁 梁德郡 | | 隋文帝 | 竇州 |
| 24 | 陳 抱郡 | | 隋文帝 | 山州 |
| 25 | 齊 北流郡 | | 齊 | 容州 |
| 26 | 梁 南合州 | | 隋煬帝 | 雷州 |

　　據表可見：第一，唐代復置州多數是梁以來增置的政區；創於前代、且入梁後未經升置的，僅康、恩、邕、梧、牢、容六州。第二，唐代復置州絕大多數為隋代撤廢，唯有義、容二州的前身設郡不久即廢，與隋無涉。

　　上述現象表明，復置州中至少有較大一部分是梁代裂地授官政策的產物。這些政區在隋代遭到了過度的裁撤，以致於唐代需要將其復置，來安置當地的俚僚豪酋。俚僚豪酋在復置州任刺史的例子很多：據先天元年（712）《富川列女蔣氏冢西觀寺碑》，武德四年（621）嶺南「酋帥」鍾士略「受（按：應作「授」）賀州刺史」；〔註70〕據《舊唐書·馮盎傳》，武德五年馮盎之子馮智戴任春州刺史，馮智彧任東合州刺史（按：後改雷州）；〔註71〕據《資治通鑒》卷190唐高祖武德六年七月條，馮士翽任岡州刺史；〔註72〕武周時期「嶺南大首領陳承親」任恩州刺史；〔註73〕據開元二年（714）《大唐故康州刺史陳君（承親）墓誌》，陳氏曾「家承閥閱，代紹箕裘」，世襲康州刺史；〔註74〕開元四年盧藏用《景星寺碑銘》稱嶺南刺史多是「職因地獎」，並記載有「義州刺史陳大煥」「竇州刺史陳仁玘」。〔註75〕所謂「職因地獎」，即因地方勢力而獎；所謂「家承閥閱，代紹箕裘」，即憑藉家族勢力，就能世襲官職。可見唐代復置州在唐前期多是俚僚豪酋的勢力所在，因而他們可以憑藉家族勢力出任官職。唐代復置這些政區，充分說明在俚僚豪酋勢力未衰的情況下，裂地授官政策仍有其存在的必要性，隋煬帝在嶺南大幅度裁撤政區是不符合嶺南實際情況的。

## （二）創置州

　　創置州共29個：白、勤、潘、瓊、萬安、禺、岩、繡、武安、羅、昭、蒙、龔、黨、平琴、長、福祿、武峨、湯、澄、嚴、淳、瀼、籠、田、芝、宜、環、古。創置州約占嶺南州總數的39%，是三個類別中占比最大的。此類政區的設置同樣是出於對蠻族豪酋裂地授官的目的，例如：《新唐書·地理志七上》勤州條：「開元十八年（730）平春、瀧等州，首領陳行範餘黨保銅陵北

〔註70〕謝啟昆撰，常懷穎校勘：《粵西金石略》卷4，《中國西南文獻叢書》第七輯　　　　《西南考古文獻》第八卷，蘭州：蘭州大學出版社，2004年，第143頁。
〔註71〕《新唐書》卷110，第4113頁。
〔註72〕《資治通鑒》卷190唐高祖武德六年七月條，第6082頁。
〔註73〕張鷟撰，恒鶴校點：《朝野僉載》卷2，《唐五代筆記小說大觀》第19頁。
〔註74〕歐清煜：《馬墟河文化與陳頵》，《德慶文史》第二十一輯，德慶：德慶縣政協　　　　學習文史委員會，2005年。
〔註75〕《全唐文》卷238，《景星寺碑銘》，第2409頁。

山，廣州都督耿仁忠奏復置州，治富林洞，因以為縣。」〔註76〕據此，勤州
一度被俚僚豪酋陳氏所據。開元十八年平定陳氏叛亂後，復置於「富林洞」；
既在「洞」中，應是招撫戰爭中歸附的蠻族而置。寶應二年（763）《高力士墓
誌》載俚僚豪酋馮智玳、馮君衡父子任潘州刺史。〔註77〕《唐大和上東征傳》
載鑒真大師至萬安州，「州大首領馮若芳請住其家」。〔註78〕可知萬安州是馮
氏勢力範圍。《輿地碑記目》載有《唐羅州刺史馮士歲並妻吳川郡夫人墓記》。
〔註79〕時嶺南有岡州馮士翽，「歲」應為「翽」之訛。〔註80〕開元四年（716）
《景星寺碑銘》載有禺州刺史陳吳客、白州刺史覃崇位、黨州刺史莫懷毅、
岩州刺史陳越客。〔註81〕覃、莫二姓屬西原蠻，至德（756～757）年間西原
蠻作亂，有莫淳、莫潯為其首領；〔註82〕大曆年間，有「西原賊率（帥）覃
問」為王翃所敗。〔註83〕天寶元（742）年《唐故中大夫福州刺史管府君神道
碑並序》載有澄州刺史韋守盈，〔註84〕《澄州無虞縣清泰鄉都萬里六合堅固
大宅頌》亦稱韋氏在此「開場拓境，置州占村」。〔註85〕韋氏也屬西原蠻大族。

　　通過以上分析可見，唐代創置州的出現依然是推行裂地授官措施的結果。
不過，在族群變動影響政區設置這一大背景下，唐代的創置州與復置州有一
個顯著差別。復置州在唐前期主要是俚僚豪酋的勢力所在。這是因為復置州
原本就多是梁代對俚僚豪酋裂地授官的產物。經過隋代不合理的省併後，對
於那些自梁代延續下來、勢力尚存的俚僚豪酋，唐代只需要將其所在政區加
以復置，就可以妥善安置。而創置州則不同。上述禺、岩、勤、潘、萬安、羅
諸州曾由陳、馮二姓出任刺史，至少在一段時間內，這些州屬於俚僚豪酋的

〔註76〕《新唐書》卷43上，第1099頁。
〔註77〕吳鋼主編：《全唐文補遺》第七輯，第59頁。
〔註78〕〔日〕真人元開撰、汪向榮校注：《唐大和上東征傳》，北京：中華書局，1979
　　　　年，第68頁。
〔註79〕王象之：《輿地碑記目》卷3化州條，北京：中華書局，1985年，第72頁。
〔註80〕《資治通鑒》卷190唐高祖武德六年七月條，第6082頁。
〔註81〕《全唐文》卷238，第2408～2409頁。
〔註82〕《新唐書》卷222下《南蠻下‧西原蠻傳》，第6329頁。
〔註83〕《舊唐書》卷157《王翃傳》，第4144頁。
〔註84〕吳鋼主編：《全唐文補遺》第三輯，第11～12頁。
〔註85〕白耀天：《〈六合堅固大宅頌〉、〈智城碑〉通譯》，《廣西民族研究》2005年第
　　　　4期。上述兩方碑刻有多種錄文。白文稱廣西民族研究所曾於2002年組織人
　　　　員對二碑進行了仔細的辨別、核對、校勘、考證，白氏參與了這一活動，其
　　　　錄文的準確性應比較高，故筆者選用白氏錄文。

勢力範圍。而白、黨、澄這三個創置州，則一度由覃、莫、韋三家控制，他們均屬西原蠻。可見，創置州內包含了俚僚和西原蠻兩種勢力。這是因為俚僚族群經過自梁至唐的發展，內部必然分化出一些新勢力，而西原蠻也是在唐代才崛起的，這些部族的首領都需要創置新政區來加以安置。可見，復置州和創置州的上述差異反映了嶺南族群變化對國家化措施的影響。

　　唐代在嶺南增置政區不僅體現在州這一級，縣級政區中也有不少是招撫蠻族設置的，只不過其影響不及州而已。這裡舉幾列：《元和郡縣圖志·嶺南道四》柳州洛封縣條：「本烏蠻所住村名，乾封二年（667）招慰蠻戶，因為縣。」〔註86〕《元和郡縣圖志·嶺南道五》澄州上林縣條：「武德四年（621）分置上林縣，在上林洞口，因以為名。」〔註87〕《元和郡縣圖志·闕卷逸文》振州落屯縣條：「永徽元年（650）置，在落屯洞，因以為名。」〔註88〕上述三縣，上林縣在澄州，屬創置州；洛封縣在柳州，屬復置州；落屯縣在振州，屬襲置州。招撫蠻族而設的縣在不同類型的州中均存在，說明唐代國家化向嶺南的基層不斷深入。

## 四、嶺南羈縻政區的設置及其與經制政區的異同

### （一）羈縻州的數量

　　唐代在嶺南廣置羈縻政區。羈縻政區以羈縻州為主，部分羈縻州轄有羈縻縣。郭聲波先生《中國行政區劃通史·唐代卷》以天寶十三載（754）為斷面，考證了嶺南的羈縻政區情況：始安郡（桂州）都督府領羈縻州郡十三，朗寧郡（邕州）都督府領羈縻州郡二十六，安南都護府領羈縻州郡三十四，共七十三個羈縻州郡。〔註89〕嶺南羈縻州的數量幾乎與正州持平。考慮到唐後期嶺南一些正州陸續被降為羈縻州，而羈縻州還另有增置，則唐後期嶺南羈縻州數量較正州還多。

### （二）羈縻州的分布

　　唐代在嶺南設置的羈縻州不僅數量多，且其地理位置主要位於嶺南西部的山地，這是以往歷朝極少涉及的領域。《中國行政區劃通史·唐代卷》對嶺

---

〔註86〕李吉甫撰，賀次君點校：《元和郡縣圖志》卷37，第927頁。
〔註87〕李吉甫撰，賀次君點校：《元和郡縣圖志》卷38，第950頁。
〔註88〕李吉甫撰，賀次君點校：《元和郡縣圖志闕卷逸文》卷3，第1091頁。
〔註89〕郭聲波：《中國行政區劃通史·唐代卷》，第1214～1251頁。

南羈縻州進行了比較精確的定位。據其研究，筆者將嶺南羈縻州標識於地形圖上，見圖3、圖4。〔註90〕

### 圖3　廣西、雲南境內唐羈縻州分布

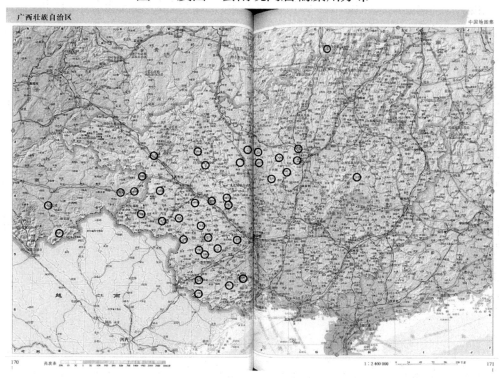

〔註90〕圖3底圖為周敏等編《中國地圖集》，北京：中國地圖出版社，2012年，第170～171頁；圖4底圖為范毅、周敏主編《世界地圖集》，北京：中國地圖出版社，2006年，第60頁。製圖方式是：根據郭氏所考天寶十三載嶺南羈縻州進行標示；受限於底圖精度，中國境內的羈縻州精確到鄉鎮一級，越南境內的羈縻州精確到縣級；部分羈縻州的位置在圖中無法確定，或相應位置在圖中沒有顯示出來，一概從略。沒有標示的羈縻州包括：思琅州，今越南高平省下琅縣；郡州，今越南海防市先朗縣；潘州，今雲南省金平縣猛橋鄉；甘棠州，今越南安沛省文林縣林江；登州，今越南富壽省三農縣清淵；儋陵州，今越南山蘿省安州縣；化州，今越南義安省襄陽縣；裳州，今老撾波里坎賽省甘結縣。參見郭聲波：《中國行政區劃通史·唐代卷》，第1214～1251頁。

## 圖4　越南境內唐羈縻州分布

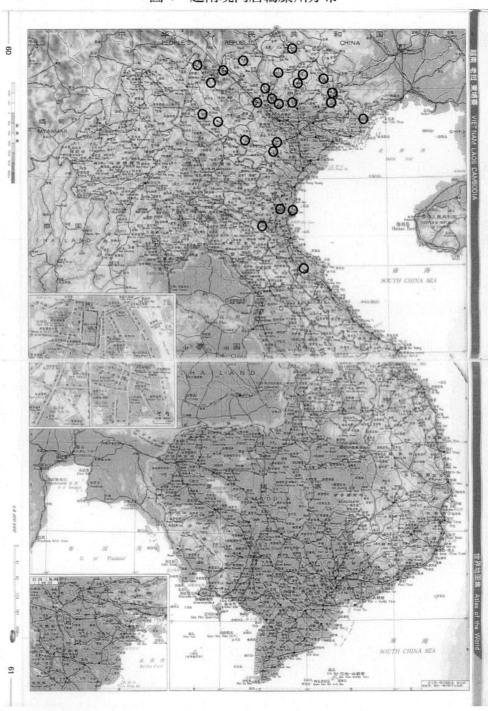

　　從圖上可以看出，羈縻州主要位於今廣西西部、越南北部，個別位於雲南東南角。它們集中連片地分布在山區靠近平原、盆地的一側，對平原、盆地形成包夾之勢，而在山區腹地則分布不多；不少羈縻州處於西江、紅河水系的中上游。右江河谷盆地、左江河谷盆地都非常明顯地被周圍山地的羈縻州環繞。總體而言，整個廣西的羈縻州形成一個半弧形分布帶，從西、北兩面將廣西境內的幾個主要平原、盆地（南寧盆地、鬱江平原、潯江平原）都包裹在內。而在越南境內的紅河三角洲地區，除了東南方向上紅河入海口外，整個三角洲幾乎被山區的羈縻州所包圍。

### （三）嶺南羈縻政區在唐以後的存續

　　唐代嶺南國家化舉措對後世產生了深遠影響，羈縻政區的設置就是一例。唐朝滅亡後，嶺南相當數量的羈縻州並沒有隨之消失。在後來的歷史中它們長期存在，到明清甚至民國時期才逐漸被改土歸流。據雍正《廣西通志・沿革》：左州「成化十三年（1477）改流」。〔註91〕上思州「明弘治十八年（1505）改流，屬南寧府」。〔註92〕思恩州「正統（1436～1449）間土官岑瑛以功升為府，尋為軍民府。弘治中土官岑濬構亂伏誅，改銓流官」。〔註93〕歸順州「雍正九年（1731）改流」。〔註94〕又據《廣西通志・行政區劃志》：萬德州，宋改歸德州，民國四年（1915）與果化土州（宋置）一同改土歸流，置果德縣。〔註95〕思陵州，載民國五年改土歸流，與思土州並置思樂縣。〔註96〕萬承州，民國十六年改土歸流併入養利縣，十八年復置萬承縣。〔註97〕波州，宋改安平州，民國十七年與下雷、太平二土州一同改土歸流，置雷平縣。〔註98〕以上諸羈縻州，並見於《新唐書・地理志七下》嶺南道部分，其中上思、左、萬承、波、萬德、歸順、思恩屬邕管，思陵屬安南。〔註99〕

---

〔註91〕雍正《廣西通志》卷8，第135頁。
〔註92〕雍正《廣西通志》卷7，第129頁。
〔註93〕雍正《廣西通志》卷9，第165頁。
〔註94〕雍正《廣西通志》卷8，第149頁。
〔註95〕廣西壯族自治區地方志編纂委員會編：《廣西通志・行政區劃志》，南寧：廣西人民出版社，2001年，第582頁。
〔註96〕廣西壯族自治區地方志編纂委員會編：《廣西通志・行政區劃志》，第516頁。
〔註97〕廣西壯族自治區地方志編纂委員會編：《廣西通志・行政區劃志》，第522頁。
〔註98〕廣西壯族自治區地方志編纂委員會編：《廣西通志・行政區劃志》，第522頁。
〔註99〕《新唐屬》卷43下，第1144～1145頁。

## （四）嶺南羈縻州與北方羈縻州、本地正州的異同

《新唐書‧地理志七下》描述羈縻州：「即其部落列置州縣。」〔註 100〕可見羈縻政區的設置針對的是部落，而非地域；羈縻政區往往隨著部落的遷徙而移動，因部落的叛離而撤廢。因此嚴格來說，羈縻政區沒有固定的地望。但嶺南的羈縻政區有其特殊之處。嶺南蠻族是以農耕為主要經濟形態的定居族群；受嶺南複雜地形的影響，蠻族「皆擅山川，不能相君長」，〔註 101〕分布比較分散，遷徙比較困難。因此，儘管同樣是「即其部落列置州縣」，但嶺南羈縻政區和針對北方游牧民族設置的羈縻政區有很大不同，體現在規模小、有穩定的治所、存續時間長等。〔註 102〕

羈縻政區與經制政區的一個主要差異體現在羈縻政區由少數族群首領世襲長官，而經制政區由國家任命流官。但嶺南正州中有不少同樣存在由蠻酋世襲長官的現象，而嶺南羈縻州中也有流官（詳見本文第四章第二節）。唐代嶺南羈縻政區均為招撫蠻族而置，而經制政區的增置主要是對蠻酋裂地授官的產物，從內在動因上說，二者也是一致的。總之，嶺南羈縻政區與經制政區非常相似，且有不少州常在正州與羈縻州之間轉換不定。此類正州在劍南、黔中均有分布，但尤以嶺南最多最典型。因此許多學者認為嶺南的正州與羈縻州實際差別不大，如劉統先生認為嶺南正州除了五府所在州及韶州外，「都是機構不全，處於荒陋落後的狀態」，「實際上與羈縻州無異」。〔註 103〕左之濤先生認為南方存在羈縻性的正州，它們「有名無實」，「與羈縻州並沒有明顯的區別」。〔註 104〕樊文禮先生認為南方邊疆地區，羈縻州與正州「區別並不明顯」，並以南方羈縻州與正州經常相互轉化為論據。〔註 105〕

認為嶺南部分正州與羈縻州差異不大，這是正確的；但差別不大畢竟還是有差別，這是因為：第一，唐代嶺南正州和羈縻州的數量都相當龐大；與

〔註 100〕 《新唐書》卷 43 下，第 1119 頁。
〔註 101〕 《新唐書》卷 222 下《南蠻下‧松外蠻傳》，第 6321 頁。
〔註 102〕 關於南北羈縻政區的差異，參見樊文禮《唐代羈縻府州的南北差異》，《唐史論叢》第十二輯，西安：陝西師範大學出版社，2009 年。
〔註 103〕 劉統：《唐代羈縻府州研究》，西安：西北大學出版社，1998 年，第 71、78 頁。
〔註 104〕 左之濤：《試論唐代羈縻州與正州的轉換》，魯東大學碩士學位論文，2006 年，第 29 頁。
〔註 105〕 樊文禮：《唐代羈縻府州的南北差異》，《唐史論叢》第十二輯，西安：陝西師範大學出版社，2009 年。

之相比，在正、羈縻之間轉換的州，並不占多數。第二，倘若唐代嶺南的羈縻州與所謂「羈縻性正州」沒有區別，那麼為什麼要設置大量羈縻州並使其長期存在呢？為何不乾脆全部設為正州或羈縻州呢？第三，嶺南是唐代官員的主要貶謫地，但在數量龐大的貶謫官員中只有被貶往正州的，從來不見被貶往羈縻州的。第四，嶺南蠻酋世襲正州長官的現象，到了唐後期已經很少見了；而嶺南很多羈縻州在唐後期乃至唐以後繼續以羈縻州（土州）的身份存在，由當地蠻酋世襲，直到明清乃至民國才被改土歸流。這些現象說明，嶺南羈縻政區一定是基於某些不同於正州的因素而存在。

筆者認為，這種因素主要有兩個：第一，地理環境差異。嶺南正州主要散佈於交通較為便利的河流中下游地區，並由河流構成的交通線串聯；而羈縻州則位於西江、紅河兩大水系的上游，這裡是地形複雜的山地。山地既不利於大規模農業開發，也阻礙了交通，而嶺南倚重的水運也因到了江河上游而難以開展。因此，國家事實上難以深入嶺南西部的山地，只能以河谷平原為據點，向周邊鄰近山區緩慢滲透。這就形成了羈縻州環繞河谷平原分布的格局。也正因為這些地區無論是經濟開發還是交通運輸都極為困難，因此國家只能對生活於此的蠻族實行名義上的統治。這種基於自然環境的因素是難以改變的，它是嶺南羈縻政區長期存在的基礎。

第二，族群差異。羈縻州幾乎全部是由西原蠻以及其他與國家聯繫薄弱的蠻族部落控制，略舉幾例：《新唐書・南蠻下・西原蠻傳》載元和（806～820）初黃少卿歸降後拜歸順州刺史；〔註106〕又載乾符（874～879）中有員州首領儂金勒、儂金澄。〔註107〕歸順、員二州俱見於《新唐書・地理志七下》嶺南道羈縻州。〔註108〕據《中國行政區劃通史・唐代卷》所考，嶺南有羈縻廖州。〔註109〕據萬歲通天二年（697）《廖州大首領左玉鈐衛金谷府長上左果毅都尉

---

〔註106〕《新唐書》卷222下，第6330頁。

〔註107〕《新唐書》卷222下，第6332頁。按原文稱：「懿宗與南詔約和，二洞數構敗之。邕管節度使辛讜以從事徐雲虔使南詔結和，齎美貨二洞首領、太州刺史黃伯蘊、屯洞首領儂金意、員州首領儂金勒等與之通歡。」據郁賢皓《唐刺史考全編》卷290，辛讜任邕州在乾符元年到六年（合肥：安徽大學出版，2000年，第3296頁）。而據《資治通鑑》卷253唐僖宗乾符六年條，徐雲虔出使南詔在乾符六年。（第8332～8333頁）據此，儂金勒等人生存的時代當在乾符中。

〔註108〕《新唐書》卷43下，第1144～1145頁。

〔註109〕郭聲波：《中國行政區劃通史・唐代卷》，第1221頁。

員外置上騎都尉檢校廖州刺史韋敬辯智城碑一首並序》可知當時廖州刺史為韋敬辯。〔註110〕黃、儂、韋都是西原蠻大族。《新唐書·地理志七下》載永泰二年（766）嶺南道以林睹符部落置羈縻德化州、羈縻郎茫州，大曆（766～779）中以潘歸國部落置羈縻龍武州。〔註111〕《新唐書·南蠻下·兩爨蠻傳》載貞元（785～804）中峰州置都督府，領烏蠻羈縻州十八。〔註112〕上述西原蠻、林睹符部落、潘歸國部落、烏蠻部落，都不屬於崛起於梁陳的俚僚豪酋，而是唐代嶺南的新興勢力。

　　前文已述，復置州主要是針對俚僚豪酋而置，而創置州兼有俚僚和西原蠻兩大勢力，羈縻州則主要是西原蠻和其他更為邊遠的族群。俚僚地區自梁代以來就設置政區，並由其豪酋世襲長官。這些政區在當時均屬羈縻性質，只不過唐以前尚無羈縻政區這一提法。唐代復置前代政區就是要鞏固梁陳以來在俚僚地區的國家化成果。俚僚豪酋經歷了長期的國家化歷程之後，在唐高宗以後逐漸衰落，至唐後期基本退出歷史舞臺。嶺南地區那些原先由俚僚豪酋世襲的州，在唐後期均改任流官。關於這些州流官任命的情況，可以參見郁賢皓先生所編《唐刺史考全編》嶺南道部分。〔註113〕這裡僅舉一例：前文曾據《大唐故康州刺史陳君（承親）墓誌》證明唐前期陳氏長期世襲康州刺史之位；而據《唐刺史考全編》，唐肅宗以後任康州刺史可考者共十三人，均非俚僚豪酋人物，也不再有世襲的現象。〔註114〕可以說，俚僚豪酋任世官現象在唐代的消退是自梁以來嶺南國家化持續推行的成果，這一做法雖無改土歸流之名，卻有改土歸流之實。一些學者認為嶺南正州與羈縻州無異的觀點在唐前期或許適用；但在俚僚豪酋普遍衰亡、流官紛紛取代世官以後，上述觀點對嶺南多數正州來說就顯然不合適了。而西原蠻和其他一些邊遠族群所在地在唐代才開始被設置政區、參與到國家化進程中，對這些地方國家只能以羈縻手段治之，這與俚僚豪酋最初的情況一樣；只不過唐代已經有了「羈縻政區」的說法，因此相應地設置羈縻州縣使其名實相副。由於西原蠻和其他邊遠族群相比於俚僚

---

〔註110〕白耀天：《〈六合堅固大宅頌〉、〈智城碑〉通譯》，《廣西民族研究》2005 年第 4 期。

〔註111〕《新唐書》卷 43 下，第 1145 頁。

〔註112〕《新唐書》卷 222 下《南蠻下·兩爨蠻傳》，第 6316 頁。

〔註113〕郁賢皓：《唐刺史考全編》卷 257～329，第 3151～3381 頁。

〔註114〕郁賢皓：《唐刺史考全編》卷 265，第 3214～3216 頁。

的生活環境更為險遠，因此國家力量向這一地區的滲透花費了更長的時間，直到明清時期甚至民國，這些羈縻州縣才陸續改土歸流。從這個角度來說，政區的調整體現了唐代在嶺南國家化歷程中承上啟下的地位：一方面，俚僚豪酋在唐代走向了國家化的終點；另一方面，西原蠻和其他邊遠蠻族則剛剛踏上國家化的起點。二者經歷了相似的歷史進程，只不過由於生活環境的差異，二者被納入國家化的先後有別，完成國家化的時間長短不同而已。

最後，我們來分析正州與羈縻州轉化的問題。前文提到，創置州兼有俚僚與西原蠻等其他蠻族勢力。考察《中國行政區劃通史·唐代卷》嶺南道羈地區，與羈縻州存在轉化現象的正州有：瀼、籠、田、環、古、宜、湯、武峩、福祿等州，〔註115〕它們全部屬於創置州中那些設置在西原蠻或「生蠻」地區的州，例如：《舊唐書·地理志四》卷籠州條：「貞觀十二年（638），清平公李弘節遣冀州大同縣人龔固興招慰生蠻，置籠州。」〔註116〕同卷環州條：「貞觀十二年，清平公李弘節開拓生蠻，置環州，以環國為名。」〔註117〕《太平寰宇記·嶺南道十二》宜州條：「按郡同環州之地，招降所置。」〔註118〕可見，籠、環、宜三州都是設置於「生蠻」分布區。那麼，所謂的「生蠻」是指什麼呢？元和三年（808）白居易《與（武）元衡詔》稱：

> 省所奏當管南界外生蠻東凌六部落大鬼主苴春等，以所管子弟百姓等二千餘戶請內屬黎州……生蠻部落苴春等，久阻聲教，遠此歸投。願屬黎州，請通縣道。勉於撫慰，以勸將來。〔註119〕

據上引文獻，唐代「生蠻」具有兩個特點：第一，「久阻聲教」即不受國家統治；第二，地處「當管南界外」，「請通縣道」意味著原先道路不通。東凌六部落內附需要開通道路，而籠、環等州的設置也具備類似的情況。《舊唐書·地理志四》瀼州條：「貞觀十二年，清平公李弘節遣欽州首領寧師京，尋劉方故道，行達交趾，開拓夷獠，置瀼州。」（按：「寧」為「甯」之訛）〔註120〕此事與李弘節置籠、環等州為同一事。可見，李弘節是在尋劉方故道的過程中

---

〔註115〕郭聲波：《中國行政區劃通史·唐代卷》，第1214～1251頁。

〔註116〕《舊唐書》卷41，第1760頁。

〔註117〕《舊唐書》卷41，第1761頁。

〔註118〕樂史撰，王文楚等點校：《太平寰宇記》卷168，第3214頁。

〔註119〕白居易撰，謝思煒校注：《白居易文集校注》卷20，北京：中華書局，2017年，第1141頁。

〔註120〕《舊唐書》卷41，第1748頁。

開拓生蠻設置瀼、籠、環等州的；在此之前，這些州的「生蠻」顯然無道路可通，更談不上接受受唐廷的統治。總之，無論是西原蠻還是「生蠻」，在唐代設置政區之前都處於「久阻聲教」、道路不通的狀態。在這些地區，唐廷主要設置的是羈縻州，但也存在少數正州。這些正州因其地理環境、主體族群與羈縻州相似，發生轉化也就不奇怪了。

　　總之，唐代嶺南正州與羈縻州的主要差異在於地理環境和主體族群。正州主要設置於華夏以及俚僚分布區，羈縻州設置於西原蠻及其他「生蠻」地區。但西原蠻及「生蠻」地區也存在個別正州（創置州），正州與羈縻州轉化的現象正是發生於這些州，它們在總數上只占嶺南正州的少數。

## 小結

　　面對遏制地方割據、處理與俚僚豪酋的關係這兩大問題，唐代在嶺南地方行政體系的調整上採取了相應的兩大措施。

　　一方面，設置道、府兩級高層行政機構。唐嶺南採訪處置使、觀察處置使作為嶺南最高行政長官，以整個嶺南道為行使權力的範圍，然而這種權力只是間接管轄權。唐代在隋代「統府三分」的基礎上增置為嶺南五府，各府轄區被進一步壓縮。但無論是作為前期的都督府和都護府，還是後期的藩鎮，五府對下屬諸州都擁有直接而具體的管轄權。採訪使、觀察使與五府一高一低，一虛一實，彼此制衡，權力不再集中於最高長官。這種地方行政體系正是唐代在兼顧行政效率的情況下為遏制地方割據而設置的

　　另一方面，唐代在嶺南增置了數量龐大的州縣，特別是州。唐代嶺南的州，無論是增幅還是其總量，在整個嶺南政區沿革史上都是非常罕見的。這種政區劇增的現象，固然是由多種原因引起的，但其中起主導作用的依然是族群因素。梁代國家暫時無力消滅新崛起的俚僚豪酋勢力，只能以裂地授官的方式加以控制和利用。由於俚僚豪酋勢力在梁唐間一直存在，因此唐代繼承了梁代對蠻酋裂地授官的政策。唐代增置的政區中，正州中的復置州主要是俚僚分布區；國家通過復置被隋裁撤的政區來鞏固前代的國家化成果。西原蠻等一批「生蠻」是唐代的新興族群，其崛起所造成的族群興替相應反映於政區建置上，表現為在西原蠻等「生蠻」聚居區設置大量羈縻州。而正州中的創置州兼有俚僚和西原蠻，是二者的過渡帶；創置州中那些設置於「生

蠻」地區的州，因而具有很強的羈縻性，常在正州、羈縻州之間轉化，這些州可以被認為是名副其實的「羈縻性正州」。

# 第四章　唐代嶺南國家化措施之二：
　　　　選官方式變遷

　　設置政區之後就需要選授官員，這是國家化的另一項重要措施，它可以從三個角度來觀察：選官的主持者（誰選）、選授官職的範圍（授什麼官）、選官的對象（選誰）。唐代前期，嶺南的選官方式主要有兩大類，一類是中央直接選授官員，包括制授、北選、謫授三種情況；另一類是由中央間接選官，包括都督選官、南選和使司差攝。本章從唐代嶺南選官方式的變遷來看國家化在嶺南的推進。

## 第一節　唐前期嶺南的選官方式

### 一、中央直接任命

　　就選官方式而言，嶺南在唐代是一個比較特殊的區域。由於嶺南內部各區域之間的國家化程度存在差異，其地方官員的選授方式也呈現出多樣化的特徵。唐代前期，嶺南地方官的選授方式主要有兩大類，第一類是中央直接任命，又包括三種情況：

　　第一，制授。《舊唐書‧職官志二》吏部尚書條：「五品已上，以名上中書門下，聽制授其官。六品已下，（吏部）量資任定。」〔註1〕這裡說的「制授」

---

〔註1〕《舊唐書》卷43，第1818頁。

是統稱，就其具體的文書形式來說有制、冊、敕等。〔註2〕這些文書均為下行文書，表明五品以上官的選授體現的是皇帝或代表皇帝的宰相意見。據《唐六典・三府都護州縣官吏》載，除了中州長史司馬、下州司馬外，諸府州的長官和上佐都在五品以上（包括五品）。〔註3〕這是嶺南制授官職的範圍。六品以下官中，有部分特例仍需敕授，但均為中央文官，與嶺南無涉。〔註4〕

第二，吏部選授。前引《舊唐書・職官志二》稱「六品已下，（吏部）量資任定。」〔註5〕就其文書形式而言，這種授官方式也稱「奏授」，即吏部注擬官職後以奏抄的形式上報，經門下省審查後由皇帝批准。因此，使用「奏抄」這種上行文書，說明六品以下官選授體現的是吏部的意見。《唐會要・南選》載嶺南節度使盧鈞的奏疏：「且嶺中往日之弊是南選，今日之弊是北選。臣當管二十五州，唯詔廣兩州官僚，每年吏部選授。」〔註6〕在奏疏中，盧鈞將「吏部選授」稱為「北選」。出於文辭的簡潔，本文以「北選」指代吏部選授。如所周知，唐代嶺南還有「南選」。南選的具體情況下文詳述，這裡僅就南、北二選的地域劃分進行考察。據《唐會要・南選》大足元年（701）七月二十九日敕：「桂廣泉建賀福韶等州縣，既是好處，所有闕官，宜依選例省補。」〔註7〕據此可知，嶺南內部北選的範圍是廣、桂、韶、賀四州，其餘地方則行南選。寶曆二年（826）容州改為北選，開成五年（840）潮州改為北選，但同年即復為南選。〔註8〕需要注意的是，北選和南選在地域範圍上不是完全互斥的。北選區不行南選，但南選區有北選官。嶺南多數地方環境惡劣，選人常不願赴任。《冊府元龜・銓選部・條制二》開元四年（716）七月敕：「如聞黔州管內州縣官員多闕，吏部補人多不肯去。成官已後，或假解，或從正，考滿得資，更別參選。自餘管蠻獠州，大率亦皆如此。」〔註9〕按黔州管內也屬南選區。由上引文獻可知南選區並非不行北選，而是北選官「多不肯去」，南選

---

〔註2〕《通典》卷15《選舉三》，第359頁。
〔註3〕李林甫等撰，陳仲夫點校：《唐六典》卷30，第740～747頁。
〔註4〕李林甫等撰，陳仲夫點校：《唐六典》卷2《尚書吏部》：「六品以下常參之官，量資注定；其才識頗高，可擢為拾遺、補闕、監察御史者，亦以名送中書門下，聽敕授焉。其餘則各量資注擬（第27頁）。」
〔註5〕《舊唐書》卷43，第1818頁。
〔註6〕《唐會要》卷75，第1371頁。
〔註7〕《唐會要》卷75，第1369頁。
〔註8〕《唐會要》卷75《南選》，第1370～1371頁。
〔註9〕《宋本冊府元龜》卷630，第2026頁。

對於北選只能算是制度層面的一個補充，儘管在實際層面上南選官可能遠多於北選官。下面舉例證明嶺南的南選區也有北選官：儀鳳三年（678）《董力墓誌》稱：「公諱力，字玄邈，隴西狄道人也。……屬南蠻蟻聚，扇擾邊疆……未經兩考，即擢檢校牢州錄事參軍。」〔註10〕長安二年（702）《樊文墓誌》稱：「公諱文，字彥藻，南陽人也。……弱冠便有壯志，徇節於遼陽道行……以功擢授昭州恭誠縣令，遷廣州洊安縣令。」〔註11〕開元三年（715）《王基墓誌》稱：「君諱基，字□□，琅琊郡人也。……弱冠明經擢第，補崗（岡）州司法參軍。」〔註12〕「牢州錄事參軍」「昭州恭誠縣令」「岡州司法參軍」都在南選區且品位在六品以下，但以上三人都不是嶺南本地人，他們分別是因為鎮壓南蠻有功、征遼東有功、明經擢第而被任命為嶺南地方官的，顯然均為吏部任命的北選官。

第三，謫授，這可以看作制授的特殊形態。嶺南為唐代貶謫官員的最主要目的地之一，相關文獻材料極多，梁瑞先生《唐代流貶官研究》有專門研究，本文不再贅述。〔註13〕

## 二、中央間接選授

第二類是中央間接選授，又包括兩種情況：第一，都督選官。這一制度由來已久，南朝時期都督有板授郡守、上言黜陟刺史之權；隋代嶺南總管可以「承制補授」官吏；唐承其制，部分邊緣地區的都督可以選補官吏。《資治通鑒》卷201唐高宗總章二年（669）條：「其黔中、嶺南、閩中州縣官，不由吏部，委都督選擇土人補授。」〔註14〕可知唐初嶺南、黔中、福建三個區域的州縣官多由都督補授，補授的對象是「土人」。這裡所稱的「土人」是指本地人，包括蠻族在內。第二，南選。都督補授嶺南州縣官的制度在高宗時期發生了變化，《唐會要·南選》載上元三年（676）八月七日敕：

桂廣交黔等州都督府，比來所奏擬土人首領，任官簡擇，未甚

---

〔註10〕周紹良主編：《唐代墓誌彙編》（上），儀鳳〇一九號《大唐故封州司馬董公墓誌之銘並序》，第638頁。

〔註11〕周紹良主編：《唐代墓誌彙編續集》，長安〇〇二號《大周銀青光祿大夫司衛少卿上柱國新城郡開國公樊公墓誌銘並序》，第388頁。

〔註12〕周紹良主編：《唐代墓誌彙編》（上），開元〇一七號《大唐故通直郎守武榮州南安縣令王府君墓誌銘並序》，第1162頁。

〔註13〕梁瑞：《唐代流貶官研究》，浙江大學博士學位論文，2011年，第113頁。

〔註14〕《資治通鑒》卷201唐高宗總章二年條，第6477頁。

得所。自今已後，宜準舊制，四年一度，差強明清正五品已上官，
充使選補，仍令御史同往注擬。其有應任五品已上官者，委使人共
所管督府，相知具條景行藝能政術堪稱所職之狀奏聞。〔註15〕

據此，南選的實行是為了替代都督選官，二者在時間上是前後承接的關係。
所謂「宜準舊制」，可能之前已經有過類似的制度，只是沒有堅持推行而已。
南選的主持者是選補使，所授的是嶺南本地官職，又「其有應任五品已上官
者」，說明選補使不能直接授五品以上官，但可以和都督府共同上奏進行推薦，
有舉推權。顯然，五品以上官仍需制授，選補使授伍的職務範圍是六品以下
官，與「北選」即吏部選授權對應。

## 三、都督選官和南選的異同

關於都督選官和南選的異同，學界有不同的意見，其中具有代表性的是
張澤咸和王承文兩位先生。〔註16〕二位觀點的差異主要在於：第一，張氏認
為都督選官也是南選，而王氏則認為都督官不是南選，恰恰因為都督選官的政
策是與溪洞豪酋的妥協，所以唐代國家才改變做法，實行南選，打擊溪洞豪酋
的勢力。第二，張氏認為羈縻制度是南選的重要社會基礎之一，南選適用於羈
縻地區。王氏則論證了南選只適用於正州區域，而不適用於羈縻地區。王氏還
提出了一個張氏沒有涉及的觀點：唐代政府實行南選，目的在於「從根本上否
定了嶺南豪族賴以存在發展的政治基礎」，從而打擊溪洞豪酋勢力。〔註17〕

主持南選的選補使代表中央，與都督作為地方官有根本差異。據《唐會
要·南選》，南選有一套完整而嚴密的操作程序，待選之人「各令所管勘責出
身由歷，選數考課憂勞等級」，且「其每至選時。皆須先定所擬官」。〔註18〕
而羈縻州官員由部落首領世襲，國家只履行形式上的冊封，顯然不用考慮他
們的憂勞等級，更無需擬定官職。因此筆者贊同「都督選官與南選不同」及
「南選只適用於正州」的觀點。但王氏認為實行南選「從根本上否定了嶺南
豪族賴以存在發展的政治基礎」，「本身就具有很強的抑制嶺南『溪洞豪族』

---

〔註15〕《唐會要》卷75，第1369頁。
〔註16〕張澤咸：《唐代「南選」及其產生的社會前提》，《文史》1984年第1期。王
　　　承文：《唐代環南海開發與地域社會變遷研究》第一章第二節《唐代「南選」
　　　制度與嶺南溪洞社會的重大變遷》，第104～140頁。
〔註17〕王承文：《唐代環南海開發與地域社會變遷研究》，第131頁。
〔註18〕《唐會要》卷75，第1369頁。

勢力的色彩」。〔註19〕筆者不贊同這種說法。

要論證南選打擊了溪洞豪酋勢力，就必須證明「南選制度使選拔人才的範圍大大突破了溪洞豪族的小圈子，而擴大到嶺南溪洞社會的各個階層」；或者證明溪洞豪酋勢力在南選中受到了打壓。〔註20〕但是王氏並沒有相應的論證，目前也沒有材料可以證明南選的受益者是溪洞豪酋之外的其他群體。前文已經說明，唐代前期嶺南復置州、創置州中存在大量蠻族豪酋世襲任官的情況。事實上，嶺南蠻族社會中，豪酋群體與普通民眾的地位差距十分懸殊。豪酋首領擁有大量的財富和奴婢，《舊唐書·馮盎傳》載其「奴婢萬餘人」。〔註21〕開元十七年（729）張說撰《馮君衡墓誌》稱嶺南馮氏「帶甲千人，擬四豪之公子；田洞百里，齊萬戶之封君」。〔註22〕而普通民眾則多貧窮，以至於鬻賣子女成風，大中九年（855）《禁嶺南貨賣男女敕》稱：「如聞嶺外諸州居人，與夷獠同俗，火耕水耨，晝乏暮饑，迫於徵稅，則貨賣男女。」〔註23〕目前文獻可見的嶺南溪洞蠻族人物，絕大多數是豪酋。以情理推測，具有強大勢力的蠻酋顯然是國家控制嶺南需要依靠和利用的人。無論主持選官的是都督還是選補使，只要嶺南蠻族的勢力依舊，選任豪酋的情況就不會改變。而且相比之下，選補使只會比都督更傾向於選任豪酋。這是因為都督作為長駐地方的軍政長官，對豪酋尚具有一定的震懾力和比較充分的瞭解；而選補使作為來自中央的臨時性派員，來到嶺南這一遍布蠻族勢力的陌生世界，既無震懾豪酋的有效手段，也不可能在短時期內充分瞭解嶺南蠻族的內情，正如《唐會要·南選》載開成五年（840）嶺南節度使盧鈞分析南選弊端：「當道伏以海嶠擇吏與江淮不同，若非諳熟土風，即難搜求民瘼。」〔註24〕因此選補使只能根據豪酋在地方上勢力的大小將其選任為官，即《景星寺碑銘》中所謂「職因地獎」。〔註25〕因此，至少在制度層面上，南選不存在壓制蠻族豪酋的機制；至於實際操作過程中是否會出現這種情況，目前尚無資料證明。

---

〔註19〕王承文：《唐代環南海開發與地域社會變遷研究》，第131、220頁。
〔註20〕王承文：《唐代環南海開發與地域社會變遷研究》，第138頁。
〔註21〕《舊唐書》卷109，第3288頁。
〔註22〕張說撰，熊飛校注：《張說集校注》卷22，第1070頁。
〔註23〕《全唐文》卷81，第848頁。據《新唐書》卷8《宣宗紀》：「（大中九年）閏四月辛丑，禁嶺外民鬻男女者。」（第250頁）則此敕當在大中九年。
〔註24〕《唐會要》卷75，第1371頁。
〔註25〕《全唐文》卷238，第2409頁。

　　南選和之前的都督選官相比較，直觀的差異在於主持選官的人不同，而非選官的對象或者授官的範圍有異。都督選官的主持者是都督，而南選的主持者是中央派遣的選補使。被選的對象都是嶺南當地人，這一點上沒有什麼區別。因此，南選相比於之前實行的都督選官，本質區別在於選官的主導權掌握在地方大員（都督）還是代表中央的特使（選補使）手中。用南選替代都督選官，本質上不是對蠻族豪酋的打壓，而是對都督權力的削弱，目的是把嶺南官員的選任權收歸中央。這是針對六朝以來嶺南高層軍政長官權力過大而採取的措施，是遏制割據威脅在選官方式上的體現。選補使，與節度使、觀察處置使等使職類似，是中央為加強對地方控制而派出的眾多使職中的一種。到了玄宗時期，地方權力逐漸加重，多種使職集於一身的情況出現。選補使也出現了由地方都督兼任的情況，如開元二十九年（741）《張九齡神道碑》載：「（張九齡）徙桂州都督，攝御史中丞嶺南按察兼選補使。」〔註26〕這與玄宗時期地方權力加強、使職多兼任的趨勢也是相符合的。總的來說，從都督選官到南選的變化體現的不是華夏與蠻族的矛盾，而是中央與地方的矛盾。

## 第二節　唐後期嶺南的使司差攝

### 一、「往日之弊是南選，今日之弊是北選」

　　唐代後期，嶺南的選官方式有很大變化，主要表現為南選廢弛，使司差攝興起。《唐會要・南選》開成五年（840）潮州奏請「同漳汀廣韶桂賀等州吏曹注官」，也就是將潮州納入北選範圍。〔註27〕這一提議遭到了嶺南節度使盧鈞的反對，理由是：

　　　　當道伏以海嶠擇吏與江淮不同，若非諳熟土風，即難搜求民瘼。
　　且嶺中往日之弊是南選，今日之弊是北選。臣當管二十五州，唯韶
　　廣兩州官僚，每年吏部選授。道途遙遠，瘴癘交侵。選人若家事任
　　持，身名真實，孰不自負，無由肯來。更以俸入單微，每歲號為比
　　遠。若非下司貧弱令史，即是遠處無能之流。比及到官，皆有積債，
　　十中無一，肯識廉恥。臣到任四年，備知情狀。其潮州官吏，伏望
　　特循往例，不令吏部注擬，且委本道求才。若攝官廉慎有聞，依前

〔註26〕《全唐文》卷440，第4490頁。
〔註27〕《唐會要》卷75，第1371頁。

－124－

許觀察使奏正。事堪經久，法可施行。敕旨，依奏。〔註28〕

嶺南「往日之弊是南選，今日之弊是北選」，這是一個重要判斷。奏疏對南選、北選之弊進行了透徹地分析。盧鈞指出，嶺南南選之弊在於選補使不熟悉當地風土，無法發揮「搜求民瘼」的作用。北選之弊在於嶺南環境惡劣，俸祿微薄，選人多不願來此；而願意來到嶺南的則既無才德，且多貪墨。基於以上分析，盧鈞請求朝廷允許潮州官吏不由北選而由本道任命，其方式是先攝官再奏正。且盧鈞指出，攝官奏正的做法已經在嶺南存在了很久，即所謂「往例」，是經過了實踐檢驗、可以推行的。

按盧鈞奏疏所指出的南選、北選的弊端是基於二者自身的制度特點和嶺南的客觀環境，這些因素在有唐一代沒有發生根本性的改變。那麼盧鈞為什麼會認為「往日之弊是南選，今日之弊是北選」呢？這一關係到唐代嶺南選官方式變化及嶺南國家化的重要問題需要加以研究。

前文已述，在南選制下，蠻族豪酋是最主要的受益者，大量蠻酋憑藉其家族勢力出任乃至世襲官職，形成地方勢力。北選官固然有如盧鈞所述的諸多問題，但畢竟是中央任命，對國家控制嶺南是有利的。制授和謫授體現的當然也是中央意志。因此「往日之弊是南選」，原因在於南選為蠻族豪酋憑地方勢力任官提供了制度便利。從「中央—地方」矛盾的角度出發，南選相對不如北選等方式對嶺南國家化有利。換句話說，所謂「往日之弊是南選」的結論，是基於國家化視角，就嶺南多種選官制度相比較而得出的，不是北選沒有弊端，而是相對而言北選有利於中央對嶺南的控制。如果嶺南的選官制度格局發生變化，那麼結論就可能隨之變化。

## 二、使司差攝在嶺南的盛行

唐代後期另一種選官方式——使司差攝在嶺南出現了。本文所說的使司差攝是指「不由朝廷委派，而是由地方長官自行選任『辟署』」的選官方式。〔註29〕

---

〔註28〕《唐會要》卷75，第1371頁。

〔註29〕賴瑞和：《論唐代的州縣「攝」官》，《唐史論叢》第九輯，西安：陝西師範大學出版社，2006年。陳翔《唐代中央與地方關係研究——以三類地方官為中心》將攝官的定義為「由地方長官任命的」「不需要上奏」的「州縣版署」之官。（武漢大學博士學位論文，2010年，第68頁）這與賴瑞和先生的觀點基本一致。

使司差攝是何時盛行於在嶺南的？據王承文先生研究，南選制度結束的時間是唐文宗後期，「從文宗後期直至唐末，一種由嶺南觀察使主導的每年一度的官員選拔，已經取代了由中央所派『南選使』所主持的『南選』。」〔註30〕這裡所謂嶺南觀察使主導的選官就是使司差攝。王氏認為使司差攝是作為南選的替代品在唐文宗後期的嶺南出現的。然而前引唐文宗開成五年（840）盧鈞奏稱攝官「事堪經久，法可施行」，希望能夠「特循往例」「依前許觀察使奏正（攝官）」。這顯然說明攝官是開成五年之前在嶺南就已經出現的，且不是個例。

實際上，嶺南攝官在唐代前期就已經出現，不過數量不多，試舉兩例：開元三年（715）《唐中大夫安南都護府長史權攝副都護上柱國杜府君（忠良）墓誌銘並序》：「遷安南都護府長史，勅權攝副都護。」〔註31〕開元六年《大唐故廣府兵曹賈君（黃中）墓誌銘並序》：「秩滿，補廣府兵曹參軍。蒞職清明，六曹為最。黜陟使以君才堪上佐，而沉在下僚，遂表奏攝韶州長史。」〔註32〕賈黃中攝韶州長史是由黜陟使表奏，杜忠良是否也是使司所奏，不得而知。使司差攝在唐代的大量出現是以安史之亂為契機的。天寶十五載（756）賈至《玄宗幸普安郡制》命諸王分領節鎮，稱：「其署官屬及本路郡縣官，並各任便自揀擇，五品以下任署置訖聞奏。六品以下任便授已後一時聞奏。」〔註33〕按引文稱「五品以下任署置訖聞奏」，「下」應為「上」之誤。此詔標誌著朝廷「允許地方長官可以任意差攝州縣官」。〔註34〕使司差攝的官職範圍包括了五品以上、六品以下。

安史之亂平定後，朝廷試圖對使司的差攝權力加以限制。據《唐會要·刺史上》大曆十二年（777）五月一日敕：「刺史有故及缺，使司不得差攝。但

〔註30〕王承文：《唐代環南海開發與地域社會變遷研究》，第196～197頁。
〔註31〕周紹良主編：《唐代墓誌彙編》（上），開元〇二九號，第1172頁。
〔註32〕周紹良主編：《唐代墓誌彙編》（上），開元〇七七號，第1208頁。
〔註33〕《全唐文》卷366，第3720頁。引文並見於《唐大詔令集》卷36《命三王制》：「其署官屬並本路郡縣官，並各任自揀五品以上署置訖聞奏，六品以下任便授，已後一時聞奏（北京：商務印書館，1959年，第155頁）。」將兩種引文對比，可知《命三王制》中「並各任自揀五品以上署置訖聞奏」一句是因遺漏文字導致將兩句並為一句了。故正文中引《全唐文》而不用《唐大詔令集》。但《命三王制》中「五品以下」作「五品以上」，糾正了《全唐文》的錯誤。
〔註34〕陳翔：《唐代中央與地方關係研究——以三類地方官為中心》，第70頁。

令上佐依次知州事。」〔註35〕這其實是承認了攝官的存在，只不過剝奪了使司對差攝人選的控制權，改為上佐依次知事，以圖在現實與制度之間進行調和。然而建中之亂再一次為使司差攝大量出現於嶺南提供了契機。于邵《送盧判官之梧州鄭判官之昭州序》稱：

> 中朝有蕭牆之變……詔下哀痛，恩罩動植，天地更張乎範圍，
> 日月復次於黃道。……桂管都防禦經略觀察使范陽盧公……頃者嶺
> 外諸守，除書中絕，內無合契之符，外闕分憂之寄，望吳隱而莫至，
> 希士變以實難。是用舉所知，延幕客，盧與鄭，二郡有光。〔註36〕

于邵曾於大曆八年（773）至貞元（785～804）初任桂州長史。〔註37〕此時段內的桂管「盧公」，應為盧嶽，任職時間是建中二年（781）到貞元三年。〔註38〕引文稱「中朝有蕭牆之變」「詔下哀痛」，當是興元元年（784）德宗下罪己詔事。故引文當作於興元元年。由於建中之亂，「嶺外諸守，除書中絕」，國家無暇任命嶺南諸州刺史，盧嶽遂遣判官攝州事。此後，使司差攝逐漸成為嶺南常見的選官方式。《唐會要·刺史上》載：

> 其年（元和四年，809）十二月，嶺南觀察使楊於陵奏：「貞元
> 中，觀察使李復奏：『南方事宜素異，地土之卑，上佐多是雜流，大
> 半刺史見闕，請於判官中揀擇材吏，令知州事。』臣伏見近日諸道
> 差判官監領州務，朝廷以為非宜。臣謂現今州縣凋殘，刺史闕員，
> 動經數歲，至於上佐，悉是貶人，若遣知州，必致撓敗。伏緣李復
> 所奏，降敕年月稍遠，懼違朝旨，伏乞天恩許臣遵守當道所奏文，
> 量才差擇，以便荒隅。」敕旨依奏。〔註39〕

據《唐刺史考全編》，李復任嶺南觀察使在貞元三到八年左右。〔註40〕這一時期內，李復曾奏請以判官知州事。後文稱「降敕年月稍遠」，說明當時李復的奏請得到了朝廷降敕認可。元和四年，楊於陵重申了嶺南「刺史闕員」的情況，請求「伏緣李復所奏」「量才差擇」，並得到了批准。李復、楊於陵提到上

---

〔註35〕《唐會要》卷 68，第 1204 頁。
〔註36〕《全唐文》卷 428，4357 頁。
〔註37〕《舊唐書》卷 137《于邵傳》，第 3766 頁。《資治通鑒》卷 224 代宗大曆八年條，第 7339 頁。
〔註38〕郁賢皓：《唐刺史考全編》卷 275，第 3246 頁。
〔註39〕《唐會要》卷 68，第 1202～1203 頁。
〔註40〕郁賢皓：《唐刺史考全編》卷 257，第 3168 頁。

佐多是「雜流」「貶人」，如果依照大曆十二年（777）敕「令上佐依次知州事」，則「必致撓敗」。據此可知，由於嶺南的特殊情況，「上佐依次知州事」的敕令至少在李復任職以來就沒有被落實。嶺南的差攝人選是長期由使司掌握的。元和十二（817）到十五年孔戣任嶺南節度使，他曾說：「刺史、縣令皆非正員，使司相承，一例差攝。」〔註41〕這一描述可以視為對唐後期嶺南選官狀況的概括：使司差攝成為當時盛行的選官方式，選授範圍遍及五品以上（如刺史）和六品以下官員（如縣令）。

使司差攝的興起必然衝擊原有的選官格局。唐後期嶺南的北選區僅增容州，變化不大；譎授官的數量比前期大幅增加。〔註42〕那麼安史之亂以後使司差攝所佔用的官闕只能來自南選和制授，尤其是南選。這導致南選在唐後期的舉行逐漸難以維持，最終在文宗時期被終止。《舊唐書·韓佽傳》：

> 桂管二十餘郡，州掾而下至邑長三百員，由吏部而補者什一，
> 他皆廉吏量其才而補之。〔註43〕

按「廉吏」，應為「廉使」。《新唐書·韓佽傳》記載略同，而作「觀察使」。韓佽，文宗大和九年（835）到開成二年（837）任桂管觀察使。〔註44〕據上引《韓佽傳》，桂管諸州的中下級官吏，大約十分之九為使司差攝，十分之一為北選；而這十分之一，是否包括桂州本身的官吏在內還不能確定。因為桂州屬於北選區，如果包括桂州，那麼所轄諸州作為南選州，其中下級官員使司差攝的比例就要超過九成了。可見，使司差攝確實已經取代了南選的地位。

## 三、使司差攝與南選的區別

筆者認為，使司差攝與南選的區別一方面是選官主持者的不同，另一方面是選授對象的不同。使司差攝由觀察使主持，南選由中央派遣的南選使主持，這個差異是顯而易見的。至於選授對象的不同，則需要加以分析。南選以嶺南本地人為選授對象，儘管沒有明確的階層指向，但實際的候選人主要

〔註41〕《全唐文》卷693《奏加嶺南州縣官課料錢狀》，第7110頁。孔戣任嶺南節度使的時間，參見郁賢皓《唐刺史考全編》卷257，第3171頁。

〔註42〕梁瑞《唐代流貶官研究》第三章第三節對流貶官的時空分布進行了探討，並據兩《唐書》、《資治通鑑》等史料繪製成表格。據表，唐前期嶺南貶官78人，後期164人（第111～112頁）。

〔註43〕《舊唐書》卷101，第3150頁。

〔註44〕郁賢皓：《唐刺史考全編》卷275，第3252頁。

是蠻族豪酋。而據懿宗咸通七年（866）《大赦文》：

訪聞本道觀察使所奏監州官，多是本土富豪百姓，兼雜色人，
例皆署為本道軍職，或作試銜，便奏司馬權知軍州事。既不諳熟
文法，又皆縱恣侵欺，多取良家以為奴婢，遂使豪酋構怨，溪洞
不安。〔註45〕

既然「使豪酋構怨，溪洞不安」，說明「富豪百姓兼雜色人」是不同於蠻族豪酋
的另一個群體。據引文，觀察使差攝軍州長官的對象主要是「富豪百姓兼雜色
人」，通過「署為本道軍職，或作試銜」的方式由觀察使奏為司馬，再以司馬
的身份知軍州事。這可能是為了在形式上符合朝廷「以上佐知州事」的要求。
舉一個例子：大中七年（853）《唐故融州司馬知州事渤海封府君（魯卿）墓
誌》載志主：「由是荏苒歲月，蹉跎江湖。會昌（841～846）末，為桂林連帥
以器業見遇，表授融州司馬知州事。免旅遊而提郡印，解韋帶而佩銀章。」
〔註46〕封魯卿本為白身（韋帶），為觀察使賞識之後就表為融州司馬知州事。

當然這並不是說使司差攝完全杜絕了蠻酋任官，而是將有限的官闕更多
地向「富豪百姓兼雜色人」開放，從而抑制了蠻族豪酋勢力的擴張。當然，蠻
酋也可以任攝官。楊譚《兵部奏桂州破西原賊露布》中有「大首領梧州長史
鎮南副都護攝柳州刺史西原遊奕使張維南」。〔註47〕《青梅社鐘》銘文中有「經
略先鋒兵馬使、義軍都知兵馬使、前攝愛州刺史、朝議郎、使持節、長州諸軍
事、守長州刺史，又守郡州遊奕使、上柱國、賜紫金魚袋杜英□」。〔註48〕據
《舊唐書·德宗紀下》貞元七年條：「（四月）己未，安南首領杜英翰叛，攻都
護府，都護高正平憂死。」〔註49〕《新唐書·裴行立傳》：「英策及范廷芝者，
皆溪洞豪也。」〔註50〕可知杜氏為安南蠻酋，《青梅社鐘》銘文所載杜英□，
即便不是杜英策或杜英翰，也應是其同族。張維南、杜英□均是以蠻酋攝刺
史，且均帶軍職，如張維南任西原遊奕使，杜英□任經略先鋒兵馬使、義軍
都知兵馬使、郡州遊奕使。這說明蠻酋任攝官也要符合「署為本道軍職」的

---

〔註45〕《全唐文》卷85，第898頁。
〔註46〕吳鋼主編：《全唐文補遺》第八輯，西安：三秦出版社，2005年，第187頁。
〔註47〕《全唐文》卷377，第3835頁。
〔註48〕耿慧玲：《越南青梅社鐘與貞元時期的安南研究》，香港：香港大學饒宗頤學
術館，2010年，第17頁。
〔註49〕《舊唐書》卷13，第372頁。
〔註50〕《新唐書》卷129，第4475頁。

慣例，不能單純憑藉血緣或地方勢力就世襲官位。總之，使司通過差攝「富豪百姓兼雜色人」，制約了蠻族豪酋的入仕途徑，從而把選官權更多地掌握在了國家的手中。這是使司差攝與南選的最大差異。

除了施行於正州，在局部地區，使司差攝還向羈縻州滲透。《舊唐書‧韓佽傳》：「桂管二十餘郡，州掾而下至邑長三百員，由吏部而補者什一，他皆廉吏量其才而補之。」〔註51〕按：文宗時期桂管領州的具體數目不詳，據前、後期領州情況推測，應領有十四正州，十三羈縻州。〔註52〕這個數據可能有一兩州的誤差，但桂管正州總數一定不超過二十，這是沒有問題的。那麼前引《舊唐書‧韓佽傳》所謂使司差攝的「二十餘郡」至少應該包含部分羈縻州在內。這裡只提到「州掾而下至邑長」，尚不及刺史；但從史料來看，桂管羈縻州不僅存在使司差攝的現象，而且連刺史都在差攝範圍之內。貞元六年（790）《京兆少尹李公墓誌銘》載：

> 無何，授桂管觀察經略使。部內不及朝貢之羈縻州者十八，舊例首領贖於官署為刺史，一州所貢，悉以奉之，其或魚肉斯人之甚。有來訟者，率以遐遠阻險，非文法所及置之。公於是易之以中土溫良之吏。〔註53〕

李佐任桂州在貞元三到四年（787～788）。〔註54〕按「舊例首領贖於官署為刺史」一句應當斷開，作「舊例首領贖於官，署為刺史」。據此，桂管羈縻州刺史的任用權已經到了使司手中。即便是首領，也要「贖於官」才能「署為刺史」。而李佐任桂管經略使後，則以「中土溫良之吏」出任羈縻州長官。羈縻州長官由首領世襲的規定被打破。李商隱《為滎陽公桂州署防禦等官牒》提供了使司差攝羈縻州長官的實例：

> 突將凌綽
>
> 牒奉處分，我所羈縻，未為遐陋，既懸版籍，實集賦輿。言念蕃州，雖無漢守，豈得久容懦吏，有負疲人？以綽早處中軍，嘗為

〔註51〕《舊唐書》卷101，第3150頁。

〔註52〕據郭聲波《中國行政區劃通史‧唐代卷》（上），長慶二年（822）桂管領十二正州，大中前升羈縻環、古二州為正州，共十四正州，但具體升置時間不詳（729））；據《中國行政區劃通史‧唐代卷》（下），元和十五年（820）桂管領十五羈縻州，大中前羈縻環、古二州升為正州後，有十三羈縻州（第1217頁）。

〔註53〕《全唐文》卷784，第8204頁。

〔註54〕據郁賢皓《唐刺史考全編》卷275，第3246頁。

突騎，既負抉門之武，仍聞免冑之恭。是用暫假撫綏，聊資控遏。……
事須差知蕃州事。〔註55〕

蕃州，見於《新唐書・地理志七下》嶺南道，為桂管羈縻州。〔註56〕凌綽「早處中軍」，符合「本道軍職」的條件，受使司所差「知蕃州事」。引文稱「雖無漢守，豈得久容懦吏」，這說明凌綽很可能是蠻族。看來桂管經略使儘管有權力向某些羈縻州差攝官員，但所選的對象仍為蠻族。標題所見「滎陽公」為鄭亞，大中元年至二年（847～848）任桂管經略使。〔註57〕據上引文獻，桂管地區使司差攝羈縻州刺史的情況，至少從貞元（785～804）前期延續到大中初年，凌綽顯然不是個案。羈縻州刺史本來例由本地蠻族首領世襲，國家僅在形式上予以承認。但在唐後期的桂管地區，使司開始向羈縻州差攝刺史，這無疑打破了羈縻州刺史全部由蠻族首領把持的局面，強化了國家對這一地區的管理和控制。這可能與至德（756～757）到大曆（766～779）時期桂管西原蠻因叛亂而遭到強力鎮壓、勢力有所削弱有關。類似現象在桂管以外的嶺南其他地方暫時沒有發現。

綜上，唐前期，南選的主要受益者是蠻族豪酋，而北選更有利於國家對嶺南的控制。安史之亂以後嶺南選官制度格局發生了變化。使司差攝盛行並逐漸取代了南選；而北選不但沒有消亡，其區域反而擴大。相對於更加適合嶺南當地情況的使司差攝，北選本就存在的弊端被凸顯了出來。這就回答了為什麼「往日之弊是南選，今日之弊是北選」。這裡「往日」指的是南選制度開始以後至使司差攝盛行以前，「今日」即使司差攝盛行以後到開成五年（840）盧鈞奏疏之時。

## 小結

縱觀整個唐代，嶺南選官方式體現出多樣性、多變性。所謂多樣，嶺南的選官方式一直存在兩套體系：一是中央直接任命的制授和北選，也包括謫授；二是中央間接選授，即都督選官、南選及後來盛行的使司差攝。當然，這些間接選授的方式並不獨見於嶺南，但在嶺南較為顯著。所謂多變性，主要

〔註55〕李商隱撰，錢振倫、錢振常箋注：《樊南文集補編》卷8，《樊南文集》，第778
　　　　～779頁。
〔註56〕《新唐書》卷43下，第1144頁。
〔註57〕郁賢皓：《唐刺史考全編》卷275，第3254頁。

體現在間接選授上。唐初，都督承隋之舊制，擁有選授地方官員的權力。國家以中央派遣的南選使取代都督執掌選官大權，是與這一時期削弱都督權力、遏制潛在割據威脅的大背景一致的。唐後期，南選被使司差攝取代，又與唐後期地方權力的擴張相一致。可見，從都督選官到南選再到使司差攝，體現了「中央─地方」這對矛盾的變化。另一方面，作為邊緣地區，嶺南選官方式的變化又體現了「華夏─蠻族」這對矛盾的演變。唐前期，無論是都督選官還是南選，蠻族豪酋都是主要受益者，可以憑藉地方勢力擔任刺史，這說明蠻族勢力強大，國家只能暫時妥協；唐後期使司差攝的授官對象更多地向當地富豪、雜色人開放。蠻族豪酋不能再單純憑藉家族勢力就出任乃至世襲刺史，他們需要帶本道軍職或試官才能「知州事」，更有甚者以行賄得官。而在桂管地區，使司差攝已經施行於例由蠻族首領世襲長官的羈縻州。這一切都是蠻族豪酋相對衰落、國家對嶺南的控制力大大增強的明證。在南詔入侵的外患出現之前，嶺南的國家化主要是是圍繞「中央─地方」、「華夏─蠻族」兩對矛盾推進的，這從選官方式的變遷就可以得到體現。

# 第五章　唐代嶺南國家化措施之三：
軍事行動與軍事體系建設

　　國家化的推行不免遭遇各種形式的阻撓，其中最激烈的就是武裝對抗，而武裝對抗無外乎內亂、外患兩種形式。平息內亂外患的軍事活動是國家化的重要措施之一。本章首先梳理唐代嶺南歷次內亂、外患之概況，對其相關史實加以考訂，並分析嶺南內亂、外患在不同階段的特徵，進而以此為背景研究唐代嶺南的軍事體系。這一體系主要包含統兵體制和和武裝力量兩方面內容，即由誰領兵、領什麼兵的問題。武裝力量又可分為兩個部分：一是平時常備武裝，即和平時期長期存在的地方軍事力量，用以維護地方治安、震懾潛在的軍事威脅。二是戰時動員機制。出於降低統治成本的考慮，國家的常備軍通常僅維持較低規模，數量不會太大。這就意味著國家需要具備在戰時快速動員大量軍隊的機制。

## 第一節　唐代嶺南的內亂和外患

### 一、唐前期嶺南的內亂

#### （一）事件及考證

　　下文以表格的方式羅列唐前期嶺南歷次內亂，內容包括內亂開始的時間、簡要過程、出處。表格僅收錄兩《唐書》和《資治通鑒》所載內容，見表10。本節表 11、表 12 均依此例。如果有規模、影響較大而未收入表格的內亂個

案，將在表後的考證文字中補入。

## 表 10　唐前期嶺南內亂

| | | |
|---|---|---|
| 武德六年（623） | 南越州甯道明、高州馮暄等據南越州反。 | 《新唐書》卷 222 下，第 6326 頁 |
| 武德六年（623） | 岡州刺史馮士翽據新會反，廣州總管劉感討降之。 | 《資治通鑒》卷 190，第 6082 頁 |
| 武德七年（624） | 瀧州、扶州獠作亂，遣南尹州都督李亮度等擊平之。 | 《資治通鑒》卷 191，第 6096 頁 |
| 貞觀五年（631） | 羅、竇諸洞獠反，高州總管馮盎平之。 | 《舊唐書》卷 109，第 3288 頁 |
| 貞觀七年（633） | 右屯衛大將軍張士貴討東、西五洞反獠，平之。 | 《舊唐書》卷 3，第 43 頁 |
| 貞觀十二年（638） | 鈞州山獠反，桂州都督張寶德敗之。 | 《新唐書》卷 2，第 38 頁 |
| 貞觀十二年（638） | 明州獠反，交州都督李道彥敗之。 | 《新唐書》卷 2，第 38 頁 |
| 貞觀十四年（640） | 羅、竇二州獠反，廣州總管黨仁弘敗之。 | 《新唐書》卷 2，第 39 頁 |
| 永徽二年（651） | 竇州、義州蠻寇邊，桂州都督劉伯英敗之。 | 《新唐書》卷 3，第 53 頁 |
| 龍朔三年（663） | 柳州蠻叛，冀州長史劉伯英以嶺南兵伐之。 | 《新唐書》卷 3，第 63 頁 |
| 乾封二年（667） | 嶺南洞獠陷瓊州。 | 《新唐書》卷 3，第 66 頁 |
| 高宗時（650～683） | 邕、嚴二州首領反叛，監軍李嶠諭降之。 | 《舊唐書》卷 94，第 2992 頁 |
| 垂拱元年（685） | 廣州都督王果討反獠，平之。 | 《資治通鑒》卷 203，第 6550 頁 |
| 垂拱三年（687） | 交趾俚反，桂州司馬曹玄靜率兵討平。 | 《舊唐書》卷 190 上，第 4995 頁 |
| 延載元年（694） | 嶺南獠寇邊，容州都督張玄遇為桂、永等州經略大使。 | 《新唐書》卷 3，第 95 頁 |
| 聖曆（698～699） | 聖曆中，嶺南獠反。 | 《舊唐書》卷 76，第 2651 頁 |
| 長安三年（703） | 始安獠歐陽倩叛亂，桂州都督、招慰討擊使裴懷古諭降之。 | 《資治通鑒》卷 207，第 6684 頁 |
| 武后時（684～705） | 崔、振等五州首領，更相侵掠。 | 《舊唐書》卷 185 下，第 4814 頁 |

| 先天（712～713） | 廣州都督周利貞專事剝割，夷僚苦其殘虐，皆起為寇。 | 《新唐書》卷209，第5912頁 |
|---|---|---|
| 開元十年（722） | 安南蠻帥梅叔鸞叛，驃騎將軍兼內侍楊思勗討平之。 | 《舊唐書》卷8，第183～184頁 |
| 開元十四年（726） | 邕州獠首領梁大海、周光叛，驃騎大將軍兼內侍楊思勗討平之。 | 《舊唐書》卷8，第189頁 |
| 開元十六年（728） | 春、瀧等州獠陳行範、馮仁智、何遊魯叛，驃騎大將軍楊思勗討平之。 | 《舊唐書》卷8，第192頁 |
| 開元二十六年（738） | 潮州刺史陳思挺謀反，伏誅。 | 《新唐書》卷5，第140頁 |
| 開元（713～741） | 蠻陷驩州，總管宋之悌平之。 | 《新唐書》卷202，第5751頁 |
| 天寶三載（744） | 南海太守劉巨鱗擊破海賊吳令光。 | 《舊唐書》卷9，第218頁。 |

第一，甯道明、馮盎之亂的平定時間。

《新唐書·南蠻下·南平獠傳》：

> （武德）六年（623）……（甯）道明與高州首領馮暄、談殿據南越州反，攻姜州，甯純以兵援之。……馮暄、談殿阻兵相掠，群臣請擊之，太宗不許，遣員外散騎常侍韋叔諧、員外散騎侍郎李公淹持節宣諭。暄等與溪洞首領皆降，南方遂定。〔註1〕

關於此次叛亂，有兩點需要辯證。首先，叛亂發生於武德六年，直至貞觀元年（627）才平定。《資治通鑒》卷192唐太宗貞觀元年九月條：「嶺南酋長馮盎、談殿等迭相攻擊……冬，十月，乙酉，遣員外散騎侍郎李公淹持節慰諭之，盎遣其子智戴隨使者入朝。」〔註2〕其次，「馮暄」應為「馮盎」，「昌州」應為「白州」。這一點已經由劉美崧先生指出。〔註3〕

第二，張士貴平獠亂的時間。

《新唐書·太宗紀》貞觀七年條：「八月辛未，東西洞獠寇邊，右屯衛大將軍張士貴為龔州道行軍總管以討之。八年正月辛丑，張士貴及獠戰，敗之。」〔註4〕據此，蠻亂發生於貞觀七年八月，而平定於貞觀八年正月。

---

〔註1〕《新唐書》卷222下，第6326頁。
〔註2〕《資治通鑒》卷192唐太宗貞觀元年九月條，第6151～6152頁。
〔註3〕劉美崧：《〈新唐書·南平獠〉辯誤——兼論欽州酋帥甯猛力及其家族的活動地域與族屬》，《歷史文獻研究》北京新第三輯，北京：燕山出版社，1992年。
〔註4〕《新唐書》卷2，第34頁。

第三，瓊州的收復時間。

乾封二年（667）瓊州為蠻所陷。《資治通鑒》卷233唐德宗貞元五年（789）十月條：「瓊州自乾封中為山賊所陷，至是，嶺南節度使李復遣判官姜孟京與崖州刺史張少遷攻拔之。」〔註5〕據此，瓊州直到貞元五年才被收復。

## （二）本階段內亂的特點

從族群上看，唐前期內亂的主要參與者是俚僚豪酋。表中所列的內亂，蠻亂有23起，而其作亂者被明確稱為「俚」「僚」的有15起。此外，蠻亂的參與者如馮盎、馮士翽、陳行範等也是俚僚豪酋人物。同時，我們注意到這一時期內絕大多數蠻亂發生在正州中的復置州（如岡、竇、義、柳、邕、春等）和創置州（如羅、嚴等），幾乎沒有波及羈縻州。前文已述，嶺南正州中的復置州和部分創置州是俚僚豪酋的勢力範圍。可知，俚僚豪酋是唐前期蠻亂的主要參與者。

唐前期是否有西原蠻參與作亂呢？《新唐書・南蠻下・西原蠻傳》載：「天寶（742～755）初，黃氏強，與韋氏、周氏、儂氏相唇齒，為寇害，據十餘州。韋氏、周氏恥不肯附，黃氏攻之，逐於海濱。」〔註6〕據此，似乎天寶初西原蠻的四大豪族就已經為害於嶺南了。然而這段記載其實很有問題。李翱所撰《徐申行狀》載：

> 遷朝散大夫、使持節都督邕州諸軍事守邕州刺史、本管經略招討使、御史中丞，賜紫如初，是歲貞元十七年（801）也。……大首領黃氏率其屬納質供賦。黃氏、周氏、韋氏、儂氏，皆群盜也，黃氏之族最強，盤互十數州，周、韋氏之不附之也，率群黃之兵以攻之，而逐諸海。黃氏既至，群盜皆服，於是十三部二十九州之蠻寧息無寇害。元和元年（806）……有疾薨於位。〔註7〕

《西原蠻傳》應是本於《徐申行狀》中「黃氏、周氏、韋氏、儂氏，皆群盜也……而逐諸海」一句。據《徐申行狀》，黃氏不僅服從朝廷，「納質供賦」，且助討不臣。此事的時間在貞元十七年到元和元年之間。按貞元十年黃氏就

---

〔註5〕《資治通鑒》卷233唐德宗貞元五年十月條，第7641頁。
〔註6〕《新唐書》卷222下，第6329頁。
〔註7〕《全唐文》卷639《唐故金紫光祿大夫檢校禮部尚書使持節都督廣州諸軍事兼廣州刺史兼御史大夫充嶺南節度營田觀察制置本管經略等使東海郡開國公食邑二千戶徐公行狀》，第6459頁。

起兵作亂，元和三年始降。〔註8〕在徐申任邕管時期，黃氏是否真的能納質供賦、出兵助討，令人懷疑。可能行狀的作者將黃氏與韋氏、周氏之間的爭端誇張為徐申的功績。無論如何，《西原蠻傳》將此事係於天寶中，顯然有誤。〔註9〕以情理推測，唐前期西原蠻地區已經設置了一些創置州和大量羈縻州，發生動亂是有可能的，但目前尚無明文可據。

從空間分布上看，唐前期內亂的分布呈由集中到分散的態勢。武德貞觀時期，內亂一度集中於嶺南中部地區。當時嶺南中部的竇、義、羅、瀧等州分屬廣、桂、龔等幾個不同的都督府，且距離其府治都比較遠。一旦發生動亂，不利於統一指揮作戰。乾封二年（667）唐廷在這裡設置容州都督府，以加強對嶺南中部蠻族的鎮撫。〔註10〕此後內亂遂不再集中於容管地區，而是分散於嶺南各地。

從時間上看，唐前期內亂持續的時間大多不長。瓊州淪陷百餘年才被收復，這是特例。海南島一向為嶺南國家化進程中最為落後的區域，很多情況與內地不同。其餘歷次內亂，大多沒有超過五年。這一時期內亂對國家化的影響還不是特別劇烈。

## 二、肅宗代宗時期的嶺南內亂

### （一）事件及考證

表11　肅、代時期嶺南內亂

| 至德元載（756） | 西原蠻攻桂管十八州。 | 《新唐書》卷222下，第6329頁。 |
| 至德元載（756） | 嶺南溪獠梁崇牽陷容州。 | 《新唐書》卷6，第157頁。 |
| 上元元年（760） | 西原蠻寇邊，桂州經略使邢濟敗之。 | 《新唐書》卷6，第163頁。 |
| 寶應元年（762） | 西原蠻叛，桂州刺史邢濟討西原賊帥吳功曹等，平之。 | 《資治通鑒》卷222，第7248頁 |

〔註8〕黃氏叛、降事，見《舊唐書》卷13《德宗本紀下》，第380頁；《舊唐書》卷14《憲宗本紀上》，第426頁。
〔註9〕今所見《西原蠻傳》錯誤很多，其中有關宥氏的部分竄入同卷《南平獠傳》，這已經由劉美崧指出，見前文；此外《西原蠻傳》關於元和年間征黃氏的記載也有錯誤，詳見後文。
〔註10〕容府的設置及其與蠻亂的關係，參見羅凱《唐代容府的設置與嶺南五府格局的形成》，《中國邊疆史地研究》2015年第2期。

| 廣德元年（763） | 西原蠻陷道州。 | 《新唐書》卷6，第169頁 |
|---|---|---|
| 廣德元年（763） | 宦官市舶使呂太一逐廣南節度使張休，縱下大掠廣州。 | 《舊唐書》卷11，第274頁。 |
| 大曆二年（767） | 桂州山獠陷州城，刺史李良遁去。 | 《舊唐書》卷11，第287頁 |
| 大曆四年（769） | 廣州人馮崇道、桂州人朱濟時反，容管經略使王翃敗之。 | 《新唐書》卷6，第176頁 |
| 大曆五年（770） | 湖南將王國良反，與西原蠻寇州縣。 | 《新唐書》卷6，第175頁 |
| 大曆八年（773） | 大曆八年，嶺南將哥舒晃殺節度使呂崇賁反。大曆十年，江西觀察使路嗣恭平之。 | 《舊唐書》卷11，第302～303、308頁。 |
| 大曆十年（775） | 哥舒晃之亂，西原賊帥覃問乘虛襲容州。 | 《資治通鑑》卷225，第7355頁 |

第一，上元元年（760）邢濟敗西原蠻為誤記。

《新唐書・肅宗紀》上元元年條：「是歲……西原蠻寇邊，桂州經略使邢濟敗之。」〔註11〕《資治通鑑》卷221唐肅宗上元元年六月條：「甲子，桂州經略使邢濟奏：破西原蠻二十萬眾，斬其帥黃乾曜等。」〔註12〕然而據《兵部奏桂州破西原賊露布》及《新唐書・南蠻下・西原蠻傳》，斬黃乾曜者為楊譚，時間在乾元元年（758）。〔註13〕且邢濟出任桂管的時間在上元二年，這條記載其實是對乾元元年楊譚平西原蠻事件的誤記。〔註14〕

第二，大曆四年（769）馮崇道、朱濟時之亂的時間。

《新唐書・代宗紀》大曆四年條：「是歲，廣州人馮崇道、桂州人朱濟時反，容管經略使王翃敗之。」〔註15〕據此，馮朱之亂發生、平定均在大曆四年。然而據《舊唐書・李勉傳》：「（大曆）四年，除廣州刺史，兼嶺南節度觀察使。番禺賊帥馮崇道、桂州叛將朱濟時等阻洞為亂，前後累歲，陷沒十餘州。勉至，遣將李觀與容州刺史王翃並力招討，悉斬之，五嶺平。」〔註16〕「前後累歲」，則馮朱之亂的發生顯然早於大曆四年。據建中三年（782）張式撰《徐浩神道碑》：「楊慎微病久政荒，歿於南海，馮崇道陰奸伺隙，盜據新

〔註11〕《新唐書》卷6，第163頁。
〔註12〕《資治通鑑》卷221唐肅宗上元元年六月條，第7211頁。
〔註13〕《全唐文》卷377，第3835頁。《新唐書》卷222下，第6329頁。
〔註14〕關於楊譚平西原蠻一事的考證，參見殷祝勝：《楊譚任桂州刺史時間考》，《河池學院學報》2011年第1期。
〔註15〕《新唐書》卷6，第176頁。
〔註16〕《舊唐書》卷131，第3635頁。

息。以為杖節□綏，非公莫可，拜嶺南道節度觀察等使兼御史大夫。」〔註17〕
按唐嶺南無「新息」地名，或許是「新昌」之誤；唐廣管新州，玄宗改新昌
郡。據上引神道碑，楊慎微病歿於嶺南，徐浩接任；馮崇道利用了楊慎微病
故的機會起兵作亂。《舊唐書‧代宗紀》大曆二年（767）四月癸酉條：「以工
部侍郎徐浩為廣州刺史、嶺南節度觀察使。」〔註18〕據此楊慎微之歿、馮崇
道作亂當在大曆二年四月癸酉之前，因為馮崇道在嶺南本地，顯然先於長安
朝廷得到楊慎微病歿的消息；而從朝廷獲悉楊慎微病歿，再到發布任命徐浩
的敕書，中間必然又經歷一段時間。另外，「桂州叛將朱濟時」作亂的時間尚
不確定。又據《舊唐書‧王翃傳》：「大曆五年遷容州刺史、容管經略使。」〔註
19〕王翃大曆五年才任容州刺史，不可能大曆四年就平馮朱之亂。《資治通鑒》
係此事於大曆六年，是。〔註20〕總之，馮朱之亂的時間最晚應從大曆二年開
始，大曆六年平定。

　　第三，大曆十一年西原蠻潘長安之亂的時間。

　　此次蠻亂，兩《唐書》及《資治通鑒》均不載，僅見於碑刻。然而由於其
規模很大，故雖不入表中，但在這裡補述。據《桂故校注》所引大曆十二年韓
雲卿撰《平蠻頌並序》：「維大曆十一年，桂林、象郡之外，有西原賊率潘長
安，偽稱南安王。……天子命我隴西縣男昌夔，領桂州都督兼御史中丞，持
節招討。」〔註21〕《全唐文》、《粵西金石略》、《八瓊室金石補正》均作「維
大曆十二年」。〔註22〕按《桂故校注》「大曆十一年」有注稱「底本誤作大曆
十二年，現據今存碑文刻石改正」；又稱《平蠻頌》後文有「皇帝嗣位，十有
五載」，代宗於寶應二年（762）嗣位，據此推算也應為大曆十一年。〔註23〕
據此潘長安之亂發生於大曆十一年無疑，《全唐文》、《粵西金石略》、《八瓊室
金石補正》皆誤。碑文稱潘長安之亂「彌亙萬里」，李昌夔「斬首二萬餘級」、

〔註17〕《全唐文》卷 445《大唐故銀青光祿大夫彭王傅上柱國會稽郡開國公贈太子
　　　　少師東海徐公神道碑銘》，第 4543 頁。

〔註18〕《舊唐書》卷 11，第 287 頁。

〔註19〕《舊唐書》卷 157，第 4143 頁。

〔註20〕《資治通鑒》卷 224 唐代宗大曆六年二月條，第 7335～7336 頁。

〔註21〕張鳴鳳撰，李文俊校注：《桂故校注》卷 8，南寧：廣西人民出版社，1988 年，
　　　　第 235 頁。

〔註22〕《全唐文》卷 441，第 4500 頁；謝啟昆：《粵西金石略》卷 1，第 20 頁；陸
　　　　增祥：《八瓊室金石補正》卷 64，北京：文物出版社，1985 年，第 444 頁。

〔註23〕張鳴鳳撰，李文俊校注：《桂故校注》卷 8，第 236～237 頁。

「逼逐俘虜二十餘萬」，終於將其平定，可見其規模之大。

## （二）本階段內亂的特點

本階段內發生了唐代嶺南最大規模的一次地方高層軍政長官割據事件，即哥舒晃之亂。除此之外，蠻亂仍然是內亂的最主要類型。

從族群上看，唐前期參與蠻亂的族群主要是俚僚，而肅、代時期則以西原蠻為主。肅、代時期桂管及附近地區的歷次蠻亂，除了「桂州山獠」和族群不明的「桂州叛將朱濟時」外，均有西原蠻參與。

從空間上看，這一時期蠻亂多發生或發源於羈縻州。前文已述，唐代嶺南羈縻州主要是西原蠻和其他「生蠻」的勢力範圍。據《新唐書·南蠻下·西原蠻傳》，至德元載（756）西原蠻「攻桂管十八州」。〔註24〕據《平蠻頌並序》，西原賊帥潘長安被平定後，「統外一十八州牧守，羈縻反覆，歷代不賓，皆俯首請罪，願為臣妾」。〔註25〕西原蠻作亂的區域是桂管十八州，而這十八州「羈縻反覆，歷代不賓」，顯然是羈縻州。〔註26〕這與唐前期嶺南蠻亂主要發生在正州有所不同。作為西原蠻的集中分布區，桂管地區成為肅、代時期蠻亂的重心和策源地。《新唐書·南蠻下·西原蠻傳》：

> 其種落張侯、夏永與夷獠梁崇牽、覃問及西原酋長吳功曹復合兵內寇，陷道州，據城五十餘日。桂管經略使邢濟擊平之，執吳功曹等。餘眾復圍道州，刺史元結固守不能下，進攻永州，陷邵州，留數日而去。湖南團練使辛京杲遣將王國良戍武岡……且服且叛。建中元年，城敘州以斷西原，國良乃降。〔註27〕

顯然，攻道、永、邵等地的西原蠻來自桂管，正因如此，「城敘州以斷西原」，王國良失去外援才歸降。引文中提到張侯、夏永、梁崇牽、覃問，這四人曾參與容州之亂。《舊唐書·王翃傳》：「嶺南溪洞夷獠乘此相恐為亂，其首領梁崇牽自號『平南十道大都統』，及其黨覃問等，誘西原賊張侯、夏永攻陷城邑，據容州。」〔註28〕可見作亂於容州的西原蠻也是來自桂管而非容州本地。

---

〔註24〕《新唐書》卷222下，第6329頁。

〔註25〕張鳴鳳撰，李文俊校注：《桂故校注》卷8，第235頁。

〔註26〕據郭聲波《中國行政區劃通史·唐代卷》所考，這十八個羈縻州是：鈞、古、格、思唐、溫泉、思順、歸化、歸恩、紆、芝忻、述昆、蕃、金城、智、文、蘭、環、宜州（第1216頁）。

〔註27〕《新唐書》卷222下，第6329～6330頁。

〔註28〕《舊唐書》卷157，第4143～4144頁。

從時間上看，肅、代時期，內亂延續的時間變長、破壞加劇。至德元載（756）桂管西原蠻之亂，平定於乾元元年（758）冬，歷時近三年。廣德時期（763～764）西原蠻對湖南地區的進攻僅是掠奪性質，因此留駐的時間很短，不過造成的破壞卻很嚴重。元結任道州刺史時上《奏免科率狀》稱：「臣當州被西原賊屠陷，賊停留一月餘，焚燒糧儲屋宅，俘掠百姓男女，驅殺牛馬老少，一州幾盡。賊散後，百姓歸復，十不存一，資產皆無，人心嗷嗷，未有安者。」〔註29〕馮朱之亂，據前文考證，最晚始於大曆二年（767）四月，被平定於大曆六年，歷時至少四年。更有甚者，西原蠻竟一度攻佔五府之一的容州近十五年之久（至德元載 756～大曆六年 771）。《舊唐書‧王翃傳》稱：「前後經略使陳仁琇、李抗、侯令儀、耿慎惑、元結、長孫全緒等，雖容州刺史，皆寄理藤州，或寄梧州。」〔註30〕故元結《送王及之容州序》中稱「耿容州歡於叟者，及到容州，為叟謝主人：聞幕府野次久矣，正宜收擇謀夫，引信才士，有如及也，能收引乎？」〔註31〕耿容州是時任容州經略使耿慎惑。當時容州為西原蠻所據已經多年，故元結稱「幕府野次久矣」。長期陷於蠻族使得容管遭受嚴重的破壞。元結《讓容州表》稱：「今臣所屬之州，陷賊歲久，頹城古木，遠在炎荒。管內諸州，多未賓伏，行營野次，向十餘年。」〔註32〕不僅容州「陷賊歲久」，且「管內諸州」也「多未賓伏」。唐廷在整個容管地區的統治事實上一度陷入近乎崩潰的境地。

## 三、德宗以後的嶺南內亂

### （一）事件及考證

表 12　德宗以後的嶺南內亂

| 建中三年（782） | 瀼州司馬李孟秋舉兵反，自稱安南節度使。安南都護輔良交討斬之。 | 《資治通鑒》卷 227，第 7453 頁 |
|---|---|---|
| 興元元年（784） | 杜佑討珠崖黎民。 | 《新唐書》卷 166，第 5087 頁 |
| 貞元七年（791） | 安南首領杜英翰反，伏誅。 | 《舊唐書》卷 13，第 372 頁 |

〔註29〕《全唐文》卷 381，第 3866 頁。
〔註30〕《舊唐書》卷 157，第 4144 頁。
〔註31〕《全唐文》卷 381，第 3874 頁。
〔註32〕《全唐文》卷 380，第 3862 頁。

| 貞元十年（794） | 黃少卿叛，攻邕管經略使孫公器，又陷欽、橫、潯、貴等州。 | 《舊唐書》卷13，第380頁 |
|---|---|---|
| 元和十一年（816） | 西原蠻叛，陷賓、巒、岩州。 | 《舊唐書》卷15，第458頁 |
| 元和十四年（819） | 安南酋豪楊清殺都護李象古。 | 《舊唐書》卷131，第3641頁 |
| 長慶三年（823） | 陸州獠反。 | 《新唐書》卷8，第226頁 |
| 長慶三年（823） | 黃洞蠻陷欽州、寇安南。 | 《新唐書》卷8，第226頁 |
| 長慶四年（824） | 黃洞蠻寇安南、陷陸州。 | 《舊唐書》卷17上，第512頁 |
| 大和二年（828） | 峰州刺史王昇朝反，安南都護韓約討斬之。 | 《新唐書》卷8，第230頁。 |
| 咸通九年（868） | 桂林戍卒龐勳等叛，擅回本鎮。 | 《舊唐書》卷19上，第663頁 |
| 乾符六年（879） | 黃巢陷嶺南，同年北返。 | 《舊唐書》卷19下，第703頁 |

第一，欽、橫、潯、貴四州之收復。

《新唐書‧西原蠻傳》載：「貞元十年（794），黃洞首領黃少卿……陷欽、橫、潯、貴四州。……乃以唐州刺史陽旻為容管招討經略使，引師掩賊，一日六七戰，皆破之，侵地悉復。」〔註33〕據此，欽、橫、潯、貴四州於貞元十年陷落，不久即由陽旻收復。《元和郡縣圖志‧嶺南道五》載邕管經略使：「管州八：邕州、貴州、賓州、澄州、橫州、欽州、潯州、巒州。」〔註34〕陽旻時任容管經略使（詳見下文），而欽、橫、潯、貴四州屬邕管，不在陽旻轄區內。《新唐書‧憲宗紀》元和二年（807）二月癸酉條：「邕管經略使路恕敗黃洞蠻，執其首領黃承慶。」〔註35〕《舊唐書‧憲宗紀上》元和三年六月癸亥條稱西原蠻酋「至是歸款」。〔註36〕也就是說，黃洞蠻之亂到此告一段落。據元和六年柳宗元撰《唐故邕管招討副使試大理司直兼貴州刺史鄧君墓誌銘並序》，邕州經略使路恕奏署鄧君為「貴州刺史」，後任經略使趙良金又讓鄧君「兼統橫、廉、貴三州事」；而鄧君元和五年卒於貴州刺史任上，這證明貴、

〔註33〕《新唐書》卷222下，第6330頁。
〔註34〕李吉甫撰，賀次君點校：《元和郡縣圖志》卷38，第945頁。
〔註35〕《新唐書》卷7，第209頁。
〔註36〕《舊唐書》卷14，第426頁。

橫二州在元和五年之前已被收復。〔註37〕由此推測，四州之收復，當是元和初邕管擊敗黃洞蠻、使之歸款的結果，與容管經略使陽旻無關。

　　第二，元和十一年（816）西原蠻作亂，陷賓、巒、岩州（賓、巒屬邕管，岩州屬容管）。關於此次動亂，《新唐書·南蠻下·西原蠻傳》是記載較為詳細的資料。然而《西原蠻傳》中錯誤很多，這裡分別進行考證。

　　首先，元和十一年黃洞蠻進攻岩州後，朝廷調陽旻任容管經略使以平定蠻亂。《西原蠻傳》載：

　　　　貞元十年，黃洞首領黃少卿者……陷欽、橫、潯、貴四州。……

　　乃以唐州刺史陽旻為容管招討經略使，引師掩賊，一日六七戰，皆破之，侵地悉復。元和初，邕州擒其別帥黃承慶（後略）。〔註38〕

前文已述，欽、橫、潯、貴四州當由邕管收復，時間在元和初。這裡在對陽旻的任職情況加以考證。據引文，陽旻在貞元十年任容管經略使。然而《舊唐書·憲宗紀下》元和十一年七月條：「戊寅，以隨州刺史楊（按：「楊」，據《新唐書》陽旻本傳應作「陽」）旻為唐州刺史，充行營都知兵馬使。（憲宗）以（袁）滋儒者，故復以旻將其兵。」〔註39〕《資治通鑒》卷240唐憲宗元和十二年（817）三月條：「戊子，（李）愬引兵至文城西五里，遣唐州刺史李進誠將甲士八千人至城下。」〔註40〕據此可知，陽旻由唐州改任容州的時間當在元和十一年七月戊寅至十二年三月戊子之間，其時正值討淮西吳元濟之戰。又既以袁滋「儒者」，而令陽旻為唐州刺史「將其兵」，可見憲宗認為陽旻有軍事才幹。據《新唐書·陽惠元傳》所附陽旻傳，在討淮西之戰中，他「以唐州刺史提兵深入二百里」，拔申州「外郭」，「殘其垣」，「以功加御史中丞」，既而因「容州西原蠻反，授本州經略招討使，擊定之」。〔註41〕可見在淮西戰事膠著之際陽旻遠調容州，即因容州蠻亂，急需有軍事才能的官員去平息事變。《舊唐書·憲宗紀下》元和十一年十二月己未條：「邕管奏黃洞賊屠岩州。」〔註42〕岩州屬容管地區。參據上引《新唐書·陽旻傳》，可知他由唐州刺史調

---

〔註37〕柳宗元撰，尹占華、韓文奇校注：《柳宗元集校注》卷10，第667～668頁。
〔註38〕《新唐書》卷222下，第6330頁。
〔註39〕《舊唐書》卷15，第456頁。
〔註40〕《資治通鑒》卷240唐憲宗元和十二年三月條，第7854頁。
〔註41〕《新唐書》卷156，第4901頁。
〔註42〕《舊唐書》卷15《憲宗紀下》，第458頁。並見於《新唐書》卷7《憲宗紀》，第216頁；《資治通鑒》卷239唐憲宗元和十一年十二月條，第7850頁。

任容管，即是為了平息「屠岩州」的「黃洞賊」，時間只能在元和十一年十二月己未到元和十二年三月戊子間。

其次，據《西原蠻傳》：「是歲（元和十一年），（黃洞蠻）復屠岩州，桂管觀察使裴行立輕其軍弱，首請發兵盡誅叛者，徼幸有功，憲宗許之。」〔註43〕據此，元和十一年（816）裴行立已經任桂管觀察使。然而據《桂林風土記》訾家洲條載：「元和中，裴大夫創造亭宇，……有大儒柳宗元員外撰碑千餘言，猶在。」〔註44〕本條「裴大夫」三字下注「名行立」。柳宗元所撰碑，即《桂州裴中丞作訾家洲亭記》稱：「元和十二年，御史中丞裴公來涖茲邦。」〔註45〕可知裴行立任桂管觀察使始於元和十二年，傳誤。

其三，元和十一年黃洞蠻之亂引發了唐廷的大規模征討，這是唐後期一件大事。《新唐書·西原蠻傳》載元和十一年「（裴）行立兵出擊（黃洞蠻），彌更二歲」，「及安南兵亂，殺都護李象古」。〔註46〕據此，裴行立元和十一年奏請出兵征伐叛蠻，歷經兩年，直至元和十四年安南兵亂爆發。

柳宗元任柳州刺史期間與裴行立關係密切，裴行立的文書有不少是柳宗元代寫，其中有《代裴中丞謝討黃少卿賊表》（簡稱《謝表》）一篇，是記載裴行立奉詔出兵的文字。《謝表》稱：「臣某云云：即日奏事官米蘭回，伏奉手詔云云者。……伏惟元和聖文神武法天應道皇帝陛下受命上玄……即以今日某時出師就道。」〔註47〕可知《謝表》是「出師就道」的當天完成的；而《謝表》又稱憲宗為「元和聖文神武法天應道皇帝陛下」。據崔群《元和聖文神武法天應道皇帝冊文》，此尊號為「元和十四年歲次己亥七月丁丑朔十三日己丑」所上。〔註48〕《舊唐書·柳宗元傳》稱其「元和十四年十月五日卒」。〔註49〕綜上可知《謝表》的寫作日期即出兵日期在元和十四年七月十三日至十月五日之間。然而這其中還要算上上尊號的消息傳到桂州的時間。

消息從長安到桂州需要多久，這只能推測。據《舊唐書·憲宗紀下》，元和十四年二月九日劉悟斬李師道，二月十四日奏報抵達長安。〔註50〕柳宗元

---

〔註43〕《新唐書》卷222下，第6330頁。

〔註44〕莫休符：《桂林風土記》訾家洲條，北京：中華書局，1985年，第3頁。

〔註45〕柳宗元撰，尹占華、韓文奇校注：《柳宗元集校注》卷27，第1786頁。

〔註46〕《新唐書》卷222下，第6330頁。

〔註47〕柳宗元撰，尹占華、韓文奇校注：《柳宗元集校注》卷38，第2424～2425頁。

〔註48〕《全唐文》卷612，第6182～6183頁。

〔註49〕《舊唐書》卷160，第4214頁。

〔註50〕《舊唐書》卷15，第466頁。

《賀誅淄青逆賊李師道狀》稱：「右，今月三日，得知進奏官某報，前件賊以前月九日克就梟戮者。」〔註51〕桂州得知李師道伏誅的消息是在三月三日。那麼消息從長安到桂州最多只用了二十天。據《舊唐書·地理志四》桂州條，桂州至長安有四千七百六十唐里的路程。〔註52〕在京的桂管進奏院傳遞李師道伏誅消息的平均速度接近一天二百四十里。按唐令規定「每三十里置一驛」，「乘驛日六驛」。〔註53〕可見進奏院通報消息速度極快，已超過法令規定的乘驛日行一百八十里。準之此例，七月十三日憲宗加尊號的消息從長安傳到桂州，最快也需要二十天左右，則《謝表》寫作即裴行立發兵征蠻的時間當在元和十四年八月上旬。韓愈《黃家賊事宜狀》記載：

　　臣去年貶嶺外刺史，……自用兵以來，已經二年，……以臣之愚，若因改元大慶，赦其罪戾，遣一郎官御史，親往宣諭，必望風降伏，歡呼聽命。〔註54〕

《資治通鑑》將韓愈上奏《黃家賊事宜狀》的時間係於元和十五年（820）十二月癸未。〔註55〕而清代方成珪《昌黎先生詩文年譜》稱：「穆宗於是年（元和十五年）閏正月即位，明年當改元。狀有『若因改元大慶，赦其罪戾』等語，定為是年秋作。」〔註56〕又，前引韓文中稱「去年貶嶺外刺史」，即指元和十四年韓愈貶潮州事。可以斷定，《黃家賊事宜狀》作於元和十五年。據上引韓文中「自用兵以來，已經二年」的說法，戰爭當始於元和十四年，這印證了筆者的結論。而《新唐書·西原蠻傳》稱行立出兵征伐叛蠻時間在元和十一年，其誤自不待言。

　　第三，安南楊清之亂的時間及作亂者姓名。

　　《舊唐書·憲宗紀》元和十四年十月條：「壬戌，安南軍亂，殺都護李象古並家屬，部曲千餘人皆遇害。」〔註57〕《新唐書·憲宗紀》略同。據此，

---

〔註51〕柳宗元撰，尹占華、韓文奇校注：《柳宗元集校注》卷38，第2517頁。

〔註52〕《舊唐書》卷41，第1725頁。

〔註53〕天一閣博物館、中國社會科學歷史研究所編：《天一閣藏明鈔本天聖令校正》唐開元廐牧令復原研究，第31號令，北京：中華書局，2006年，第518、519頁。

〔註54〕韓愈撰，馬其昶校注，馬茂元整理：《韓昌黎文集校注》卷8，上海：上海古籍出版社2014年，第712～714頁。

〔註55〕《資治通鑑》卷241唐憲宗元和十五十二月條，第7909頁。

〔註56〕方成珪撰：《昌黎先生詩文年譜》，呂大防等撰，徐敏霞校輯：《韓愈年譜》，北京：中華書局，1991年，第169頁。

〔註57〕《舊唐書》卷15，第470頁。

安南兵亂發生於十月壬戌。但《資治通鑒》卷 241 唐憲宗元和十四年十月條記載有異：「壬戌，容管奏安南賊楊清陷都護府，殺都護李象古及妻子、官屬、部曲千餘人。」〔註 58〕《資治通鑒》比兩《唐書》多了「容管奏」三個字，則十月壬戌是容管奏疏到達長安的時間，而不是兵亂發生的時間。《舊唐書·憲宗紀下》元和十四年十月條載：「丙寅，以唐州刺史桂仲武為安南都護。」〔註 59〕桂仲武於元和十四年十月丙寅（二十一日）被任命為安南都護，距十月壬戌（十七日）僅僅隔了四天。據《舊唐書·李皋傳》所附子象古傳，朝廷任命桂仲武，目的在於「招諭」楊清。〔註 60〕這說明任命桂仲武是朝廷應對安南兵亂的措施，其決策必在兵亂的消息到達朝廷以後才能作出。如果兵變發生在十月十七日，短短四天之內消息是絕對不可能從遙遠的安南經過容管再傳到長安的。據此可以推定，如《資治通鑒》所載，十月十七日是朝廷接到容管奏報的時間。那麼兵變發生於何時呢？兩位當事人的墓誌可以提供答案。

長慶元年（821）王仲周撰《李象古墓誌》稱：「（李象古）以元和十四祀（819）秋八月十九日遇部將楊湛清構亂於軍郡。」〔註 61〕又長慶元年李縫撰《李會昌墓誌》記載，李會昌是李象古之侄，「遇土將楊湛清叛」，與象古同死於安南兵亂，時間是「元和十四年八月十九日」；且會昌死後由其堂兄弟李絳親往安南舉行祭奠和招魂儀式，又由另一位堂兄弟李縫撰寫墓誌。〔註 62〕上述兩方墓誌係由當時人記當時事，屬第一手資料，故墓誌內容的可靠性應該很高。再者，上引兩方墓誌的撰者不同，而對於安南兵變時間的記載完全一致，表明兵變發生的時間應在元和十四年八月十九日乙丑。另外，兩《唐書》及《資治通鑒》中作亂者的姓名均作「楊清」。據上引兩方墓誌，應作「楊湛清」。兩《唐書》及《資治通鑒》省略「湛」字當是避唐敬宗李湛之諱。

這裡有一個問題需要說明：李師道伏誅的消息僅僅用了近二十日就從長安抵達桂州，而兵變的消息從安南到達長安，則用了近六十日（元和十四年八月十九日至十月十七日）；據《舊唐書·地理志四》安南都護府條，安南府

〔註 58〕《資治通鑒》卷 241 唐憲宗元和十四年十月條，第 7895～7896 頁。

〔註 59〕《舊唐書》卷 15，第 470 頁。

〔註 60〕《舊唐書》卷 131，第 3641 頁。

〔註 61〕周紹良主編：《唐代墓誌彙編》（下），長慶〇〇五《唐故安南都護充本管經略招討使兼御史中丞李公墓誌銘並序》，第 2061 頁。

〔註 62〕周紹良主編：《唐代墓誌彙編》（下），長慶〇〇六《唐故宋州單父縣尉李公招葬墓誌銘並序》，第 2062 頁。

至長安七千二百五十三唐里，〔註63〕如果簡單的對比二者速度，就會因差異過大而使人產生疑問。其實這是因為安南到內地多走海路，海上航行高度依賴天氣條件，因而其日程有很大的不確定性。李商隱《為滎陽公論安南行營將士月糧狀》稱從內地到安南「有搬灘過海之勞，多巨浪颶風之患。須資便信，動失程期」。〔註64〕這裡可舉一例為旁證。楊湛清之亂爆發後不久，朝廷派遣桂仲武赴安南平亂。據《新唐書‧穆宗紀》，桂仲武斬楊湛清在元和十五年三月二十九日辛未。〔註65〕據《舊唐書‧穆宗紀》，奏報到達朝廷的時間是元和十五年六月七日丁丑，其間共計六十七天；而楊湛清首級獻至長安，已是同年八月五日甲戌，至三月二十九日已經過去一百二十餘日了。〔註66〕可見安南至內地經過六十餘日是完全有可能的。

### （二）本階段內亂的特點

儘管龐勛、黃巢這兩起重大內亂均與嶺南有關，但龐勛之亂的主要作戰區域在徐州附近，嶺南只是其發源地，並未受到多大的影響。黃巢之亂對嶺南破壞很大，《改元廣明詔》稱：「廣州、荊南、湖南，盜賊留駐，人戶逃亡，傷痍最甚。」〔註67〕不過黃巢留駐嶺南前後不超過一年的時間。從數量及持續的時間上看，德宗以後嶺南內亂的最主要類型依然是蠻亂。

本階段內參與蠻亂的族群主要是黃洞蠻。黃氏居黃橙洞，古代文獻中也稱之為「黃家賊」「黃賊」等。〔註68〕《新唐書》將黃氏事蹟載入《西原蠻傳》，則黃洞蠻當屬西原蠻中的一個分支或家族，只不過其勢力強、影響大，以致於文獻中有時將西原、黃洞並稱。《新唐書‧南蠻傳下》讚語即稱：「及唐稍弱，西原、黃洞繼為邊害，垂百餘年。」〔註69〕

德宗以後蠻亂的重心與策源地是邕管地區。與肅、代時期的桂管類似，此時的邕管作為黃洞蠻的主要分布區，不僅是蠻亂最集中的地方，也是蠻亂新的策源地。貞元（785～804）、元和（806～820）年間蠻亂不僅發生在邕管，

---

〔註63〕《舊唐書》卷41，第1749頁。

〔註64〕李商隱撰，錢振倫、錢振常箋注：《樊南文集補編》卷1，《樊南文集》，第534頁。

〔註65〕《新唐書》卷8，第222頁。

〔註66〕《舊唐書》卷16，第478頁。

〔註67〕《全唐文》卷87，第94頁。

〔註68〕《新唐書》卷222下，第6329頁。

〔註69〕《新唐書》卷222下，第6332～6333頁。

且綿延到容管之岩州、安南之陸州，這與肅、代時期桂管西原蠻攻掠湖南、容管地區類似。

　　德宗以後，邕管地區蠻亂的持續時間比過去更長。貞元十年黃少卿作亂，元和三年歸款，歷時近十五年。元和十一年，黃洞蠻再次作亂，攻掠賓、巒、岩三州，由此引發了元和十四年裴行立、陽旻主持的征蠻戰爭。《新唐書·裴行立傳》稱：「徙桂管觀察使。黃家洞賊叛，行立討平之。」〔註70〕據此似乎征蠻戰爭以勝利告終，其實這只是虛美之詞。據《唐會要·御史臺下·諫諍》，元和十五年二月監察御史楊虞卿上疏稱：「兩河之瘡痍未平。五嶺之妖氛未解。」〔註71〕韓愈《黃家賊事宜狀》：「自用兵以來，已經二年……至今賊猶依舊。」〔註72〕會昌元年（841）杜牧撰《駱峻墓誌》稱：「長慶（821～824）初……黃家洞賊熾，邕、容兵連敗，縮首不出，猶鼎鬻耳。」〔註73〕可知元和十四年開始的征蠻戰爭沒能平定叛亂。此後長慶中黃洞蠻不僅繼續在邕管與朝廷軍隊交戰，而且向安南發展。據《西原蠻傳》，長慶四年黃洞蠻「又寇欽州，殺將吏。是歲，黃昌瓘遣其黨陳少奇二十人歸款請降，敬宗納之。」〔註74〕蠻亂告一段落。不久蠻亂復起，大和五年（831）豆盧署撰《張遵墓誌》稱：「溪獠侵邊，屢聳南鄙。詔遷邕州刺史、本管經略招討處置等使。……四年政滿，表請北歸。……行次大和四年八月六日，薨於潭府旅館。」〔註75〕據此，張遵任邕官經略使滿四年，薨於文宗大和四年八月，則張遵任職始於在敬宗寶曆二年（826）八月年。張遵被任命為邕管經略使是因為「溪獠侵邊，屢聳南鄙」，可知當時邕管蠻亂已經再起。這次蠻亂的最終平定在大和八年，其間至少經歷了八年時間。《太和八年疾愈德音》載：「董昌齡自至邕州，累平溪洞，兵威所向，首惡皆擒。」〔註76〕《新唐書·南蠻下·西原蠻傳》也稱：「大和中，經略使董昌齡遣子蘭討平峒穴，夷其種黨，諸蠻畏服。有違命

〔註70〕《新唐書》卷 129，第 4475 頁。

〔註71〕《唐會要》卷 62，第 1078 頁。

〔註72〕韓愈撰，馬其昶校注，馬茂元整理：《韓昌黎文集校注》卷 8，第 712～713 頁。

〔註73〕杜牧撰，吳在慶點校：《杜牧集繫年校注》卷 9《唐故灞陵駱處士墓誌銘》，北京：中華書局，2008 年，第 756 頁。

〔註74〕《新唐書》卷 222 下，第 6332 頁。

〔註75〕周紹良主編：《唐代墓誌彙編續集》大和〇三二《（上沩）邕州本管經略招（下沩）邕州刺史兼御史大夫贈左散騎常侍張公墓誌（下沩）故夫人南陽郡君河南豆盧氏墓誌同敘》，第 905 頁。

〔註76〕《全唐文》卷 75，第 785 頁。

者，必嚴罰之。十八州歲輸貢賦，道路清平。」〔註77〕在經歷大和年間的平蠻戰爭後，儂氏取代了黃氏成為西原蠻中最強大的族群。《新唐書·南蠻下·西原蠻傳》稱：「其後儂洞最強，結南詔為助。懿宗與南詔約和，二洞數構敗之。」〔註78〕按：「二洞」指黃洞、儂洞，即黃氏、儂氏兩大蠻族勢力。顯然，以黃、儂兩大家族為代表的西原蠻仍舊威脅著嶺南的穩定，只不過當時唐與南詔的矛盾上升為嶺南地區的主要矛盾，西原蠻需要「結南詔為助」。總之，德宗以後嶺南蠻亂持續的時間很長，蠻族首領或降或叛都是常事，「稍不得意，輒侵掠諸州」。〔註79〕只不過由於唐後期文獻記載相對不足，能夠見於文獻的往往只是其中一些重大事件罷了，而非該階段蠻亂之全貌。蠻亂持續時間的延長必然導致破壞的加劇。韓愈《黃家賊事宜狀》描述元和十四年（819）開始的征蠻戰爭稱：「邕、容兩管，因此凋弊，殺傷疾患，十室九空，百姓怨嗟，如出一口。」〔註80〕可見蠻亂破壞之嚴重。

## 四、唐代嶺南的外患

### （一）大中八年（854）以前嶺南的外患

　　嶺南地處邊陲，然而在唐大中八年之前其外患並不嚴重。唐以前，嶺南的外患主要來自林邑國。自東漢末年林邑立國之後，時常與中國古代王朝發生戰爭，尤以晉代最為劇烈。宋元嘉二十三年（446）檀和之討林邑，取得重大勝利。此後林邑與南朝諸政權之間的關係趨於緩和。隋煬帝大業元年（605）劉方討林邑，一度滅其國而置三郡。隋軍撤退之後，林邑復國。唐與林邑之間基本保持了和平，見於文獻的武裝衝突很少。至德元載（756）林邑改稱環王國。《新唐書·德宗紀》貞元十八年（802）十二月條：「環王陷驩、愛二州。」〔註81〕《唐會要·安南都護府》載元和四年（809）八月安南奏：「破環王國偽號愛州都統三萬餘人，及獲王子五十九人，器械戰船戰象等稱之。」又：「前經略使裴泰時，驩愛城池，被環王崑崙燒毀並盡。自張舟到任後，前年築驩州城，去年築愛州城。」〔註82〕環王國既然任命了「愛州都統」，可能在

---

〔註77〕《新唐書》卷 222 下，第 6332 頁。
〔註78〕《新唐書》卷 222 下，第 6332 頁。
〔註79〕《新唐書卷 222 下《南蠻下·西原蠻傳》，第 6332 頁。
〔註80〕韓愈撰，馬其昶校注，馬茂元整理：《韓昌黎文集校注》卷 8，第 713 頁。
〔註81〕《新唐書》卷 7，204 頁。
〔註82〕《唐會要》卷 73，第 1321 頁。

攻陷驩、愛二州後施行了短暫的統治。張舟到任後擊敗環王國軍隊,遂收復二州,修築城池。這是唐與林邑之間僅有的見於記載的武裝衝突。

除了林邑之外,嶺南地區偶而也有來自海上的騷擾。《舊唐書·肅宗紀》乾元元年(758)九月癸巳條:「廣州奏大食國、波斯國兵眾攻城,刺史韋利見棄城而遁。」〔註83〕《資治通鑒》卷220唐肅宗乾元元年九月條稱:「二國兵掠倉庫,焚廬舍,浮海而去。」〔註84〕大食、波斯與唐相距遙遠,顯然不可能派遣軍隊跨海來犯。從「掠倉庫,焚廬舍,浮海而去」的表現看,侵略廣州的可能只是大食、波斯籍的海盜或武裝商隊。代宗時期,嶺南又遭遇了一次疑似海盜的襲擊。據《大越史記外紀全書·屬隋唐紀》:「丁未,唐代宗豫大曆二年(767),崑崙闍婆來寇,攻陷(安南)州城。經略使張伯儀求援於武定都尉高正平。援軍至,破崑崙闍婆軍於朱鳶。伯儀更築羅城。」〔註85〕《唐會要·安南都護府》:「安南羅城,先是經略使伯夷築。」〔註86〕伯夷,即伯儀之誤。馬司帛洛《占婆史》認為「崑崙闍婆」就是來自馬來、爪哇的海盜。〔註87〕

唐代嶺南主要的外部威脅來南詔。大中八年(854)以前,南詔對嶺南就產生了威脅,不過並不嚴重。《張九皋神道碑》載:

> 屬南夷不龔,西蜀騷動,掎角之勢,連於嶺隅。以公有經略之才,委公以干城之任,乃除南海太守兼五府節度經略採訪處置等使……公召募敢勇,繕治樓船,綏懷遠人,安集獷俗,或指劍山之路,或出銅柱之鄉。以迴舶運糧,省泛舟之役;以于來(按:「于來」應作「子來」)授甲,寬土著之人。〔註88〕

「南夷不龔」,指天寶九年(750)南詔叛唐自立;「連於嶺隅」,可知南詔對嶺南造成了一定的威脅。因此張九皋任五府經略使後採取了一系列戰備措施,包括招募軍隊、整治戰船、安撫蠻族、籌措軍糧等。不過當時南詔造成的主

---

〔註83〕《舊唐書》卷10,第253頁。

〔註84〕《資治通鑒》卷220唐肅宗乾元元年九月條,第7180頁。

〔註85〕〔越〕吳士璉:《大越史記外紀全書》卷5,第100頁。

〔註86〕《唐會要》卷73,第1321頁。

〔註87〕〔法〕馬司帛洛著,馮承鈞譯:《占婆史》,上海:商務印書館,1933年,第46頁。

〔註88〕《全唐文》卷355,第3599頁。《文苑英華》卷899《殿中監張公神道碑》「於」字後有括注:「一作子」(第4732頁)。按:「於來」不可解。「子來」典出《詩經·大雅·靈臺》,謂民心歸附,如子女趨事父母,不召自來,竭誠效忠。

要影響是「西蜀騷動」，嶺南地區並未發生戰事。《新唐書‧宣宗紀》會昌六年（846）九月條：「雲南蠻寇安南，經略使裴元裕敗之。」〔註89〕此為南詔第一次進犯嶺南。據李商隱《為滎陽公論安南行營將士月糧狀》：「伏以裴元裕既開邊隙，又乏武經。抽三道之見兵，備一方之致寇。曾無戎捷，徒曜軍容。……側聞容廣守臣，亦欲飛章上請。臣緣乍到，未敢抗論。」〔註90〕「滎陽公」即鄭亞。《舊唐書‧宣宗紀》大中元年（847）二月條：「以給事中鄭亞為桂州刺史、御史中丞、桂管防禦觀察等使。」又大中二年二月條：「桂州刺史、御史中丞、桂管防禦觀察使鄭亞貶循州刺史。」〔註91〕據此，鄭亞在桂管的時間是大中元年二月到二年二月。上引《為滎陽公論安南行營將士月糧狀》中提到「今年五月八日」云云，說明該文的寫作時間是大中元年，文中所論與會昌六年（846）南詔寇安南當為一事。文稱「裴元裕既開邊隙」，則南詔寇安南，可能是裴元裕擅開邊隙的結果。裴元裕欲立邊功，抽廣、桂、容三道兵攻南詔，鄭亞當時到任不久，故稱「臣緣乍到，未敢抗論」。文獻沒有記載此次戰爭的詳情，這可能是因為當時南詔為害尚不劇烈。

總之，大中八年（854）以前，唐嶺南外患見於記載的僅有上述幾次，「本國—鄰國」的矛盾並不尖銳。

## （二）大中八年嶺南外患的升級

大中後期，南詔有意識地拉攏唐詔邊界諸蠻族，為其大規模進犯嶺南作準備。《資治通鑒》卷249唐宣宗大中十二年六月條載南詔寇安南事，追述安南外患的由來，稱：

> 初，安南都護李涿（按：「涿」或作「琢」）為政貪暴，強市蠻
> 中馬牛，一頭止與鹽一斗。又殺蠻酋杜存誠。群蠻怨怒，導南詔侵
> 盜邊境。
>
> 峰州有林西原，舊有防冬兵六千，（胡注：南方炎瘴，至冬，瘴輕。
> 蠻乘此時為寇，故置防冬兵）。其旁七綰洞蠻，其酋長曰李由獨，常助
> 中國戍守，輸租賦。知峰州者言於涿，請罷戍兵，專委由獨防遏；
> 於是由獨勢孤，不能自立，南詔拓東節度使以書誘之，以甥妻其子，

---

〔註89〕《新唐書》卷8，第246頁。

〔註90〕李商隱撰，錢振倫、錢振常箋注：《樊南文集補編》卷1，《樊南文集》，第534～535頁。

〔註91〕《舊唐書》卷18下，第617、619頁。

補拓東押牙，由獨遂帥其眾臣於南詔。自是安南始有蠻患；是月，蠻寇安南。〔註92〕

上引材料將外患的產生歸結於兩方面原因：第一，李涿為政貪暴，導致群蠻怨怒，導南詔侵盜邊境；第二，李涿罷戍兵，以致自撤藩籬，原本附唐的邊境蠻族遂為南詔所誘。李涿罷戍兵一事，見於《蠻書‧名類》桃花人條：「自大中八年被峰州知州官申文狀與李涿，請罷防冬將健六千人，不要來真、登州界上防遏。」〔註93〕據此，「自是安南始有蠻患」的時間在大中八年以後，這裡的「蠻」特指南詔。又上引《資治通鑑》胡注稱：「然則大中八年至十一年，《舊紀》、《實錄》不言蠻為邊患，蓋但時於邊境小有鈔盜，未敢犯州縣；至此寇安南，而《舊紀》、《實錄》始載之。又不知此寇安南，即鄭言《平剡錄》所謂至錦田步時非也。」按「非也」前應斷開。胡注對大中八年（854）至十一年《舊紀》、《實錄》中不見蠻患記載的情況作了推測，並指出《資治通鑑》卷249唐宣宗大中十二年正月條載南詔至錦田步，與六月蠻寇安南，實為同一件事。據《新唐書‧王式傳》載：「徙安南都護。……式取一年賦市芍木，豎周十二里，罷歲賦外率以紓齊人。濬壕繚柵，外植刺竹，寇不可冒。後蠻兵入掠錦田步，式使譯者開諭，一昔去，謝曰：『我自縛叛獠，非為寇也。』」〔註94〕王式到任後著手整頓城防；待蠻兵入寇，一昔而退，顯然是與王式守備嚴整、「寇不可冒」有關。這說明此時「濬壕繚柵、外植刺竹」的工程已經基本完成，距離王式到任想必不會太近。《資治通鑑》據《舊唐書‧宣宗紀》大中十二年（858）正月條以王式為安南都護，故將其事蹟一併係於是年正月，同年六月又覆載「蠻寇安南」，誤。二者應並為一事，係於該年六月。

由於李涿為政貪虐、又自撤藩籬，時人詩文奏疏及史籍中均將其視為嶺南外患的始作俑者，這裡舉三例：《舊唐書‧令狐滈傳》載劉蛻、張雲等上疏論令狐滈：「取李琢錢，用琢安南都護，遂致蠻陷交州。」〔註95〕《舊唐書‧懿宗紀》咸通六年（865）五月條：「自李琢失政，交趾淪沒十年，蠻軍北寇邕

---

〔註92〕《資治通鑑》卷249唐宣宗大中十二年六月條，第8192～8193頁。
〔註93〕樊綽撰，向達校注：《蠻書校注》卷4，第108頁。按原文為「不要味、真、登州界上防遏」，郭聲波先生認為「味」為「來」之誤，從之，見《中國行政區劃通史‧唐代卷》，第1245頁。
〔註94〕《新唐書》卷167，第5120頁。
〔註95〕《舊唐書》卷172，第4469頁。

容界，人不聊生，至是方復故地。」〔註96〕五代孫光憲《北夢瑣言》授任致寇條載：「李琢後鎮是邦，用法大酷，軍城遠出而屬南蠻，六七年間，勞動兵役。咸通七年，高駢收復之。」〔註97〕本條又稱有舉子作詩刺其事，「吟此詩，有以見失於授任，為國家生事」。〔註98〕所謂「舉子」，實為晚唐詩人皮日休。《安南志略》引其詩，徑稱：「刺都護李琢虐政民叛。」〔註99〕按高駢收復安南在咸通七年，《舊唐書・懿宗紀》繫年有誤。〔註100〕不過關於李涿「致寇」，各種文獻是一致認同的。然而需要注意的是，李涿固然開外患之端，但其在任時南詔只是「小有鈔盜」，真正的大規模入侵是在咸通年間。

### （三）咸通唐詔戰爭

咸通元年（860）到七年，南詔與唐在安南、邕管地區進行了激烈的戰爭。對這一過程的研究已經產生了不少成果，其中具有代表性的有王吉林先生《唐代南詔與李唐關係之研究》、查爾斯・巴克斯先生《南詔國與唐代的西南邊疆》。〔註101〕筆者不再進行重複研究，僅梳理咸通戰爭的主要脈絡及重要時間節點，再對其中個別有待商榷的問題加以考察。

大中十三年（859）南詔陷播州。

次年，即咸通元年，安南都護李鄠收復播州。《資治通鑑》卷250唐懿宗咸通元年十月條載李鄠復播州事，胡注稱：「此（播州）非安南巡屬也。李鄠越境收復，欲以為功，而不知蠻兵乘虛已陷安南也。」〔註102〕同年十二月，南詔攻陷安南。李鄠逃亡武州，收集土軍，展開反攻，於咸通二年六月收復安南。這是南詔第一次陷安南，為時一年不到。

---

〔註96〕《舊唐書》卷19上，第659頁。

〔註97〕孫光憲撰，林艾園校點：《北夢瑣言》卷2，《唐五代筆記小說大觀》，第1812頁。

〔註98〕孫光憲撰，林艾園校點：《北夢瑣言》卷2，《唐五代筆記小說大觀》，第1812頁。

〔註99〕〔越〕黎崱撰，武尚清點校：《安南志略》卷16，第386頁。其詩又見於皮日休撰、蕭滌非整理《皮子文藪》卷10，北京：中華書局，1959年，第109頁。

〔註100〕關於安南被收復的時間，參見《舊唐書》卷19上《懿宗紀》咸通七年十月條，第660頁；《新唐書》卷9《懿宗紀》咸通七年十月條，第260頁；《資治通鑑》卷250唐懿宗咸通七年十月條，第8238～8239頁。

〔註101〕王吉林：《唐代南詔與李唐關係之研究》，臺北：聯鳴文化有限公司，1982年；〔美〕查爾斯・巴克斯撰，林超民譯：《南詔國與唐代的西南邊疆》，昆明：雲南人民出版社，1988年。

〔註102〕《資治通鑑》卷250唐懿宗咸通元年十月條，第8214頁。

　　咸通二年七月，南詔攻陷邕州，據城二十餘日而去。

　　咸通三年，南詔復寇安南，蔡襲領諸道兵三萬餘人前往防禦，南詔見唐兵勢盛，遂退。同年五月，蔡京奏請分嶺南為東西兩道、并罷諸道戍兵，導致安南兵力空虛。十一月，南詔再寇安南，並包圍交趾城。咸通四年正月，南詔經過激戰攻陷交趾城。

　　咸通四年三月，南詔寇左、右江，逼邕州。

　　咸通五年三月南詔進攻邕州，唐軍大敗，嶺南西道節度使康承訓惶怖不知所為。當夜，唐軍突襲南詔營寨，蠻軍驚退。此後唐廷先任張茵，又改任高駢，委以安南軍事。

　　咸通六年，高駢自海門出發，九月至南定縣，敗峰州蠻、龍州蠻。

　　咸通七年六月，高駢至交趾；十月，高駢克交趾城，收復安南。至此，唐、詔爭奪安南、邕管的戰爭結束。南詔第二次陷安南，為時將近四年。

　　嶺南的戰爭結束後，唐詔戰爭的重心轉移到西川，又持續了數年。乾符四年（877），在被高駢多次擊敗的情況下，南詔請和。此後唐詔雙方又圍繞和親等問題展開外交的博弈。可以說，從咸通戰爭開始到黃巢之亂爆發前，處理與南詔關係成為唐廷的頭等大事之一。唐廷為了擊敗南詔付出巨大代價，《新唐書·南蠻中·南詔傳下》稱：「咸通以來，蠻始叛命，再入安南、邕管，一破黔州，四盜西川，遂圍盧耽，召兵東方，戍海門，天下騷動，十有五年，賦輸不內京師者過半，中藏空虛，士死瘴癘，燎骨傳灰，人不念家，亡命為盜，可為痛心！」〔註103〕如此大規模戰爭的出現使得「本國—鄰國」矛盾首次成為嶺南地區的主要矛盾。

　　上文梳理了戰爭的簡要過程，下面對兩個細節問題加以考證。第一，《新唐書·叛臣下·高駢傳》稱：「駢過江，約監軍李維周繼進。維周擁衆壁海門，駢次峰州，大破南詔蠻，收所獲贍軍。」〔註104〕按峰州在安南府上游西北，是安南與雲南之間的水路要衝。安南還沒有被攻克，高駢怎麼可能繞道前往峰州呢？《資治通鑒》卷250唐懿宗咸通六年七月條稱：「駢以五千人先濟，約維周發兵應援；駢既行，維周擁餘衆，不發一卒以繼之。九月，駢至南定，峰州蠻衆近五萬，方獲田，駢掩擊，大破之，收其所獲以食軍。」〔註105〕據

<hr>

〔註103〕《新唐書》卷222中，第6292頁。
〔註104〕《新唐書》卷224下，第6392頁。
〔註105〕《資治通鑒》卷250唐懿宗咸通六年七月條，第8234～8235頁。

此，高駢行軍所至並非峰州而應是安南下屬的南定縣，只不過遭遇了來自峰州的蠻族軍隊。南詔攻唐，徵調其控制的各種蠻族參軍，詳見《蠻書·名類》，峰州蠻應為其中一種。〔註106〕《蠻書·名類》桃花人條向達先生作按語引高駢《回雲南牒》：「南定縣全軍陷沒，如乾鎮匹馬不回。羅和一空，嘉寧俱盡。」〔註107〕嘉寧是峰州治縣，向達先生由此認為高駢分兵兩路取安南，一路走南定縣，一路走峰州。高駢南征之初，只有五千兵力，後來遇到監陣使韋仲宰所率七千人，方才「得以益其軍」，〔註108〕何來兵力可以分兵呢？另外，向達先生謂「羅和」無考。據《新唐書·地理志七下》安南都護府轄羈縻西原州，治所羅和縣。〔註109〕據《新唐書·南蠻下·西原蠻傳》：「其後儂洞最強，結南詔為助。懿宗與南詔約和，二洞數構敗之」。〔註110〕既然「結南詔為助」，那麼西原蠻儂氏為南詔助戰的可能是存在的。所謂「羅和一空，嘉寧俱盡」的意思可能是指從自羅和縣、嘉寧縣徵發的蠻軍在收復安南的戰爭中被唐軍消滅，這與前句「南定縣全軍陷沒，如乾鎮匹馬不回」可以對應。

第二，《資治通鑒考異》引《實錄》稱：「（咸通六年）九月，（高）駢奏破蠻龍州營寨，並燒食糧等事。」〔註111〕《新唐書·南蠻中·南詔傳下》也記載：「擊南詔龍州屯。」〔註112〕《考異》稱：「龍州，即安南所管龍編縣也。」〔註113〕按龍編縣確實曾置龍州，但貞觀元年（627）即省。〔註114〕據《新唐書·地理志七下》，安南都護府所管羈縻州有龍州。〔註115〕雍正《廣西通志·古蹟》下龍司條：「龍州故城，唐置羈縻州，屬安南都護府。」〔註116〕據此唐羈縻龍州大致在下龍司即今廣西龍州縣一帶，與安南府城直線距離近二百公里。高駢於咸通六年九月至安南之南定縣，一月之內不可能退至龍州。因此，所謂「龍州營寨」「南詔龍州屯」，也是指來自龍州之蠻族的營寨。《考異》誤。

---

〔註106〕樊綽撰，向達校注：《蠻書校注》卷4，第82～108頁。

〔註107〕樊綽撰，向達校注：《蠻書校注》卷4，第113頁。

〔註108〕《資治通鑒》卷250唐懿宗咸通七年六月條，第8237頁。

〔註109〕《新唐書》卷43下，第1145頁。

〔註110〕《新唐書》卷222下，第6332頁。

〔註111〕《資治通鑒》卷250唐懿宗咸通六年九月條，第8235頁。

〔註112〕《新唐書》卷222中，第6284頁。

〔註113〕《資治通鑒》卷250唐懿宗咸通六年九月條，第8235頁。

〔註114〕《舊唐書》卷41《地理志四》，第1749頁。

〔註115〕《新唐書》卷43下，第1145頁。

〔註116〕雍正《廣西通志》卷45，第124頁。

# 第二節　唐代嶺南的統兵體制

　　第三章說過，唐代嶺南行政體系為「道—府—州—縣」四級，這一體系在唐後期一直保持，與當時地方上普遍存在的三級體系迥然不同。此為唐代嶺南國家化之獨特性在行政體制上的表現。

　　唐代嶺南的統兵體制與上述行政體系既有相似又有差異，既有區分又有融合。所謂相似，是指唐前期嶺南有五府經略使，下轄五個經略軍，此外又有級別更低的鎮、戍，「道—軍—鎮—戍」形成與行政類似的四級體系。所謂差異，是指唐後期嶺南出現了軍事使職多層累疊的情況，層級更為複雜，即大藩鎮內部具有相對獨立性的地區又設小藩鎮，高級軍使又管轄低級軍使，如廣管經略使下轄瓊崖五州遊奕使。所謂區分，是指在唐前期鎮、戍統於都督、都護府，州縣無軍權，且天寶以前「道」級軍、政長官也是分別設置的，這些是軍、政之分。所謂融合，是指天寶以後嶺南「道」級軍事長官例兼同級行政長官，都督、都護及經略使也都兼管軍政，因而在「道」「府」兩級實現了軍政合一；到了唐後期，州縣也可以領兵，軍事、行政兩個體系進一步融合。以上是唐代嶺南統兵體制的總體特徵。

　　天寶以後，唐代嶺南行政體系中的「道」、「府」二級兼管軍隊，筆者稱之為高層軍事機構。唐代「府」一級的長官，前期為都督、都護，後期為經略使，他們都兼有行政、軍事雙重職能。《通典・職官十四》都督條載其執掌為「掌所管都督諸州城隍、兵馬、甲杖、糧食、鎮戍等」，又都護條載其執掌有「掌所統諸蕃慰撫、征討、斥堠，安輯蕃人及諸賞罰，敍錄勳功，總判府事」。〔註117〕按：都護掌「征討」，無疑有軍權；而有關唐代都督的性質、職能則有多種說法。但就嶺南地區而言，因其地處邊徼，都督掌軍權是沒有疑問的。唐前期嶺南地區都督統兵征討的事例很多，可以參見本章第一節表10《唐前期嶺南內亂》，這裡僅舉一例：據開元四年（716）盧藏用撰《景星寺碑銘》載光楚客任容州都督，「復有幽洞負阻，荒閒憑深者……公則奉國廟之威靈，恭武臣之貔豹，隨險冒毒，深入不毛。」〔註118〕這是容州都督統兵征討的實例。至於唐後期的經略使，本身就是軍事性使職，通過兼任觀察處置使成為軍政合一的藩鎮長官，其掌握軍權自不待言。

　　唐代「道」級長官均為使職：行政使職先有採訪處置使，後有觀察處置

〔註117〕《通典》卷32，第894、896頁。
〔註118〕《全唐文》卷238，第2408頁。

使；軍事使職先有五府經略使，後有嶺南節度使。由於相關成果較少，因此本節以唐代嶺南「道」級軍事長官作為研究的重點。

## 一、五府經略使的設置與職能

### （一）五府經略使設置時間

唐代嶺南最先設置的「道」級軍事長官是五府經略使，其的設置時間，據《舊唐書‧地理志四》廣州條載：

> 永徽（650～655）後，以廣、桂、容、邕、安南府，皆隸廣府都督統攝，謂之五府節度使，名嶺南五管。……廣州刺史，充嶺南五府經略使。〔註119〕

嶺南節度使設置於至德（756～757）年間，這裡所謂「五府節度使」，顯係「五府經略使」之誤。據此，五府經略使的設置是在永徽以後。不過據研究，容、邕二都督府設置於乾封二年（667）。〔註120〕那麼五府經略使的設置最早不超過乾封二年。目前文獻所見最早擔任五府經略使的是中宗時期的成王李千里。《舊唐書‧吳王恪附子千里傳》：「長安三年（703），充嶺南安撫討擊使，歷遷右金吾將軍。……（神龍）三年（707），又領廣州大都督、五府經略安撫大使。」〔註121〕李千里先任嶺南安撫討擊使，後改五府經略安撫大使，雖然名目有所調整，但其本質都是嶺南「道」級軍事長官。

### （二）五府經略使的職能

《通典‧州郡二》載：

> 嶺南五府經略使：（理南海郡，管兵萬五千四百人，輕稅當道自給。）綏靜夷獠，統經略軍、（南海郡城內，管兵五千四百人。）清海軍、（恩平郡城內，管兵二千人。）桂管經略使、（始安郡，管兵千人。）容管經略使、（普寧郡，管兵千一百人。）鎮南經略使、（安南都護府，管兵四千二百人。）邕管經略使。（朗寧郡，管兵千七百人。）〔註122〕

據此，嶺南五府經略使統管嶺南六支軍隊，其職能是「綏靜夷獠」，也就是對

---

〔註119〕《舊唐書》卷41，第172頁。

〔註120〕羅凱：《唐代容府的設置與嶺南五府格局的形成》，《中國邊疆史地研究》2015年第2期。

〔註121〕《舊唐書》卷76，第2650頁。

〔註122〕《通典》卷172，第4483頁。按：小號字為原文注文。

嶺南蠻族實行「經略」和「討擊」之責，它是當時嶺南的最高軍事長官。然而在設置五府經略使的時間裏，文獻中很少見到有以五府經略使名義領兵作戰的例子。《資治通鑑》卷216唐玄宗天寶十二載（753）五月條：「壬辰，以左武衛大將軍何復（按：「復」當作「履」）光將嶺南五府兵擊南詔。」〔註123〕《南詔德化碑》稱何履光當時的官職是「廣府節度」。〔註124〕當時嶺南未置節度使，何履光應是廣州刺史兼嶺南五府經略使，故能夠統率五府兵以擊南詔。這是目前文獻所見的唯一一個可能以五府經略使身份統兵作戰的例子。〔註125〕可見唐代雖然設置了五府經略使，但實際發揮作用的時候很少。這可能與嶺南的地域特徵有關。唐前期在邊境設置的節度、經略使，就作戰的對象與任務來看，可以分為兩類：一類作戰對象在轄區外，主要任務是阻隔、防禦，如「隔斷羌胡」的河西節度使，「捍禦北狄」的朔方節度使；另一類作戰對象在轄區內，主要任務是鎮壓、守衛，典型代表就是「綏靜夷獠」的五府經略使。〔註126〕根據本章第一節的梳理，在大中八年以前，嶺南外患並不嚴重，內亂尤其是蠻亂是對嶺南國家化的首要威脅。嶺南地域遼闊，山川深遠，而蠻族則散佈於嶺南各地，這就要求國家在各軍事要地分散部署軍隊。從五府經略使所轄六支軍隊的駐地來看，除了清海軍（駐恩州）與廣州經略軍（駐廣州）較為接近外，其餘都相距非常遙遠，短時間內難以集結。因此一旦發生事變，由所在之府直接出兵平定顯然是最便捷有效的做法。因此，在經略、討擊蠻族的作戰中實際發揮主要作用的是嶺南五府的都督、都護、經略使。至於天寶十二載（753）征雲南，作戰對象變成了轄區外的南詔，且調用了五個府的兵力，就需要一個能夠統領五府的最高軍事長官來指揮這次遠征了。以上或許是五府經略使在唐前期很少發揮作用的原因。總之，五府各自的長官是嶺南作戰的實際核心，而五府經略使最為最高長官發揮作用的機會反而不多。

---

〔註123〕《資治通鑑》卷216唐玄宗天寶十二載五月條，第7037頁。

〔註124〕樊綽撰，向達校注：《蠻書校注》附錄二，第323頁。

〔註125〕樊綽撰，向達校注：《蠻書校注》卷7《雲南管內物產》載：「天寶八載，玄宗委特進何履光統領十道兵馬，從安南進軍伐蠻國（第184頁）。」然而此時何履光並不是五府經略使。據《舊唐書》卷9《玄宗紀下》天寶八載五月條載南海太守劉巨鱗因贓決死之事（第223頁）。《舊唐書》卷98《盧奐傳》稱其在劉巨鱗之後任為南海太守、五府節度（3070頁）。可知天寶八載五府經略應為劉巨鱗或盧奐。

〔註126〕《通典》卷172《州郡二》，第4479、4480頁。

## （三）「道」級軍、政體系的融合

前文已述，唐代嶺南的「道」級行政使職是由監察使職轉化而來的，二者屬於前後相承的同一個系統。這一使職系統與軍事使職原本是分別設置、各專其務的，後來出現了兼任的情況，見下表：

### 表 13　唐前期嶺南軍事與監察行政使職授任情況〔註 127〕

| 任命時間 | 任職者 | 軍事使職 | 任職者 | 監察行政使職 |
| --- | --- | --- | --- | --- |
| 長安三年（703） | 成王千里 | 嶺南安撫討擊使〔註 128〕 | | |
| 神龍中（705～706） | 桂州都督薛季昶 | 嶺南招討使〔註 129〕 | | |
| 神龍中（705～706） | 廣州都督周仁軌 | 五府大使〔註 130〕 | | |
| 神龍三年（707） | 廣州都督成王千里（遙領） | 五府經略安撫大使〔註 131〕 | | |
| 先天元年（712） | | | 廣州都督周利貞 | 按察使〔註 132〕 |
| 開元三年（715） | | | 廣州都督蕭璿 | 嶺南按察使〔註 133〕 |
| 開元四年（716） | 廣州都督宋璟 | 五府經略使〔註 134〕 | 廣州都督宋璟 | 嶺南按察使〔註 135〕 |
| 開元五年（717） | 廣州都督甄亶 | 五府經略討擊使〔註 136〕 | 廣州都督甄亶 | 嶺南按察使〔註 137〕 |

〔註 127〕一、本表收錄嶺南兩類使職的時間範圍，從目前可考的最早一任嶺南安撫討擊使成王李千里開始，到安史之亂前最後一任五府經略使張九臯為止。二、本表僅標出使職的任命時間，不顯示任期。

〔註 128〕《舊唐書》卷 76《吳王恪附子成王千里傳》，第 2650 頁。

〔註 129〕張鷟撰、恒鶴校點：《朝野僉載》卷 3，《唐五代筆記小說大觀》（上）第 35 頁。

〔註 130〕《資治通鑒》卷 208 唐中宗神龍二年五月條，第 6721 頁。

〔註 131〕《舊唐書》卷 76《吳王恪附子成王千里傳》，第 2650 頁。

〔註 132〕周紹良主編：《唐代墓誌彙編》（上），開元一○七《唐故正議大夫上柱國巢縣開國男邕府長史周君墓誌銘并序》，第 1228 頁。

〔註 133〕《全唐文》卷 293《故安南副都護畢公墓誌銘并序》，第 2969 頁。

〔註 134〕《全唐文》卷 226《廣州都督嶺南按察五府經略使宋公遺愛碑頌》，第 2288 頁。

〔註 135〕《全唐文》卷 226《廣州都督嶺南按察五府經略使宋公遺愛碑頌》，第 2288 頁。

〔註 136〕《全唐文》卷 227《唐故廣州都督甄公碑》，第 2292 頁。

〔註 137〕《全唐文》卷 227《唐故廣州都督甄公碑》，第 2292 頁。

| 開元七年<br>（719） | | | 廣州都督裴仙先 | 嶺南按察使<br>〔註138〕 |
|---|---|---|---|---|
| 開元十五年<br>（727） | 廣州都督光王琚<br>（遙領） | 五府經略大使<br>〔註139〕 | | |
| 開元十五年<br>（727） | 廣州都督李尚隱 | 五府經略使<br>〔註140〕 | | |
| 開元十八年<br>（730） | 廣州都督耿仁忠 | 嶺南經略使<br>〔註141〕 | 桂州都督張九齡 | 嶺南按察使<br>〔註142〕 |
| 開元二十一年（733） | 太常卿兼廣州事李朝隱 | 嶺南經略使<br>〔註143〕 | 太常卿兼廣州事李朝隱 | 嶺南採訪使<br>〔註144〕 |
| 開元二十七年（739） | 廣州刺史宋鼎 | 嶺南經略使<br>〔註145〕 | | |
| 開元二十九年（741） | | | 廣州刺史劉巨鱗 | 嶺南採訪使<br>〔註146〕 |
| 天寶四載<br>（745） | 裴敦復（未之任） | 嶺南五府經略等使〔註147〕 | 裴敦復（未之任） | 嶺南採訪使？<br>〔註148〕 |
| 天寶四載<br>（745） | 南海太守彭果 | 嶺南五府經略使〔註149〕 | 南海太守彭果 | 嶺南採訪使<br>〔註150〕 |

〔註138〕《全唐文》卷355《唐銀青光祿大夫嶺南五府節度經略採訪處置等使攝御史中丞賜紫金魚袋殿中監南康縣開國伯贈揚州大都督長史張公神道碑》，第3598頁。

〔註139〕《舊唐書》卷107《光王琚傳》，第3262頁。

〔註140〕《舊唐書》卷185下《良吏下・李尚隱傳》，第4823頁。

〔註141〕周紹良主編：《唐代墓誌彙編》（下），天寶〇八一《大唐故廣陵郡海陵縣丞張府君墓誌銘并序》，第1589頁。按：錄文作「嶺南經略使耿仁惠」，誤；應為「耿仁忠」。

〔註142〕《全唐文》卷293《祭舜廟文》，第2972頁。

〔註143〕《宋本冊府元龜》卷162《帝王部・命使二》，第352頁。

〔註144〕《宋本冊府元龜》卷162《帝王部・命使二》，第352頁。

〔註145〕《冊府元龜》卷48《帝王部・從人慾》，北京：中華書局，1960年版，第545頁。

〔註146〕〔日〕真人元開撰、汪向榮校注：《唐大和上東征傳》，第47頁。

〔註147〕《資治通鑒》卷215唐玄宗天寶四載三月條，第6983頁。

〔註148〕文獻中沒有明確記載裴敦復為嶺南採訪使，但其使職為「嶺南五府經略等使」。既然稱「等使」，說明所任使職不止五府經略，似應兼任採訪使。

〔註149〕《全唐文》卷32《流彭果詔》，第360頁。

〔註150〕文獻中沒有明確記載裴敦復為嶺南採訪使，但其使職為「嶺南五府經略等使」。既然稱「等使」，說明所任使職不止五府經略，似應兼任採訪使。

| 天寶六載<br>（747） | 南海太守劉巨鱗 | 嶺南五府經略使〔註151〕 | 南海太守劉巨鱗 | 嶺南採訪處置使〔註152〕 |
|---|---|---|---|---|
| 天寶八載<br>（749） | 南海太守盧奐 | 五府經略使〔註153〕 | 南海太守盧奐 | 嶺南採訪大使〔註154〕 |
| 天寶十載<br>（751） | 南海太守張九皋 | 五府經略使〔註155〕 | 南海太守張九皋 | 嶺南採訪處置使〔註156〕 |

　　據上表，天寶以前，嶺南兩類使職的任命往往是不連續的，且交錯任命的情況多，同時任命的情況少。開元年間是一個過渡期，在這個時期內出現了一人兼二使現象和監察使職行政化的現象。從天寶四載（745）開始，兩類使職開始穩定、連續地由南海太守（天寶中改廣州為南海郡）兼任，彭果、劉巨鱗、盧奐、張九皋均不例外。《通典·職官十四》稱：「初節度與採訪各置一人，天寶中始一人兼領之。」〔註157〕這印證了表中得出的結論。

　　唐代以專使分職、垂直管理地方的做法，實為宋以後高層政區分司管轄之濫觴。〔註158〕然而，與宋以後不同的是，唐代天寶以後是「分職不分人」，使職雖然各專其務，但實由一人兼領，這就在高層政區內形成了手握軍事、監察、行政等多項大權的最高長官。自天寶四年以來，南海太守例兼五府經略使、嶺南採訪處置使，嶺南「道」級最高軍政長官由此形成。這就是前文所說的嶺南軍政兩個體系在「道」這一層面上由區分走向融合。

---

〔註151〕　《宋本冊府元龜》卷700《牧守部·貪黷》，第2474頁。

〔註152〕　《宋本冊府元龜》卷700《牧守部·貪黷》，第2474頁。

〔註153〕　〔日〕真人元開撰、汪向榮校注：《唐大和上東征傳》，第73頁。

〔註154〕　〔日〕真人元開撰、汪向榮校注：《唐大和上東征傳》，第73頁。

〔註155〕　《全唐文》卷355《唐銀青光祿大夫嶺南五府節度經略採訪處置等使攝御史中丞賜紫金魚袋殿中監南康縣開國伯贈揚州大都督長史張公神道碑》，第3598頁。

〔註156〕　《全唐文》卷355《唐銀青光祿大夫嶺南五府節度經略採訪處置等使攝御史中丞賜紫金魚袋殿中監南康縣開國伯贈揚州大都督長史張公神道碑》，第3598頁。

〔註157〕　杜佑撰，王文錦、王永興、劉俊文、徐廷雲、謝方點校：《通典》卷32《職官十四》，第895頁。

〔註158〕　有關唐代使職制度對宋以後地方管理體制的影響，參見吳宗國主編，劉后濱副主編《盛唐政治制度研究》，北京：中國人民大學出版社，2019年，第242頁。

## 二、嶺南節度使的設置與職能

### （一）嶺南節度使的設置時間

據《新唐書‧方鎮表六》至德元載（756）：「升五府經略討擊使為嶺南節度使。」〔註159〕《資治通鑒》卷218唐肅宗至德元載七月條也稱：「升五府經略使為嶺南節度。」〔註160〕而《唐會要‧諸使中‧節度使》載：

> 嶺南節度使。至德二載（757）正月，賀蘭進明除嶺南五府經略兼節度使，自此始有節度之號；已前但稱五府經略，自此遂為定額。
> 又云：杜佑授嶺南節度使。德宗興元（784），朝廷故事，執政往往遺忘。舊日嶺南節度，常兼五管經略使，祐獨不兼，蓋一時之誤。
> 其後遂不帶五管經略名目。〔註161〕

據此，嶺南節度使始於至德二載正月的賀蘭進明。然而據天寶十五載七月十五日賈至《命三王制》稱：「永王璘充山南東道、江南西路、嶺南、黔中等節度度支採訪等都使。」〔註162〕既然有嶺南等節度「都使」，顯然嶺南已設節度使。嶺南節度使的出現應不晚於天寶十五載即至德元載七月十五日。且文獻中也能夠找到早於賀蘭進明任嶺南節度使的人。《舊唐書‧李巨傳》載巨任河南節度使時「兼統嶺南節度使何履光、黔中節度使趙國珍、南陽節度使魯炅，先領三節度事」。〔註163〕據《舊唐書‧許遠傳》，李巨卸任河南節度使後，

---

〔註159〕《新唐書》卷69，第1934頁。

〔註160〕《資治通鑒》卷218唐肅宗至德元載七月條，第7103頁。

〔註161〕《唐會要》卷78，第1431頁。

〔註162〕宋敏求：《唐大詔令集》卷36，第155頁。此制見於不同文獻中，所載永王璘職務及文字表述有所差異。《舊唐書》卷107《永王璘傳》作：「以璘為山南東路及嶺南黔中江南西路四道節度採訪等使（第3264頁）。」《資治通鑒》卷218唐肅宗至德元載七月條作：「永王璘充山南東道、嶺南‧黔中‧江南西道節度都使（第7102頁）。」《冊府元龜》卷219《僭偽部‧姓系》作：「詔璘為山南嶺南黔中江南四道節度採訪等使（第2630頁）。」《文苑英華》卷462作：「山南東道及黔中江南西路節度採訪等使。（2352頁）。」《全唐文》卷366作《元（玄）宗幸普安郡制》：「永王璘宜充山南東路及黔中江南西路等節度支度採訪都大使（第3719頁）。」《舊唐書》《資治通鑒》《冊府元龜》《唐大詔令集》載永王璘所領四鎮均含有嶺南。《文苑英華》載其他三鎮唯獨不見嶺南，當是遺漏。《全唐文》當錄自《文苑英華》，故並襲其誤。以上文獻，唯《唐大詔令集》係有製書的明確時間，故本文引用《唐大詔令集》。

〔註163〕《舊唐書》卷112，第3346～3347頁。

由賀蘭進明接任。〔註164〕《舊唐書·房琯傳》載賀蘭進明本被授予嶺南節度使，但他向肅宗揭露房琯以「枝庶悉領大藩，皇儲反居邊鄙」之舉的用意之後，肅宗遂改授進明河南節度使。〔註165〕顯然，何履光任嶺南節度的時間在賀蘭進明之前。《唐會要》記載有誤。

　　雖然《唐會要》對嶺南節度使設置時間記載有誤，但其所載杜佑不兼五府事卻很有價值。此事並見於《舊唐書·杜佑傳》。〔註166〕它蘊含了兩個重要信息：第一，五府經略使的廢止時間在德宗興元元年（784）；第二，五府經略使和嶺南節度使不是前後相承的關係，而是一度並存的兩個不同使職。前引《新唐書·方鎮表六》與《資治通鑑》所謂「升」五府經略使為嶺南節度使，誤。嶺南節度使和五府經略使並存了近三十年時間，即至德元載到興元元年（756～784）。

### （二）嶺南節度使的職能

　　柳宗元《嶺南節度饗軍堂紀》稱：「唐制：嶺南為五府，府部州以十數，其大小之戎，號令之用，則聽於節度使焉。」〔註167〕據此，嶺南節度使的職權是節制嶺南全境軍務。需要特別注意的是，由於唐後期嶺南一向號稱「五管」，這強化了五管平行並存的印象，導致人們容易忽略五管之上「道」級機構的存在；而由於嶺南節度使兼任廣管長官的身份，導致人們容易忽略他本質上是管轄嶺南全道的最高軍事長官這一事實。如羅凱先生就認為在嶺南節度罷領五府經略之後，「名義上廣府對嶺南其他四府已經沒有節制權，但事實上，因為節度使比都防禦使、經略使、觀察使等位要高權要重，廣府對整個嶺南還是有相當大的戰略影響力。」〔註168〕據此，興元元年以後，嶺南最高軍事長官被取消，廣府與其他四府不再是上下級關係，只能借助節度使的權位來發揮影響。這種認識並不正確。

　　首先，從職銜名號上看，「嶺南節度使」，顧名思義「節度」的對象就是「嶺南」境內所有軍隊。倘若僅是廣府之長官，那麼循桂管、容管等方鎮之例，逕稱其為「廣管經略使」即可，加以「嶺南節度」之號豈非名不副實？

---

〔註164〕　《舊唐書》卷4903，第4902～4903頁。
〔註165〕　《舊唐書》卷111，第3322頁。
〔註166〕　《舊唐書》卷147，第3978頁。
〔註167〕　柳宗元撰，尹占華、韓文奇校注：《柳宗元集校注》卷26，第1745頁。
〔註168〕　羅凱：《隋唐政治地理格局研究——以高層政區為中心》，第262頁。

《資治通鑒》卷 250 唐懿宗咸通三年五月條稱:「嶺南舊分五管,廣、桂、邕、容、安南,皆隸嶺南節度使。」〔註169〕這就是說,嶺南是「一使統五管」的政治格局,嶺南節度使凌駕五管之上。胡三省注《資治通鑒》也曾清晰地指出:「嶺南節度雖兼統五管,而廣州所管自為巡屬。」〔註170〕可見嶺南節度使的職權可以分為兩個層次,一是「兼統五管」,這是嶺南節度使自身的權力;二是廣管「自為巡屬」,這是通過兼任廣管經略使而獲得的權力。李翱撰《徐申行狀》記載了貞元十八年(802)徐申任嶺南節度使時的職銜:「使持節都督廣州諸軍事守廣州刺史兼御史大夫,充嶺南節度觀察處置本管經略等使。」〔註171〕這則寶貴的材料比較完整地呈現了唐後期嶺南最高長官所帶的本、兼職務,對認識嶺南統兵體制十分重要。據材料,徐申任嶺南節度、觀察處置使的同時,還兼任本管經略使。「本管」即廣管。徐申同時任「嶺南」和「廣管」使職,其職權範圍顯然不屬同一個層次:嶺南節度、觀察處置使管轄整個嶺南道,而廣管經略使僅管轄廣府諸州。這種兼任模式是對唐前期五府經略使自領廣管經略使模式的直接繼承。唐長孺先生《唐書兵志箋正》就指出:「嶺南五府經略使兼統五經略使,而廣州之經略軍自領之。及改稱節度使,則廣府仍有經略使之號。」〔註172〕可見,嶺南節度使與五個經略使是上下級的關係,絕不僅僅是輕重有別那麼簡單。事實上,正是因為嶺南最高軍事長官擁有「兼統五管」的權力,所以才授予其節度使的高位以便名實相符;而不是因為節度使地位較高,所以能對其他四個經略使發號施令。名號的不同是政治層級差異的真實反映,而不是形成這種層級差異的依據。

由於嶺南節度、觀察使治廣州,故自領廣管經略使、廣州刺史,一人兼任多職,形成一個多層次(嶺南、廣府、廣州)、多類型(軍事、行政)的複雜職銜系統,與唐代嶺南地方的多層統治體系相對應。因這一職銜系統過於複雜,文獻中一般省稱為「嶺南節度使」,只有如前引《徐申行狀》這樣的文章或某些除官詔敕才可能將這些職銜一一列舉。在咸通三年(862)東西分道之前,這種狀態長期保持不變。因而人們往往注意到「廣州所管自為巡屬」,

〔註169〕 《資治通鑒》卷 250 唐懿宗咸通三年五月條,第 8221 頁。

〔註170〕 《資治通鑒》卷 241 唐憲宗元和十四年十月條,第 7896 頁。

〔註171〕 《全唐文》卷 639《唐故金紫光祿大夫檢校禮部尚書使持節都督廣州諸軍事兼廣州刺史兼御史大夫充嶺南節度營田觀察制置本管經略等使東海郡開國公食邑二千戶徐公行狀》,第 64559 頁。

〔註172〕 唐長孺:《唐書兵志箋正》卷 2,北京:科學出版,1957 年版,第 73 頁。

而忽視了「嶺南節度兼統五管」。下面將咸通三年以前嶺南最高長官的職銜以表格的形式加以展現。

### 表 14 唐代廣州刺史兼任使職情況表

| 層　級 | 唐前期 | 唐後期 |
|---|---|---|
| 使 | 軍事：五府經略使（？～755） | 軍事：五府經略使（755～784）<br>嶺南節度使（756～862） |
| | 行政：嶺南採訪使（733～758） | 行政：嶺南觀察使（758～862） |
| 府 | 廣州都督、廣管經略使 | 廣州都督、廣管經略使 |
| 州 | 廣州刺史 | 廣州刺史 |

其次，從權力運行的實際情況來看，嶺南節度使對嶺南諸軍確實有節制權。這表現為地方重大軍事行動要向節度使請示、節度使可以號令其他經略使的軍隊，韓愈《送鄭尚書序》將這種權力稱之為「有大事諮而後行」。〔註173〕《舊唐書·王翃傳》載大曆六年（771）收復容州事：

> （容管經略使王翃）馳於廣州，見（嶺南）節度使李勉，求兵為援。勉曰：「容州陷賊已久，群獠方強，卒難圖也。若務速攻，只自敗耳，郡不可復也。」翃請曰：「大夫如未暇出師，但請移牒諸州，揚言出千兵援助，冀藉聲勢，成萬一之功。」勉然之。翃乃以手札告諭義州刺史陳仁璀、藤州刺史李曉庭等，同盟約討賊。翃復募三千餘人。力戰，日數合。節度使牒止翃用兵。翃慮惑將士，匿其牒，奮起士卒，大破賊數萬眾，擒其帥梁崇牽。〔註174〕

王翃收復容州的軍事行動向嶺南節度使李勉請援，說明容州軍務也在嶺南節度使職權範圍之內，這正是「有大事諮而後行」的表現。李勉「移牒諸州」而王翃得以「冀藉聲勢」，說明援助容管是嶺南節度使行使職權的正常行為，唯其如此，方能使人相信，以便借其聲勢。李勉「牒止翃用兵」，而王翃「慮惑將士，匿其牒」，說明嶺南節度使有權指揮容管軍隊，倘若洩露消息，容管士兵惑於軍令不一，將會無所適從，故王翃不得不加以隱匿。《舊唐書·李勉傳》：

> （大曆）四年，除廣州刺史，兼嶺南節度觀察使。番禺賊帥馮崇道、桂州版將朱濟時等阻洞為亂，前後累歲，陷沒十餘州。勉至，

---

〔註173〕韓愈撰，馬其昶校注，馬茂元整理：《韓昌黎文集校注》卷4，第317頁。
〔註174〕《舊唐書》卷157《王翃傳》，第4144頁。

遣將李觀與容州刺史王翃並力招討，悉斬之，五嶺平。〔註175〕

按：馮朱之亂平定的時間當在大曆六年，這一點本章第一節已作考證，此不贅述。這次叛亂的地點在廣、桂兩管，而嶺南節度使除了派遣自己部下外，還遣容管經略使王翃越境出征。這是嶺南節度使指揮所屬五管軍隊作戰的又一實例。可見，嶺南節度與容管經略絕不是平級僅輕重有別，而是上下級關係；嶺南節度使繼承了五府經略使所擁有的號令嶺南諸軍的權力。前引《唐會要》稱：「舊日嶺南節度，常兼五管經略使，祐獨不兼，蓋一時之誤。其後遂不帶五管經略名目。」〔註176〕授任地方最高軍事長官，這是何等大事？即便一時致誤，發現後繼續授任即可，何致於竟將其停廢？其實，是否真的「一時致誤」並不重要，問題的關鍵在於，嶺南節度使已經擁有了與五府經略使相同的權力，二者職權重疊。既然如此，則五府經略使無存在之必要，自然可以撤銷。這才是五府經略使被停廢的內在原因。

總之，唐後期嶺南的統兵體系，和行政體系一樣，在唐後期也保持了「道」級長官的存在。這是其他地區所沒有的現象，是嶺南國家化的獨特性在軍事制度上的體現。究其原因，就在於唐代嶺南國家化所面臨的問題：既要保證統治效率，又要防止地方割據。一方面，在嶺南這樣一個面積極為遼闊而國家化程度又很低的邊緣地區，如果不設置一個總領全局的最高軍政機構，則不利於高效地推行國家化。另一方面，為了防止最高軍政機構走向割據，嶺南節度使對嶺南諸軍只進行宏觀管理和間接指揮，不能越過經略使直接指揮軍隊。如李勉要求容管軍隊停止作戰，需要向王翃下牒；王翃匿牒則李勉難以發揮作用。這說明諸管軍隊是由本管經略使直接指揮的。正因如此，嶺南節度使才要兼任廣管經略使，以便擁有自己的直轄軍。

### 三、唐後期嶺南統兵體制的調整

唐後期嶺南統兵體制有兩次比較顯著的調整，一是貞元五年（789）改置瓊崖遊奕使，二是咸通三年（862）東西分道。

上一節曾講到瓊州在乾封二年（667）陷於蠻族，貞元五年（789）被收復。《唐會要‧州縣改置下》瓊州條載，貞元五年嶺南節度使李復收復瓊州後上表：「瓊州本隸廣府管內。……臣竊觀瓊州控壓賊洞，若移鎮軍在此，必冀

〔註175〕《舊唐書》卷131，第3635頁。
〔註176〕《唐會要》卷78《諸使》，第1431頁。

永絕奸謀。伏望升為下都督府，仍加瓊崖振儋萬安等五州招討遊奕使，其崖州使額，請停之。」〔註177〕據此，遊奕使本由崖州刺史兼任，始設時間不詳。瓊州收復後因其地理位置重要，故移使額於瓊州，並升置都督府。《太平廣記·酷暴三》韋公幹條引《投荒雜錄》：「崖州東南四十里至瓊山郡，太守統兵五百人，兼儋崖振萬安五郡招討使。凡五郡租賦，一供於招討使。四郡之隸於瓊，瓊隸廣海中，五州歲賦，廉使不得有一緡，悉以給瓊。」〔註178〕按「瓊隸廣海中，五州歲賦」一句斷句有誤，應斷作「四郡之隸於瓊，瓊隸廣。海中五州歲賦，廉使不得有一緡」。唐代一些轄區廣闊、環境複雜的藩鎮，有時會在其內部設置次級藩鎮，形成鎮內有鎮、使下管使的局面，瓊崖遊奕使就是一例。瓊崖五州位於海南島，地理上相對獨立，又面臨蠻族威脅，故設置軍事使職，在廣管一鎮內部形成「四郡之隸於瓊，瓊隸廣」的多層管轄格局。

咸通三年（862）東西分道是唐後期嶺南軍政格局的最重大調整。《分嶺南為東西道敕》載：

> 嶺南分為五管，誠已多年。居常之時，同資御捍，有事之際，要別改張。邕州西接南蠻，深據黃洞，控兩江之獷俗，居數道之游民。比以委人太輕，軍威不振，境連內地，不並海南。宜分嶺南為東西道節度觀察處置等使，以廣州為嶺南東道，邕州為嶺南西道，別擇良吏，付以節旄。其所管八州，俗無耕桑，地極邊遠，近罹盜擾，尤甚凋殘。將盛藩垣，宜添州縣，宜割桂州管內龔州、象州，容州管內藤州、岩州，並隸嶺南西道收管。〔註179〕

羅凱先生認為，以上事件在過去常被視為廣西最早成為一級獨立政區的證據，而事實是五管格局繼續存在。〔註180〕筆者認為，簡單地把咸通三年的變革視為廣西成為一級獨立政區的開始，這顯然不足取，原因就是嶺南西道的直轄區範圍與今廣西差距很大，且桂、容、安南三個藩鎮並沒有被廢除或者併入嶺南西道，其長官也照常任命。但羅凱先生認為，嶺南西道較之過去的邕管，

〔註177〕《唐會要》卷71，第1282頁。
〔註178〕《太平廣記》卷269，第2113頁。
〔註179〕《全唐文》卷84，第882頁。
〔註180〕羅凱認為前人一向過分解讀，邕管經略使被升級為嶺南西道節度使，只是級別的提升。嶺南五管仍然存而不廢，嶺南並非由五管變成兩道。嶺南西道較之原邕管的轄境也僅僅擴大了四個州而已，與今廣西全境相差很遠。參見羅凱《隋唐政治地理格局研究——以高層政治區為中心》，第265頁。

僅僅是職銜提升、轄區稍有擴大，而嶺南的政治地理格局不但沒有因為邕管的升級而發生大變革，反而是「嶺南五管並立的格局得到進一步凸顯」。〔註181〕這種觀點也不正確。上引詔書中開門見山地提出了邕管升級的背景是「嶺南分為五管，誠已多年。居常之時，同資御捍，有事之際，要別改張」。這句話就已經表明此次邕管升級會使「誠已多年」的政治地理格局發生變化，否則何來「改張」之辭？下文又稱「分嶺南為東、西道節度觀察處置等使」，如果僅僅是邕管一個地區的升級，那麼「分」字怎麼解釋？如果僅就邕管而言，那麼詔書應該稱「升邕州」，而不是「分嶺南」。事實上，上引敕書中所謂「分嶺南為東、西道節度觀察處置等使」，這個「分」字是針對嶺南節度、觀察使對整個嶺南道的管轄權而言。經過分割後，東、西兩道節度、觀察使分享了原先由嶺南節度、觀察使獨佔的對五府的統轄權，原先的「道」級軍政機構從一個變成了兩個；「府」級機構仍然是五府並列，只不過從共隸一道變為分隸二道（參見圖5）。升級後的西道節度、觀察使凌駕於所轄諸管之上，正可以解決詔書中所謂「委人太輕」之弊。至此，唐代嶺南最高軍政長官一分為二，為後世嶺南東西部政區的正式分割奠定了基礎。

這種情況下，東西兩道與原先五管的轄屬關係如何呢？首先，明代黃佐《廣西軍官志》稱：「咸通中，始分桂邕容三管為嶺南西道節度使，治邕州。」〔註182〕按明嘉靖（1522～1566）時安南早已獨立，故這裡只提桂、邕、容三管。其實唐代嶺南西道一定是包含安南的，否則無法解決敕書中所謂「不並海南」的問題。「海南」指的是當時與南詔作戰的第一線——安南都護府，東西分道的目的就是為了以邕州為中心、整合嶺南西部軍事力量以應對南詔的威脅。其次，從宋代設置的廣南西路來看，除五代時期獨立的安南之外，其轄境大體相當於唐代邕、容、桂三管之地。〔註183〕由此反推，也可知唐代嶺南西道轄邕、容、桂、安南四管。在《中國行政區劃通史·唐代卷》中，郭聲波先生也持這種觀點。〔註184〕

〔註181〕 羅凱：《隋唐政治地理格局研究——以高層政治區為中心》，第265頁。
〔註182〕 汪森編，黃盛陸等校點，黃振中審定：《粵西文載校點》（二）卷16，南寧：廣西人民出版社，1990年，第10頁。
〔註183〕 宋代廣南西路轄區與唐邕、容、桂三管大致相當，唯多轄唐廣管之雷州半島、海南島。
〔註184〕 郭聲波：《中國行政區劃通史·唐代卷》，第762頁。

### 圖 5　唐後期嶺南「道―府―州」關係示意圖〔註 185〕

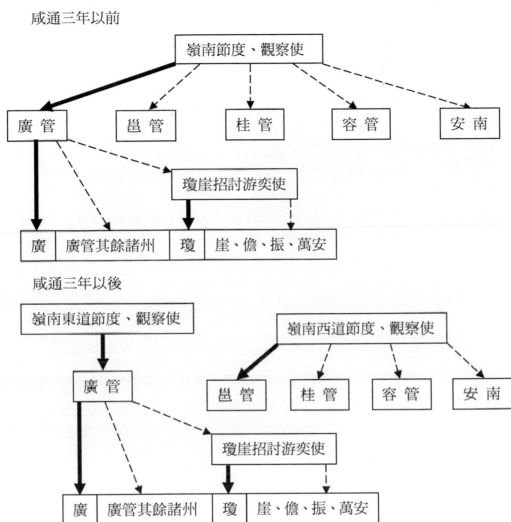

### 四、嶺南統兵體制對割據的遏制

　　無論是五府經略使還是嶺南節度使，都具有統領嶺南諸軍的權力，但這只是間接管理權，除廣府外的其他四府軍隊由各自的都督、都護或經略使直接掌握。且唐代文獻中五府經略使、嶺南節度使指揮其他四府軍隊的記載極少，其設置的目的可能主要是為了應對大規模戰事，如遠征雲南、助討安史、防禦南

---

〔註 185〕圖中黑色粗箭頭標誌直接管轄，虛線箭頭表示間接管轄。「州」一級只展示
　　　　廣管地區作為示意。

詔之類；一般的戰爭則就近動用本府的軍隊，由本府長官指揮。總之，五府經略使、嶺南節度使雖然地位崇高，實際上發揮作用的機會卻不多；五府長官雖然握有實權，但由於嶺南一分為五，故能彼此牽制。這是唐代嶺南統兵體制的特色所在。這一體制的設置正是為了應對唐初嶺南面臨的難題，即在保持行政效率的前提下遏制地方割據的威脅。那麼這一體制是否能夠有效遏制地方割據的出現和發展呢？本文第三章已經說明，唐代蠻族主要出任州、縣兩級官員，而道、府兩級高層軍政長官多為北人。本章第一節梳理了唐代嶺南主要的內亂事件，其中絕大部分是蠻亂，而高層軍政長官試圖割據嶺南的情況極少出現。可以說，嶺南一直是唐代疆域內對中央最為恭順的地區之一。

本文第二章已經指出，漢末至宋齊時期嶺南出現世官、割據威脅增大的原因有二：一是地方軍政體系的固有弊端，即廣、交二州刺史的權力高度集中，給予了他們實施割據的實力；二是頻繁動盪的政局給地方割據提供了可乘之機。唐代相比於漢末至宋齊，無疑可以視為長期穩定的大一統帝國，這對遏制地方割據當然是有利的。因此，要想瞭解嶺南統兵體制對遏制地方割據究竟能否起到作用，就必須觀察這一體制在唐代的動盪時期中表現如何。下面以嶺南在安史之亂、建中之亂、黃巢之亂中的表現為例加以分析。

安史之亂中，嶺南不僅沒有出現高層地方長官割據的現象，而且服從國家命令出兵參與平亂。《舊唐書·魯炅傳》：「（天寶）十五載（756）正月……（魯炅）充南陽節度使，以嶺南、黔中、山南東道子弟五萬人屯葉縣北，滍水之南，築柵，四面掘壕以自固。」〔註186〕《舊唐書·王翃傳》：「自安、史之亂，頻詔徵發嶺南兵募，隸南陽魯炅軍。炅與賊戰於葉縣，大敗，餘眾離散。嶺南溪洞夷獠乘此相恐為亂……據容州。」〔註187〕可見在安史之亂中，嶺南不僅沒有割據一方或觀釁待變，而且奉命出兵參與平叛。嶺南軍隊徵調的力度很大，以至本地空虛、蠻族趁機作亂。

建中之亂中，嶺南依然是國家控制最為得力的地區。于邵《與蕭相公書》稱：「聖上（按：「聖上」即唐德宗）纘序鴻業，於今六年……今大盜未除，群寇更起，其可處置者，惟兩江、半淮、三蜀、五嶺而已。」〔註188〕德宗於大

---

〔註186〕 《舊唐書》卷114，第3361頁。
〔註187〕 《舊唐書》卷157，第4143～4144頁。
〔註188〕 《全唐文》卷426，第4339頁。引文並見於《文苑英華》卷668，「大盜未除」作「大盜未誅」（第3434頁）。

曆十四年（779）繼位，「於今六年」即興元元年（784）。時值建中之亂，正是
「大盜未除，群寇更起」的時候，河朔、淮西、關中等地或為戰區，或為叛軍
所據，但嶺南仍然是唐中央所能「處置」的地區。第四章第二節曾提到，建中
之亂時中央忙於平亂無暇南顧，嶺南出現了「頃者嶺外諸守，除書中絕」的
情況。〔註189〕這無疑是地方作亂的好機會，但嶺南的藩鎮長官不但沒有趁機
割據，反而以派遣攝官的方式維持了嶺南的穩定。

　　黃巢之亂後，唐朝疆域已經呈現分崩離析之勢。《舊唐書·僖宗紀》光啟
元年（885）三月條記載了僖宗還京之時各地藩鎮割據自雄的狀況，稱「王業
於是蕩然」；然而即便在這種情況下，「國命所能制者，河西、山南、劍南、嶺
南西道數十州」。〔註190〕按：此處「西」當是「四」之誤。《資治通鑒》卷256
唐僖宗光啟元年三月條對此進行了修正，稱：「時朝廷號令所在，惟河西、山
南、劍南、嶺南數十州而已。」〔註191〕直至唐末，整個嶺南都是「國命所能
制者」，並非僅僅是嶺南西道如此，對此有不少文獻可以證明。五代尉遲偓《中
朝故事》載：「時四方皆為豪傑所據，唯有廣南是嗣薛王知柔為節度使，（徐）
彥若遂請出廣州。昭皇授以節鉞而去，果免患難。」〔註192〕據《新唐書·宰
相表下》，徐彥若任廣州在光化三年（900）。〔註193〕可見，直至此時，嶺南東
道依然由國家控制。嶺南東道最後一位實際到任的節度使是劉隱。《新唐書·
昭宗紀》天復元年（901）條載：「是歲，清海軍節度使徐彥若卒，行軍司馬劉
隱自稱留後。」〔註194〕此前，劉隱在嶺南東道就已經擁有了強大勢力，此時
「自稱留後」標誌著唐中央終於失去了對嶺南東道的控制權。《新五代史·南
漢世家》稱：「唐末，南海最後亂，僖宗以後，大臣出鎮者，天下皆亂，無所
之，惟除南海而已，自隱始亦自立。」〔註195〕與其他地區相比，嶺南東道可
以說是唐末脫離國家控制最晚的地區之一。

　　上述三個事件都是唐代全國性的大規模動亂。當時，除唐末劉隱，其他
嶺南高層軍政長官無一例外保持了對國家的服從，這與漢末至宋齊時期嶺南

〔註189〕《全唐文》卷428《送盧判官之梧州鄭判官之昭州序》，4357頁。
〔註190〕《舊唐書》卷19下，第772頁。
〔註191〕《資治通鑒》卷256唐僖宗光啟元年三月條，第8442頁。
〔註192〕尉遲偓撰，恒鶴校點：《中朝故事》，《唐五代筆記小說大觀》，第1787頁。
〔註193〕《新唐書》卷63，第1754頁。
〔註194〕《新唐書》卷10，第299頁。
〔註195〕《新五代史》卷65，北京：中華書局，1974年，第811頁。

頻頻出現世官、動輒割據的情況形成了鮮明的對比。可見，嶺南地區從過去的「恃險數不賓」到唐代的「南海最後亂」，不能簡單地歸因於大一統國家的長期穩定。筆者認為，五府之間彼此制衡的地方統兵體制也起到了作用。如前所述，五府各自的長官是地方軍事行動的主導者，而居於最高地位的五府經略使、嶺南節度使對其他四府的軍隊擁有間接管轄權。道府之間、五府之間，形成輕重相維、彼此制衡的關係，任何一府試圖割據，其他諸府均可以進行制約。唐代嶺南地方長官割據的事件中，影響較大的僅有兩例：一例是大曆八年（773）的哥舒晃之亂；一例是唐末封州劉氏割據嶺南。下面就以這兩個事件為例加以說明。

　　《舊唐書·代宗紀》大曆八年九月壬午條載：「嶺南節度使、廣州刺史呂崇賁為部將哥舒晃所殺。」〔註196〕《新唐書·代宗紀》將哥舒晃的身份記載為「循州刺史」。〔註197〕據《資治通鑒》卷225唐代宗大曆十年十一月條胡注，《資治通鑒考異》引《建中實錄》稱：「自兵興以來，諸軍殺將帥而要君者多矣，皆因授其任以苟安之。其王師征討，不失有罪，始斯役也。」〔註198〕據此，哥舒晃「殺將帥而要君」，其行為與六朝時期嶺南的割據者非常相似，如前文所述南齊李叔獻據交州為亂，又請求朝廷任命其為刺史。元和元年（806）《楊良瑤神道碑》載：「遂奉使安南宣慰……覆命至於廣府，會叛軍煞將，凶徒阻兵，哥舒晃因縱狼心，將邀王命，承公以劍，求表上聞。」〔註199〕楊良瑤為代宗朝宦官，當時奉使宣慰安南。據碑文，哥舒晃既然「求表上聞」，顯然有割據嶺南、并取得朝廷承認的企圖。哥舒晃之亂的平定除了依靠路嗣恭的軍隊從江西正面進攻外，還與周邊藩鎮的協助平叛有關。《舊唐書·王翃傳》稱：「後因哥舒晃殺節度使呂崇賁，嶺南復亂。翃遣大將李實悉所管兵赴援廣州。」〔註200〕可見容管軍隊參與了對哥舒晃的作戰。這證明一旦嶺南某個藩鎮試圖割據，它所面臨的除了來自中央的討伐，還有嶺南內部鄰鎮的牽制。唐末，劉隱任清海軍節度使，其實控範圍最初限於廣管地區之內。《新五代史·

〔註196〕《舊唐書》卷11，第302頁。
〔註197〕《新唐書》卷6，第177頁。
〔註198〕《資治通鑒》卷225唐代宗大曆十年十一月條，第7354頁。
〔註199〕《唐故右三軍僻仗太中大夫行內侍省內給事賜紫金魚袋上柱國弘農縣開國男食邑三百戶楊公神道碑銘并序》錄文據張世民：《楊良瑤：中國最早航海下西洋的外交使節》，《咸陽師範學院學報》2005年第3期。
〔註200〕《舊唐書》卷157，第4144頁。

南漢世家》稱：「是時，交州曲顥、桂州劉士政、邕州葉廣略、容州龐巨昭，分據諸管；盧光稠據虔州以攻嶺上，其弟光睦據潮州，子延昌據韶州；高州刺史劉昌魯、新州刺史劉潛及江東七十餘寨，皆不能制。」當時，劉隱出兵討伐這些地方勢力，卻遭遇大敗；之後他委任劉龑統兵，方才漸次削平諸管，統一了嶺南的大部地區。〔註 201〕可見即便是嶺南五府之中實力最強的廣府，在鄰鎮和中央的雙重制約下，單憑一府之力想要割據嶺南是不可能的，哥舒晃的迅速敗亡就是例子。劉隱以一府之力，最初對於其他諸府同樣是「皆不能制」的。他之所以能夠取得最後的成功，有賴於當時天下大亂，來自中央的軍事壓力不復存在。但即便如此，以廣州為根據地的劉隱削平諸管也並不容易，且劉氏南漢政權最終也沒有真正統一嶺南，安南都護府就是五代時期走向獨立的。上述兩次事件充分說明唐代嶺南統兵體制對潛在的割據威脅具有制約作用。

## 第三節　唐代嶺南的武裝力量

### 一、唐前期的嶺南常備軍

　　唐初地方上的常備軍是統於都督府的鎮戍，他們主要負責邊防任務，類似邊檢機構和邊防哨所；而執行野戰任務的則是臨時組成的行軍。高宗儀鳳（676～678）年間開始，臨時的行軍逐漸轉變為屯駐的、由節度使領導的鎮軍，鎮軍是常備的野戰軍，此後邊防任務就由屯駐邊疆的各支鎮軍和鎮戍共同完成。〔註 202〕以上是唐代邊防制度演變之概況。

　　據《通典・州郡二》及《新唐書・地理志七上》，唐前期嶺南有六軍：廣州經略軍五千四百人、恩州清海軍二千人、桂州經略軍千人、邕州經略軍一千七百人、容州經略軍一千一百人、安南經略軍四千二百人；七鎮：廣州屯門、廣州牛鼻、韶州安遠、端州青岐、潘州博畔、崖州勤連、邕州都棱；四戍：廣州赤岸、廣州紫石、欽州西零、山州浦陽。〔註 203〕另外據神功元年（697）

---

〔註 201〕　《新五代史》卷 65，第 811 頁。按劉隱所削平的地區，是廣、容、邕三府。五代時期容府為湖南馬氏佔據，安南府割據自立。

〔註 202〕　參見孫繼民：《唐代行軍制度研究》，北京：中國社會科學出版社，2018 年，第 9～15 頁。

〔註 203〕　《通典》卷 172，第 4483 頁；《新唐書》卷 43 上，第 1095～1115 頁；並參羅香林：《唐代嶺南道兵府軍鎮考》，《文史雜誌》第三卷，1944 年，第 9～10 期。

《張素墓誌》:「次子昭武校尉桂州百丈鎮將上柱國元及。」〔註204〕則唐前期
桂州有百丈鎮。總計六軍、八鎮、四戍。

據《通典·州郡二》,嶺南六軍總兵力一萬五千四百人,輕稅當道自給。
〔註205〕據《新唐書·百官志下》:「每防人五百人為上鎮,三百人為中鎮,不
及者為下鎮;五十人為上戍,三十人為中戍,不及者為下戍。」〔註206〕若以
中鎮、中戍為標準加以推測,則嶺南鎮、戍共二千五百二十人。嶺南軍、鎮、
戍兵力總計大概不超過兩萬人。不過《通典·州郡二》所載嶺南六軍反映的
是天寶時期的情況。如前所述,唐初邊防機構主要是由都督府統領的鎮、戍,
軍是後來逐步增置的。據《新唐書·方鎮表六》,桂管經略使置於「開耀(681)
後」,安南經略使置於天寶十載(751),邕、容二管經略使置於天寶十四載。
〔註207〕廣州經略使的設置時間史無明文,但據開元四年(716)《景星寺碑銘》
載光楚客先後任「廣州都督府長史兼經略副使」和「嶺南五府安撫經略副使」。
〔註208〕前一個經略副使應是廣州經略副使,光楚客任職時間大約在開元初或
更早。廣州經略使的設置必在此之前。總之,自唐初到天寶時期,嶺南常備
軍兵力經歷了一個增長的過程,其詳情已不可考;天寶時期,嶺南總兵力接
近兩萬人。可以說,唐前期嶺南常備軍的規模非常有限,在天寶十個節度、
經略使中是最少的。據《登科記考》開元九年(721)策「知合孫吳可以運籌
決勝科」問:「又邛南一方之地,磧西萬里之域,將棄之以促境,寧守之以勞
人?鎮涼州至於流沙,軍隴阪至於積石,險阻要害,予疑汝明。秦中歲役於
防水(按:「水」應為「秋」),若為釐革;代北年疲於御塞,奚所變通?薊門
屯田,何術以休其弊;柳城梗澀,何籌以繫其虜?凡此邊廷,今為重鎮,何經
何見,何履何歷?」〔註209〕策問稱「凡此邊廷,今為重鎮」,其中歷數了「邛
南」(代指雲南地區,屬劍南節度防區)、「磧西」(安西、北庭防區)、「涼州至
於流沙」(河西防區)、「隴阪至於積石」(隴右防區)、「秦中」(朔方防區)、
「代北」(河東防區)、「薊門」(范陽防區)、「柳城」(平盧防區),與天寶九節

〔註204〕周紹良主編:《唐代墓誌彙編》(上),神功○○八號《大周故上柱國張府君
　　　墓誌銘並序》,第918頁。
〔註205〕《通典》卷172,第4483頁。
〔註206〕《新唐書》卷49下,第1320頁。
〔註207〕《新唐書》卷69,第1929、1933、1934頁。
〔註208〕《全唐文》卷238,第2408頁。
〔註209〕徐松撰,趙守儼點校:《登科記考》卷7,北京:中華書局,1984年,第226
　　　頁。

度使一一對應，唯獨不提嶺南。可知在當時朝廷眼中，兵力寡少、蠻患較輕的嶺南並非重鎮，防務壓力也不算大。

　　唐前期嶺南常備軍的部署以廣管地區為絕對重心。廣州經略軍兵力佔了嶺南六軍的三分之一，是最龐大的一支武裝力量，此外廣州還有屯門、牛鼻兩個鎮。廣管轄區內還有恩州清海軍和韶州安遠、端州青岐、潘州博畔、崖州勤連四個鎮。若以三百人的中鎮估算，廣管兵力約有九千二百人，占嶺南總兵力一半以上。安南經略軍是嶺南人數第二多的軍隊，共四千二百人。其餘三管經略軍加上所轄鎮、戍，都不超過二千人。

## 二、唐後期的嶺南常備軍

　　由於文獻的缺乏，我們無法全面瞭解唐後期嶺南常備軍的兵力、部署、供軍情況。五管之中，桂管資料最多，其餘四管只能考察局部。先看桂管兵力情況。據李商隱《為滎陽公論安南行營將士月糧狀》稱：

> 使當道先準詔發遣行安南行營將士五百人……臣當道係敕額
> 兵數只一千五百人，內一千人散於西原防遏，三百人抽在邕管行營，
> 入界內分捉津橋，專知鎮戍。計其抽用，略無孑遺。至於堅守城池，
> 備禦倉庫，供丞職掌，傳遞文書，並是當使方圓衣糧，招收驅使，
> 其安南行營將士，皆是敕額外人。〔註210〕

前已考證引文作於大中元年（847）。需要注意的是，唐後期藩鎮體制下，藩鎮軍由治所的牙軍和部署在支郡的外鎮軍構成，另外支郡自己還掌握一些軍隊。〔註211〕元和十四年（819），外鎮軍改屬支郡，歸併於支郡兵。〔註212〕也就是說，引文所謂「當道係敕額兵數」一千五百人只是藩鎮牙軍，還不包括支郡兵。李商隱《為滎陽公奏請不敘錄將士狀》稱：「當道將士及管內昭、賀等州軍士共二千一百二十六人。」〔註213〕這裡講得很清楚，桂管軍隊包括「當道將士」（藩鎮牙軍）和「管內昭、賀等州軍士」（支郡兵）共二千一百二十六人，「當道將士」如前述共一千五百人，那麼剩下的六百二十六人屬支郡兵。

〔註210〕李商隱撰，錢振倫、錢振常箋注：《樊南文集補編》卷 1，《樊南文集》，第532～533 頁。
〔註211〕張國剛：《唐代藩鎮研究》，北京：中國人民大學出版社，2010 年，第 83～85 頁。
〔註212〕《舊唐書》卷 15《憲宗紀》，第 467 頁。
〔註213〕李商隱撰，馮浩詳注：《樊南文集詳注》卷 2，《樊南文集》，第 141 頁。

大中元年桂管總兵力較天寶時期增加一倍還多。

再看桂管軍隊部署情況。肅、代時期，桂管是西原蠻作亂的重心。據貞元四年（788）穆員撰《盧嶽墓誌》稱桂管「每歲有西原之警」。〔註214〕可知肅、代以後雖然桂管戰事不多，但西原蠻威脅仍在。桂管兵力中有一千人部署於西原地區防禦，其數量占總兵力接近一半，可知防遏西原是桂管軍隊的首要任務。另外桂管又向邕管派有駐軍（行營）三百人，這導致其本地的兵力已經「略無子遺」。故安南行營五百人只能用「敕額外人」。上述外派行營以至本地無兵可用的情況，應是蠻亂重心移至邕管以後才出現的。

再看供軍情況。兩稅法規定財賦分為上供、送使、留州三部分，而地方軍隊根據其性質不同（藩鎮牙軍或支郡兵），分別由送使、留州錢供給，離開轄區作戰則由中央度支提供「出界糧」，這是兩稅法實行後地方供軍的基本原則。〔註215〕李商隱《為滎陽公論安南行營將士月糧狀》稱：

> 臣到任已來，為日雖淺，懸軍在遠，經費為虞。竊檢尋見在行營將士等，從去年六月已後，至今年六月已前，從發赴安南，用夫船程糧及船米賞設，並每月醬菜等，一年約用錢六千二百六十餘貫，米麵等七千四百三十餘石。大數雖破上供，餘用悉資當府。〔註216〕

安南行營供軍，一年耗錢六千二百六十餘貫，米麵等七千四百三十餘石。按照制度行營出界則由度支供給，故稱「大數雖破上供」，然而現實是「餘用悉資當府」。即便是行營的「餘用」也給地方財政帶來巨大壓力，以致於「懸軍在遠，經費為虞」。至於地方到底承擔了多大比例的軍費，則不得而知了。

廣管總兵力情況不詳，文獻所見封州有賀水鎮，或為唐後期所增置。《新唐書・劉知謙傳》：「黃巢自嶺表北還，湖、湘間群盜蟻結，知謙因據封州，有詔即授刺史兼賀水鎮使，以遏梧、桂。」〔註217〕賀水鎮何時設立，史無明文；不過根據其「以遏梧、桂」的戰略任務，可能是在黃巢北還、群盜蟻結的背景下設立的。廣管境內的次級軍鎮——瓊崖遊奕使管兵五百人。《太平廣記・酷

---

〔註214〕《全唐文》卷784《陝虢觀察使盧公墓誌銘》，第8197頁。

〔註215〕關於唐代後期地方賦稅與供軍問題，賈志剛先生有詳細研究，筆者不再贅述。參見賈志剛：《唐代軍費問題研究》，北京：中國社會科學出版社，2006年，第212～220頁。

〔註216〕李商隱撰，錢振倫、錢振常箋注：《樊南文集補編》卷 1，《樊南文集》，第533～534頁。

〔註217〕《新唐書》卷190，第5493頁。

暴三》韋公幹條引《投荒雜錄》：

> 崖州東南四十里至瓊山郡，太守統兵五百人，兼儋崖振萬安五
> 郡招討使。凡五郡租賦，一供於招討使。四郡之隸於瓊，瓊隸廣海
> 中，五州歲賦，廉使不得有一緡，悉以給瓊。軍用軍食，仍仰給於
> 海北諸郡。每廣州易帥，仍賜錢五十萬以犒飲。〔註218〕

按「瓊隸廣海中，五州歲賦」一句斷句有誤，應斷作「瓊隸廣，海中五州歲
賦」。「廉使」即嶺南節度使。據此，瓊崖遊奕使領兵五百人。唐前期崖州有勤
連鎮，而一個上鎮的兵力恰為五百人。瓊崖遊奕使或是由原來崖州勤連鎮改
置而來，故李復在收復瓊州後請停崖州使額。瓊崖遊奕使屬外鎮性質，按制
度應由送使部分供應。這裡所說「凡五郡租賦，一供於（五郡）招討使」應指
五州送使部分，而不是租賦的全部，否則五州一切日常行政將無法開展。以
送使部分就近供軍，不再轉運到使司，應是為了省去往來渡海搬運的麻煩，
因而也造成「海中五州歲賦，廉使不得有一緡」的情況。然而瓊崖等五州均
為貧瘠之地，沒有足夠的錢糧來供軍，因此還需要使司另外再行撥發，故稱
「仰給於海北諸郡」；每次嶺南節度使易帥，還要另加賞賜。

　　廣管也有外派行營。大中六年（852）《韋正貫墓誌》稱：「邕、交二府廣
有鎮兵以壓之，因為經略都護之紀綱，其給恤不及時，往往漁侵其人。公皆
厚供偫而約法焉，二方人皆悅。」〔註219〕據此，廣管在邕管、安南派了駐軍。
《新唐書・南蠻下・西原蠻傳》載：「橫州當邕江官道，嶺南節度使常以兵五
百戍守。」〔註220〕此應為廣管駐邕管軍隊的一部分。如前所述，行營按制度
由度支供給，但實際上地方也分攤了一部分費用。可能嶺南節度使司的財政
較為寬裕，故能夠「厚供偫」以供軍。

　　容管的情況，據貞元三年（786）于邵撰《唐檢校右散騎常侍容州刺史
李公（復）去思頌並序》：「外則有山寇海孽比境雜處之虞，內則有勤戍勞師
流散轉死之弊。……選武藝，歸老疾，罷減塞卒四千餘人，以趨農事。率浮
墮，闢污萊，開置屯田五百餘頃，以足軍實。」〔註221〕李復任容州時為貞

---

〔註218〕《太平廣記》卷269，第2113頁。
〔註219〕西安市長安博物館編：《長安新出墓誌》，《唐故嶺南節度觀察處置等使銀青
　　　　光祿大夫檢校左散騎常侍兼御史大夫贈工部尚書京兆韋公墓誌銘》，北京：
　　　　文物出版社，2011年，第283頁。
〔註220〕《新唐書》卷222下，第6332頁。
〔註221〕《全唐文》卷429，第4371頁。

元元年。〔註222〕李復能夠「罷減塞卒四千餘人」，可知此前容州兵力必在四千人以上。至德元載（756）容州為西原蠻佔據，到大曆六年（771）才為王翃收復。《舊唐書・李復傳》：「先時西原叛亂，前後經略使征討反者，獲其人皆沒為官奴婢，配作坊重役，復乃令訪其親屬，悉歸還之。在容州三歲，南人安悅。」〔註223〕據此從大曆六年到貞元元年之間容州尚有西原蠻殘部，故「前後經略使」才會多次征討。可能到了李復任職的時候，西原蠻殘部基本肅清，經略使的主要任務由軍事轉為民事，因此才有縱還奴婢、裁減士卒、屯田供軍等舉措。容州又有海門防戍軍。乾符二年（875）《安玄朗墓誌》稱：「屬者□連溪洞，境接交邕，蠻蜑類繁，烽鼓歲警。藉其式遏，必在良能。……乃命公充海門防戍軍都知兵馬使。」〔註224〕據墓誌寫作的時間推測，「蠻蜑類繁，烽鼓歲警」應指唐詔咸通戰爭。容州「境接交邕」，第一章第三節已經說明，容管轄區內的「藤州—廉州道」是通向安南的要道，海門鎮正位於廉江入海口附近。〔註225〕安南陷落後，唐廷在海門置行交州以圖再舉，後來高駢「治兵於海門」進而收復安南。〔註226〕海門防戍軍可能就是在這一時期設置的。此外，容州也有派駐邕州的戍卒，見下文。

唐後期邕州具體兵力如何不得而知，但可能非常單弱，因此常常需要鄰道助討、助守。《資治通鑒》卷241唐憲宗元和十四年（819）十月條：「初，蠻賊黃少卿，自貞元以來數反覆，桂管觀察使裴行立、容管經略使陽旻欲徼幸立功，爭請討之，上從之。……大發江、湖兵會容、桂二管入討，士卒被瘴癘，死者不可勝計。」〔註227〕元和（806～820）末年征蠻之戰雖然主要在邕管進行，但提議出兵的是桂、容二管的藩帥，所派軍隊也是桂、容二管外加江、湖等地兵。故韓愈《黃家賊事宜狀》稱：「比緣邕管經略使多不得人，德

---

〔註222〕《舊唐書》卷12《德宗紀上》貞元二年正月條，第352頁。按，李復既然「在容三歲」，則不應於二年始任。關於李復任職容管時間及前引《去思頌》寫作時間的考證，參見郁賢皓《唐刺史考全編》卷300，第3317～3318頁。

〔註223〕《舊唐書》卷112，第3337頁。

〔註224〕周紹良主編：《唐代墓誌彙續集》，乾符○○六號《唐故□容經略押衙銀青光祿大夫檢校太子賓客上柱國武威安府君墓誌銘》，第1122頁。

〔註225〕關於海門鎮的位置，參見廖幼華《唐末海門之興起及地理位置考》，《深入南荒——唐宋時期嶺南西部史地論集》，第28頁。

〔註226〕《資治通鑒》卷250，唐懿宗咸通四年六月條，第8227頁；唐懿宗咸通六年七月條，第8234頁。

〔註227〕《資治通鑒》卷241唐憲宗元和十四年十月條，第7896頁。

既不能綏懷，威又不能臨制，侵欺虜縛，以致怨恨。……近者征討，本起於裴行立、陽旻。此兩人者，本無遠慮深謀，意在邀功求賞。」〔註228〕《資治通鑒》卷250唐懿宗咸通二年（861）七月條：

> 秋，七月，南詔攻邕州，陷之。先是，廣、桂、容三道共發兵三千人戍邕州，三年一代。經略使段文楚請以三道衣糧自募才得五百許人。文楚入為金吾將軍，經略使李蒙利其闕額衣糧以自入，悉罷遣三道戍卒，止以所募兵守左、右江，比舊什減七八，故蠻人乘虛入寇。
>
> 時蒙已卒，經略使李弘源至鎮才十日，無兵以御之，城陷。〔註229〕

邕州原先的守禦力量主要是廣、桂、容三管派駐的戍兵，駐守的地方應是左、右江地區。段文楚利用「三道衣糧」自募本地兵五百餘人，李蒙罷去其餘的戍卒，則原先給戍卒的衣糧錢遂入邕管。邕管兵力裁減幅度達到了百分之七、八十，這導致南詔入寇之時「無兵以御之」。可見邕管自身兵力單弱。此後段文楚再一次出任邕管經略使，溫庭筠《為前邕府段大夫上宰相啟》稱：「其後既經焚蕩，又遣統臨。……則以三千土著，眾寡如何；兩任經年，曾無掩襲。」〔註230〕這裡所謂「三千土著」，可能是段文楚再任邕管後為了防禦南詔，招募、徵集土著為兵以滿三千之數。又元和十年（815）崔元略撰《李光輔墓誌》稱：「邕管地偏人狨……公素練兵機，具見腰□□巡視川谷，占其要害，奏請於海口置五鎮守捉，至今帖然，人受其賜。」〔註231〕海口五鎮守捉，具體兵力及地望無考。

　　《舊唐書·德宗紀下》貞元七年（791）五月辛未條：「置柔遠軍於安南都護府。」〔註232〕又高駢《回雲南牒》：「南定縣全軍陷沒，如乾鎮匹馬不回。」〔註233〕則安南有如乾鎮，或是唐後期所置。此外，安南每年發戍兵防冬。《蠻書·名類》：

> 桃花人，本屬安南林西原七綰洞主大首領李由獨管轄，亦為境上戍卒，每年亦納賦稅。自大中八年被峰州知州官申文狀與李涿，

---

〔註228〕韓愈撰，馬其昶校注，馬茂元整理：《韓昌黎文集校注》卷8，第712頁。
〔註229〕《資治通鑒》卷250唐懿宗咸通二年七月條，第8217～8218頁。
〔註230〕《全唐文》卷785，第8231頁。
〔註231〕《全唐文》卷717《興元元從正議大夫行內侍省內侍知省事上柱國賜紫金魚袋贈特進左武衛大將軍李公墓誌銘並序》，第7375頁。
〔註232〕《舊唐書》卷13，第372頁。
〔註233〕《全唐文》卷802，第8430頁。

> 請罷防冬將健六千人，不要味（按：「味」應作「來」）真、登州界
> 上防遏。〔註234〕

據此，安南每年有六千防冬兵，駐守羈縻真、登二州，又有桃花蠻兵駐守林西州。安南的防冬制度如何，史無明文。《資治通鑒》卷249唐宣宗大中十二年六月條胡注：「南方炎瘴，至冬，瘴輕。蠻乘此時為寇，故置防冬兵。」〔註235〕據此，似乎防冬兵僅在冬季駐防。唐代與防冬類似的是防秋。防秋指中晚唐在長安西北防遏吐蕃的軍事行動，防秋戍卒三年一代，並不是僅僅在秋季屯駐。〔註236〕防冬或與此類似，是指防禦南詔的軍事行動，未必僅僅在冬季駐防。

### 三、戰時軍隊的動員機制

為了維持較低的國家化成本，唐代嶺南常備軍數量並不太多，因此一旦發生戰事往往不敷使用，需要臨時擴充軍隊。楊譚《兵部奏桂州破西原賊露布》稱：「西原、環、古等州首領方子彈、甘令暉、羅承韋、張九解、宋原等五百餘人，各領子弟，並部外義征及總管內戰手共成二十萬衆。」〔註237〕這裡清楚地顯示了參戰唐軍的成分：蠻族首領所率領的「子弟」、自願從軍立功的「部外義征」、國家的正規軍「管內戰手」。當然，上述三種均屬嶺南本地軍事力量，如果他們還不敷使用，國家就會調動外地軍隊進入嶺南支持。擴充常備軍、徵召蠻族子弟、義征、外軍入援，這是嶺南地區戰時動員機制的四種形式。

### （一）常備軍的擴充

嶺南諸管兵力均有定額，然而遇有戰事則會臨時徵召，使兵力大大突破原有定額，比較典型的例子是大曆（766～779）後期的桂管。任華《桂林送前使判官蘇侍御歸上都序》稱：「地方三千里，帶甲數萬卒，實五府一都會矣。……去年又命我以佐之。」〔註238〕按任華大約為玄、肅、代時人，《全唐文》載其《送李審秀才歸湖南序》稱：「平西原之歲，隴西李審自湘東來。」〔註239〕又同卷《送標和尚歸南嶽便赴上都序》：「屬我中司隴西公方崇東流之法，化南

---

〔註234〕樊綽撰，向達校注：《蠻書校注》卷4，第108頁。
〔註235〕《資治通鑒》卷249唐宣宗大中十二年六月條，第8192頁。
〔註236〕齊勇鋒：《中晚唐防秋制度探索》，《青海社會科學》1983年第4期。
〔註237〕《全唐文》卷377，第3835頁。
〔註238〕《全唐文》卷376，第3821頁。
〔註239〕《全唐文》卷376，第3822頁。

越之俗。」〔註240〕「中司」即御史中丞。本章第一節引《平蠻頌》稱大曆十一年（776）西原蠻潘長安作亂，「天子命我隴西縣男昌夒，領桂州都督兼御史中丞，持節招討」。〔註241〕以時間、人物、事件綜合推測，可知任華曾佐李昌夒幕府，《桂林送前使判官蘇侍御歸上都序》即作於這一時期。潘長安之亂規模浩大，「彌亙萬里，人不解甲」，終為李昌夒平定。為了應對蠻亂，桂管兵力劇增為「數萬」。天寶末（742～755）桂管經略軍僅一千兵力，大中元年（847）藩鎮兵加支郡兵總額不過二千一百二十六人，此處「帶甲數萬」顯然是為了應對叛亂而臨時擴充的。這種臨時的擴軍可能會給地方財政帶來巨大壓力，甚至需要軍事長官自行出資募兵。《舊唐書・王翃傳》載王翃平梁崇牽之亂時，即「出私財募將健」。〔註242〕

### （二）蠻族子弟

招募蠻族子弟參戰，前代已有之，唐代依然如此。《舊唐書・鄭惟忠傳》：

> 時議請禁嶺南首領家畜兵器，惟忠曰：「夫為政不可革以習俗，且《吳都賦》云：『家有鶴膝，戶有犀渠。』如或禁之，豈無驚擾耶？」遂寢。〔註243〕

「鶴膝」為矛，「犀渠」為盾，代指兵器。可知嶺南蠻酋家蓄兵器是當地習俗。家有兵器意味著有家兵。《資治通鑒》卷250唐懿宗咸通二年（861）六月條《考異》引《實錄》稱：

> 初，李琢在鎮，蠻首領愛州刺史兼土軍兵馬使杜存誠密誘溪洞夷、獠為之鄉導，湶察其不忠，刃戮死焉。及李鄠至鎮，蠻陷安南，鄠走武州，召土軍收復城邑，而存誠家兵甚眾，朝廷務姑息，乃贈存誠金吾將。〔註244〕

同頁又引《補國史》稱：「（杜）存誠溪洞強獷，家兵數多，子弟繼總軍旅，皆輸忠勇，軍府倚賴方甚，朝廷亦加姑息。」上述材料說明蠻族首領擁有數量龐大的家兵，這些家兵由蠻酋之子弟統率。蠻酋有任「土軍兵馬使」者，說明文獻記載中唐代嶺南常見的「土軍」中有相當一部分是由蠻族子弟構成的。

〔註240〕　《全唐文》卷376，第3823頁。
〔註241〕　張鳴鳳撰，李文俊校注：《桂故校注》卷8，第23頁。
〔註242〕　《舊唐書》卷157，第4144頁。
〔註243〕　《舊唐書》卷100，第3117頁。
〔註244〕　《資治通鑒》卷250唐懿宗咸通二年六月條，第8217頁。

嶺南發生戰事，常召集蠻族子弟參戰。李鄠收復安南，用的就是由蠻族子弟組成的土軍，因此對杜氏蠻酋「軍府倚賴方甚，朝廷亦加姑息」。《舊唐書·楊思勖傳》：「開元（713～741）初，安南首領梅玄成叛……詔思勖將兵討之。思勖至嶺表，鳩募首領子弟兵馬十餘萬，取伏波故道以進，出其不意。」〔註245〕這是以蠻族子弟作戰建功的例子。

### （三）義征

《舊唐書·劉仁軌傳》：「乃有不用官物，請自辦衣糧，投名義征。」〔註246〕《舊唐書·職官志二》：「其義征者，別為行伍，不入募人之營。」〔註247〕義征與正規軍相比，差異在於自辦衣糧，且別為行伍。《資治通鑒》卷250唐懿宗咸通三年（862）十一月條：「南詔帥群蠻五萬寇安南，都護蔡襲告急，敕發荊南、湖南兩道兵二千，桂管義征子弟三千，詣邕州受鄭愚節度。」〔註248〕清代汪淼《粵西文載·于向傳》：「（于向）字仁忠……因家臨桂之西鄉。……因糾合義兵三千餘人，助節度使高駢擊破南詔，撫定交趾，寇賊屏息。」〔註249〕臨桂縣為桂州治所。這都是嶺南義征參戰的實例。

### （四）鄰道、外軍入援

鄰道入援，即嶺南五管中一管地方發生戰事，其他諸管軍隊前來參戰。外軍指部署在嶺南以外地區的軍隊。鄰道、外軍入援在唐代嶺南比較典型的有以下幾例。《舊唐書·楊思勖傳》：「（開元）十六年（728），瀧州首領陳行範、何遊魯、馮璘等聚徒作亂……詔思勖率永、連、道等兵及淮南弩手十萬人進討。」〔註250〕《舊唐書·伊慎傳》：「大曆八年（773），江西節度使路嗣恭討嶺南哥舒晃之亂。」〔註251〕路嗣恭以所屬江西軍隊南下，為平定哥舒晃的主力，而鄰道容管也出兵支持平叛。《舊唐書·王翃傳》：「後因哥舒晃殺節度使呂崇賁，嶺南復亂。翃遣大將李實悉所管兵赴援廣州。」〔註252〕《資治

〔註245〕《舊唐書》卷184，第4756頁。
〔註246〕《舊唐書》卷84，第2793頁。
〔註247〕《舊唐書》卷43，第1834頁。
〔註248〕《資治通鑒》卷250唐懿宗咸通三年十一月條，第8224頁。
〔註249〕汪淼編，黃盛陸等校點，黃振中審定：《粵西文載校點》（五）卷68，第159～160頁。
〔註250〕《舊唐書》卷184，第4756頁。
〔註251〕《舊唐書》卷151，第4054頁。
〔註252〕《舊唐書》卷157，第4144頁。

通鑑》卷 241 唐憲宗元和十四年（819）十月條：「大發江、湖兵會容、桂二管入討（黃洞蠻），士卒被瘴癘，死者不可勝計。」〔註253〕元和征蠻之戰，鄰道軍、外軍一併參戰。

　　咸通唐詔戰爭是唐代鄰道、外軍入援規模最大的一次。咸通元年（860）南詔第一次陷安南。《資治通鑑》卷 250 唐懿宗咸通二年正月條：「詔發邕管及鄰道兵救安南，擊南蠻。」〔註254〕然而不久李鄠以土軍收復安南。咸通三年，南詔復寇安南。《資治通鑑》卷 250 咸通三年二月條：「仍發許、滑、徐、汴、荊、襄、潭、鄂等道兵各（按：「各」據胡注應為「合」）三萬人，授（蔡）襲以御之。」〔註255〕南詔不戰而退。《新唐書・南蠻中・南詔傳下》：「蔡京經制嶺南，忌（蔡）襲功，有所欲，沮壞之，乃言：『南方自無虞，武夫幸功，多聚兵耗饋運，請還戍兵惜財用。』」〔註256〕朝廷納蔡京之言撤回入援的外軍主力，遂致安南空虛，為南詔攻陷。《蠻書・名類》望苴子蠻條載安南城陷時有「荊南、江西、鄂、岳、襄州將健約四百餘人」返城殺敵。〔註257〕據此可知，南詔陷城時安南尚有一部分留守或未及撤走的外軍。安南陷落後，唐廷為了守衛邕州、收復安南，「大興諸道兵」入援。《新唐書・南蠻中・南詔傳下》：「會康承訓自義成來朝，乃授嶺南西道節度使，發荊、襄、洪、鄂兵萬人從之。承訓辭兵寡，乃大興諸道兵五萬往。（咸通四年）六月，置行交州於海門，進為都護府，調山東兵萬人益戍，以容管經略使張茵鎮之。」〔註258〕《資治通鑑》卷 250 唐懿宗咸通五年三月條：「康承訓至邕州，蠻寇益熾，詔發許、滑、青、汴、兗、鄆、宣、潤八道兵以授之。」〔註259〕又《舊唐書・懿宗紀》咸通五年五月丁酉制：「宜令徐泗團練使選揀召募官健三千人，赴邕管防戍。」〔註260〕據此可知，南詔第二次攻陷安南後，被詔入援嶺南的至少包括荊、襄、洪、鄂、許、滑、青、汴、兗、鄆、宣、潤、徐等藩鎮。皮日休《三羞詩・其二》即弔忠武軍入援嶺南戰死者，其序稱：「蠻圍我交，奉詔徵許兵二千征之，

〔註253〕《資治通鑑》卷 241 唐憲宗元和十四年十月條，第 7896 頁。
〔註254〕《資治通鑑》卷 250 唐懿宗咸通二年正月條，第 8215 頁。
〔註255〕《資治通鑑》卷 250 唐懿宗咸通三年二月條，第 8219 頁。
〔註256〕《新唐書》卷 222 中，第 6283 頁。
〔註257〕樊綽撰，向達校注：《蠻書校注》卷 4，第 101 頁。
〔註258〕《新唐書》卷 222 中，第 6284 頁。
〔註259〕《資治通鑑》卷 250 唐懿宗咸通五年三月條，第 8231 頁。
〔註260〕《舊唐書》卷 19 上，第 657 頁。

其征且再，有戰皆沒。」〔註261〕

　　大規模的外軍入援，糧餉供應成了大問題。據《舊唐書‧懿宗紀》咸通三年五月條：

> 南蠻陷交趾，征諸道兵赴嶺南。詔湖南水運，自湘江入漓渠，江西造切麥粥以餽行營。湘、漓溯運，功役艱難，軍屯廣州乏食。潤州人陳磻石詣闕上書，言：「江西、湖南，溯流運糧，不濟軍師，士卒食盡則散，此宜深慮。臣有奇計，以餽南軍。」天子召見，磻石因奏：「臣弟聽思曾任雷州刺史，家人隨海船至福建，往來大船一隻，可致千石，自福建裝船，不一月至廣州。得船數十艘，便可致三萬石至廣府矣。」又引劉裕海路進軍破盧循故事。執政是之，以磻石為鹽鐵巡官，往揚子院專督海運。於是康承訓之軍皆不闕供。〔註262〕

咸通三年（862）南詔尚未攻陷安南，故本條時間應係於咸通四年。當時「征諸道兵赴嶺南」，主要的供給路線有兩條，一是自江西溯贛江，二是自湖南溯湘江轉入靈渠南下。湘、贛二江北流，運糧都是逆水，故而「功役艱難」。陳磻石提出從福建海運至廣州的計劃，康承訓之軍遂「不闕供」。康承訓之軍駐紮邕州，與廣州之間有西江相連。軍糧海運至廣州後自可以通過西江運往邕州；如果繼續從海上運輸，則需要繞過雷州半島，反而路途遙遠。當時，唐廷在嶺南的外軍行營主要有兩處，一處駐紮邕州保衛邕管，一處駐紮容管境內的海門鎮以圖收復安南。後來高駢就是以駐海門的軍隊從北部灣渡海南征的，因此其供軍必走海路。《唐會要‧漕運》咸通八年三月安南都護高駢奏：「安南至邕（按：「邕」應作「容」）管水路湍險，已令工人鑿去巨石，漕船無滯。」〔註263〕高駢所開的運河名為「天威徑」或「天威遙」。關於這條運河的地望，王承文先生研究文獻並親自前往實地考察得出結論：「所謂『天威遙』就是在伸入北部灣的江山半島上，開鑿出一條橫貫半島的人工運河。」〔註264〕其位置在今廣西防城港市江山半島與大陸相連接處。又《新唐書‧鄭畋傳》：「交、廣、邕南兵，舊取嶺北五道米往餉之，船多敗沒。畋請以嶺南鹽鐵委廣州節度使韋荷，歲煮海取鹽直四十萬緡，市虔、吉米以贍安南，罷荊、洪等漕役，

---

〔註261〕皮日休撰，蕭滌非整理：《皮子文藪》卷 10，第 109 頁。
〔註262〕《舊唐書》卷 19 上，第 652～653 頁。
〔註263〕《唐會要》卷 87，第 1599 頁。
〔註264〕王承文：《唐代環南海開發與地域社會變遷研究》，第 347 頁。

軍食遂饒。」〔註265〕這是以本地鹽利就近市米以供應嶺南諸軍。

## 小結

有唐一代，嶺南的安全威脅主要來自於境內蠻族和境外的南詔國。唐代嶺南內亂以蠻亂為主，高層軍政長官叛亂以圖割據者寥寥無幾。唐前期，自梁代崛起的俚僚豪酋繼續在嶺南發揮影響力，成為蠻亂的主要參與者。在這一時期，蠻亂分布於嶺南各地，沒有明顯的重心，且多數蠻亂旋起旋平，持續時間不長。肅宗、代宗時期，西原蠻成為蠻亂的主要參與者，而俚僚豪酋的活動則大大減少。這一時期，蠻亂集中於桂管地區，持續的時間逐漸變長。德宗以後，西原蠻中的黃洞蠻成為蠻亂的主要參與者，俚僚豪酋的活動幾乎不再見於史料。這一時期蠻亂集中於邕管地區，持續的時間和破壞性都更甚於前。此後，嶺南經歷了一段較為安定的時間。宣宗大中八年（854），安南都護李涿裁減防冬戍卒，給了南詔可趁之機。咸通元年（840）至咸通七年，南詔兩陷安南，再寇邕管。唐廷付出了巨大代價終於將其擊敗。大中八年以來，「本國—鄰國」的矛盾第一次升級為嶺南國家化的主要矛盾。

唐代前期，地方上的常備軍由軍、鎮、戍等組成，它們分別隸屬於五個都督、都護，在此之上又有五府經略使統管整個嶺南道的武裝力量。唐代後期，五府經略使被嶺南節度使取代，都督、都護府變為五個藩鎮，藩鎮支郡也可以領兵。咸通三年（862）嶺南東西分道，最高層級的軍政長官隨之一分為二，原嶺南節度使改為嶺南東道節度使，原邕管經略使升級為嶺南西道節度使。這一改變主要是為了應對南詔的威脅，升級後的嶺南西道轄原來的邕、桂、容、安南四管。五府是實際軍事行動中的核心，彼此制衡，相互牽制，任何一府都難以獨自割據；而地位最高的五府經略使及嶺南節度使雖然可以管轄整個嶺南道的軍隊，但除了自己直轄的廣管外，對其餘四府只有間接管轄權。唐代通過這種統兵體制遏制了高層軍政長官謀求割據的威脅，「中央—地方」這對矛盾在嶺南得到了有效的緩和。

唐前期，嶺南常備軍經歷了一個增長的過程，在天寶末年共有六軍、八鎮、四戍，總兵力不超過兩萬人，輕稅本道自給，在當時並非重鎮。唐後期，嶺南五府的兵力各有變化，由於文獻不足，很難作全面瞭解。值得關注的是

---

〔註265〕《新唐書》卷185，第 5402 頁。

隨著邕管、安南先後成為蠻亂的重心和抗擊外患的前線，二府均有來自嶺南鄰道所派駐的行營。

　　唐代嶺南的戰時動員主要分為四種，一是常備軍的臨時擴充，但這種擴充需要花費大量的軍費。二是招募蠻族子弟，嶺南蠻酋家蓄兵器，往往養有大量家兵。嶺南土軍中就有不少蠻族子弟。三是義征，即自辦衣糧從軍者。四是鄰鎮、外軍入援。外軍入援嶺南，因路途遙遠，補給十分困難。咸通戰爭中為了供給邕管前線，唐廷從湘、贛二江溯流而上，又從福建走海路向廣州運糧。而遠征安南的軍隊則需要從北部灣渡海運糧，高駢開鑿天威遙就是為了方便補給。

# 第六章　領土效益與嶺南國家化

　　國家化的目的是提升邊緣地區的領土效益。唐代對嶺南地方行政體系、選官方式、軍事體系進行了一系列的建設和變革，這些措施是國家施之於嶺南的，而領土效益則是嶺南對國家的回饋。本章將對唐代嶺南的領土效益情況進行探討，進而分析領土效益變遷與國家化的關係。領土效益是指國家從地方上獲取、利用統治資源的能力，而統治資源有「人」、「物」、「地」三大類型。就嶺南的具體情況而言，其領土效益主要表現為獲取財賦（物）、掌握戶口（人）、徵調軍隊（人）三個方面。

## 第一節　唐代嶺南的財賦

　　古代國家從地方獲取財賦的方式很多，主要有「貢」、「獻」、「賦」、「利」、「徵」「買」等類型。「貢」是地方按照「任土作貢」的原則，根據制度和法令向中央進獻土產。唐代「貢」的種類極多，據研究，唐前期有每年常貢、雜貢、別索貢、折造貢、訪求貢、絕域貢等；後期有每年常貢、宣索貢、四節獻等。〔註1〕「獻」是地方官以私人身份向皇帝獻物，這是制度規定之外的，如唐代後期地方官的進奉。〔註2〕「賦」為國家賦稅，唐前期主要為租調，自德宗以降為兩稅。「利」指鹽、茶等徵榷收入，此類收入在唐代並非始終存在，

---

〔註1〕李錦繡：《唐代財政史稿》下卷，北京：北京大學出版社，2001年，第946頁。
　　　　按李氏將唐前期「貢」「獻」合列七種，其中「額外獻」屬本文所說的「獻」
　　　　而非「貢」。
〔註2〕「貢」與「獻」的差別，參見張國剛《唐代藩鎮研究》，第159頁。

但影響很大。「徵」也稱「括」，是指國家強制收取財物，一般出現在非常時期，如唐肅宗時為平安史叛亂，曾括公私馬以助軍。「買」是國家以購買的方式有償地獲取物資，如宮市，但往往有強制性和價值上的不對等性，即國家用很少的代價向民間強行購買物資。

## 一、唐以前嶺南財賦的主要形式──貢獻

唐以前，國家從嶺南獲取財賦主要是通過貢獻的形式。《三國志‧吳書‧薛綜傳》記載當時嶺南的情況稱：

> 縣官羈縻，示令威服，田戶之租賦，裁取供辦，貴致遠珍名珠、香藥、象牙、犀角、玳瑁、珊瑚、琉璃、鸚鵡、翡翠、孔雀、奇物、充備寶玩，不必仰其賦入，以益中國也。〔註3〕

可見當時嶺南租稅收入不多，也不為國家所依賴。嶺南真正為國家所需的是各種土產，它們都是以貢獻的形式提供給國家的。宋齊之交，李叔獻割據交州，齊高帝下詔安撫，授予交州刺史。《南齊書‧東南夷傳》稱：「叔獻受命，既而割斷外國，貢獻寡少。世祖欲討之……（叔獻）獻十二隊純銀兜鍪及孔雀氅（以求緩師），世祖不許。」〔註4〕齊武帝出兵的原因之一就是李叔獻「貢獻寡少」，而李叔獻在得知中央出兵的消息之後，採取的對策也是進獻珍寶以求緩師。可見貢獻是這一時期國家從嶺南獲取財賦的主要形式。

這種以貢獻為主要表現形式的財賦，領土效益到底如何？首先，我們需要知道貢獻的具體內容是什麼。《三國志‧吳書‧士燮傳》稱：

> （士）燮每遣使詣（孫）權，致雜香細葛，輒以千數，明珠、大貝、流離、翡翠、玳瑁、犀、象之珍，奇物異果，蕉、邪、龍眼之屬，無歲不至。（士）壹時貢馬凡數百匹。〔註5〕

這則材料詳細列舉了士燮兄弟向孫權貢獻的內容。除馬匹之外，其餘諸物在嶺南以外的地方都比較少見，可以視為嶺南特產。它們分為珠寶和食物兩類。珠寶是當時嶺南令人印象深刻的產物，主要有犀角、象牙、珍珠、玳瑁等，文獻記載很多，這裡略舉幾例。《史記‧貨殖列傳》稱：「番禺亦其一都會也，珠璣、犀、瑇瑁、果、布之湊。」〔註6〕瑇瑁，即玳瑁。《後漢書‧賈琮傳》：「舊

---

〔註3〕《三國志》卷53，第1252頁。
〔註4〕《南齊書》卷58，第1017～1018頁。
〔註5〕《三國志》卷49，第1192～1193頁。
〔註6〕《史記》卷129，第3268頁。

交阯土多珍產，明璣、翠羽、犀、象、瑇瑁、異香、美木之屬，莫不自出。」
〔註7〕《南齊書・州郡志上》廣州條稱：「卷握之資，富兼十世。」又同卷交
州條：「外接南夷，寶貨所出，山海珍怪，莫與為比。」〔註8〕按：「卷握之資」，
見於《後漢書・張堪傳》：「前公孫述破時，珍寶山積，卷握之物，足富十世，
而堪去職之日，乘折轅車，布被囊而已。」李賢注：「卷握猶掌握也。謂珠玉
之類也。」〔註9〕《隋書・地理志下》：「南海、交阯，各一都會也，並所處近
海，多犀象瑇瑁珠璣，奇異珍瑋，故商賈至者，多取富焉。」〔註10〕這些珠
寶是兩漢六朝時期國家統治嶺南最主要的索取物。《後漢書・南蠻西南夷傳》
即稱西漢統治海南島時「獻命歲至」，「中國貪其珍賂」。〔註11〕《南齊書・劉
善明傳》載其諫伐交州李叔獻，認為「彼土所出，唯有珠寶」。〔註12〕這是誇
張的說法，交州所出當然不可能「唯有珠寶」，但珠寶無疑是貢獻的重點。珠
寶雖然價值高昂，但不過是「充備寶玩」的奢侈品而已，於軍國無益。文獻中
有以嶺南珠寶充賞賜的記載，如《後漢書・鍾離意傳》載：「時交阯太守張恢，
坐臧千金，徵還伏法，以資物簿入大司農。詔班賜群臣，（鍾離）意得珠璣，
悉以委地而不拜賜。」〔註13〕不過這是對臣下個人的恩賞，即便有益於國家
統治，也只能說是間接作用。《南齊書・劉善明傳》稱交州的珠寶「實非聖朝
所須之急」，〔註14〕可見珠寶的領土效益是非常有限的。

　　食品也是貢獻的重要內容。《漢書・地理志下》南海郡「有圃羞官」，交
阯郡贏陵縣「有羞官」。〔註15〕其執掌不詳，可能是負責貢獻食品。據《南方
草木狀・果類》「橘」條，「自漢武帝，交阯有橘官長一人，秩二百石，主貢
橘。」〔註16〕《後漢書・和帝紀》：「舊南海獻龍眼、荔支，十里一置，五里
一候，奔騰阻險，死者繼路。」〔註17〕嶺南貢獻的食品，無疑是為了滿足統

〔註7〕　《後漢書》卷31，第1111頁。
〔註8〕　《南齊書》卷14，第262、266頁。
〔註9〕　《後漢書》卷31，第1100～1101頁。
〔註10〕《隋書》卷31，第887～888頁。
〔註11〕《後漢書》卷86，第2863頁。
〔註12〕《南齊書》卷28，第526頁。
〔註13〕《後漢書》卷41，第1407頁。
〔註14〕《南齊書》卷28，第526頁。
〔註15〕《漢書》卷28下，第1628、1629頁。
〔註16〕嵇含：《南方草木狀》卷下，北京：中華書局，1985年，第12頁。
〔註17〕《後漢書》卷4，第194頁。

治者口腹之欲，與領土效益無直接關係。

當然，嶺南物產豐富，貢獻的物品中也有一些是直接有助於軍國的。《南史·蕭勱傳》：「俚人不賓，多為海暴，勱征討所獲生口寶物，軍賞之外，悉送還臺。……自勱在州，歲中數獻，軍國所須，相繼不絕。」〔註18〕又《南史·歐陽頠傳》：「時頠合門顯貴，威振南土，又多致銅鼓生口，獻奉珍異，前後委積，頗有助軍國。」〔註19〕「生口」即掠蠻為奴，銅鼓或可熔煉鑄錢，這可能是「頗有助軍國」的兩種貢獻。不過生口、銅鼓都是征討蠻族所獲的戰利品，不容易成為定時定量的常規性貢獻。此外嶺南多產金銀。南朝時期已經有了以金為招募、反間、激獎等軍費之用的例子。〔註20〕蕭勱、歐陽頠所獻的「寶物」「珍異」如果包含金銀在內，自然也是「有助軍國」的。另外，據《晉書·劉毅傳》：「（劉）毅表荊州編戶不盈十萬，器械索然。廣州雖凋殘，猶出丹漆之用，請依先準（加督交廣）。」〔註21〕劉毅認為荊州武器裝備不足，要通過加督交廣二州獲得嶺南的「丹漆之用」。這裡的「丹漆之用」當指用於製作武器裝備的材料。嶺南所出土產可供製作武器裝備的，除了竹、木等尋常之物外，這裡舉一例具有嶺南特色的東西。《新唐書·地理志七上》載嶺南道循、潮、封、安南等州府土貢「鮫革」，即鯊魚皮。〔註22〕《荀子·議兵》：「楚人鮫革犀兕以為甲，鞈如金石。」〔註23〕可知鮫革可供製甲。不過總體而言，在唐以前嶺南貢獻以「卷握之資」即高價值的奢侈品為主，「軍國所須」為次。領土效益是國家從地方獲取、利用統治資源的能力；唐以前嶺南貢獻有多種類型，但其中有助於統治的東西比例不高，可知這一時期嶺南財賦的領土效益是比較低的。夏炎先生《試論六朝嶺南統治的獨特性》指出，兩漢六朝對嶺南的統治結構有其獨特性，這種獨特性在於不以佔有土地和支配人群為基礎，而是單純以資源控制為動機，以強制武力征服為保障。〔註24〕這一觀點是很有見地的。所謂「資源控制」指的就是上述「卷握之資」和「軍國所須」。

---

〔註18〕《南史》卷51，第1262頁。

〔註19〕《南史》卷66，第1615頁。

〔註20〕〔日〕加藤繁：《唐宋時代金銀之研究——以金銀之貨幣機能為中心》，北京：中華書局，2006年，第535頁。

〔註21〕《晉書》卷85，第2209頁。

〔註22〕《新唐書》卷43上，第1096、1097、1098、1112頁。

〔註23〕王先謙：《荀子集解》卷10，北京：中華書局，1988年，第281頁。

〔註24〕夏炎：《試論六朝嶺南統治的獨特性》，《河北學刊》2018年第2期。

## 二、唐代嶺南的財賦

### （一）唐代嶺南的土貢

　　夏炎先生《試論六朝嶺南統治的獨特性》一文認為，兩漢六朝時期單純以資源控制為動機的嶺南統治結構延續到了隋唐。〔註25〕筆者認為，唐代國家以貢、獻等方式獲取嶺南的「卷握之資」、「軍國所須」，這一點確實和兩漢六朝並無不同；然而唐代貢、獻品中金銀的比例大大提高，其中尤以「獻」即進奉的金銀為多，這是與兩漢六朝的一大差異，也是唐代嶺南領土效益的重要體現之一。下面先看「貢」的情況。

　　與兩漢六朝相比，唐代嶺南貢品不僅種類更多，且其種類結構不同。據《通典‧食貨六‧賦稅下》及《新唐書‧地理志七上》所載嶺南道諸州貢品，參考當代學者成果，筆者認為唐代嶺南貢品種類上的特點是：第一，金銀在貢品中比例高；第二，貢品主要是自然品，包括植物、動物、礦物，它們多具有食用、藥用價值，而人工品主要是紡織品；第三，珠寶仍然是貢品，但所佔比例有所下降。〔註26〕

　　兩漢六朝時期珠寶、食品是嶺南貢獻的主體；而唐代土貢則以金銀為主，且貢品種類更加豐富。這與唐代嶺南國家化的深入有關。兩漢六朝時期交廣二州的治所位於沿海，對廣闊內陸的統治相對薄弱；而犀角、象牙、珍珠、玳瑁之類的珠寶均是來自海外貿易或由海中出產。唐代嶺南沿海依然進貢珠寶，如驩州的象齒、犀角仍列於貢品之中。〔註27〕不過自梁開始的裂地授官政策使得國家統治快速向嶺南腹地滲透，唐代繼承這一措施並將其推向新的高度，新置政區的土產遂進入了貢品的清單，尤其是金銀，略舉幾例：長州貢金，福祿州貢白蠟，湯州貢金，武安州貢金、朝霞布。〔註28〕長州、福祿州、湯州、武安州均為唐代創置州。可見，貢品種類的增加及結構變化，正是對蠻酋裂地授官這一國家化措施所產生的影響。

　　唐代土貢的領土效益如何呢？據加藤繁先生研究，「金銀在唐代已取得貨幣的資格」，〔註29〕可以供軍國之需。《唐大詔令集》載開元二年（714）

〔註25〕夏炎：《試論六朝嶺南統治的獨特性》，《河北學刊》2018年第2期。
〔註26〕《通典》卷6，第128～131頁。《新唐書》卷43上，第1095～1115頁。文媛媛《唐代土貢研究》，陝西師範大學博士學位論文，2014年，第157頁。
〔註27〕《新唐書》卷43上《地理志七上》，第1113頁。
〔註28〕《新唐書》卷43上《地理志七上》，第1114、1115頁。
〔註29〕〔日〕加藤繁：《唐宋時代金銀之研究——以金銀之貨幣機能為中心》，第93頁。

七月《禁珠玉錦繡敕》稱：「所有服御金銀器物，今付有司，令鑄為鋌，仍別貯掌，以供軍國。」〔註30〕敕文明確規定將金銀鑄為鋌，以供軍國。國家公共財政支出使用金銀的例子，加藤繁先生已經進行了充分細緻的研究，這裡不再贅述。總之，金銀在唐代無疑是有助軍國的統治資源。不過，唐代國家所用的金銀中，來自土貢的數額不大。據《通典‧食貨典六‧賦稅下》所載，嶺南諸州貢銀多為二十兩，間或有三十、五十兩，唯有始安郡（桂州）百兩。每年常貢之外還有雜貢等其他貢目，其中包括「安南、邕等州之銀」，其數額不詳，推測也不會太大。〔註31〕貢品數額不大是因為它們並非無償上供。《通典‧食貨六‧賦稅下》載唐代土貢中每年常貢的規定：

> 準絹為價，不得過五十匹，並以官物充市。所貢至薄，其物易供，聖朝恒制，在於斯矣。其有加於此數者，蓋修令後續配，亦折租賦，不別徵科。〔註32〕

可見，貢品不但有價格限制（不得過五十匹），而且要而需要國家出資採購或以租賦折代。據李錦繡先生研究，唐代土貢的主要來源是貢戶採造與和市。〔註33〕貢戶是以貢代稅、代役的百姓，和市是官方出資採購，總之貢品的獲得不是無償的。土貢突出的是政治意義而非經濟價值。國家真正的大宗金銀收入來自進奉，如《冊府元龜‧邦計部三‧濟軍》載：「李墉，憲宗時為淮南節度使。元和十一年（816）以軍興，進絹三萬匹、金五百兩、銀三千兩以助軍。」〔註34〕淮南並非金銀的高產區，尚且進奉如此大額的金銀，嶺南可想而知。唐後期進獻盛行，據研究，肅代之際進奉之風達到了極致，皇帝財政甚至凌駕於中央財政之上，以至於肅代時期的財政可以被概括為「進獻財政」。〔註35〕而金銀在進奉中占重要地位。總之，唐代國家所用金銀中來自土貢的不多。

　　土貢本身價值有限，且需要國家出資採購。因此，唐代嶺南土貢較之兩漢六朝，雖然其領土效益有所提升，但對國家而言影響不大。

---

〔註30〕宋敏求：《唐大詔令集》卷108，第562頁。
〔註31〕李林甫等撰、陳仲夫點校：《唐六典》卷20《太府寺》右藏署嶺條，第545頁。
〔註32〕《通典》卷6，第112頁。
〔註33〕李錦繡：《唐代財政史稿》下卷，第959～962頁。
〔註34〕《宋本冊府元龜》卷485，第1215頁。
〔註35〕李錦繡：《唐代財政史稿》下卷，第976頁。

### （二）唐代嶺南的進奉

進奉是官員以私人身份向皇帝進獻財物。進奉行為的本質是獻財邀寵，這在唐前期就存在，玄宗以降盛行。進奉並無制度可依，故所進之物種類繁多，無一定之規；然而由於唐後期國家財政緊張，皇帝對財貨的渴求使得地方官進奉以錢帛為主，且金銀佔了相當的比重。〔註36〕嶺南既是金銀重要產地，自然也將金銀作為主要的進奉品之一。這不僅有傳世文獻記載，還有出土文物可以作證。李商隱有《為滎陽公進賀冬銀乳白身狀》《為滎陽公進賀正銀狀》等文。〔註37〕出土唐代銀器有些帶銘文，如西安發現的兩枚銀鋌銘文為「嶺南採訪使兼南海郡太守臣彭杲（按「杲」應為「果」）進」、「郎（按：「郎」應為「朗」）寧郡都督府天寶二年貢銀壹鋌，重五拾兩，朝議郎權懷澤郡太守權判太守兼管諸軍事上柱國何如璞，專知官戶曹參軍陳如玉、陳光遠、□□仙」。〔註38〕朗寧郡，即邕州；懷澤郡，即貴州。藍田出土銀鋌，銘文為「容管經略使進奉廣明元年賀冬銀壹鋌，重貳拾兩。容管經略招討處置等使臣崔焯進」。〔註39〕藍田發現鴛鴦綬帶紋銀盤，盤底圈足內鏨文為「桂管臣李杆進」。〔註40〕

皇甫湜《論進奉書》稱：「今國家既有公府，又為私藏，使州郡貢賦之外，進奉相及，恐非以天下為家，示天下無私之道也。」〔註41〕可見進奉與「貢」「賦」均不同，所獻之物藏於內庫，理論上為皇帝私人所有，不屬國庫。但唐後期皇帝以內庫錢支國用的例子很多，這裡舉兩例。《舊唐書·憲宗紀下》元和十二年（817）二月壬申條：「出內庫絹布六十九萬段匹、銀五千兩，付度支供軍。」〔註42〕《舊唐書·哀帝紀》天祐元年（904）九月條：「令於內庫方圓銀二千一百七十二兩，充見任文武常參官救接，委御史臺依

---

〔註36〕關於唐代進奉中金銀的情況，參見加藤繁《唐宋時代金銀之研究——以金銀之貨幣機能為中心》，第 56～62 頁；李錦繡《唐代財政史稿》下卷，第 992～997 頁。

〔註37〕李商隱著，馮浩詳注：《樊南文集詳注》卷 2，《樊南文集》第 136、138 頁。

〔註38〕李問渠：《彌足珍貴的天寶遺物——西安市郊發現楊國忠進貢銀鋌》，《文物》1957 年第 4 期。參見唐長孺：《跋西安出土唐代銀鋌》，《山居存稿續編》，第 353 頁。

〔註39〕朱捷元：《陝西藍田出土的唐末廣明元年銀鋌》，《文物資料叢刊》（1），文物出版社，1977 年。

〔註40〕樊維岳：《陝西藍田發現一批唐代金銀器》，《考古與文物》1982 年第 1 期。

〔註41〕《全唐文》卷 685，第 7020 頁。

〔註42〕《舊唐書》卷 15，第 458 頁。

品秩分俵。」〔註43〕可見，地方進奉至內庫的金銀，是完全有可能作為軍國之費使用的。

據張國剛先生研究，在唐後期特定歷史條件下，進奉對國家統治起到了重大作用。唐後期賦稅制度史以兩稅法的實施為界可以分為兩個階段，前一階段即安史之亂爆發後到兩稅法實施前，這一階段正常的賦稅徵收體系被打亂，國家財政收入處於非常不穩定的狀態。加之戰爭頻仍，財政支出巨大，故國家急於斂財。這一時期的進奉對緩解國家財政緊張起了一定作用。兩稅法實施後，國家財政逐漸穩定下來，但是新的問題出現了：兩稅三分（上供、送使、留州）制度下，國家正稅收入是一個定額，承平時期大致收支相當，一有戰事則不敷使用，而進奉不失為一個活源頭。〔註44〕

總之，在唐後期特定歷史條件下，地方進奉之財是有助於軍國的。向皇帝進奉，尤其是進奉金銀，是唐代嶺南領土效益的重要表現之一。

### （三）唐代嶺南的賦稅

唐前期實行租庸調制的時代，嶺南稅米折租，向國家繳納。〔註45〕這裡舉兩則史料，以證明唐前期嶺南向中央上供租賦。吐魯番阿斯塔納二三〇號墓所出《唐儀鳳三年（678）中書門下支配諸州庸調及折造雜練色數處分事條啟》（二）：

1. ─交州□
2. 靳（料）請委□府便配以南諸州，□
3. 糧外受納，遞送入東都。其欽□、安海、□□
4. 非所管，路程稍近，遣與桂府及欽州相知，
5. 準防人須糧支配使充。其破用、見在數與計
6. 帳同申所司。〔註46〕

據研究，這份文書為度支支度國用奏抄的一部分。〔註47〕交州稅糧除了配當

〔註43〕《舊唐書》卷20下，第786～787頁。
〔註44〕以上對唐後期財政情況的分析及進奉對國家統治所起的作用，參考張國剛《唐代藩鎮研究》第十三章《唐代藩鎮進奉試析》，第159～167頁。
〔註45〕關於嶺南稅米的性質、輸納方式等，李錦繡先生《唐代財政史稿》作了詳細考證，本文不再贅述，見李錦繡《唐代財政史稿》上卷，第614～620頁。
〔註46〕國家文物局古文獻研究室、新疆維吾爾自治區博物館、武漢大學歷史系編：《吐魯番出土文書》（第八冊），北京：文物出版社，1987年，第138～139頁。
〔註47〕李錦繡：《唐代財政史稿》上卷，第615頁。

地防人使用外，還要「遞送入東都」。又敦煌文書《唐開元二十五年（737）水部式殘卷》（伯二五○七號）：

78. ○桂廣二府鑄錢，及嶺南諸州庸調，並和市折租

79. 等物，遞至揚州訖，令揚州差綱部領送都，應須

80. 運腳，於所送物內取充，（後略）〔註48〕

這則材料更明白無疑地證明「嶺南諸州庸調，並和市折租等物」是需要「送都」的。這裡說的嶺南「折租等物」除了米之外，還有銀。據加藤繁先生研究，唐代租庸調制沒有徵收銀的規定，而唐末兩稅可能有折銀的現象，但尚無明證，公然定銀為課稅，僅限於「歸化人」，即內附少數民族。〔註49〕然而，實際上開元時期嶺南已經有庸調折銀的做法。1970年西安市南郊何家村窖藏出土唐代銀餅，餅上有銘文：

懷集縣開十庸調銀拾兩專當官令王文樂典陳友匠高童。

洊安縣開元十九年庸調銀拾兩專知官令彭崇嗣典梁海匠王定。

洊安縣開元十九年庸調銀拾兩專知官令彭崇嗣典梁海匠陳賓。

〔註50〕

懷集縣、洊安縣均屬廣州，「開十」應是「開元十年」之省。這幾枚銀餅是嶺南庸調折銀並且「送都」的實證。不過由於文獻的缺乏，我們尚不知道唐前期嶺南上供的租賦有多少，在全國占何種地位。

唐後期，嶺南賦稅變得重要起來。《五代會要》建昌宮使條載後唐同光二年（924）三月竇專上疏：

自唐天寶中，安史作亂，民戶流亡，征賦不時，經費多闕。惟

江淮、嶺表，郡縣完全，總三司貨財，發一使征賦，在處勘覆，目

曰租庸。〔註51〕

上引文字是竇專回顧租庸使沿革淵源，但它反映了一個事實：經安史之亂的破壞，國家「征賦不時，經費多闕」，而江淮、嶺表（即嶺南）地區由於「郡

〔註48〕唐耕耦、陸宏基編：《敦煌社會經濟文獻真蹟釋錄》第2輯，北京：全國圖書館文獻縮微複製中心，1990年，第581頁。
〔註49〕〔日〕加藤繁：《唐宋時代金銀之研究——以金銀之貨幣機能為中心》，第50～52頁。
〔註50〕1970年西安市南郊何家村窖藏出土，現藏陝西歷史博物館。
〔註51〕王溥：《五代會要》卷24，上海：上海古籍出版社，2006年，第378～379頁。

縣完全」，遂成為國家依靠的稅源。這則材料反映的是唐後期嶺南在全國賦稅格局中地位上升的概況。但具體地說，安史之亂爆發之初，嶺南還沒有立刻成為國家籌集財賦的重點地區。安史之亂使唐代國家的正常賦稅徵收體系被徹底打亂。肅宗任命第五琦籌措軍費，拉開了唐後期財政制度變革的序幕。《資治通鑑》卷 219 唐肅宗至德元載（756）十月條載：「第五琦見上於彭原，請以江、淮租庸市輕貨……以助軍；上從之。尋加琦山南等五道度支使。」〔註52〕第五琦所領的「山南等五道」，據研究，是河南、淮南、山南東、江南東、江南西五道，其中並不包括嶺南。〔註53〕乾元元年（758），第五琦遷戶部侍郎、判度支，仍兼河南等五道度支使，實際上等於將國家財政分為判度支及河南等五道度支使兩部分，這是唐後期東西財賦分掌制度之濫觴。〔註54〕《舊唐書・代宗紀》大曆元年（766）正月丙戌條：「以戶部尚書劉晏充東都京（都）畿、河南、淮南、江南東西道、湖南、荊南、山南東道轉運、常平、鑄錢、鹽鐵等使，以戶部侍郎第五琦充京畿、關內、河東、劍南西道轉運、常平、鑄錢、鹽鐵等使。至是天下財賦，始分理焉。」〔註55〕這是國家財政東西分理正式確立時的情況，東西兩個財賦區都沒有將嶺南納入其中，說明當時嶺南財賦的地位尚不凸出。這一情況延續到了德宗建中（780～783）時期。《舊唐書・德宗紀上》建中三年八月丁未條載：「初分置汴東西水陸運兩稅鹽鐵事……戊辰，以江淮鹽鐵使、太常少卿包佶為汴東水陸運兩稅鹽鐵使。」〔註56〕于邵《送鄭判官之廣州序》稱：

> 公治分汴東之幕，經度邦賦於桂之南，議絕乎爭，蒸人得以相慶。秋九月，薦加五府之命，自嶺之外，一以諮之。而中丞包公，舉賢任能，捐萬里勞費之煩，委一都專達之計。……觀察使范陽盧公，愴雲天之忽閒，惜姻好之遐阻，置酒高會。〔註57〕

「范陽盧公」應為桂管觀察使盧嶽。「分汴東之幕」即前文所述建中三年八月

〔註52〕《資治通鑑》卷 219 唐肅宗至德元載十月條，第 7119～7120 頁。
〔註53〕李錦繡：《唐代財政史稿》下卷，第 54 頁。
〔註54〕李錦繡：《唐代財政史稿》下卷，第 54～55 頁。據李錦繡先生研究，第五琦所帶使職，或稱山南等五道，或稱河南等五道，實際指同一區域。
〔註55〕《舊唐書》卷 11，第 282 頁。
〔註56〕《舊唐書》卷 12，第 334 頁。
〔註57〕《全唐文》卷 427，第 4355 頁。引文同見於《文苑英華》卷 724，但「萬里勞費之煩」作「萬里勞思之煩」，「愴雲天之忽閒」作「愴雲天之忽間」（第 3752 頁）。

「分置汴東西水陸運兩稅鹽鐵事」,「中丞包公」即包佶。鄭判官「經度邦賦於桂之南」,即負責桂管地區的財賦徵收;同年九月,「薦加五府之命」,即鄭判官所管範圍從桂管地區擴大到整個嶺南;正因如此,鄭判官從桂州出發前往廣州,盧嶽「置酒高會」送別。據此,至遲到建中三年(782),嶺南地區已經被正式納入了汴東水陸運兩稅鹽鐵使所管的東部財賦區之中了。《舊唐書・食貨志下》載貞元八年(792)詔:「東南兩稅財賦,自河南、江淮、嶺南、山南東道至於渭橋,以戶部侍郎張滂主之;河東、劍南、山南西道,以戶部尚書度支使班宏主之。」〔註58〕這是嶺南列於東部財賦區的明證。

也正是在建中時期,文獻中出現了運嶺南米以供京師的記載。《舊唐書・食貨志三》載,德宗建中年間四鎮叛亂,「舉天下兵討之,諸軍仰給京師」;在叛軍阻斷漕運通道的情況下,江淮水陸轉運使杜佑提出了改變漕路的方法,認為依其法而行「則江、湖、黔中、嶺南、蜀、漢之粟可方舟而下」。〔註59〕這裡嶺南向京師上供之「粟」,當為旨支米,是正式賦稅的一種。據研究,大曆時諸道向京師納米的制度形成,稱為旨支米;兩稅法實行以後,旨支米繼續徵收,成為兩稅斛斗三分制下,上供斛斗部分的代名詞。〔註60〕

嶺南地區除了供米,也正常輸納兩稅錢。《冊府元龜・邦計部・蠲復三》載開成元年(836)四月詔:

> 其安南今年秋稅悉宜放免……恐軍用闕絕,宜賜錢二萬貫,以嶺南觀察使合送兩稅供錢充。〔註61〕

據此,安南、嶺南均納兩稅錢。《唐會要・租稅下》載:

> 其年(開成四年,839)十二月,邕管經略使唐宏實(奏),當管上供兩稅錢一千四百七十三貫文。其見錢每年附廣州綱送納。
> 敕:邕管兩稅錢八百餘千,自令輸納,頗甚艱弊。宜委嶺南西道觀察使,每年與受領過易輕貨,附綱送省。其蹍運腳錢。仍令於放數內抽折。〔註62〕

這則材料說明至少在開成四年以前,邕州兩稅是有納錢的,開成四年始令改納輕貨。唐後期文獻常見以租稅「市輕貨」之說。「輕貨」到底是什麼?孫蔚

〔註58〕《舊唐書》卷49,第2119頁。
〔註59〕《舊唐書》卷53,第1369頁。
〔註60〕李錦繡:《唐代財政史稿》下卷,第671頁。
〔註61〕《宋本冊府元龜》卷491,第1221頁。
〔註62〕《唐會要》卷84,第1543頁。

民先生認為是指價格較昂的名貴貨物如錦緞珍珠等，即所謂「細軟」。〔註63〕
此說可從。葛繼勇先生進而指出帛不是輕貨。〔註64〕輕貨到底包不包括帛呢？
其實帛是古代對絲織品的總稱，種類很多，因其材質不同，價格差異也很大。
《夏侯陽算經》定腳價條載：「今有布二萬五千四百二十八端二丈七尺，欲折
布為輕貨絹。其絹匹價三貫八百七十文，其布端價二貫六百文。」〔註65〕據
研究，今傳本《夏侯陽算經》成書於貞元元年（785）左右。〔註66〕據此，其
反映的正是唐中後期歷史的真實情況。「唐制：布帛六丈為端，四丈為匹。」
〔註67〕據此推算，當時布帛每丈約433文，絹帛每丈約967文。顯然，絹比
布名貴得多。《夏侯陽算經》稱欲將布折為「輕貨絹」，可知布帛與絹帛不同，
絹帛才是輕貨。

　　黃巢之亂中，嶺南賦稅上供仍然見於史料。崔致遠《告報諸道徵促綱運
書》稱：

　　　　諸道久荷深恩，各居重任，縱以家門寶貨，猶合贍軍；況將州
　　縣賦輿，豈宜壅利？……其浙東、浙西、宣州、江西、鄂州、荊南、
　　湖南、嶺南、福建等道，今欲逾年，未聆發運，若由水路，須入汴
　　河，如此稽留，何因濟集？〔註68〕

此文為崔致遠代高駢所作，指責徐州時溥阻斷漕運，為高駢在黃巢之亂中屯
兵觀釁的行為作辯解。黃巢之亂中高駢曾被任命為都統；文中有「遇大朝之
多難，見上宰之董戎」，「仍差都押衙韓汝，先齎金帛百萬挺，救接都統令公
軍前」，這說明高駢此時已經卸任都統之職。《資治通鑒》卷254唐僖宗中和
二年（882）正月條：「辛亥，以王鐸兼中書令，充諸道行營都都統。……高
駢但領鹽鐵轉運使，罷其都統及諸使。」〔註69〕崔致遠又有《答襄陽邵將軍
書》稱：

　　　　中和二年七月四日，具銜高某謹復書於將軍閣下……今則皆因
　　此寇（按：指徐州時溥），卻滯諸綱，近則浙東、浙西，遠則容府、

〔註63〕孫蔚民：《鑒真和尚東渡記》上海：上海古籍出版社，1979年，第48頁。
〔註64〕葛繼勇：《鑒真弟子法進的東渡活動與〈進記〉》，《唐都學刊》2007年第4期。
〔註65〕夏侯陽：《夏侯陽算經》卷中，北京：中華書局，1985年，第17頁。
〔註66〕李兆華：《傳本〈夏侯陽算經〉成書年代考辯》，《自然科學史研究》2007年第
　　　　4期。
〔註67〕《資治通鑒》卷238唐憲宗元和五年七月條，第7800頁。
〔註68〕陸心源：《唐文拾遺》卷38，《全唐文》第10806～10807頁。
〔註69〕《資治通鑒》卷254唐僖宗中和二年正月條，第8383頁。

廣府，並未聆饋運，何濟急難？〔註70〕

上引兩文具有相同的背景，內容相關，應大致作於同一時期，即中和二年。此時正值征討黃巢的戰爭期間，《告報諸道徵促綱運書》所稱上供「州縣賦輿」的諸道包括嶺南；《答襄陽郤將軍書》更是清楚地說「容府、廣府」的綱船也在「卻滯」之列。可見黃巢之亂中嶺南依然貢賦不缺。

除了上述正稅，嶺南還有一種與市舶制度有關的商稅——舶腳。《太和八年疾愈德音》：「其嶺南福建及揚州蕃客，宜委節度觀察使常加存問，除舶腳收市進奉外，任其來往通流，自為交易，不得重加率稅。」〔註71〕其中「舶腳」屬於國家財政收入；「收市進奉」為國家出資購買貨物再向皇帝進獻，屬於皇室採購。〔註72〕李肇《唐國史補》記載：「南海舶，外國船也。每歲至安南、廣州。……有蕃長為主領，市舶使籍其名物，納舶腳，禁珍異，蕃商有以欺詐入牢獄者。」〔註73〕韓愈撰長慶四年《正議大夫尚書左丞孔公墓誌銘》：「蕃舶之至泊步，有下碇之稅。」〔註74〕「下碇之稅」應該就是「舶腳」。另外需要指出的是，有不少研究認為唐代市舶的「收市」除了向內廷進貢，還可以帶來豐富的財政收入。陳明光、靳小龍二位先生《論唐代廣州的海外貿易、市舶制度與財政》一文指出，唐代的「收市」，是以重金購買進口珍寶以取悅皇帝，於國家財政而言幾乎毫無幫助。〔註75〕

總之，至遲在建中三年（782），嶺南已經成為國家稅源地之一。此後嶺南向中央上供兩稅錢（有時改納輕貨）及旨支米，即使在唐末戰亂時期也沒有中斷，這與兩漢六朝時期國家對嶺南「不必仰其賦入」的情況截然不同。

## （四）唐代嶺南的徵榷

唐代徵榷是從安史之亂以後開始的，其中以榷鹽最為重要。嶺南為產鹽之地，但安史之亂後嶺南並沒有立刻成為國家的鹽利來源地。《新唐書·食貨志四》：

〔註70〕陸心源：《唐文拾遺》卷39，《全唐文》第10811、10813頁。
〔註71〕《全唐文》卷75，第785頁。
〔註72〕陳明光、靳小龍：《論唐代廣州的海外貿易、市舶制度與財政》，《中國經濟史研究》2005年第1期。
〔註73〕李肇撰，曹中孚校點：《唐國史補》卷下，《唐五代筆記小說大觀》，第199頁。
〔註74〕韓愈撰，馬其昶校注，馬茂元整理：《韓昌黎文集校注》卷7，第592頁。
〔註75〕陳明光、靳小龍：《論唐代廣州的海外貿易、市舶制度與財政》，《中國經濟史研究》2005年第1期。

自兵起，流庸未復，稅賦不足供費，鹽鐵使劉晏以為因民所急而稅之（按：指稅鹽）……吳、越、揚、楚鹽廩至數千，積鹽二萬餘石。有漣水、湖州、越州、杭州四場，嘉興、海陵、鹽城、新亭、臨平、蘭亭、永嘉、大昌、候官、富都十監，歲得錢百餘萬緡，以當百餘州之賦。自淮北置巡院十三，曰揚州、陳許、汴州、廬壽、白沙、淮西、甬橋、浙西、宋州、泗州、嶺南、兗鄆、鄭滑，捕私鹽者，奸盜為之衰息。〔註76〕

引文中稱「吳、越、揚、楚」儲存了大量食鹽，而後所舉場、監、巡院，也主要分布於「吳、越、揚、楚」地區，並不包括嶺南。劉晏所設十三巡院有嶺南，但引文稱巡院設置於「自淮北」的地方，嶺南顯然不符合這個條件。據研究，嶺南可能是汝南之誤。〔註77〕總之，在劉晏主管國家財政的時期，嶺南尚未成為鹽利的來源地。嶺南被納入鹽鐵使管轄範圍大約與其被納入東部財賦區同時，且當時可能已經設置了鹽鐵巡院。于邵《送房判官巡南海序》稱：

別有鹽府，既博之用，不勤於人。……兼御史中丞包公專其事，佐衛倉曹房公分其巡。……冬十月，桂林務要，番禺利往，輕楫既具，高帆欲張。煌煌元公，作鎮南海，在公為外舅，在國為屏臣。〔註78〕

引文有「煌煌元公，作鎮南海」，這裡的元公應指元琇。《舊唐書·德宗紀上》建中三年（782）三月戊戌條：「以容管經略使元琇為廣州刺史、嶺南節度使。」〔註79〕此為引文寫作的時間上限。又引文「包公」即包佶；所謂「專其事」，應指專管鹽鐵事。據研究，建中元年正月鹽鐵從轉運、度支職掌中單獨析出。〔註80〕這就是引文中所謂的「別有鹽府」而「包公專其事」。《舊唐書·德宗紀上》建中三年八月條：「丁未，初分置汴東西水陸運兩稅鹽鐵事……戊辰，以江淮鹽鐵使、太常少卿包佶為汴東水陸運兩稅鹽鐵使。」〔註81〕據此，建中三年八月原先專領鹽鐵的包佶又兼領水陸運、兩稅、鹽鐵事務，這是引文寫作的時間下限。當然，房判官未必是第一任分巡嶺南的鹽鐵判官。因此至

〔註76〕《新唐書》卷54，第1378頁。
〔註77〕李錦繡：《唐代財政史稿》下卷，第100頁。
〔註78〕《全唐文》卷427，第4356頁。
〔註79〕《舊唐書》卷12，第332頁。
〔註80〕李錦繡：《唐代財政史稿》下卷，第107頁。
〔註81〕《舊唐書》卷12，第334頁。

少在建中三年八月以前，嶺南已經被納入鹽鐵使職權所管範圍之內，所謂「分巡」者，可能已經設置了巡院。柳宗元有《故嶺南鹽鐵院李侍御墓誌》，是嶺南設鹽鐵院的明證。〔註82〕此後，嶺南鹽鐵院又升為嶺南鹽鐵留後。大中六年（852）杜牧有《李鄩除檢校刑部員外郎充鹽鐵嶺南留後鄭蕃除義武軍推官等制》。〔註83〕唐後期鹽鐵巡院系統，分為留後、巡院、分巡院三級。〔註84〕嶺南設留後，說明其下還轄有若干巡院、分巡院，可知此時嶺南已經是鹽利來源地之一了。

　　嶺南的鹽是海鹽。元和九年柳宗元撰《唐故嶺南經略副使御史馬君墓誌》稱馬君在任期間「海鹽增算，邦賦大減」。〔註85〕《元和郡縣圖志‧嶺南道一》潮州條載：「鹽亭驛，近海。百姓煮海水為鹽，遠近取給。」〔註86〕潮州因靠海而成為產鹽之地，故呂溫《代李侍郎賀德政表》稱：「昨者臣以潮州刺史李璿放縱私鹽，耗散公利，請從免職，以儆慢官。」〔註87〕

　　嶺南鹽利在全國而言雖不占特別重要的地位，但就嶺南本地而言則是一筆巨大的收益。《冊府元龜‧邦計部十一‧山澤》載記載了江淮、河南、兗郓、嶺南等諸監院在永貞元年（805）至元和七年（812）間歷年的鹽利狀況。〔註88〕據其數據，平均每年的「計收鹽價」約六百多萬貫，最高可達七百萬多貫。〔註89〕《新唐書‧鄭畋傳》：「交、廣、邕南兵，舊取嶺北五道米往餉之，船多敗沒。畋請以嶺南鹽鐵委廣州節度使韋荷，歲煮海取鹽直四十萬緡，市虔、吉米以贍安南，罷荊、洪等漕役，軍食遂饒。」〔註90〕據《舊唐書‧僖宗紀》，

〔註82〕柳宗元撰，尹占華、韓文奇校注：《柳宗元集校注》，卷10，第700頁。
〔註83〕杜牧撰，吳在慶點校：《杜牧集繫年校注》卷19，第1090頁。
〔註84〕李錦繡：《唐代財政史稿》下卷，第388頁。
〔註85〕柳宗元撰，尹占華、韓文奇校注：《柳宗元集校注》卷10，第680頁。
〔註86〕李吉甫撰，賀次君點校：《元和郡縣圖志》卷34，第895頁。
〔註87〕《全唐文》卷卷626，第6315頁。
〔註88〕《宋本冊府元龜》卷493，第1235頁；並見於《舊唐書》卷49《食貨志下》，第2119～2120頁，但所載不及《冊府元龜》詳細。
〔註89〕據李青淼、韓茂莉研究，所謂「計收鹽價」依據的是永貞改鹽法以後實行的虛估、實估各半的鹽價徵收方式；而《冊封元龜》所載「比量未改法已前舊鹽利總約時價四倍加抬計成虛錢」的數目，是永貞改鹽法之前採用的完全虛估的鹽價（卷493，第1235頁）。兩份數據的內涵及換算關係，參見李青淼、韓茂莉：《從唐代鹽利看唐代中後期各地之鹽產量》，《首都經濟貿易大學學報》2012年第4期。
〔註90〕《新唐書》卷185，第5402頁。

韋荷出任嶺南節度使在乾符元年（874）。〔註 91〕咸通（860～873）年間唐與
南詔爭奪安南的戰爭結束後，不少唐軍留駐安南，其軍糧供應成了問題，因
此鄭畋奏請將原先由鹽鐵院專門掌管的鹽務改由嶺南節度使韋荷掌管，以鹽
利就近市米贍軍。嶺南鹽利每年約四十萬貫，相比於元和中平均每年約六百
多萬貫的總數，所佔比例是很小的。這雖然是將兩個不同時代的數據加以對
比的結果，但其差異之懸殊至少可以說明嶺南應不是國家最重要的鹽利來源
地。不過，據《唐會要·租稅下》載開成四年（839）邕州當管上供兩稅錢僅
一千四百七十三貫文。〔註 92〕這與嶺南鹽利相差甚遠，可知鹽利在嶺南是一
筆巨大的收益，故能用來購買糧食使「軍食遂饒」。

除了鹽，唐後期的專賣物還有茶。《新唐書·食貨志四》稱：「穆宗即位，
兩鎮用兵，帑藏空虛，禁中起百尺樓，費不可勝計。鹽鐵使王播圖寵以自幸，
乃增天下茶稅，率百錢增五十。江淮、浙東西、嶺南、福建、荊襄茶，播自領
之，兩川以戶部領之。」〔註 93〕可見嶺南也是茶利來源地之一。

此外還有一些不合法規的雜稅，如《唐會要·雜稅》載太和七年（833）
四月御史臺奏：「臣昨因嶺南道擅置竹練場。稅法至重。害人頗深。」〔註 94〕
「竹練場」即「竹練」的生產場所。清代屈大均《廣東新語·貨語》葛布條：
「唐時端潮貢蕉布，韶貢竹布。竹布產仁化，其竹名曰丹竹……織之名丹竹
布，一名竹練」。〔註 95〕《新唐書·地理志七上》韶州條：「土貢：竹布、鍾
乳、石斛。」〔註 96〕可知「竹練」即竹布。

## 三、對嶺南財賦的分析

### （一）唐前、後期嶺南財賦狀況

縱向比較，唐代前期、後期嶺南財賦狀況截然不同。唐前期嶺南地區主
要的財賦收入是租稅（「賦」）和土貢（「貢」）。其中土貢數額不大且並非無償，
僅具有政治象徵意義。嶺南上供的租稅數額不詳，但考慮到唐代前期北方各
地區經濟繁榮、戶口眾多，輸納的租稅必然遠超嶺南。唐前期嶺南租稅在全

---

〔註91〕《舊唐書》卷 19 下，第 691 頁。
〔註92〕《唐會要》卷 84，第 1543 頁。
〔註93〕《新唐書》卷 54，第 1382 頁。
〔註94〕《唐會要》卷 84，第 1547 頁。
〔註95〕屈大均：《廣東新語》卷 15，北京：中華書局，1985 年，第 424 頁。
〔註96〕《新唐書》卷 43 上，第 1096 頁。

國來說應不占重要地位。唐後期嶺南成為國家賦稅、権利來源地之一，再加上進入皇帝內庫的進奉，國家從嶺南獲取的財賦大大增長。這完全打破了兩漢六朝時期嶺南財賦主要「充備寶玩」而「不必仰其賦入」的格局。

### （二）唐後期嶺南財賦在全國的地位

　　從橫向比較，唐後期嶺南財賦在全國的地位屬於中游水平。《舊唐書·憲宗紀上》稱：「每歲賦入倚辦，止於浙江東西、宣歙、淮南、江西、鄂岳、福建、湖南等八道，合四十九州，一百四十四萬戶。」〔註97〕齊勇鋒先生《中晚唐賦入「止於江南八道」說辯疑》一文已經指出，中晚唐時期京畿、山南、劍南、嶺南是一直上供的，河南、河東貢賦不常；中晚唐政府的財政收入雖然主要來自江南八道，但京畿、山南、劍南、嶺南等道亦占一定比例。〔註98〕唐後期全國各地區按照上供財賦的多寡可以分為以下幾個類型：第一，主要財賦來源地，即所謂江南八道；第二，次要財賦來源地，即京畿、山南、劍南、嶺南；第三，非財賦來源地，即河北、中原、西北、黔中地區。這裡需要說明的是第三類並非絕對不納財賦，比如唐後期幾乎所有地區都存在進奉的情況，即便河北藩鎮也是如此。〔註99〕只不過這些地區所納財賦較少，不為國家倚重而已。另外，第三類地區又存在不同情況：中原、西北都是要正常徵收賦稅的，只不過這些地方屯駐重兵，其賦稅主要用於供軍，不僅沒有餘額交給國家，甚至還要仰給度支；黔中，據上揭齊文，是因地瘠人稀、經濟落後故可以不納財賦；河北雖是富庶之地，但因當地方鎮具有割據性質，國家化程度低，故租稅不納國庫，僅有進奉。如果將河北與嶺南對比就會發現，無論是自然環境還是社會經濟發展程度，嶺南均遠不及河北。但在唐後期，隨著國家從嶺南獲取財賦的能力大大提高，嶺南在國家財賦結構中的地位超過了河北。河北與嶺南在社會經濟發展水平和領土效益上體現出巨大的反差，而導致這種反差的關鍵就在於國家化程度的不同。由於國家無力直接控制河朔藩鎮，因此其貢賦不入中央，這一點很容易理解；那麼嶺南財賦與國家化到底有什麼樣的關係呢？

---

〔註97〕《舊唐書》卷14，第424頁。
〔註98〕齊勇鋒：《中晚唐賦入「止於江南八道」說辯疑》，《唐史論叢》第二輯，西安：陝西師範大學出版社，1986年。
〔註99〕關於河朔藩鎮進奉的情況，參見彭文峰《唐後期河朔三鎮與中央政府經濟關係研究》，河北師範大學碩士學位論文，2003年，第19～26頁。

## （三）唐後期嶺南財賦與國家化的關係

緒論部分已經說過，領土效益與兩方面因素有關，一是自然環境與社會發展狀況，二是國家化程度。唐後期國家從嶺南獲取的財賦迅速增長，以及嶺南財賦在全國所佔地位的上升，固然得益於嶺南自身社會經濟的發展，但其關鍵因素是國家化的推動。

筆者認為，唐後期嶺南輸納財賦數額的增長，與國家化的影響密不可分，這表現為國家憑藉行政力量強化了對嶺南財賦的榨取，包括以下兩個方面：第一，開發財賦來源，比如對過去制度規定不納或少納貢賦的蠻族加以徵收。李翱撰《徐申行狀》載貞元十七年（801）徐申任邕管經略使：「通蠻夷道，責土貢，大首領黃氏率其屬納質供賦。」〔註100〕這裡的「供賦」可能主要是土貢，而非租稅。《舊唐書・馬植傳》載植開成三年（838）奏疏：「當管羈縻州首領……總發忠言，願納賦稅。其武陸縣請升為州，以首領為刺史。」〔註101〕前文已述，對蠻族首領裂地授官是唐代嶺南國家化重要措施之一。既然首領「願納賦稅」，那麼唐升武陸縣為州、任命其首領為刺史之後，順理成章地會在當地徵收賦稅。第二，增加徵收財賦的力度。由於嶺南是唐後期國家長期穩定控制的地區，因此國家強化了對這一地區的財賦徵收力度。唐後期一些文獻中提到嶺南賦稅的拖欠現象，可見賦稅徵收的力度很大，以致地方難以承受。符載《夏日盧大夫席送敬侍御之南海序》中認為敬侍御巡視嶺南應當「軌大中，扇仁風」，「豈獨責稽逋之賦乎」。〔註102〕「盧大夫」，應為桂管觀察使盧嶽，任職時間是建中二年（781）到貞元三年（787），這正是嶺南被納入東部財賦區，成為租賦、鹽利來源地的時期。令狐楚《為人作薦昭州刺史張愻狀》：「臣伏見嶺南，風俗惰懶，苟避征徭，易成逋竄。」〔註103〕又元和十五年（820）韓愈撰《南海神廟碑》載孔戣任嶺南節度使，放免屬州逋稅事：「於是免屬州負逋之緡錢廿巨有四萬，米三萬二千斛。賦金之州，耗金一歲八百，困不能償，皆以丐之。」〔註104〕可見嶺南賦稅額之重，到了地方難以

〔註100〕《全唐文》卷639《唐故金紫光祿大夫檢校禮部尚書使持節都督廣州諸軍事兼廣州刺史兼御史大夫充嶺南節度營田觀察制置本管經略等使東海郡開國公食邑二千戶徐公行狀》，第6459頁。
〔註101〕《舊唐書》卷176，第4565頁。
〔註102〕《全唐文》卷690，第7073頁。
〔註103〕《全唐文》卷542，第5499頁。
〔註104〕韓愈撰，馬其昶校注，馬茂元整理：《韓昌黎文集校注》卷7，第545頁。

承擔的程度。

　　加強財賦徵收力度還導致了另一個問題，即地方開支的緊縮。一般認為，唐後期地方官俸祿較為優厚，主要原因是「地方州府及諸使（的俸祿）由稅收『留州』部分足以充給」。〔註105〕唐後期上州刺史每月俸料錢80貫，中州以下為上州的三分之二（約53貫）。〔註106〕然而嶺南卻不然，《新唐書・孔戣傳》稱：「先是，屬刺史俸率三萬（30貫），又不時給，皆取部中自衣食。戣乃倍其俸，約不得為貪暴，稍以法繩之。」〔註107〕可見嶺南地方官俸祿本不充裕，「又不時給」，難怪會「皆取部中自衣食」。開成五年（840）嶺南節度使盧鈞奏疏中也有「以俸入單微」致北選者不願到任之說。孔戣《奏加嶺南州縣官課料錢狀》稱：「臣自到州，深知其弊，必若責之以理，莫若加給料錢。今具分折（按：「折」應作「析」）如前，並不破上供錢物。」〔註108〕據此，孔戣給州縣官「加給料錢」，但原則是「不破上供錢物」，可見國家的財賦收入是首先要保證的，那麼在兩稅三分（上供、送使、留州）的情況下，州縣官俸祿只能從「送使」的部分支出了，這裡舉一個例子：韓愈《潮州謝孔大夫狀》稱：「以愈貶授刺史，特加優禮，以州小俸薄，慮有闕乏，每月別給錢五十千（50貫），以送使錢充者。」〔註109〕元和二年（807）以後，唐代兩稅三分的制度有所變革，「送使」部分先取節度使治州兩稅充，若不足則取之於屬州。〔註110〕換句話說，國家財富主要來源於嶺南各屬州，高額上供導致「留州」部分很少，難以支給地方官俸祿。而兩稅三分新制之下，嶺南節度使的「送使」部分主要出自廣州，廣州恰恰是嶺南經濟最繁榮的地方，故而嶺南節度使有能力用「送使」錢補貼地方官俸祿。

　　總之，國家化是推動唐後期嶺南財賦的增長的關鍵因素。唐後期的嶺南，在自然環境、社會發展狀況均不如河北的情況下，其領土效益（主要表現為

〔註105〕黃惠賢、陳鋒主編：《中國俸祿制度史》，武漢：武漢大學出版，2005年，第220～221頁。

〔註106〕黃惠賢、陳鋒主編：《中國俸祿制度史》，第218頁。

〔註107〕《新唐書》卷163，第5009頁。按：「屬刺史」似應作「屬州刺史」，則文義可通。

〔註108〕《全唐文》卷693，第7110頁。

〔註109〕韓愈撰，馬其昶校注，馬茂元整理：《韓昌黎文集校注・遺文》，第814頁。

〔註110〕關於元和二年兩稅三分的改革，參見張達志《「兩稅三分」與「稅外加徵」——試論中晚唐藩鎮與屬州的財力消長》，《中國社會經濟史研究》2010年第3期。

財賦）超過了河北，這正體現了國家化對領土效益的影響。

## 第二節　唐代嶺南戶口的變動

　　統治資源包括「人」「物」「地」三種類型，而「人」又可以分為以個人形式發揮作用的精英和以群體形式發揮作用的一般群眾。對於群體形式的「人」來說，這種統治資源的強弱是以國家掌握的戶口多少為基礎的，比如國家按戶徵兵、徵役夫等。而對於「物」這種統治資源的獲取來說，也在相當的程度上依賴於國家對戶口的控制，比如國家根據戶口而均田、徵租調。總之，戶口的多寡是體現領土效益高低的重要指標。本節對唐代嶺南戶口的變動情況加以研究，並探討其與國家化的關係。

### 一、唐以前嶺南的戶口

　　西漢元始二年（公元 2 年）交趾刺史部 215448 戶。〔註 111〕東漢永和五年（140）交州 270769 戶。〔註 112〕西晉太康（280～285）初，嶺南交廣二州合計 68740 戶。〔註 113〕劉宋大明八年（464）交、廣、越三州共 50559 戶。〔註 114〕隋大業五年（609）嶺南地區總戶數為 367566。〔註 115〕

　　據上述數據，東漢嶺南戶數較西漢有明顯增長，且上述東漢數據出自《後漢書·郡國志》，缺交趾、鬱林戶數，而交趾是西漢嶺南戶數最多的郡。如果加上所缺戶數，東漢嶺南總戶數與西漢相比當有更大幅度的增長。前文第二章提到，西漢末年以來嶺南移民顯著增長，其中主要包括徙罪民於邊和躲避戰亂兩種情況。這一結論與上引數據的變化恰可互相印證。西晉嶺南戶數急劇下降，不到東漢的四分之一。劉宋時期比西晉又略有下降。除戰亂的影響

---

〔註 111〕《漢書》卷 28 下《地理志下》，第 1628～1630 頁。另參見梁方仲《中國歷代戶口、田地、田賦統計》，上海：上海人民出版社，1980 年，第 17 頁。

〔註 112〕《後漢書·郡國志五》，第 3530～3532 頁。另參見梁方仲《中國歷代戶口、田地、田賦統計》，第 25 頁。

〔註 113〕《晉書》卷 15《地理志下》，第 464～468 頁。另參見梁方仲《中國歷代戶口、田地、田賦統計》，第 46 頁。

〔註 114〕《宋書》卷 38《州郡志四》，第 1189～1209 頁。另參見梁方仲《中國歷代戶口、田地、田賦統計》，第 47 頁。

〔註 115〕《隋書》卷 31，第 880～886 頁、第 896 頁。統計的有南海、龍川、義安、高涼、信安、永熙、蒼梧、始安、永平、鬱林、合浦、珠崖、寧越、交趾、九真、日南、熙平共十七郡，比景、海陰、林邑不在統計範圍之內。

之外，晉、宋時期嶺南戶口下降還可能與繁重賦役導致的戶口叛離有關。《宋書·良吏·徐豁傳》載豁任始興太守，奏稱：

> 郡大田，武吏年滿十六，便課米六十斛，十五以下至十三，皆課米三十斛，一戶內隨丁多少，悉皆輸米。且十三歲兒，未堪田作，或是單迥，無相兼通，年及應輸，便自逃逸，既過接蠻、俚，去就益易。或乃斷截支體，產子不養，戶口歲減，實此之由。〔註116〕

可見當地賦役沉重，「未堪田作」的十三歲少兒也要「課米三十斛」。這使得民眾以逃逸、自殘等方式逃避賦役，導致了戶口的減損。

現存文獻沒有記載此後南朝嶺南的戶口情況。隋大業五年嶺南戶口達到了約 36 萬戶，這是漢唐時期嶺南戶數有記載的最高峰，唐代嶺南戶數最高紀錄與此大致相當而略有不及。隋代嶺南戶口的龐大是大力檢責的結果，其力度之強甚至引發了當地的武裝動亂。《北史·蘇威傳》載：

> 尋令持節巡撫江南，得以便宜從事。過會稽，逾五嶺而還。江表自晉已來，刑法疏緩，代（按：「代」避唐太宗諱，本應作「世」）族貴賤，不相陵越。平陳之後，牧人者盡改變之，無長幼悉使誦五教。威加以煩鄙之辭，百姓嗟怨。使還，奏言江表依內州責戶籍。上（隋文帝）以江表初平，召戶部尚書張嬰，責以政急。時江南州縣又訛言欲徙之入關，遠近驚駭。饒州吳世華起兵為亂，生臠縣令，啖其肉。於是舊陳率土皆反，執長吏，抽其腸而殺之，曰：「更使儂誦五教邪！」〔註117〕

據此，「舊陳率土皆反」的原因在於州縣官施行急政和訛言的影響。急政的內容之一就是「依內州責戶籍」。魯西奇先生認為蘇威只是提出建議，並未實行。〔註118〕然而若如此，則《北史·蘇威傳》應稱「奏請江表」云云，而非「奏言」（所謂「奏言」，即將已經發生的事實對皇帝奏上而言之）；且如果檢責戶口僅僅是蘇威的建議而未曾實行，那麼文帝為何不責蘇威卻責張嬰？顯然，檢責戶口的措施已經在陳朝故地推行了，蘇威巡撫江南的過程中發現了這一

---

〔註116〕 《宋書》卷 92，第 2266 頁。
〔註117〕 《北史》卷 63，北京：中華書局，1974 年，第 2245 頁。
〔註118〕 魯西奇：《制度的地方差異性與統一性：隋代鄉里制度及其實行》，《中國社會科學》2017 年第 10 期。

現象，故向文帝奏言事實。引文稱「逾五嶺」，可知檢責戶口的範圍包括嶺南，這同樣在嶺南引發了叛亂。據《資治通鑒》卷 177 隋文帝開皇十年（590）十一月條，當時南方叛亂諸首領中就有「交州李春」。〔註119〕

## 二、唐代嶺南戶口變動的概況

經過隋末戰亂，唐初全國大部分地區著籍戶口明顯下降；自貞觀（627～649）至天寶（742～755）年間，唐代戶口逐漸恢復、上升，並臻於極盛；安史之亂的爆發導致著籍戶數驟減，中晚唐時期著籍戶口有所回升，但遠沒有達到天寶時期的數字。以上是唐代全國戶口的總體變動過程。〔註120〕然而就嶺南地區而言，其戶口變化與上述情況有較大差異。與北方各地戶口在隋末戰亂中大量損失不同，唐貞觀中嶺南的戶口基本維持了隋大業中的規模。貞觀戶數與大業戶數相比，嶺南道的增減百分比在全國各道位列第三。

**表 15　隋大業至唐貞觀各道戶數保有率**〔註121〕

| 道　　別 | 劍南 | 江南 | 嶺南 | 關內 | 隴右 | 河東 | 山南 | 淮南 | 河北 | 河南 |
|---|---|---|---|---|---|---|---|---|---|---|
| 隋大業 | 360184 | 357819 | 367365 | 90452 | 171241 | 852001 | 727009 | 452976 | 2163345 | 2721272 |
| 唐貞觀 | 638200 | 403939 | 357348 | 398066 | 55956 | 271199 | 180724 | 91091 | 369730 | 275618 |
| 保有率 | 177.2 | 112.9 | 97.3 | 44.0 | 32.7 | 31.8 | 24.9 | 20.1 | 17.1 | 10.1 |

由於隋末戰亂對嶺南的影響比較小，唐初嶺南戶口損失不大是可以理解的。但在貞觀（627～649）到天寶（742～755）這段時間裏，唐全國各道戶口都有大幅的增長，唯獨嶺南不然。

---

〔註119〕《資治通鑒》卷 177 隋文帝開皇十年十一月條，第 5634 頁。

〔註120〕唐代全國戶口的總體變動過程，參考了葛劍雄主編，凍國棟著《中國人口史》第二卷《隋唐五代時期》，上海：復旦大學出版社，2002 年，第 132～148 頁。

〔註121〕本表改編自葛劍雄主編，凍國棟著《中國人口史》第二卷《隋唐五代時期》表 4～5《隋大業至唐貞觀各道戶數升降及分布比重》，第 194 頁。本表按照戶口保有率對各道重新排序，所謂「保有率」，是以隋大業戶數為 100，計算唐貞觀戶數相對大業戶的比例。表中隋大業嶺南戶數比本節第一目的數據略少，是因為表中沒有計入熙平郡的原因。

表 16 　唐貞觀、天寶兩朝各道戶數保有率〔註122〕

| 道　別 | 河南 | 淮南 | 江南 | 河北 | 山南 | 河東 | 關內 | 隴右 | 劍南 | 嶺南 |
|---|---|---|---|---|---|---|---|---|---|---|
| 貞觀十三年 | 275617 | 91091 | 403939 | 369730 | 180724 | 271199 | 398066 | 55956 | 638200 | 357348 |
| 天寶十一載 | 1795539 | 412448 | 1824004 | 1514765 | 576883 | 632611 | 810263 | 112874 | 922353 | 336052 |
| 保有率 | 651.5 | 452.8 | 451.6 | 409.7 | 319.2 | 233.3 | 203.5 | 201.7 | 144.5 | 94 |

　　除劍南、嶺南，表中各道戶口均增長至少一倍以上，其中更有甚者如河南道增長了近 550%。劍南道在唐初就是戶口最多的地方，增長的空間比較小，這是易於理解的；且劍南道增長了 44.5%，就其絕對數量來說也很可觀。然而嶺南道竟有所下降。按表中「嶺南道」不含連州。本文緒論部分已經對連州的情況作了說明，如果將連州的戶口補入，則嶺南天寶（742～755）總戶數也只是略高於貞觀（627～649）戶。但需要注意的是天寶年間嶺南統計戶數的州要比貞觀年間多出不少，〔註123〕也就是說，貞觀、天寶均有統計的那些州，其中不少州的天寶戶數是下降的，有些州下降的幅度還很驚人。《舊唐書‧地理志四》賓州條載舊領戶 7485，天寶戶 1976；〔註124〕澄州條載舊領戶 10868，天寶戶 1368；〔註125〕貴州條載舊領戶 28930，天寶戶 3026；〔註126〕禺州條載舊領戶 10748，天寶戶 3180。〔註127〕按舊領戶，即貞觀戶數。

　　再看唐後期的情況。在一般印象裏，由於遠離中原戰亂地區，唐後期嶺南的戶口保有率是比較高的。但事實上唐後期嶺南戶口不僅延續了下降的趨勢，且降幅較大。

〔註122〕 本表改編自葛劍雄主編，凍國棟著《中國人口史》第二卷《隋唐五代時期》表 4～7《唐貞觀、天寶兩朝各道戶數增減狀況》，第 198 頁。本表按照戶口保有率對各道重新排序。

〔註123〕 貞觀、天寶時期嶺南各州的戶數，參見葛劍雄主編，凍國棟著《中國人口史》第二卷《隋唐五代時期》，表 4～23《唐嶺南道諸州府各階段戶數》，第 275～277 頁。

〔註124〕 《舊唐書》卷 41，第 1732 頁。據研究，《舊唐書‧地理志》中所載「舊領」戶數，為貞觀十三年戶數；「天寶」領戶為天寶十一載戶數；《元和郡縣圖志》所錄「元和」戶數，約為元和四年或五年。見葛劍雄主編，凍國棟著《中國人口史》第二卷《隋唐五代時期》，第 21～25 頁。

〔註125〕 《舊唐書》卷 41，第 1733 頁。

〔註126〕 《舊唐書》卷 41，第 1738 頁。

〔註127〕 《舊唐書》卷 41，第 1747 頁。

表 17　元和志所見唐開元、元和各道戶數保有率〔註 128〕

| 道　別 | 江南 | 湖南 | 嶺南 | 山南 | 關內 | 河東 | 劍南 | 河北 | 河南 |
|---|---|---|---|---|---|---|---|---|---|
| 開元戶 | 1334988 | 300666 | 285456 | 491917 | 710352 | 723367 | 739145 | 1084856 | 1439461 |
| 元和戶 | 791736 | 177612 | 149139 | 214719 | 283778 | 244916 | 159860 | 185783 | 158710 |
| 保有率 | 59.3 | 59.1 | 52.2 | 43.6 | 39.9 | 33.9 | 21.6 | 17.1 | 11 |

　　從表中看，嶺南道的戶口保有率在諸道之中確實是比較高的；且上表是以《元和郡縣圖志》為數據來源，而元和志嶺南道部分又有兩卷逸文，可知據元和志所統計的總戶數必然低於實際戶數不少，嶺南戶數的實際保有率應會比表中反映的還要更高一些。不過，嶺南道元和（806～820）總戶數的保持很大程度上依賴於廣州和安南府兩地的戶口增長。《元和郡縣圖志·嶺南道一》廣州條載元和戶 74099；〔註 129〕安南條載元和戶 27135。〔註 130〕而嶺南諸州元和總戶數為 149139。〔註 131〕廣州和安南府佔了總數的約 68%。當然，考慮到逸文部分，這個比例會下降，但逸文所載廣管部分屬州和容管諸州的戶口恐怕也難以與廣州、安南相提並論。這說明除廣州、安南府外，嶺南諸州的戶口下降還是非常嚴重，其中一些極端的，元和戶竟不及天寶戶十分之一，如《舊唐書·地理志四》龔州條載天寶戶 9000，象州條載天寶戶 5500；〔註 132〕《元和郡縣圖志·嶺南道四》龔州條載元和戶 276，象州條載元和戶 233。〔註 133〕另外需要注意的是，元和志中許多州的戶數未標明年代，包括：長州 648，郡州 335，諒州 550，武安州 456，唐林州 317，武定州 1200，貢州 380。將上述數據與《新唐書·地理志七上》對比，會發現長、唐林二州數據完全相同，而新唐志載武安州為 450 戶，與元和志也相差無幾。上述不明年代的數據，恐是據《新唐書·地理志七上》等其他史料照錄而來，未必是元

〔註 128〕　本表改編自葛劍雄主編，凍國棟著《中國人口史》第二卷《隋唐五代時期》表 4～9《元和志所見唐開元、元和各道戶數及其升降百分比》，第 204 頁。本表按照戶口保有率對各道重新排序，淮南道闕，隴右道陷於吐蕃，二道無元和戶數。

〔註 129〕　李吉甫撰，賀次君點校：《元和郡縣圖志》卷 34，第 885 頁。

〔註 130〕　李吉甫撰，賀次君點校：《元和郡縣圖志》卷 38，第 955 頁。

〔註 131〕　葛劍雄主編，凍國棟著《中國人口史》第二卷《隋唐五代時期》，第 277 頁。

〔註 132〕　《舊唐書》卷 41，第 1730、1734 頁。

〔註 133〕　李吉甫撰，賀次君點校：《元和郡縣圖志》卷 37，第 929 頁。

和中真實情況。〔註 134〕

　　綜上，與唐代全國總戶數由低到高再到低的變化曲線不同，嶺南地區在唐初即擁有了比較高的戶數，但此後嶺南總戶數不僅一直沒有顯著增長，而且部分地區的戶口還大幅下降；唐後期，這種趨勢繼續延續。

## 三、對嶺南戶口的分析

　　唐前期嶺南戶口不但沒有顯著上升，且部分地區大幅下降。《中國人口史》第二卷《隋唐五代時期》認為原因在於「嶺南道西部諸州大都為所謂的『蠻夷』之地，戶口歸附叛離時有發生，從而導致著籍戶口的變動」；另外就是「嶺南地區的『南口』掠賣成風」。〔註 135〕嚴耕望先生《唐代戶口實際數量之檢討》指出，處於內地的少數民族是不列於唐代戶籍簿中的幾種人之一。〔註 136〕因此，有必要對嶺南蠻族是否錄入戶籍加以考察。另外，唐代國家在平定蠻亂的過程中，勢必有大量叛離的蠻族重新被國家控制。那麼平定蠻亂這一國家化措施是否有助於戶口的恢復呢？下文將對上述兩個問題進行討論。

　　前文已經說明，漢唐間嶺南社會的一大變動是梁代俚僚豪酋的崛起，這一現象除了為梁、唐嶺南增置政區提供了契機，還使得著籍戶數量短時間內的提高成為可能。因為對俚僚豪酋封授官職的依據是「職因地獎」，即根據其勢力大小；而蠻酋勢力之大小主要表現為擁有部落或洞的數量，如甯氏曾「率部落數千從征遼東」，冼氏「歸附者千餘洞」。〔註 137〕也就是說，在依據部落數量對俚僚豪酋授官的過程中，豪酋治下的部落隨之著於戶籍。這一國家化舉措使得那些為蠻酋控制、長期游離於戶籍之外的人口為國家所掌握。當然，這種掌握是間接的，或者說名義上的；蠻族部落直接受豪酋控制，這一點沒有改變。

　　關於唐代嶺南蠻族著於戶籍，還有一些直接的史料。《唐六典·尚書戶部》載：

---

〔註 134〕　李吉甫撰，賀次君點校：《元和郡縣圖志》卷 38，第 965～966 頁；《新唐書》卷 43 上，第 1114～1115 頁。

〔註 135〕　葛劍雄主編，凍國棟著《中國人口史》第二卷《隋唐五代時期》，第 280～281 頁。

〔註 136〕　嚴耕望：《唐代戶口實際數量之檢討》，《嚴耕望史學論文集》（下），第 1065頁；原載《國學文獻館館訊》第 9 號，1985 年。

〔註 137〕　《新唐書》卷 222 下《南蠻下·南平獠傳》，第 6326 頁。《隋書》卷 80《譙國夫人傳》，第 1801 頁。

> 凡嶺南諸州稅米者，上戶一石二斗，次戶八斗，下戶六斗；若
> 夷、獠之戶，皆從半輸。〔註138〕

《舊唐書‧文苑上‧劉延祐傳》亦稱：「嶺南俚戶，舊輸半課。」〔註139〕既然輸課，說明俚僚是編入戶籍的，故有「俚戶」之稱。《唐會要‧安南都護府》載開成四年（839）安南都護馬植奏：「當管經略押衙兼都知兵馬使杜存誠，管善良四鄉，請給發印一面。前件四鄉是獠戶，杜存誠祖父以來，相承管轄，其丁口稅賦，與一郡不殊。」〔註140〕善良等四鄉的獠戶由杜氏豪酋世襲管理，但國家依然掌握四鄉的丁口情況，且收取賦稅。這也說明唐代嶺南戶籍簿中包含豪酋所轄的蠻族部眾。

基於上述結論，我們再對唐代嶺南戶口變化的原因作進一步研究。蠻族固然時常叛離，但朝廷也不斷進行征討，為何沒能阻止戶口的下降呢？唐長孺先生曾指出唐代有掠賣嶺南蠻族為「南口」的現象。〔註141〕南口的重要來源之一就是戰俘。前文曾提到，梁代蕭勘曾向中央進獻征討俚僚所得的「生口」，類似做法在唐代依然如故。唐代國家在征討蠻族的過程中將戰俘沒為官奴婢是極常見的事。《冊府元龜‧將帥部‧貪黷》：「初有上書告（黨）仁弘沒降獠為奴婢。」〔註142〕黨仁弘，貞觀（627～649）中曾任廣州都督。據此可知唐代在法令上並不允許沒蠻為奴，但事實上僅是具文。《舊唐書‧李復傳》：

> 先時西原叛亂，前後經略使征討反者，獲其人皆沒為官奴婢，
> 配作坊重役，復乃令訪其親屬，悉歸還之。〔註143〕

又《新唐書‧南蠻下‧西原蠻傳》載，嶺南蠻酋儂金勒欲與黃洞首領相互攻伐，儂母勸誡兒子儂金勒稱：

> 前日兵敗甗水，士卒略盡，不自悔，復欲動衆，兵忿者必敗，
> 吾將囚為官老婢矣。〔註144〕

據以上兩則材料，平定蠻亂後將俘虜「沒為官奴婢」是當時的慣例。李復沒有墨守成規，而是將俘虜歸還其親屬，故被載於史冊。《太和八年疾愈德音》

---

〔註138〕李林甫等撰、陳仲夫點校：《唐六典》卷3，第77頁。
〔註139〕《舊唐書》卷190上，第4995頁。
〔註140〕《唐會要》卷73，第1322頁。
〔註141〕唐長孺：《唐代宦官籍貫與南口進獻》，《山居存稿續編》，第359～366頁。
〔註142〕《冊府元龜》卷455，第5394頁。
〔註143〕《舊唐書》卷112，第3337頁。
〔註144〕《新唐書》卷222下，第6332頁。

中強調：「其所獲黃洞百姓，並分配側近州縣，令自營生，不得沒為奴婢，將充賞給。」〔註145〕強調「不得沒為奴婢」恰恰說明「沒為奴婢」才是當時的常態。這一情況終唐一代並無變化。唐代官奴婢不列戶籍，而由刑部都官掌握專門的名藉。〔註146〕因此沒蠻為奴的後果是：在平定蠻亂的過程中，被國家重新控制的一部分蠻族人口無法回歸戶籍。換句話說，平定蠻亂在彌補戶口流失方面作用有限，這是唐代嶺南戶口始終沒有顯著增長的重要原因之一。緒論部分已經說明，儘管國家化是以領土效益的提升為目標，但在現實中，國家化措施未必是適當的，某些不當的措施完全有可能對領土效益產生負面影響，二者的關係需要具體問題具體分析。唐代平定蠻亂是國家化的重要舉措，保證了國家化的持續推進；但沒蠻為奴的做法反而限制了嶺南戶口的增長。這就是國家化措施失當的例子。

唐後期嶺南戶口的下降是多種因素迭加造成的。除了前述因素的繼續存在，還有另外兩個方面的原因。首先是徵收賦稅的壓力增大。前文已述，唐後期嶺南財賦的增長是通過行政手段加強壓榨的結果，這無疑會加劇戶口的叛離。其次，唐後期嶺南的戰亂遠多於前期，不僅內亂頻頻，且遭遇了南詔的入侵。韓愈《黃家賊事宜狀》描述元和十四年（819）開始的征蠻戰爭稱：「邕、容兩管，因此凋弊，殺傷疾患，十室九空，百姓怨嗟，如出一口。」〔註147〕《資治通鑑》卷250唐懿宗咸通二年（841）七月條，南詔陷邕州之後，邕州「城邑居人什不存一」。〔註148〕同卷咸通四年正月條：「南詔兩陷交趾，所殺虜且十五萬人。」〔註149〕可知戰爭的破壞直接導致嶺南戶口的衰減。

貞觀時期嶺南戶口大致保持了隋大業中的水平，這一方面是因為隋唐之際嶺南沒有發生大規模的戰亂，另一方面是因為唐代通過對蠻酋裂地授官的措施將其控制的人口納入國家戶籍。有唐一代嶺南戶口始終沒有顯著增長，唐後期下降尤為明顯。這首先是因為戶籍中蠻族數量很大，他們叛服無常，很容易脫離戶籍，而唐廷的征蠻戰爭又存在沒蠻為奴的現象，這種不當的國家化措施阻礙了蠻族戶口的恢復。沉重的賦稅負擔及戰亂的迭加影響也是嶺

〔註145〕《全唐文》卷75，第785頁。
〔註146〕葛劍雄主編，凍國棟著《中國人口史》第二卷《隋唐五代時期》，第113頁。
〔註147〕韓愈撰，馬其昶校注，馬茂元整理：《韓昌黎文集校注》卷8，第713頁。
〔註148〕《資治通鑑》卷250唐懿宗咸通二年七月條，第8218頁。
〔註149〕《資治通鑑》卷250唐懿宗咸通四年正月條，第8224頁。

南戶口下降的原因之一。總之，導致唐代嶺南戶口升降的首要原因是國家化措施的影響，而不是戶口的自然增減，這與嶺南財賦的情況類似。

## 第三節　唐代嶺南軍隊的出征

軍隊屬於統治資源中「群體形式的『人』」這一類型。不過相比於同類型的其他統治資源，如役夫、僕役等，軍隊對國家的生死存亡具有決定性的作用。因此，某地向國家提供軍隊的能力是其領土效益的重要表現之一，本節單獨予以討論。需要注意的是，某地軍隊被徵調的原因往往很複雜，軍隊被徵調的頻率或規模，未必總能體現該地區的領土效益，故需加以區別。如果是本區域內發生戰爭，當地軍隊自然在參戰之列，這無法反映當地領土效益的實際高低。因此，本章考察嶺南軍隊出征的情況。所謂「出征」，這裡指的是某區域的軍隊根據國家的需要被調往其他區域執行任務，包括攻伐、鎮守等。一般情況下，國家會優先從領土效益較高的地區徵調軍隊。當然，這裡還要考慮交通的便利、軍隊戰力的強弱等其他因素。唐代以前，嶺南軍隊出征的記載不多。隋唐之際的征遼之役是嶺南軍隊大規模出征的開始。天寶征雲南，唐代主動從嶺南出兵配合劍南的攻勢，也取得了一定戰果。

### 一、唐以前嶺南軍隊的動向

兩漢三國時期，嶺南未見軍隊出征的記載。需要注意的是，沒有相關記載不能簡單等同於領土效益低。因為軍隊出征與當時的局勢密切相關，如果周邊地方沒有戰爭發生，嶺南軍隊自然無需出征。那麼兩漢三國時期嶺南周邊的情況如何呢？兩漢時期，雲南諸郡是與嶺南毗鄰的區域，這一區域戰爭頗為頻繁，但國家從來沒有徵調嶺南的軍隊參戰。《漢書·西南夷傳》載始元元年（前86）益州、牂柯發生反叛，「發蜀郡、犍為奔命萬餘人擊牂柯」；〔註150〕王莽時，益州郡反叛，「發巴、蜀、犍為吏士」征討而三年無功，遂「大發天水、隴西騎士，廣漢、巴、蜀、犍為吏民十萬人」。〔註151〕《後漢書·南蠻西南夷傳》載建武十八年（42）益州郡蠻夷反叛，次年「發廣漢、犍為、蜀郡人及朱提夷，合萬三千人擊之」；〔註152〕建初元年（76）哀牢反叛，「募發

〔註150〕《漢書》卷95，第3843頁。
〔註151〕《漢書》卷95，第3846頁。
〔註152〕《後漢書》卷86，第2846頁。

越嶲、益州、永昌夷漢九千人討之」；〔註 153〕熹平五年（176）南中諸夷反叛，「發板楯蠻擊破平之」。〔註 154〕顯然，儘管兩漢時雲南地區內亂頻發，但嶺南軍隊從來不在被徵調之列。

　　雲南與嶺南相鄰，由雲南可以順紅河及其支流進入交州；反之則可以由嶺南出發經略雲南。《晉書‧陶璜傳》載其反對減交廣州郡兵，理由之一是：「又寧州興古接據上流，去交阯郡千六百里，水陸並通，互相維衛。州兵未宜約損，以示單虛。」〔註 155〕當時國家在雲南地區設寧州，下轄的興古郡與嶺南的交阯郡之間有盤龍江、紅河水路。因此云南與嶺南是「水陸並通，互相維衛」的關係，雲南也是後來嶺南軍隊出征的主要場所。這說明雲南有戰事卻不用嶺南兵，絕非因為交通不便。上舉兩漢時期雲南歷次戰爭，徵調的除了雲南本地軍隊外，以巴蜀為最多；更有甚者，王莽時期徵調的範圍已經擴大到天水、隴西。可見這些戰爭的規模不可謂不大，徵調範圍不可謂不廣，但「水陸並通，互相維衛」的嶺南卻從來沒有成為徵調的對象，這只能說明當時國家尚無法從嶺南獲取足夠的軍事力量。而同為與雲南相鄰的區域，巴蜀則因領土效益較高而頻被徵發。

　　嶺南軍隊出征最早見於記載的是西晉永嘉元年（307）交州出兵救寧州。當時雲南發生叛亂，寧州城被圍困，《華陽國志‧南中志》載：「交州刺史吾彥遣子威遠將軍諮以援之。」〔註 156〕然而交州的救兵是否參戰以及結果如何，不得而知。《晉書‧成帝紀》咸康二年（336）十月條：「廣州刺史鄧嶽遣督護王隨擊夜郎，新昌太守陶協擊興古，並克之。」〔註 157〕《晉書‧鄧嶽傳》載：「（郭）默平，遷督交廣二州軍事、建武將軍、領平越中郎將、廣州刺史、假節……咸康三年，嶽遣軍伐夜郎，破之，加督寧州，進征虜將軍，遷平南將軍。」〔註 158〕按夜郎、興古二郡屬寧州，《成帝紀》係此事於咸康二年，《鄧嶽傳》恐誤。三年後，鄧嶽再次出兵寧州，《晉書‧成帝紀》咸康五年（339）三月乙丑條：「廣州刺史鄧嶽伐蜀，建寧人孟彥執李壽將霍彪以降。」〔註 159〕

〔註 153〕《後漢書》卷 86，第 2851 頁。
〔註 154〕《後漢書》卷 86，第 2847 頁。
〔註 155〕《晉書》卷 57，第 1560 頁。
〔註 156〕常璩：《華陽國志》卷 4，北京：中華書局，1985 年，第 51 頁。
〔註 157〕《晉書》卷 7，第 180 頁。
〔註 158〕《晉書》卷 81，第 2131 頁。
〔註 159〕《晉書》卷 7，第 181 頁。

據《資治通鑑》卷 96 晉成帝咸康五年三月條稱霍彪為成漢所任寧州刺史，本條胡注稱：「咸和八年（333），成取寧州，今復之。」〔註 160〕咸和八年成漢盡取南中之地，咸康二年鄧嶽復夜郎、興古二郡，五年收復當時寧州的治所建寧郡，故胡注稱復寧州。按：寧州轄境遼闊，鄧嶽當時未必能全部攻取，但至少應收復了其中一部分。

吾彥以交州兵援寧州，鄧嶽以嶺南軍隊出征寧州，說明兩晉時期國家從嶺南獲取軍事力量的能力比兩漢有所提高。不過當時嶺南軍隊出征，主要原因恐怕是時局所迫。永嘉元年（307）中原大亂，巴蜀地區也發生了李特等人領導的流民之變並建立成漢政權。咸康（335～342）年間，成漢政權已經佔據了巴蜀並進入雲南。而東晉實控區內與雲南接壤且交通便利的地方只剩下嶺南。如要收復雲南，從嶺南進兵是當時的最優選擇。

晉宋之際，嶺南的軍隊還多次征討林邑。但前文介紹嶺南疆域變遷時已經說過，林邑即漢代日南郡象林縣故地，東漢末獨立後又不斷向北拓展領土。晉宋之時征討林邑，其實作戰範圍大體上不出漢代日南郡之內。且晉宋國家疆域中與林邑接壤的區域只有嶺南。林邑犯境，自然由嶺南軍隊驅逐、征討。因此對林邑的征討儘管已經越出當時的國境之外，但還不能視為真正意義上向其他區域的出征。

梁末侯景之亂，陳霸先自嶺南出兵援臺，其最初所統率的主要是來自嶺南的軍隊。《陳書·高祖紀上》載大同（535～545）初：「（蕭）映為廣州刺史，高祖為中直兵參軍，隨府之鎮。映令高祖招集士馬，眾至千人，仍命高祖監宋隆郡。」〔註 161〕又載：「會有詔高祖為交州司馬，領武平太守，與刺史楊瞻南討（李賁）。高祖益招勇敢，器械精利。」〔註 162〕又載：「（太清三年，549）十一月，高祖遣杜僧明、胡穎將二千人頓於嶺上，並厚結始興豪傑同謀義舉，侯安都、張偲等率千餘人來附。」〔註 163〕據此，陳霸先進入嶺南後至少曾三次招募軍隊，後來北上平定侯景之亂、創建陳朝，就是以這支軍隊為基礎。這是來自嶺南的軍事力量第一次參與到全國範圍的政治角逐中去（儘管此時的「國」只侷限於南方）。陳霸先在嶺南招募的軍隊中，有一部分可能是來自

---

〔註 160〕《資治通鑑》卷 96 晉成帝咸康五年三月條，第 3077 頁。
〔註 161〕《陳書》卷 1，第 2 頁。
〔註 162〕《陳書》卷 1，第 2 頁。
〔註 163〕《陳書》卷 1，第 3～4 頁。

當地的蠻族豪酋。陳寅恪先生《魏書司馬睿傳江東民族條釋證及推論》提出侯景之亂是江東社會「劃分時期之大事」,「其故即在所謂岩穴村屯之豪長乃乘此役興起,造成南朝民族及社會階級之變動。」〔註164〕「岩穴村屯之豪長」在侯景之亂前就擁有相當的勢力,侯景之亂只不過是為他們提供了一個登上政治舞臺的機會而已。陳先生文中列舉梁末陳初的武將,並認為侯安都「頗有俚族之嫌疑」。〔註165〕不過從陳初功臣的籍貫來看,嶺南籍的並不多。〔註166〕據《隋書·譙國夫人傳》,洗夫人與陳霸先會面後對其夫馮寶說:「我觀此人必能平賊,君宜厚資之。」〔註167〕又徐陵《為陳武帝作相時與嶺南酋豪書》稱:「君(指嶺南豪酋)之才具,信美登朝,如戀本鄉,不能遊宦,門中子弟,望遣來儀。」〔註168〕據此,當時嶺南的俚僚豪酋中可能一些有像侯安都這樣參加陳霸先軍隊的(如果侯安都真的如陳寅恪先生推測的那樣是俚族的話),但他們中的大多數應是留在了嶺南本地,其中一部分為陳霸先提供了軍資上的支持。正因如此,陳霸先對這些盤踞嶺南的豪酋並不放心,才邀其「宦遊」「來儀」。

陳霸先能夠從嶺南募集到一支強大的軍隊並最終奪取天下,這體現了國家從嶺南獲取軍隊的能力有所提高。不過,此役與鄧嶽征寧州類似,也是為時局所迫,有不得已之處。《陳書·高祖紀上》載蕭勃遣鍾休悅勸阻陳霸先援臺,稱:「侯景驍雄,天下無敵,前者援軍十萬,士馬精強,而莫敢當鋒,遂令羯賊得志,君以區區之眾,將何所之?如聞嶺北王侯又皆鼎沸,河東、桂陽相次屠戮,邵陵、開建親尋干戈(後略)。」〔註169〕可見侯景叛亂之初,各地勤王軍隊先後被侯景擊敗,梁室諸王又兵戈相見。陳霸先在嶺南的這支力量是當時梁朝境內為數不多的可以出征平叛的軍隊之一。

---

〔註164〕 陳寅恪:《金明館叢稿初編》,第113頁。

〔註165〕 陳寅恪:《金明館叢稿初編》,第117頁。

〔註166〕 據呂春盛《陳朝的政治結構與族群問題》列有《陳霸先興起過程所吸收的人物表》,表中共列58人,而籍貫在嶺南的唯有侯安都和洗夫人(臺北:稻鄉出版社,2010年,第98~100頁)。洗夫人雖然助陳霸先討李遷仕,但主要在嶺南活動,只是在陳朝建立後選擇了歸順而已,能不能算陳霸先所「吸收」的人物,筆者認為值得商榷。不過就算加上洗夫人,嶺南籍人物在陳初功臣中比例也是很小的。

〔註167〕 《隋書》卷80,第1801頁。

〔註168〕 徐陵撰,吳兆宜箋注:《徐孝穆集》卷3,上海:商務印書館,1939年,第103頁。

〔註169〕 《陳書》卷1,第4頁。

陳文帝天嘉三年（562）討周迪，「詔鎮南將軍、開府儀同三司歐陽頠，率其子弟交州刺史盛、新除太子右率邃、衡州刺史侯曉等，以勁越之兵，逾嶺北邁」；討陳寶應，詔廣州刺史歐陽紇「董率衡、廣之師，會我六軍」。〔註170〕文帝的詔書中雖然提到了徵調嶺南軍隊，不過文獻沒有他們參加戰鬥的記載，應是起策應作用，或僅僅虛張聲勢而已。

## 二、唐代嶺南軍隊的出征

### （一）征遼

隋唐之際的征遼之役，是大規模徵調嶺南軍隊的開端。由於隋末到唐初的多次征遼之役在時間上相近，作戰對象相同，其作戰方式也有一定的相似性，可以視為中原王朝與高麗之間的一場具有連續性的博弈，因此將它們放在一起探討。《資治通鑒》卷181隋煬帝大業七年（611）四月條載：

> 先是，詔總徵天下兵，無問遠近，俱會於涿。又發江淮以南水
> 手一萬人，弩手三萬人，嶺南排鑹手三萬人，於是四遠奔赴如流。
> 〔註171〕

隋煬帝第一次征遼就發嶺南排鑹手多達三萬人，這裡所謂「發」，應是具有強制性的徵發。第一次征遼失敗後，煬帝開始招募名為「驍果」的新軍。《隋書·煬帝紀下》大業九年（613）正月丁丑條：「徵天下兵，募民為驍果，集於涿郡。」〔註172〕嶺南也在招募驍果的範圍之內。《隋書·宇文化及傳》載：「其（宇文化及）將陳智略率嶺南驍果萬餘人，張童兒率江東驍果數千人，皆叛歸李密。」〔註173〕《新唐書·馮盎附子智戴傳》：「嘗隨父至洛陽，統本部銳兵宿衛。煬帝弒，引其下逃歸。」〔註174〕據研究，驍果是「侍衛左右」的親兵，且隋煬帝在江都的武裝是以驍果為主。〔註175〕隋煬帝在江都被弒，馮智戴顯然是從駕江都，才能在煬帝被弒後「引其下逃歸」，那麼馮智戴統領的也應是來自嶺南的驍果。據此，陳智略統率的並不是嶺南驍果的全部，但僅此

---

〔註170〕《陳書》卷35《周迪傳》，第482頁；《陳書》卷35《陳寶應傳》，第489頁。

〔註171〕《資治通鑒》卷181隋煬帝大業七年四月條，第5761頁。

〔註172〕《隋書》卷4，第83頁。

〔註173〕《隋書》卷85，第1891頁。

〔註174〕《新唐書》卷110，第4113頁。

〔註175〕黃永年：《六至九世紀中國政治史》，上海：上海書店出版社，2004年，第105頁。

一部分就達萬餘人，可見嶺南所募的驍果人數之龐大。

　　嶺南軍隊中有一個特殊的兵種──排鑱手。據前引《資治通鑒》卷 181 隋煬帝大業七年四月條，當時從嶺南徵發的軍隊是「排鑱手」。本條胡注稱「鑱」即為「小稍也」。〔註 176〕《新唐書・尉遲敬德傳》載，武德三年（620）尉遲敬德隨太宗征討王世充，「禽其將陳智略，獲排稍兵六千」。〔註 177〕排稍即排鑱。據此，陳智略所統嶺南驍果可能也是以「排鑱手」為主要兵種之一。鑱是嶺南蠻族慣用的兵器。元稹《送嶺南崔侍御》就有「黃家賊用鑱刀利，白水郎行旱地稀」的句子。〔註 178〕鑱為短稍，利於投擲而不利擊刺，其用法可能類似標槍。北宋曾公亮等撰《武經總要前集》稱：「梭槍，長數尺，本出南方，蠻獠用之，一手持旁牌，一手以標擲人，數十步內，中者皆踣。」〔註 179〕「排鑱」之「排」作何解，不得而知。筆者推測可能是類似盾牌的東西，或者就是「牌」的誤寫。南方蠻族作戰，多以標槍、盾牌配合使用，以至「蠻牌」之名流傳甚廣。除了上引《武經總要》外，南宋李心傳《建炎以來朝野雜記・乙集・黎雅嘉定土丁廩給》也載當地土丁：「從其俗用木弓、木弩、長槍、蠻牌。」〔註 180〕又北宋滕甫《征南錄》載廣西儂智高軍隊的特點：「賊之長技用蠻牌撚槍，每人持牌以蔽身，二人持槍夾牌以殺人。」〔註 181〕總之，上述考證說明排鑱是嶺南蠻族慣用的武器。那麼以排鑱手為主要兵種之一的嶺南征、募軍隊，應含有大量的蠻族。這些軍隊的將領也多為俚僚豪酋。前文已述，陳氏是梁代崛起於嶺南的俚僚豪酋大姓之一。《元和姓纂（附四校記）》河南陳氏條引《官氏志》：「龍川公陳賀略，端州首領也。」〔註 182〕「賀」當為「智」之誤。陳智略降唐後，又被任命為嶺南道行軍總管以安撫嶺南。武德四年（621）《授張鎮周陳知略淮南嶺南行軍總管詔》稱：「左武侯將軍黃

---

〔註 176〕《資治通鑒》卷 181 隋煬帝大業七年四月條，第 5761 頁。

〔註 177〕《新唐書》卷 89，第 3752 頁。

〔註 178〕元稹撰，冀勤校注：《元稹集》，第 231 頁。

〔註 179〕曾公亮等撰，鄭誠整理：《武經總要前集》卷 13，長沙：湖南科學技術出版社，2017 年，第 806 頁。

〔註 180〕李心傳撰，徐規點校：《建炎以來朝野雜記・乙集》卷 17，北京：中華書局，2000 年，第 814 頁。

〔註 181〕滕甫：《征南錄》（不分卷），《影印文淵閣四庫全書》史部・傳記類，第 460 冊，臺北：臺灣商務印書館，1983 年，第 830 頁。

〔註 182〕林寶撰，岑仲勉校記：《元和姓纂（附四校記）》卷 3，北京：中華書局，1994 年，第 351 頁。

國公張鎮周、大將軍合浦縣公陳知略，二方首族，早從歷任，思展誠效，輯寧州里。」〔註183〕「知略」應為「智略」之訛。可見嶺南驍果的將領陳智略為俚僚豪酋。俚僚豪酋參加征遼之役的還有不少。《新唐書·馮盎傳》：「從煬帝伐遼東，遷左武衛大將軍。」〔註184〕《新唐書·南蠻下·南平獠傳》載甯長真：「又率部落數千從征遼東，煬帝召為鴻臚卿，授安撫大使，遣還。」〔註185〕《隋書·麥鐵杖傳》：「麥鐵杖，始興人也。……及遼東之役，請為前鋒。」〔註186〕按麥鐵杖是否為蠻族尚不能確定，不過據其《隋書》本傳，麥鐵杖「驍勇有膂力，日行五百里，走及奔馬……每以漁獵為事，不治產業」，〔註187〕以漁獵為事且驍勇有力，頗有蠻族嫌疑。又寶應二年（763）潘炎撰《高力士墓誌》稱高力士母麥氏「宿國猛公之曾孫」，〔註188〕「宿國猛公」即麥鐵杖。據研究，「中古時期的欽州甯氏等嶺南溪洞豪族，如同中原內地的門閥士族一樣，也存在一個特殊的婚姻集團」。〔註189〕是否真的存在這樣一個「集團」，筆者認為有待商榷；但是中古時期嶺南俚僚豪酋之間相互通婚的現象是存在的。高力士所出的馮氏家族與麥氏聯姻這一事實，更加大了麥氏俚僚豪酋身份的可能性。

唐代征遼之役，同樣從嶺南徵發軍隊。《舊唐書·東夷·高麗傳》：

（貞觀）十九年（645），命刑部尚書張亮為平壤道行軍大總管，領將軍常何等率江、淮、嶺、硤勁卒四萬，戰船五百艘，自萊州泛海趨平壤。〔註190〕

據《冊府元龜·將帥部·忠四》：

高宗遣將征高麗，（龐）孝泰為沃沮道總管。時孝泰率嶺南水戰之士軍於蛇水之上，高麗蓋蘇文益兵迎擊之，孝泰大敗。〔註191〕

---

〔註183〕《全唐文》卷2，第31頁。
〔註184〕《新唐書》卷110，第4112頁。
〔註185〕《新唐書》卷222下，第6326頁。
〔註186〕《隋書》卷64，第1511～1512頁。
〔註187〕《隋書》卷64，第1511頁。
〔註188〕吳鋼主編：《全唐文補遺》第七輯，第59頁。
〔註189〕王承文：《中古嶺南沿海甯氏家族淵源及其夷夏身份認同——以隋唐欽州甯氏碑刻為中心的考察》，《魏晉南北朝隋唐史資料》第三十一輯，上海：上海古籍出版社，2015年。
〔註190〕《舊唐書》卷199，第5322頁。
〔註191〕《宋本冊府元龜》卷373，第940頁。

《舊唐書・許敬宗傳》：

> 白州人龐孝泰，蠻酋凡品，率兵從征高麗，賊知其懦，襲破之。

〔註192〕

據上引史料，唐太宗、唐高宗兩朝征高麗，均從嶺南徵發軍隊，其兵種主要是駕駛戰船的「水戰之士」。與隋代一樣，唐代徵發的對象包括蠻族豪酋，高宗時期的沃沮道總管龐孝泰就是白州蠻酋。

### （二）征雲南

唐天寶（742～755）年間，隨著唐與南詔關係的緊張，雲南再次成為嶺南軍隊的出征地。《蠻書・雲南管內物產》：

> 天寶八載，玄宗委特進何履光統領十道兵馬，從安南進軍伐蠻國。十載已收復安寧城並馬援銅柱，本定疆界在安寧，去交阯四十八日程，安寧郡也。……天寶十五載，方收蠻王所坐大和城之次，屬安祿山造逆，奉玄宗詔旨，將兵赴西川，遂寢其收復。〔註193〕

據《蠻書》的這段記載，何履光於天寶八載出征，十載復安寧城，十五載方收大和城而遇安史之亂，遂「將兵赴西川」。這些似乎是同一場戰爭中的不同事件；何履光似乎從天寶八載到十五載，一直在雲南征戰。而本條向達先生作按語，認為何履光兩次出征雲南，第一次是天寶八載配合鮮于仲通征雲南，第二次是天寶十三載配合李宓征雲南。《蠻書》對南詔史事的記載多為兩《唐書》採用，是更為原始的史料，但上引文字錯誤頗多；向達先生的按語也不完全準確。天寶後期征雲南，嶺南軍隊到底參與了幾次，分別是什麼時間？這些都需要研究。

首先，《蠻書》載何履光復安寧城之役在天寶八載，《新唐書・玄宗紀》天寶八載十月條同。〔註194〕而鮮于仲通征雲南在天寶十載，見《舊唐書・玄宗紀下》天寶十載四月條，《新唐書・玄宗紀》天寶十載四月條同。〔註195〕復安寧城之役與鮮于仲通征雲南的時間不同。且鮮于仲通征雲南，嶺南方面也派出了策應的軍隊，統兵者為「安南都督王知進」。《南詔德化碑》載：

> 豈意節度使鮮于仲通已統大軍，取南溪路下；大將軍李暉從會

〔註192〕《舊唐書》卷82，第2764頁。
〔註193〕樊綽撰、向達校注：《蠻書校注》卷7，第184～185頁。
〔註194〕《新唐書》卷5，第147頁。
〔註195〕《舊唐書》卷9，第225頁。《新唐書》卷5，第148頁。

　　　　同路進；安南都督王知進自步頭路入。〔註196〕

據此，何履光天寶八載（749）之役與王知進天寶十載之役實為兩個不同事件，後者才是對鮮于仲通作戰的配合。

　　其次，天寶十二載何履光再次出征雲南，此事《蠻書》不載。《資治通鑒》卷216唐玄宗天寶十二載五月條：「壬辰，以左武衛大將軍何復光將嶺南五府兵擊南詔。」〔註197〕「復」為「履」之訛。《冊府元龜・外臣部・褒異二》：「（天寶）十二載……九月辛亥，文單國王子率其屬二十六人來朝，並授其屬果毅都尉，賜紫金魚袋，隨何履光於雲南征討，事訖，聽還蕃。」〔註198〕此次出征是對李宓征雲南的策應。《南詔德化碑》載：

　　　　三年，漢又命前雲南都督兼侍御史李宓、廣府節度何履光、中
　　　使薩道懸遜，總秦、隴英豪，兼安南子弟，頓營瀧坪，廣布軍威。
　　　乃舟楫備修，擬水陸俱進。〔註199〕

據《南詔德化碑》，在擊敗鮮于仲通後，南詔接受了吐蕃的冊封：「天寶十一載正月一日，於鄧川冊詔為贊普鍾南國大詔……改年為贊普鍾元年。」〔註200〕引文「三年」即贊普鍾三年，唐天寶十三載。這與兩《唐書》對李宓征雲南的時間記載一致。看來，天寶十二載是何履光出征的時間，而唐與南詔的決戰發生在十三載。此戰以唐軍的失敗而告終，前引《蠻書》所謂「方收蠻王所坐大和城之次」，可能只是虛詞，抑或是後來以圖再舉的計劃而已。

　　其三，安史之亂發生後，何履光確實率兵北上助討，但不是去了西川，而是南陽一帶。《舊唐書・魯炅傳》：

　　　　十五載正月……（魯炅）充南陽節度使，以嶺南、黔中、山南
　　　東道子弟五萬人屯葉縣北，滍水之南，築柵，四面掘壕以自固。……
　　　嶺南節度使何履光、黔中節度使趙國珍、襄陽太守徐浩未至，裨將
　　　嶺南、黔中、荊襄子弟半在軍，多懷金銀為資糧，軍資器械盡棄於
　　　路如山積。〔註201〕

《舊唐書・王翃傳》：

---

〔註196〕樊綽撰、向達校注：《蠻書校注》附錄二《南詔德化碑》，第321頁。
〔註197〕《資治通鑒》卷216唐玄宗天寶十二載五月條，第7037頁。
〔註198〕《宋本冊府元龜》卷975，第3881頁。
〔註199〕樊綽撰、向達校注：《蠻書校注》附錄二《南詔德化碑》，第323頁。
〔註200〕樊綽撰、向達校注：《蠻書校注》附錄二《南詔德化碑》，第3223頁。
〔註201〕《舊唐書》卷114，第3361～3362頁。

> 自安、史之亂，頻詔徵發嶺南兵募，隸南陽魯炅軍。炅與賊戰
> 於葉縣，大敗，餘眾離散。嶺南溪洞夷獠乘此相恐為亂……據容州。
> 〔註202〕

據此可知，何履光帶領的嶺南軍隊隸屬魯炅麾下，參加了南陽葉縣一帶對安史叛軍的作戰。魯炅所轄的五萬人，包括嶺南、黔中、山南東道的軍隊。《舊唐書・王翃傳》稱「頻詔徵發嶺南兵募」，說明嶺南不足兩萬人的常備軍可能已經抽調殆盡，以至需要採取兵募的方式籌集兵源。這自然給了溪洞夷獠「相恐為亂」的機會。

綜上，天寶（742～755）後期嶺南軍隊出征一共四次，天寶八載、十載、十二載征雲南，十五載（至德元載）參與平定安史之亂。

元和（806～820）年間有兩次徵調嶺南軍隊的計劃，不過都沒有付諸實踐。《新唐書・徐申傳》：「劉闢反，表請發卒五千，循馬援故道，由爨蠻抵蜀，搗闢不備。詔可，加檢校禮部尚書，封東海郡公。詔未至，卒，年七十。」〔註203〕據此，元和元年劉闢之亂，嶺南節度使徐申曾表請從嶺南發兵征蜀，並且得到了憲宗的同意。不過詔書未至，徐申已卒，且劉闢之亂很快被平定，「搗闢不備」的計劃也就沒有實現。《新唐書・南蠻下・東謝蠻傳》載元和中辰、漵蠻酋張伯靖作亂，黔中經略使崔能「更請調荊南、湖南、桂管軍為援，約西原十洞兵皆出，可以成功」。〔註204〕這一計劃後來遭到宰相李吉甫的反對而作罷。

### 三、對唐代嶺南軍隊出征的分析

唐代嶺南軍隊出征主要是征遼和征雲南。

嶺南距離遼東萬里之遙，氣候更是差異巨大，且當時國家統一，國力強盛，隋唐王朝徵調嶺南軍隊征遼顯然不是出於地緣近便或局勢所迫而採取的無奈之舉。以嶺南兵征遼東，其直接原因是需要適應水戰的南方士兵，其基礎是隋及唐初掌握嶺南戶口較多且包括蠻族，而當時又有招募蠻族參戰的慣例。

從山東半島渡海北上，是進入遼東的一條捷徑。隋唐兩代征遼，除了主力從陸路出擊外，均有偏師走海路配合作戰，這就需要長於水戰的南方士兵

---

〔註202〕《舊唐書》卷157，第4143～4144頁。
〔註203〕《新唐書》卷143，第4695頁。
〔註204〕《新唐書》卷222下，第6330～6331頁。

了。《隋書・食貨志》：「分江淮南兵，配驍衛大將軍來護兒，別以舟師濟滄海，舳艫數百里。」〔註205〕按「南」前當脫一字，可能是「以」或者「嶺」，但無論為何，嶺南兵配屬來護兒走海路是可以肯定的。據前引《舊唐書・東夷・高麗傳》，唐代征遼「江、淮、嶺、硤（峽）勁卒四萬，戰船五百艘，自萊州泛海趨平壤」。〔註206〕前引《冊府元龜・將帥部・忠四》也證明，蠻酋龐孝泰率領的是「嶺南水戰之士」。〔註 207〕對水戰之士的需求，是隋唐王朝徵調嶺南軍隊參加遼東之役的直接原因。

嶺南士兵固然善於水戰，但江淮地區的士兵同樣以水戰見長，且征遼東需要以樓船渡海，嶺南蠻族主要生活在山間溪洞地帶，以常理推測，其乘坐、操作大型船隻渡海遠航的經驗恐怕是不如江淮士兵的。至少可以確定的是，嶺南士兵並非水戰的唯一之選。這種情況下仍然從嶺南徵調軍隊，說明當時國家擁有從嶺南獲取一支龐大遠征軍的能力，這種能力來源於國家對嶺南戶口的掌握，以及嶺南的戰時動員機制。前文已述，隋及唐初國家掌握的嶺南戶口是比較多的，而其中包括為數不少的蠻族。這就為國家從嶺南徵發軍隊提供了基礎。此外，隋唐時期嶺南戰時動員機制中有招募蠻族子弟參戰的慣例。因此無論是徵發還是招募，當時的嶺南都具備相應的條件。可見，國家化的推進與領土效益的提升是隋唐王朝能夠徵調嶺南軍隊參加遼東之役的根本原因。

就征雲南而言：漢代平定雲南所用軍隊主要來自巴蜀，甚至遠至隴西，而嶺南卻不在徵調範圍之內；兩晉征寧州是嶺南軍隊出征的開始，但當時巴蜀已陷於戰亂，要收復寧州就不得不從嶺南出兵；而唐朝則是主動徵調嶺南的軍隊配合巴蜀來經營雲南，這也說明唐代從嶺南獲取軍事力量的能力已經大大超過了漢、晉。

安史之亂中嶺南軍隊參與平叛，不過這次戰爭與征遼、征雲南都不同。由於安史之亂是關係唐王朝生死存亡的戰爭，軍隊的徵調遍及全國各地且力度極大，如西北邊軍被大量徵調東歸戡亂，就導致河、隴空虛而被吐蕃佔據。正如前文所述，當時嶺南的常備軍可能也已經抽調殆盡，又多次以普遍徵發的方式籌集兵源。過度征兵導致嶺南本地喪失了充足的軍力，以致於溪洞夷

---

〔註205〕《隋書》卷24，第687頁。
〔註206〕《舊唐書》卷199，第5322頁。
〔註207〕《宋本冊府元龜》卷373，第940頁。

獠「相恐為亂」，五府之一的容州陷落。可見這一次軍隊的徵調完全出於平叛的需要，其徵調的兵力已經達到甚至超過嶺南領土效益的極限了。因此必須客觀地指出，嶺南軍隊參與平定安史之亂並不能真正體現嶺南的領土效益。

## 小結

　　獲取財賦是一個地區領土效益的重要表現。兩漢六朝時期，國家從嶺南獲取財賦的主要形式是「貢」與「獻」，而「不必仰其賦入」；主要內容是「卷握之資」，而非軍國之急。唐前期，這一狀況大致維持下來，當時國家從嶺南獲取的財賦主要是租稅和土貢，但此時嶺南租稅在全國不占重要地位，土貢主要是政治象徵意義。唐後期，嶺南財賦狀況發生了根本性變化：嶺南成為國家依賴的租稅、鹽利來源地之一（儘管不是最主要的），再加上金銀為主的大量進奉，嶺南財賦在全國所佔地位大大提高。國家從嶺南獲取財賦能力的提高並非單純得益於經濟的自然增長，很大程度上是強化政治管控及國家化的結果。

　　唐代嶺南的戶口變化與全國的整體情況有所不同。隋代及唐初，由於將大量的俚僚豪酋吸納到國家化軌道中，國家在嶺南控制的戶口規模比較大。在貞觀（627～649）至天寶（742～755）之間，唐代全國各地戶口均大幅度上升，唯獨嶺南增長不明顯。這是因為嶺南地區戶口中存在大量蠻族，他們既易於叛離，又是南口掠賣的主要對象。安史之亂以後在多種因素的迭加影響下，嶺南戶口更是大幅下降。

　　兩漢六朝，嶺南軍隊出征的記載很少，且主要是迫於當時的特定形勢，並不能完全反映嶺南的領土效益。隋唐之際的征遼之役，嶺南軍隊被大量徵調，其直接原因是需要長於水戰的士兵，其基礎是隋及唐初國家在嶺南控制的戶口較多，且招募蠻族子弟參戰是嶺南戰時動員的慣例。唐天寶時期嶺南軍隊又三次出征雲南。與東晉、梁陳時期不同的是，唐代是主動從嶺南出兵配合劍南的攻勢，也取得了一定戰果。

　　總之，唐前期嶺南的領土效益主要體現在控制戶口與徵調軍隊，而唐後期則主要體現在獲取財賦。

# 第七章　比較視角下南方邊緣地區的國家化

　　筆者在前幾章中分析唐代嶺南國家化時會兼及唐以前的情況，目的在於通過時間上的前後對比來說明唐代嶺南相關歷史現象的來龍去脈，展示唐代在嶺南國家化整體歷程中所處的地位。本章將從空間的視角出發，比較嶺南與其他邊緣地區在國家化道路上的異同，並由此探究嶺南自身的特點。

　　比較的前提是選擇恰當的比較對象。本章選取福建、雲南、黔中作為嶺南的比較對象，理由是：第一，上述地區自然環境類似，氣候上都屬於亞熱帶（局部地區屬熱點）季風氣候，溫暖濕潤；地形上以山地丘陵為主；植被茂密，被古人視為瘴癘之地。第二，上述地區族群環境類似。其原住居民為種類繁多、互不統屬的蠻族。華夏族群則是在不同的歷史時期中以各種方式遷入的。第三，上述地區開啟國家化的起點比較接近。它們在戰國後期到西漢前期，先後出現了一些地方性政權，如福建的閩越國、嶺南的南越國、黔中的夜郎國、雲南的滇國。這些政權又大致在同一時期（漢武帝時期）被西漢吞併，設置郡縣，正式成為中國古代王朝疆域的一個組成部分。第四，上述地區在唐人觀念中與嶺南一同被視為「遠僻」之地，往往相提並論。《唐會要·君上慎恤》載開元十二年（724）四月敕：「今後抵罪人，合杖敕杖，並從寬，決杖六十，一房家口，移隸磧西，其嶺南人移隸安南，江淮人移隸廣府，劍南人移隸姚嶲州，其磧西姚嶲安南人，各依例程。」〔註1〕《舊唐書·

---

〔註1〕《唐會要》卷40，第718頁。

刑法志》載武后長壽二年（693）曾遣使「分往劍南、黔中、安南、嶺南等六道」按鞫流人。〔註2〕據此，嶺南、黔中及雲南的姚州在唐代同列為流貶之所。《冊府元龜‧銓選一‧條制》稱：「其黔中、嶺南、閩中郡縣之官不由吏部，以京官五品以上一人充使就補，御史一人監之，四歲一往，謂之南選。」〔註3〕據此，嶺南、福建、黔中在選官方式上都經歷了由都督選官到南選制的變化。又《舊唐書‧憲宗紀下》元和八年（813）九月乙丑詔稱：「比聞嶺南五管並福建、黔中等，多以南口餉遺，及於諸處博易，骨肉離析，良賤難分。」〔註4〕可見南口問題在嶺南、福建、黔中均存在。又《唐會要‧刺史上》載開成三年（838）中書門下奏前後兩任刺史交割之際的俸料問題稱：「又嶺南諸管，及福建黔府，皆是遠僻，須有商量。」〔註5〕可見嶺南、福建、黔中在唐代都屬「遠僻」之地，「須有商量」。又會昌五年（845）《舉格節文》劃分諸道舉士人數，稱：「金汝、鹽豐、福建、黔府、桂府、嶺南、安南、邕、容等道，所送進士不得過七人，明經不得過十人。」〔註6〕這裡嶺南五府與福建、黔中依然是同歸一檔。總之，福建、雲南、黔中三地在唐代與嶺南均屬南方邊緣地區。然而，儘管四地的國家化起點和客觀條件比較接近，但在後來的國家化進程中它們卻走上了四條不同的道路。那麼相比之下嶺南的國家化道路有何獨特之處，其原因又何在呢？這就是本章要探討的問題。本章依然從背景因素、國家化措施、領土效益這三個方面來作對比。背景因素中，地理環境和交通線路在四個地區中均產生了重要的影響，但因其具體內容的不同，產生的影響也各不相同。此外，四個地區又各有一些特色因素，這些特色因素僅在本區域內產生較大影響，在其他區域則影響較弱或不存在。不同的特色因素直接導致了四個地區國家化道路的差異。本章將用一節簡要介紹福建、雲南、黔中在唐以前的國家化概況；再以兩節篇幅，分別討論共同因素即地理環境與交通條件，以及三地各自的特色因素；最後一節比較三地的國家化措施及領土效益。本章比較的時間範圍是以唐代為主，兼及漢唐之間。比較的地理範圍：福建以唐代江南東道福建觀察使所轄福、建、漳、泉、

〔註2〕《舊唐書》卷50，第2143頁。
〔註3〕《宋本冊府元龜》卷629，第2023頁。
〔註4〕《舊唐書》卷15，第447頁。
〔註5〕《唐會要》卷68，第1207頁。
〔註6〕王定保撰、陽羨生校點：《唐摭言》，《唐五代筆記小說大觀》（下），第1577頁。

汀五州為準；雲南以唐代姚、戎二州金沙江以南部分為準；黔中以唐代黔中道為準。

# 第一節 唐以前三個地區的國家化與領土效益概況

## 一、福建

戰國時期，越國後裔曾在福建稱王，後為秦所滅。據《史記·東越列傳》：「漢五年（前 202），復立無諸為閩越王，王閩中故地，都東冶。」〔註7〕元鼎六年（前 111），漢軍平閩越。漢武帝認為：「東越狹多阻，閩越悍，數反覆，詔軍吏皆將其民徙處江淮間。東越地遂虛。」〔註8〕又《宋書·州郡志二》建安太守條載：

> 漢武帝世，閩越反，滅之，徙其民於江、淮間，虛其地。後有遁逃山谷者頗出，立為冶縣，屬會稽。……後分冶地為會稽東、南二部都尉。東部，臨海是也；南部，建安是也。吳孫休永安三年（260），分南部立為建安郡。〔註9〕

據此，漢滅閩越之後採取了徙其民而空其地的做法，顯然無意控制和經營福建。直到「遁逃山谷者頗出」，西漢才設縣加以管理。兩漢近四百年間福建僅此一縣，可見在當時的福建，國家所能控制的戶口和地域都非常有限。《三國志·蜀書·許靖傳》稱：「會稽傾覆……（許靖）便與袁沛、鄧子孝等浮涉滄海，南至交州。經歷東甌、閩、越之國，行經萬里，不見漢地。」〔註10〕許靖所經過的「閩、越之國」，當時屬冶縣轄境，但仍被稱為「不見漢地」，說明當時冶縣僅能管轄其治所附近極為有限的地方，福建其餘部分處於當地土著族群控制之下，或是荒陋無人的狀態。福建地區考古發現的漢代墓葬極少，也印證了這一點。〔註11〕

從漢滅閩越國到唐以前，福建比較重大的政治事件有孫吳時期對蠻族的征伐、陳朝平定陳寶應割據。除此之外的多數時間裏，福建顯得比較平靜，

〔註7〕《史記》卷 114，第 2979 頁。
〔註8〕《史記》卷 114，第 2984 頁。
〔註9〕《宋書》卷 36，第 1092 頁。
〔註10〕《三國志》卷 38，第 964 頁。
〔註11〕徐曉望主編：《福建通史》第一卷，福州：福建人民出版，2006 年，第 189 頁。

較少出現於文獻記載中。我們只能從政區的增置、戶口的變化來觀察這一時期福建地區國家化的推進情況。據前引《宋書·州郡志二》，孫吳永安三年設建安郡，這是福建地區設郡之始。此後西晉太康三年（282）增置晉安郡。〔註12〕梁增置南安郡，陳置閩州以統三郡。〔註13〕這一州三郡的格局保持到了隋平陳，此後隋代廢郡，福建僅餘一州。隋煬帝時改稱建安郡（按：此建安郡治於原晉安郡，原建安郡其實被撤廢，僅取其名而已）。東晉南朝，尤其是梁陳時期，是南方增置政區的高峰。嶺南政區的激增即始於梁代。而在梁陳時期，福建僅增置一州一郡，其政區數量、密度遠低於同時期的嶺南。據《晉書·地理志下》，晉安、建安二郡共 8600 戶；兩郡之和不足廣州南海一郡（9500戶）。〔註14〕據《宋書·州郡志二》，晉安、建安二郡共 5885 戶；低於嶺南的南海郡（8574 戶）、蒼梧郡（6593 戶）。〔註15〕《隋書·地理志下》，建安郡 12420 戶；而嶺南高於此數的就有南海、始安、永平等 11 郡，總數（367566戶）更是接近福建的 30 倍。〔註16〕就政區、戶口而言，不論是數量還是密度，福建都遠低於嶺南。漢唐間嶺南尚且被視為蠻荒之地，福建的情況就可想而知了。

總之，唐以前福建的國家化程度與領土效益都很低下。

## 二、雲南

雲南的國家化，始於漢武帝開西南夷。《漢書·武帝紀》元光五年（前 130）條：「夏，發巴蜀治南夷道。」〔註17〕此次西漢派遣唐蒙出使南夷，設置犍為郡。《漢書·武帝紀》元鼎六年（前 111）條，西漢平南越後，「上便令征西南夷，平之。⋯⋯定西南夷，以為武都、牂柯、越巂、沈黎、文山郡。」〔註18〕元封二年（前 109）條：「又遣將軍郭昌、中郎將衛廣發巴蜀兵平西南夷未服者，以為益州郡。」〔註19〕至此，漢武帝在西南夷地區設置政區的活動告一段落。西南夷是西夷和南夷的合稱，《漢書·西南夷列傳》稱：「蜀人司馬相如

〔註12〕《晉書》卷 15《地理志下》，第 462 頁。
〔註13〕《隋書》卷 31《地理志下》，第 879 頁。
〔註14〕《晉書》卷 15，第 461～462、466 頁。
〔註15〕《宋書》卷 36，第 1092、1190、1191 頁。
〔註16〕《隋書》卷 31，第 879～885 頁。嶺南總戶數見前文第八章所引。
〔註17〕《漢書》卷 6，第 164 頁。
〔註18〕《漢書》卷 6，第 188 頁。
〔註19〕《漢書》卷 6，第 194 頁。

亦言西夷邛、莋可置郡。使相如以郎中將往諭，皆如南夷，為置一都尉，十餘縣，屬蜀。」[註20] 可見西夷、南夷是不同的族群，在南夷地區設置的是犍為、越嶲、牂柯、益州四郡。東漢時分置犍為屬國，又哀牢國內附，增置永昌郡。蜀漢時期將犍為屬國改朱提郡，又增置興古、雲南二郡，連同永昌、越嶲、建寧（益州所改）、牂柯，共七郡，並屬庲降都督。《三國志·蜀書·李恢傳》裴松之注：「臣松之訊之蜀人，云庲降地名，去蜀二千餘里，時未有寧州，號為南中，立此職以總攝之。晉泰始（265～274）中，始分為寧州。」[註21]《晉書·地理志上》寧州條載：「泰始七年，武帝以益州地廣，分益州之建寧、興古、雲南，交州之永昌（按：永昌屬益州），合四郡為寧州。」[註22] 此時的寧州只包含四郡，並未覆蓋南中全境。蜀漢南中七郡中的另外三郡，即越嶲、朱提、牂柯屬益州。[註23]《宋書·州郡志四》寧州條：「太康三年（282）省，立南夷校尉。惠帝太安二年（303）復立，增牂牁（按：即牂柯）、越嶲、朱提三郡。……越嶲後還益州。」[註24] 此後寧州轄區邊界大致穩定，政區的分合置廢主要在其內部發生。需要注意的是，兩漢的「南夷」地方，魏晉時期的「南中」，晉至梁的「寧州」，其地域範圍大致相當於今雲貴高原，包含了本章所研究的雲南及黔中之大部（即牂柯地區，詳見下文對黔中的研究），並不僅僅等於雲南。

　　自西漢至西晉，雲南的國家化進程總體上是穩步推進的，其間雖然時有叛亂，但均為國家所平定。《三國志·蜀書·李恢傳》記載蜀漢平定南中叛亂後的情況：「恢身往撲討，鉏盡惡類，徙其豪帥於成都，賦出叟、濮耕牛戰馬金銀犀革，充繼軍資，於時費用不乏。」[註25]《華陽國志·南中志》記載當時的情況是：「出其金銀丹漆耕牛戰馬，給軍國之用。」[註26] 可知蜀漢以武力平定南中，隨著這一國家化措施的推行，雲南領土效益得以顯著提高。當國家從雲南獲取「軍國之用」的同時，嶺南的貢獻不過是「充備寶玩，不必

〔註20〕《漢書》卷 95，第 3839 頁。
〔註21〕《三國志》卷 43，第 1046 頁。
〔註22〕《晉書》卷 14，第 440 頁。按當時永昌郡不屬交州。
〔註23〕關於南中這一區域的形成與政區的關係，參見何畏《政治因素對區域形成與演變的影響：基於漢晉南中的討論》，《昆明學院學報》，2015 年第 4 期。
〔註24〕《宋書》卷 38，第 1182 頁。
〔註25〕《三國志》卷 43，第 1046 頁。
〔註26〕常璩：《華陽國志》卷 4，第 49 頁。

仰其賦入，以益中國也」。〔註27〕然而，雲南的國家化進程在兩晉之交出現了轉折。

《華陽國志・南中志》載：「元康（291～299）末……值南夷作亂，閩濮反，（永昌郡）乃南移永壽，去故郡千里，遂與州隔絕。」〔註28〕此後永昌郡事實上脫離了國家統治。又載：「太安元年（302）秋，（毛）詵（李）叡（李）猛逐（建寧太守杜）俊以叛。」〔註29〕這場叛亂由南中大姓發動，此後又有夷帥加入，並且與益州的李雄「和光合勢」，長期包圍寧州城，形成了很大的規模。〔註30〕《華陽國志・南中志》記載刺史李毅向朝廷上疏求救，描述當時寧州的情況：「兵穀既單，器械窮盡，而求救無望，坐待殄斃。」〔註31〕永嘉四年（310）王遜任寧州刺史後才逐漸平定叛亂。然而不久成漢又向南中進兵，經過數年的交戰，最終在咸和八年（333）佔據了寧州。咸康五年（339）廣州刺史鄧嶽出兵，建寧太守孟彥執刺史霍彪降，寧州部分地區一度歸晉，然而次年成漢又佔領了寧州。直至永和三年（347），桓溫滅成漢，寧州重歸東晉統治。經過毛、李之亂及成漢對寧州的征討和佔領，東晉國家對寧州的控制力大大下降，此後寧州在文獻中出現的次數急劇減少，這種情況一直延續到梁末。這一時期國家對寧州的統治很薄弱，大姓爨氏是寧州實際的支配者。〔註32〕《新唐書・南蠻下・兩爨蠻傳》：「梁元帝時，南寧州刺史徐文盛召詣荊州，有爨瓚者，據其地，延袤二千餘里。」〔註33〕西魏佔據巴蜀後，雲南爨氏歸順西魏，而黔中謝氏則仍舊據守牂柯地區臣服南朝。南朝在雲南的薄弱統治被終結，在牂柯地區的統治則繼續維持，雲南與黔中的歷史軌跡從此分道揚鑣。

爨氏臣服西魏後，西魏、北周對雲南羈縻治之。《隋書・梁睿傳》稱當時雲南的情況是「臣禮多虧，貢賦不入，每年奉獻，不過數十匹馬」。〔註34〕當

---

〔註27〕《三國志》卷53《吳書・薛綜傳》，第1252頁。
〔註28〕常璩：《華陽國志》卷4，第58頁。
〔註29〕常璩：《華陽國志》卷4，第50頁。
〔註30〕常璩：《華陽國志》卷4《南中志》，第50頁。
〔註31〕常璩：《華陽國志》卷4，第51頁。
〔註32〕方國瑜：《南北朝時期爨氏對南中諸郡的統治》，《方國瑜文集》第一輯，昆明：雲南教育出版社，1994年，第338頁。尤中：《從滇國到南詔》，《大理民族文化研究論叢》第四輯，北京：民族出版社，2010年。
〔註33〕《新唐書》卷222下，第6315頁。
〔註34〕《隋書》卷37，第1126頁。

時雲南的自然條件和社會發展狀況都足以提供較多的統治資源，但其實際的領土效益卻非常低下，這主要是由於國家化程度薄弱導致的。對此，緒論中已經有詳細的分析，此不贅述。隋文帝時期在雲南設置恭、協、昆三州及南寧州總管府。《太平御覽・四夷部十二》西爨條：「隋開皇（581～600）初遣使朝貢，文帝遣韋世沖將兵鎮之，析置恭州、協州、昆州，未幾復叛。後遣史萬歲擊之，所至皆破，踰西洱河，臨滇池而還。（爨）翫懼而來朝，文帝誅之，諸子沒為官奴，不收其地，因與中國絕。」〔註35〕隋文帝起初在雲南設州置府，又出兵征討，可見是有意在雲南地區重新推行國家化的；但隋朝的相關動作以「不收其地」收場，標誌著隋朝對雲南短暫的國家化以放棄告終。至此，雲南事實上脫離了國家化進程。

## 三、黔中

西漢前期，黔中東部屬武陵郡；北部主要屬巴郡；其餘地區為南夷之地，南夷各部中尤以夜郎國為大。漢武帝平西南夷後，在南夷地區設牂柯郡，至此黔中全境被納入西漢疆域。同時，原先由西南夷建立的一些小國被保留下來，比如夜郎侯就因為「入朝」而被漢武帝封為「夜郎王」。〔註36〕漢成帝河平二年（前27年），「夜郎王歆大逆不道，牂柯太守（陳）立捕殺歆。」〔註37〕此後陳立又平定了夜郎餘部的反叛，夜郎國從此不見於文獻，當已滅亡。這是黔中地區國家化的一次重大推進。

唐以前，黔中道內部各地未曾被置於同一政區之內，而是分別沿著各自不同的道路發展，先看牂柯郡：牂柯郡在梁末以前一直與雲南地區同屬一個政治地理單元。漢代「以人名地」將這個政治地理單元稱為南夷之地，魏晉以來稱南中，又先後置庲降都督、南夷校尉、寧州來統轄這一地區。蜀漢建興三年（225）分建寧、牂柯二郡設興古郡。〔註38〕牂柯、興古二郡俱屬庲降都督。漢代所設牂柯郡幅員遼闊，此次分出一部分設為興古郡，使得牂柯郡轄境幾乎全部限於後來的唐黔中道之內了。晉武帝泰始七年（271）分益州置寧州，起初牂柯屬益州；此後寧州廢而復置，晉惠帝太安二年（303）寧州增領牂柯，遂成定制。據《華陽國志・南中志》，晉元帝時期，寧州刺

〔註35〕《太平御覽》卷791，第3509頁。
〔註36〕《漢書》卷95《西南夷兩粤朝鮮傳》，第3842頁。
〔註37〕《漢書》卷26《天文志六》，第1310頁。
〔註38〕常璩：《華陽國志》卷4《南中志》，第48、60頁。

史王遜「分牂半為平夷郡，夜郎以南為夜郎郡」；平夷郡領縣二，即原屬牂柯的平夷縣和牂縣，夜郎郡領縣二，即原屬牂柯的夜郎縣、談指縣。〔註39〕據此，平夷、夜郎均由牂柯分出，屬寧州。筆者將牂柯以及由它分出的平夷、夜郎三郡統稱為牂柯地區。這一地區原本與雲南同屬寧州，二者的國家化進程也大致同步；然而隨著本地大姓謝氏勢力的增長，牂柯地區與雲南地區的歷史軌跡逐漸分離。據《華陽國志》，咸和八年（333）春正月，「南中盡為（李）雄所有，唯牂柯謝恕不為（李）壽所用，遂保郡獨為晉」；至是年秋，李壽始擊破牂柯。〔註40〕可見，由於謝氏的堅守，牂柯成為南中諸郡裏最晚降服的。又據咸豐（1851～1861）《安順府志》：「梁泰清（547～549）中，寧州刺史徐文盛以勤王徵還江陵……土人爨瓚竊有寧州，遙屬於周。惟牂柯謝氏為梁陳守。」〔註41〕按：「泰」應作「太」。可見梁末爨氏據寧州之大部歸附西魏北周時，謝氏卻據牂柯為梁陳守。同書又載：「隋平陳，廢牂柯、平夷、夜郎諸郡，合置牂州，領縣二，曰牂柯、曰賓化。」〔註42〕〔註43〕據此可知，「為梁、陳守」的其除了牂柯郡，還有平夷、夜郎二郡，即整個牂柯地區。《隋書·地理志上》牂柯郡條將牂州的設置時間記載為「開皇初」，與《安順府志》所載「平陳」後不同。牂柯諸郡被廢的具體時間難以詳考，但可以肯定是在隋代。總之，徐文盛撤離後，寧州分為爨氏所據的雲南地區與謝氏所據的牂柯地區。

牂柯地區之所以沒有像寧州其他部分那樣落入爨氏之手，依靠的是謝氏的武力保護。咸豐《安順府志》稱：「爨氏竊寧州之時，使其黨烏蠻阿納東出侵地，至於晉樂，據之。已而為謝氏所逐，分其支屬居之。」〔註44〕晉樂即牂柯屬縣。此為謝氏以武力抗拒爨氏東侵的例子。不過謝氏勢力強大的同時也意味著國家對地方控制力的衰退。謝氏與爨氏一樣是當地的實際控制者，只不過在名義上歸附了不同的政權而已。《通典·邊防典三》牂牁條：「牂牁渠帥姓謝氏，舊臣中國，代為本土牧守。隋末大亂，遂絕。大唐貞觀（627～

---

〔註39〕常璩：《華陽國志》卷4，第53頁。

〔註40〕常璩：《華陽國志》卷4《南中志》，第52頁；卷9《李特雄壽勢志》，第120頁。

〔註41〕（咸豐）《安順府志》卷22《紀事志》，咸豐元年刻本。

〔註42〕（咸豐）《安順府志》卷22《紀事志》，咸豐元年刻本。

〔註43〕《隋書》卷29，第829頁。

〔註44〕（咸豐）《安順府志》卷22《紀事志》，咸豐元年刻本。

649）中，其酋遣使修職貢。勝兵戰士數萬，於是列其地為牂州。今黔中郡羈
縻州。」〔註45〕咸豐《安順府志》：「（牂州）大業（605～618）中改為牂柯郡，
隋亡郡廢，自是離為羈縻州數十，無復牂柯郡之名矣。」〔註46〕據此可知，
謝氏控制牂柯地區並且在名義上「臣中國」直到隋代。隋末，這一地區短暫
脫離了國家化進程，至唐代才重新列置州郡。

　　再看武陵郡和巴郡：武陵郡是古代文獻中所謂「五溪」地區，當地蠻族
被稱為武陵蠻；巴郡當地蠻族被稱為廩君蠻和板楯蠻。上述地方一直是蠻族
活動最為頻繁的地區之一，自漢至六朝，蠻亂及伴隨而來的伐蠻活動史不絕
書。這也說明國家一直對上述二郡保持了控制。梁末，巴郡地區被西魏取得，
而武陵郡則一直為南朝控制。不過這只是總體情況。巴郡、武陵郡幅員遼闊，
山川深遠，其中部分地區在六朝時期已經脫離了國家化。《元和郡縣圖志·江
南道六》黔州條載：「本漢涪陵縣理……晉永嘉（307～312）後，地沒蠻夷，
經二百五十六年，至宇文周保定四年（564），涪陵蠻帥田恩鶴以地內附，因
置奉州，建德三年（574）改為黔州，隋大業三年（607）又改為黔安郡。」〔註
47〕黔州為唐黔中道的治所。這裡雖是漢代巴郡涪陵縣地，但在永嘉之後就「地
沒蠻夷」，北周招撫當地蠻族設奉州，實為重新開闢。〔註48〕

　　總而言之，唐代以前的黔中地區分屬不同政區，分別沿著各自的國家化
軌道前進。這些地區的國家化在六朝時期都經歷了不同程度的衰退。

# 第二節　地理與交通條件的比較

## 一、福建

　　福建地區山地丘陵廣布，主要的山脈有兩列：一列是由鷲峰山脈、戴雲
山脈、博平嶺組成的閩中大山帶；一列是武夷山脈，也稱閩西大山帶。這兩
列山脈大致平行，呈東北—西南走向，位於福建的中、西部。山地丘陵約占

---

〔註45〕《通典》卷187，第5049～5050頁。
〔註46〕（咸豐）《安順府志》卷22《紀事志》，咸豐元年刻本。
〔註47〕李吉甫撰，賀次君點校：《元和郡縣圖志》卷30，第735頁。
〔註48〕據楊光華先生研究，黔州所治的涪陵縣是梁以後被蠻族佔據的，而不是永嘉
　　　　之時，可備一說。參見楊光華《兩晉南北朝涪陵郡置廢、州屬、領縣雜考》，
　　　　《中國歷史地理論叢》2006年第3輯。

今福建省總面積的 82%，這在中國亞熱帶東部地區是非常突出的。〔註 49〕
福建不僅山地丘陵多，且平原分散，面積狹小，不利於開展大規模的農業生
產。福建最大平原為九龍江中下游平原，其面積約 720 平方公里。〔註 50〕福
建地區存在多個彼此獨立的水系，其特點是：發源於西北部山地，向東南入
海，流程短，諸水系大致呈平行排列，其中代表性河流包括閩江、晉江、九
龍江、漳江等，它們正是第一章第一節所提到的「沿海水系帶」在福建的組
成部分。這些河流的支流多在中上游展開呈扇狀或格子狀，而在下游入海口
形成小平原；這些河口平原既可供開墾，又便於河、海運輸，往往成為設置
政區的地點。

　　據研究，漢唐時期進入福建的交通線主要是三條：一條從衢州、上饒、
鉛山折而南下，越分水關進入閩江，順流而下可達建州、福州；一條從江西
溯余水（今信江）越杉關進入閩江，順流可至福州，也可陸路南下泉、漳二
州；唐末黃巢入閩，又開闢了仙霞關陸路。〔註 51〕與嶺南類似，福建地區的
交通對水系非常依賴。《宋書·州郡二》建安太守條稱：「（建安郡）去（揚）
州水二千三百八十；去京都水三千四十，並無陸。」〔註 52〕《元和郡縣圖志·
江南道五》載福州「東北至溫州水路屈曲一千八百里，山路險阻」；又載福州
永泰縣「縣東水路沿流至侯官，縣西泝流至南安縣，南北俱抵大山，並無行
路」。〔註 53〕可見福建交通依賴水路，陸路則需翻山越嶺，極不方便。福建當
地政區多設於「溪水」之濱，並以此為名，就是受到這種交通狀況的影響，如
《元和郡縣圖志·江南道五》建州條載建陽縣有建陽溪，將樂縣有將樂溪，
邵武縣有邵武溪；泉州條載晉江縣以晉江為名，南安縣以南安江為名；漳州
條載漳州以漳水為名；汀州條載汀州以長汀溪為名。〔註 54〕《舊唐書·僖宗

---

〔註 49〕福建師範大學地理系《福建自然地理》編寫組：《福建自然地理》，福州：福
　　　　建人民出版社，1987 年，第 40 頁。按，唐代福建與今福建省之範圍大體向
　　　　當，自然地理環境沒有發生大的變化。故其數據具有參考價值。本文所述福
　　　　建地區自然地理概況，主要參考該書，以下不再一一出注。
〔註 50〕漳州市地方志編纂委員會編：《漳州市志》，北京：中國社會科學出版社，1999
　　　　年，第 181 頁。
〔註 51〕林汀水：《福建古代陸路交通幹線的開闢與變化》，《歷史地理》第二十一輯，
　　　　上海：上海人民出版社，2006 年。
〔註 52〕《宋書》卷 36，第 1092 頁。
〔註 53〕李吉甫撰，賀次君點校：《元和郡縣圖志》卷 29，第 716、718 頁。
〔註 54〕李吉甫撰，賀次君點校：《元和郡縣圖志》卷 29，第 719～722 頁。

紀》乾符五年（878）三月條載：「黃巢⋯⋯由浙東欲趨福建，以無舟船，乃開山洞五百里，由陸趨建州，遂陷閩中諸州。」〔註55〕黃巢入閩也是首選水路，在無舟船的情況下才不得不「開山洞五百里」。

　　然而，由於福建諸河流彼此獨立的分布態勢，導致位於同一河流上下游的政區溝通便利（如建州與福州之間）。而不同流域政區之間的橫向聯繫困難：要麼繞道上游，路程迂迴；要麼走海路，比較危險。《資治通鑑》卷285後晉齊王開運三年（946）十月條記載南唐圍福州，吳越出兵解救之事情，本條胡注稱：

　　　　吳越救福州，自婺、衢至建、劍，順流可至福州。是時劍、建
　　　　已為南唐守，此道不可由也。自溫州之平陽渡海浦至福州界，當由
　　　　此道耳。〔註56〕

據此可知，從浙江出發到福州，如果走陸路，先要溯錢塘江到婺、衢二州，再轉到閩江上游順流而下，等於兜了一個大圈，即前述的第一條入閩道路。由於當時南唐已經佔據了閩江上游的建州和南劍州，道路不通，吳越只能走海路（參見圖6）。《資治通鑑》卷286後漢高祖天福十二年（947）三月條又載：

　　　　吳越復發水軍，遣其將余安將之，自海道救福州。己亥，至白
　　　　蝦浦。海岸泥淖，須布竹簀乃可行，唐之諸軍在城南者，眾而射之，
　　　　簀不得施。⋯⋯（南唐）裨將孟堅曰：「浙兵至此已久，不能進退，
　　　　求一戰而死不可得。若聽其登岸，彼必致死於我，其鋒不可當，安
　　　　能盡殺乎！」〔註57〕

如果南唐軍據守海岸，那麼吳越軍則陷入進不能登岸，退無所據守的尷尬境地。由於海路無法像陸路那樣就地駐紮休整、獲取補給，因此走海路存在一定的風險。〔註58〕以上史實說明浙江、福建一帶沿海政區間缺乏便利的橫向聯繫。再者，由於福建諸河流發源於本區內部的山脈，與域外水系之間被高峻的閩西山脈阻隔，無法像珠江水系那樣融入全國性的水運網絡，這導致福建地區對外的交通也不甚便利。總之，在地形、水系的影響下，古代福建地區的內外交通均不便利，這是阻礙福建國家化的一個重要因素。

〔註55〕《舊唐書》卷19下，第701～02頁。
〔註56〕《資治通鑑》卷285後晉齊王開運三年十月條，第9441頁。
〔註57〕《資治通鑑》卷286後漢高祖天福十二年三月條，第9477頁。
〔註58〕關於海路和陸路的差異，參見許倬雲《越、朝、日為何沒納入中國疆域》，《國家人文歷史》，2015年第3期。

圖 6　吳越救福州路線示意圖〔註 59〕

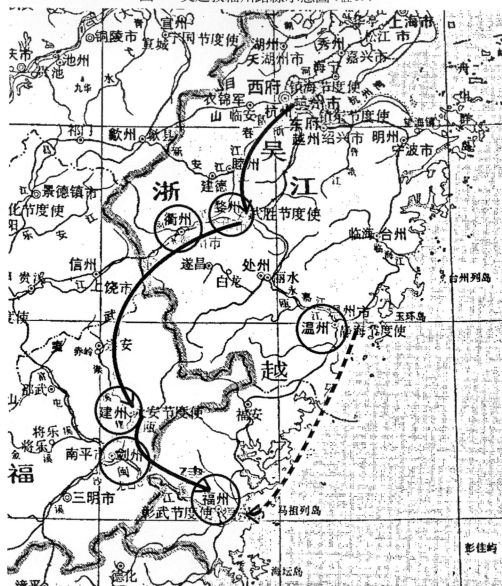

〔註 59〕左側實線為陸路，右側虛線為海路。底圖取自譚其驤主編《中國歷史地圖集》
　　　　第五冊圖幅第 90《五代十國—南唐、吳越》。

## 二、雲南

　　雲南地區的地形以山地高原為主。就今雲南省的情況而言，山地高原約占其總面積的 94%。〔註60〕雲南地區適宜農耕的地形主要是山間盆地，也稱壩子。今雲南最大的壩子是 771 平方公里的滇池壩，此外洱海壩也是比較重要的壩子。這兩個壩子所在地一直是雲南地區的政治中心。雲南的高山大河相間分布，從西北向南、東南方伸展開。由於這些河流分布於雲南區域內的多是其上游，山高谷深，水流湍急，開展水運比較困難。紅河水系向東南流入安南境內，是雲南水運價值較高的一條河流。

　　據嚴耕望先生研究，唐代進入雲南的道路主要有三條，其中兩條從巴蜀南下，一條自安南北上：從嘉州、戎州出石門關經過曲、靖二州可達南詔之拓東；從邛、雅、黎出清溪關，經嶲州、姚州，可接南詔境內之東西驛道；從安南經峰州逆盤龍江而上可至南詔境內通海等城。〔註61〕

## 三、黔中

　　前文所研究的嶺南、福建、雲南，儘管都是古代的政治地理單元，但其範圍均可與現代政區大致對應，但唐代的黔中則不同。唐代黔中道之轄境，約相當於今貴州省之大部、湖南省西部（湘西州、懷化）、重慶市南部及湖北省之西南角（恩施）。《元和郡縣圖志·江南道六》黔州條對漢唐「黔中」之地望進行了一番辨析：

> 今辰、錦、敘、獎、溪、澧、朗、施等州，實秦、漢黔中郡之地，而今黔中（按：指黔州）及夷、費、思、播，隔越峻嶺，東有沅江水及諸溪，併合東注洞庭湖，西有延江水，一名涪陵江，自牂柯北歷播、費、思、黔等州北注岷江，以山川言之，巴郡之涪陵與黔中故地，炳然分矣。〔註62〕

唐代黔中道長期領有十四正州：黔、夷、費、思、播、南、珍、溱、辰、錦、巫、業、溪、施。大曆五年（770），改業州為獎州，改巫州為敘州（一作漵州）。引文所謂「黔中故地」，即秦黔中郡，漢武陵郡。「黔中故地」位於沅江

---

〔註60〕王聲躍主編：《雲南地理》，昆明：雲南民族出版社，2002 年，第 34 頁。按本文所研究的雲南的地區與今雲南省雖然不完全一致，但大體重合，其數據有一定的參考價值。下文所述雲南地區地理情況主要參考本書，不再一一出注。

〔註61〕嚴耕望：《唐代交通圖考》第四卷《山劍滇黔區》，第 1179、1322 頁。

〔註62〕李吉甫撰，賀次君點校：《元和郡縣圖志》卷30，第 735～736 頁。

上游的五溪流域，五溪匯入沅江，東入洞庭湖。而黔、夷、費、思、播五州位於今烏江流域，即引文所謂涪陵江，烏江北注長江，即引文所稱「岷江」（按：古人多認為岷江為長江正源）。它們與東面的沅江流域之間以武陵山脈為分水嶺，即引文所謂「隔越峻嶺」。二者分屬不同自然地理單元，可謂「炳然分矣」。此外，上述引文沒有提到的南、珍、溱三州，其地為綦江流域；施州為清江流域。上述諸地均為各自原屬政區內部的邊緣地帶。至唐，將這些邊緣地帶整合為一，再加上在唐代已經「離為羈縻州數十」的原牂柯三郡地區，從而形成了黔中道。黔中道諸地的族群情況也很複雜。原牂柯三郡地區所在的羈縻區，其大姓謝氏已經同化於蠻族，種類有牂柯蠻、東謝蠻、南謝蠻等。《新唐書・南蠻下・南平獠傳》載：「南平獠，東距智州，南屬渝州，西接南州，北涪州，戶四千餘。」〔註63〕據此，南平獠分布於黔中道北部。又《舊唐書・玄宗紀上》開元十二年（724）十一月：「五溪首領覃行璋反，遣鎮軍大將軍兼內侍楊思勖討平之。」〔註64〕覃行璋被稱為「五溪首領」。《舊唐書・嚴綬傳》載元和四年（809）：「漵州蠻首張伯靖者，殺長吏，據辰、錦等州。」〔註65〕辰、錦等州也屬五溪流域。據此，唐代五溪地區的蠻族應不同於南平獠或牂柯蠻，而是武陵蠻的後裔。清代嚴如熤《苗防備覽・述往錄上》即將覃行璋、張伯靖均視為苗人之祖先。〔註66〕總之，唐代黔中道的形成既不是基於「山川形便」的自然地理原則，也不是基於族群融合交流的客觀現實，完全是人為調整行政區劃的結果。唐代國家將幾個毗鄰的、自然環境較為惡劣、領土效益較為低下的地區整合到一起，成為黔中道。這種區域形成方式與嶺南有很大差異。嶺南是一個完整的政治地理單元。除了嶺嶠三郡等邊界地帶，嶺南區域的完整性在自漢至唐的歷史時期內得到了保持；而唐代黔中道是多個區域合併的產物，其區域形態在歷史上長期不固定。

　　黔中內部諸地區的地形均以山地丘陵為主，武陵山、雪峰山、大婁山、苗嶺等貫穿其間，平原極少。黔中道大部分位於今貴州省內，而貴州省最大盆地——惠水盆地僅40平方公里。〔註67〕下面羅列貴州省及重慶市、湖南懷

〔註63〕《新唐書》卷222下，第6325頁。

〔註64〕《舊唐書》卷8，第187頁。

〔註65〕《舊唐書》卷146，第3960～3961頁。

〔註66〕嚴如熤撰，黃守紅標點，朱樹人校訂：《苗防備覽》卷14，長沙：嶽麓書社，2013年，第662頁。

〔註67〕黔南布依族苗族自治州史志編纂委員會編：《黔南布依族苗族自治州志・地理

化市、湖南湘西州、湖北恩施州之數據，以顯示這一地區的地形情況。唐黔中道僅涵今重慶南部的極少部分地區，筆者未能找到對應地區的地理資料；但這一地區為黔中治所所在，在政治上最為重要，不可忽略，因此姑列重慶市數據，以示其概況。

表 18　黔中道所對應現代區域地形情況

| 區　域 | 山地、丘陵占比 |
| --- | --- |
| 貴州省 | 97%〔註 68〕 |
| 重慶市 | 88.7%〔註 69〕 |
| 懷化市 | 88.4%〔註 70〕 |
| 湘西土家族苗族自治州 | 91.8%〔註 71〕 |
| 恩施土家族苗族自治州 | 約 80%〔註 72〕 |

　　黔中不僅山地廣布、平原極少，且氣候潮濕，多陰雨少日照，今川黔一帶即為我國日照的一個低值中心。〔註 73〕顧祖禹《讀史方輿紀要‧貴州一》稱：「自驛而東（按：指貴州），地氣蒸濕，雨潦不時。自驛而西（按：指雲南），山川開朗，風景晴和。黔土在藩服之間，固為最劣哉！」〔註 74〕明代貴州大致在唐代黔中道轄境之內，二者雖然時代不同，但所處的自然環境是基

志》，貴陽：貴州人民出版社，1986 年，第 112 頁。按原文稱惠水盆地面積60000 多畝，筆者換算為 40 平方公里。
〔註 68〕貴州省地方志編纂委員會編：《貴州省志‧地理志》（下），貴陽：貴州人民出版社，1988 年，第 710 頁。
〔註 69〕重慶市地方志編纂委員會總編輯室編：《重慶市志》（第一卷），成都：四川大學出版社，1992 年，第 568 頁。
〔註 70〕湖南省懷化地區地方志編纂委員會編：《懷化地區志》，北京：生活‧讀書‧新知三聯書店，1999 年，第 256 頁。
〔註 71〕湘西土家族苗族自治州地方志編纂委員會編：《湘西州志》，長沙：湖南人民出版社，1999 年，第 139 頁。
〔註 72〕湖北省恩施土家族苗族自治州地方志編纂委員會編：《恩施州志》，武漢：湖北人民出版社，2013 年，第 31 頁。按該書未列詳細數據，而稱恩施地形是「八山半水分半田」，以百分比言之即山地丘陵約占 80%，水域約 5%，平壩等耕地約 15%。
〔註 73〕霍治國、李世奎、王石立編著：《中國氣候資源》，北京：科學普及出版社，1993 年，第 15 頁。
〔註 74〕顧祖禹撰，賀次君、施和金點校：《讀史方輿紀要》卷 120，北京：中華書局，2005 年，第 5240 頁。

本一致的。

　　黔中自然環境雖然惡劣，但區位卻很獨特。《讀史方輿紀要‧貴州一》稱該地「東連五溪」「南接西粵」「西通滇服」「北屏川南」。〔註75〕可見明代貴州介於四大地理單元之間，具有連通四方的區位優勢。雖然唐之黔中與明之貴州轄境不完全重合，但其所處的宏觀區位格局是一致的。問題是，一個地方的區位要轉化為有益於軍國的統治資源，還要受多種因素的影響，交通就是其中一個重要因素。

　　黔中道主要包含烏江、沅江兩大水系及珠江水系之上游部分。該地區的交通線與這些水系密切相關。據嚴耕望先生研究，黔中道西通牂柯、昆明之路是從黔州取道烏江南下再西行；黔中通湖南之路主要取道沅江上游的辰水、無水、酉水向東，達於辰州；黔中通嶺南之路取道北盤江南下，沿右江至邕州，沿紅水河、柳江可至宜州、柳州、桂州。〔註76〕然而黔中地區雖有道路，其實主要依靠天然河谷，多未經人工整治，通行條件極差。《方輿勝覽‧紹慶府》引舊經稱：「路途闊遠，亦無館舍，凡至宿泊，多依溪巖，就水造餐，鑽木出火。」〔註77〕紹慶府即黔州，南宋紹定元年（1228年）改；「舊經」或即唐代黔州之圖經。《太平廣記‧蠻夷四》南州條引《玉堂閒話》，稱：

　　　　王蜀……（南州）州多山險，路細，不通乘騎，貴賤皆策杖而
　　行，其囊橐皆差夫背負。……至則有一二人背籠而前，將隱入籠內，
　　掉手而行。凡登山入谷，皆絕高絕深者，日至百所，皆用指爪攀緣，
　　寸寸而進。在於籠中，必與負荷者相背而坐，此即彼中車馬也。泊
　　至近州，州牧亦坐籠而迓於郊。〔註78〕

引文記載的時間是五代前蜀時期，距唐不遠；南州為唐置於黔中的正州。當時黔中地區山高谷深，甚至要背籠而前，可見交通之艱難。而與黔中地區交通不便的情況形成對比的是，黔中周邊四個區域——兩湖、嶺南、雲南、巴蜀——彼此之間都有比較便捷的道路可供通行（參見圖7）。這狀況導致黔中的區位優勢難以被利用。受此影響，較之周邊地區，黔中的國家化進程也更為滯緩，黔中事實上成為了一個國家化的「塌陷區」。

---

〔註75〕顧祖禹撰，賀次君、施和金點校：《讀史方輿紀要》卷120，第5240頁。
〔註76〕嚴耕望：《唐代交通圖考》第四卷《山劍滇黔區》，第1285～1305頁。
〔註77〕祝穆撰，祝洙增訂，施和金點校：《方輿勝覽》卷176，北京：中華書局，2003年，第1055頁。
〔註78〕《太平廣記》卷483，第3984頁。

## 圖 7　唐代黔中周邊交通線示意

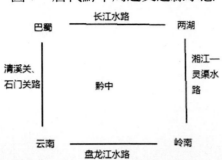

總之，在南方諸邊緣地區中，嶺南在地形條件上相對優越。適宜農耕的平原、盆地、臺地占比高於福建、雲南、黔中。另外，嶺南擁有兩個大平原，即珠江三角洲、紅河三角洲。這兩個三角洲的面積遠勝福建之九龍江平原、雲南之滇池壩子、黔中之惠水盆地。這使得嶺南地區的農業開發更具潛力。當然這種潛力能否轉化為現實的農業優勢，尚需其他因素發揮作用，這裡暫且不論。

## 表 19　唐代四個南方邊緣地區地形示意〔註 79〕

| 唐代地區 | 大致對應的現代政區 | 山地丘陵所佔百分比 | 最大平原／盆地面積（單位：平方公里） |
|---|---|---|---|
| 嶺南 | 廣東省 | 63.5〔註 80〕 | 珠江三角洲 10000〔註 81〕 |
| | 廣西壯族自治區 | 69.8〔註 82〕 | 潯江平原 630〔註 83〕 |
| | 海南省 | 45.9〔註 84〕 | |
| | 越南北部諸省 | | 紅河三角洲 15000〔註 85〕 |
| 福建 | 福建省 | 82 | 九龍江平原 720 |
| 雲南 | 雲南省 | 94 | 滇池壩 771 |

〔註 79〕表中空白部分，筆者未能查到準確數據。此外需要注意的是，由於唐代四個南方邊緣地區與表中所列的現代政區在地理上並不能完全重合。再加上古今地理變遷，因此本表只能提供大致參考，不是精確數據。

〔註 80〕張爭勝主編：《廣東地理》，北京：北京師範大學出版社，2016 年，第 15 頁。

〔註 81〕張爭勝主編：《廣東地理》，第 51 頁。

〔註 82〕胡寶清主編：《廣西地理》，北京：北京師範大學出版社，2011 年，第 21 頁。

〔註 83〕胡寶清主編：《廣西地理》，第 21 頁。

〔註 84〕海南國土局：《海南島》，北京：高等教育出版社，1988 年，第 4 頁。

〔註 85〕李樹藩、王科鑄主編：《世界通覽》（上），長春：吉林人民出版社，1992 年，第 195 頁。

| 黔中 | 貴州省 | 97 | 惠水盆地 40 |
|---|---|---|---|
| | 重慶市 | 88.7 | |
| | 懷化市 | 88.4 | |
| | 湘西土家族苗族自治州 | 91.8 | |
| | 恩施土家族苗族自治州 | 約 80 | |

　　嶺南對內、對外的交通條件也優於其他三個地區。嶺南內部水系發達，尤其是珠江水系向北連接湘、贛二江，向南通過沿海水系連接廣州、廉州等地的海港，成為全國性水運網絡的一部分。位於珠江三角洲的廣州憑藉珠江水系的發達水運，其影響力可以有效輻射嶺南大部分地區。這種地理條件對嶺南國家化造成了雙重的影響：一方面為國家控制嶺南提供了一個絕好的據點；另一方面導致廣州成為嶺南內部絕對的權力中心，比較容易形成地方割據。唐代將嶺南最高軍政長官置於廣州的同時，又通過增加層級、增設地方軍政中心的方式制約其權力，正是基於這樣的政治地理背景。

　　從宏觀的角度觀察中國南方地區就會發現，這片區域可以憑藉水道構建起一個「T」字型的交通網：長江干流及漢江、淮河橫貫東西，連接起上游的巴蜀、中游的湖北、下游的江淮及江南地區，這是「一橫」；贛江、湘江兩大支流自南向北，貫穿了江西、湖南，贛、湘二江又與珠江支流相近，進而連接嶺南中部，這是「一豎」。而位於這個「T」字型網絡兩側的，正是交通不太便利的福建、雲南和黔中。但三者情況又有區別。福建有海路可用，情況相對最好；雲南北上巴蜀，西進嶺南都有道路可通，情況次之；黔中的交通則最惡劣。交通網的分布狀態直接影響到政區的分布，漢唐間福建、黔中、雲南地區的政區明顯比「T」字型交通網所在地區要稀疏得多，參見圖 8。

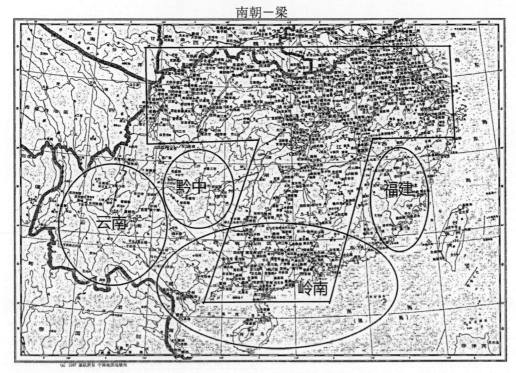

圖 8　梁代政區分布〔註86〕

南朝—梁

## 第三節　三個地區的特色因素

### 一、福建：外來移民的作用

　　漢唐時期嶺南存在三個族群：北人、土人、蠻族，土人和蠻族先後崛起於嶺南，造成了嶺南族群結構的變遷，也影響了國家化的推進。在雲南和黔中，蠻族勢力也很強。而福建與上述地方的一個重要差異就在於，漢唐時期福建不存在特別強大的本土政治勢力。如前所述，西漢滅閩越國後採取的是徙其民而空其地的措施，這一釜底抽薪的措施導致福建「地遂虛」。自秦漢時

---

〔註86〕 本圖改繪自譚其驤主編《中國歷史地圖集》第四冊圖幅42—43《南朝—梁》。之所以選用《梁》為底圖，基於以下兩點考慮：第一，梁代版圖比較完整地涵蓋了本章所研究的四個邊緣地區。梁以前海南島長期不置政區；梁以後雲南長期脫離國家控制，唐代雖然一度控制雲南但轄區大幅縮小；唐以後安南獨立。總之，古代各個時期在南方諸邊緣區域的版圖互有盈縮，唯以梁代最為完整。第二，至梁代，南方經過長期國家化，設置政區較多，政區分佈差異可以看得比較明顯。

期，移民就以各種方式進入嶺南，如秦代徙民戍五嶺，西漢徙罪人於嶺南，此外還有為逃避戰亂而南下的人；但同時期內，大規模移民福建的情況尚未見於記載。這說明在福建本地蠻族被大量遷離後，華夏族群並沒有立即填補這個空缺，結果就是福建地區長期戶口寡少。孫吳政權推行以「山越」充兵役的措施，福建地區也屬「山越」分布範圍。建安八年（203）福建發生蠻亂，據《三國志・賀齊傳》載：「候官既平，而建安、漢興、南平復亂，（賀）齊進兵建安，立都尉府，是歲（建安）八年也。……凡討治斬首六千級，名帥盡禽，復立縣邑，料出兵萬人，拜為平東校尉。」〔註87〕候官、建安、漢興（孫吳改吳興）、南平四縣均屬福建。《三國志・鍾離牧傳》稱：「建安、鄱陽、新都三郡山民作亂，出牧為監軍使者，討平之。賊帥黃亂、常俱等出其部伍，以充兵役。」〔註88〕孫吳以「山民」充兵役，導致他們「名帥盡禽」、且被迫「出其部伍」參加孫吳的軍隊，福建當地民戶再一次被大量遷離。《太平寰宇記・江南東道十三》邵武軍邵武縣條：「長樂村，後漢時此川民居殷富，地土廣闊，孫策將欲檢其江左，時鄰郡亡逃，或為公私苛亂，悉投於此，因是有長樂、將檢二村之名。」〔註89〕據此，除了在征伐山越過程中獲得人口，漢末孫氏也在福建推行直接檢責戶口以充實江左的做法。無論是漢代還是孫吳的上述措施，本質上都是以掠奪人口資源為目標，其目的並不在於治理福建。漢代、孫吳對福建人口資源的掠奪造成兩個結果：第一，福建戶口在很長一段時間內數量寡少、增長緩慢，這從本章第一節列舉晉、宋、隋代福建戶數就可以看出。第二，自六朝到唐代，福建本土政治勢力不如嶺南、南中那樣強大。儘管福建也存在地方的大族、豪酋，但他們沒有成長為如同嶺南的土人或俚僚豪酋那樣世襲州郡長官、「頤指萬家，手據千里」的強大政治勢力。〔註90〕這從以下四個方面可以看出：

其一，福建地方勢力圖謀割據的事件非常少見。整個六朝，只有陳代陳寶應曾試圖割據福建，且很快被平定。

其二，福建地方官多由北人擔任。一般邊緣地區的地方長官中，本地大族豪酋的比例很高。前文已經提到，自漢末至宋齊，土人在嶺南可以出任郡

---

〔註87〕《三國志》卷60，第1378頁。
〔註88〕《三國志》卷60，第1393頁。
〔註89〕樂史撰，王文楚等點校：《太平寰宇記》卷101，第2019頁。
〔註90〕「頤指萬家，手據千里」，見《大唐故開府儀同三司兼內侍監上柱國齊國公贈揚州大都督高公墓誌銘並序》，吳鋼主編《全唐文補遺》第七輯，第59頁。

一級長官，而梁陳及唐代又對俚僚豪酋裂地授官。南中地區也是如此，蜀漢建興三年（225）諸葛亮平定南中，《三國志·諸葛亮傳》引《漢晉春秋》稱：

> 南中平，皆即其渠率而用之。或以諫亮，亮曰：「若留外人，則當留兵，兵留則無所食，一不易也；加夷新傷破，父兄死喪，留外人而無兵者，必成禍患，二不易也；又夷累有廢殺之罪，自嫌釁重，若留外人，終不相信，三不易也；今吾欲使不留兵，不運糧，而綱紀粗定，夷、漢粗安故耳。〔註91〕

可見諸葛亮之所以不留外人，不是不想留，是形勢所迫。國家無力在南中大量駐軍，而蠻族勢力強大，無法徹底消滅，那麼只能加以利用。諸葛亮這段分析說出了古代邊緣地區國家化所面臨的困境。然而漢唐時期，目前籍貫可考的福建地方長官，大多是國家委派的北人。

其三，梁陳至唐前期，嶺南常見俚僚豪酋任世官的現象，而世官現象在福建並不顯著。福建世官比較典型的例子是陳羽、陳寶應父子，他們得任世官是借助侯景之亂的契機，並非經制；入唐以後有陳元光家族世襲漳州刺史，但他是移民而不是土著。

其四，唐代在嶺南常有開蠻族所居之「山洞」而設置政區的情況，但這在福建並不常見。《舊唐書·地理志三》汀州條稱：「開元二十四年（736），開福、撫二州山洞，置汀州。」〔註92〕而《元和郡縣圖志·江南道五》汀州條載：「開元二十一年，福州長史唐循忠於潮州北、廣州東、福州西光龍洞，檢責得諸州避役百姓共三千餘戶，奏置州，因長汀溪以為名。」〔註93〕可知汀州的設置其實不是招撫蠻族勢力的結果，而是檢責戶口的成績。

以上這些都證明了福建本地大族豪酋的勢力不強，還不足以同國家爭奪地方控制權。陳寶應是六朝時期福建僅有的割據及世官案例，下面對陳寶應加以研究，以進一步瞭解當時福建本土勢力的情況。《陳書·陳寶應傳》載：

> 陳寶應，晉安侯官人也。世為閩中四姓。父羽，有材幹，為郡雄豪。寶應性反覆，多變詐。梁代晉安數反，累殺郡將，羽初並扇惑合成其事，後復為官軍鄉導破之，由是一郡兵權皆自己出。
>
> 侯景之亂，晉安太守、賓化侯蕭雲以郡讓羽，羽年老，但治郡

---

〔註91〕《三國志》卷35，第921頁。
〔註92〕《舊唐書》卷40，第1600頁。
〔註93〕李吉甫撰，賀次君點校：《元和郡縣圖志》卷29，第722頁。

事，令寶應典兵。……侯景平，元帝因以羽為晉安太守。高祖輔政，
羽請歸老，求傳郡於寶應，高祖許之。〔註94〕

又《陳書·蕭乾傳》載：

（陳寶應作亂時）乾單使臨郡，素無士卒，力不能守，乃棄郡
以避寶應。時閩中守宰，並為寶應迫脅，受其署置，乾獨不為屈，
徙居郊野，屏絕人事。〔註95〕

既然「世為閩中四姓」，那麼雖然不能確定陳寶應是蠻族還是土人，但屬於福
建本土勢力則無疑。據引文中「梁代晉安數反」，說明福建的本地勢力在梁代
活躍起來。前文已述，嶺南俚僚豪酋的崛起也正是在梁代，這與福建看起來
頗為相似。不過據「累殺郡將」之詞，這些「反叛者」應不是郡縣長官。陳羽
雖然「一郡兵權皆自己出」，但也不能出任郡守，直至侯景之亂後才獲得郡守
之位。《梁書·王份附孫僉傳》載：「（王僉）出為建安太守。山酋方善、謝稀
聚徒依險，屢為民患，僉潛設方略，率眾平之，有詔褒美，頒示州郡。」〔註
96〕這裡作亂者被稱為「山酋」，顯然也不是郡縣長官。這些現象都說明梁代
福建本土勢力的政治地位很低，沒有資格出任州郡長官，他們類似兩漢時期
嶺南二元政治格局中的蠻族，而與梁陳時期能夠出任州郡長官的俚僚豪酋差
異很大。陳氏父子能夠世襲晉安太守，完全是因為侯景之亂使得國家對福建
的統治秩序陷於崩潰。梁代王僉遇到「山酋」作亂可以「率眾平之」，而同為
建安太守的陳代蕭乾則「素無士卒，力不能守」，可見陳初國家派駐福建的軍
隊應該很少。「閩中守宰，並為寶應迫脅，受其署置」，並不是因為陳寶應多
麼強大，而是因為國家在福建的力量過於薄弱；一旦中央派軍征討，陳寶應
就難以抵擋。《陳書·虞寄傳》載其諫陳寶應書信，稱：「況將軍欲以數郡之地
當天下之兵，以諸侯之資拒天子之命，疆弱逆順，可得侔乎？」〔註97〕後來
陳朝出兵征討，果然很快就平定了陳寶應之亂。以上事實說明，以陳寶應為
代表的福建本土勢力力量比較弱小，他們對當地的影響遠遠比不上漢末六朝
時期的嶺南土人、梁陳至唐的俚僚豪酋。那麼，能夠對福建產生重大影響的
族群是什麼呢？

---

〔註94〕《陳書》卷35，第486頁。
〔註95〕《陳書》卷21，第278頁。
〔註96〕《梁書》卷21，第327頁。
〔註97〕《陳書》卷19，第261頁。

　　由於福建內部不存在強大的本土政治勢力，且唐以前福建一直是戶口稀少的地方，因此大規模的移民入閩會直接影響福建的國家化。移民是對唐代福建國家化具有重大影響力的族群，比較典型的例子是唐代陳元光開漳和唐末五代王氏兄弟割據福建，所不同的是二者對國家化造成的影響恰恰相反：陳元光開漳推動了當地的國家化，而王氏割據則暫時中斷了福建的國家化。

　　《元和姓纂》諸郡陳氏條稱：「右鷹揚將軍陳元光……河東人。」〔註98〕《輿地紀勝》循州古蹟條引朱翌撰《威惠廟記》稱：「陳元光，河東人。」〔註99〕關於陳元光籍貫，比較盛行的還有固始說等，本文不作細考。〔註100〕無論何種觀點，陳元光並非福建本地人，這是可以肯定的。《全唐文》載陳元光撰《漳州刺史謝表》中有「雖則殊鄉，還同晝錦」一句，可以為證。〔註101〕

　　關於陳元光征戰閩廣、奏請設置漳州的經歷，最早見於《輿地紀勝》。《輿地紀勝》循州古蹟條引朱翌撰《威惠廟記》稱：「唐儀鳳（676～678）中，廣之崖山盜起，潮、泉皆應。王（按：即陳元光）以布衣乞兵，遂平潮州。以泉之雲霄為漳州，命王為左郎將守之。」〔註102〕又同書漳州官吏條引《陳元光廟碑》稱：「公姓陳，諱元光。永隆三年（按：永隆無三年，誤），盜攻潮州，公擊賊，降之。公請泉、潮之間創置一州，垂拱二年（686），遂敕置漳州，委公鎮撫。」〔註103〕地方志中最早為陳元光立傳的是明末何喬遠的《閩書》。《閩書·君長志》陳元光條載其事蹟較詳：

　　　　總章二年（669），泉潮間蠻僚嘯亂……高宗敕（元光父陳）政統嶺南行軍總管事出鎮綏安故地。自惟以寡伐眾，退保九龍山，及奏，得援兵五十八姓，乃進屯梁山外之雲霄鎮，建宅於火田村。儀鳳二年（陳政）卒。元光……代領父眾。……（朝廷）遂給告身，俾使建漳州、漳浦郡邑於綏安，仍世守刺史，自別駕以下得自辟置。元光疏：「山林無賢，而部曲子弟馬仁等多有幹略，請授為司馬等職。」從之。〔註104〕

〔註98〕林寶撰，岑仲勉校記：《元和姓纂（附四校記）》卷3，第348頁。
〔註99〕王象之撰，李勇先點校：《輿地紀勝》卷91，第3169頁。
〔註100〕參見徐曉望主編《福建通史》第二卷，第25～27頁。
〔註101〕《全唐文》卷164，第1675頁。
〔註102〕王象之撰，李勇先點校：《輿地紀勝》卷91，第3169～3170頁。
〔註103〕王象之撰，李勇先點校：《輿地紀勝》卷131，第4159頁。
〔註104〕何喬遠：《閩書》卷41，福州：福建人民出版社，1994年，第1012頁。

結合《閩書》與《輿地紀勝》的記載，可以得出如下結論：第一，唐高宗時期泉、潮一帶蠻族作亂，陳政、陳元光父子率部平定，後於此創設漳州。第二。陳氏父子的隊伍是由其「部曲子弟」及後來支援他們的「五十八姓」組成，顯然也不是福建本地人，而是移民。第三，這支移民隊伍是以宗族的形式組織起來的。在漳州創置以後，陳氏「世守刺史」。唐代嶺南常由蠻族豪酋出任世官，在福建則是由移民集團的領袖出任。不僅如此，司馬等職務也由當年隨陳氏父子平亂的「部曲子弟」擔任。可見，漳州是由陳氏父子所率領的移民創立的，移民原先的宗族組織被移植到了漳州的行政體系中。這是移民推動福建國家化的典型案例。

《舊五代史‧僭偽‧王審知傳》稱：「王審知，字信通，光州固始人。」又載其發跡經歷：

> （光州刺史王緒）率眾渡江，所在剽掠，自南康轉至閩中……（王）潮與豪首數輩共殺緒……潮因引兵圍（泉州刺史廖）彥若，歲餘克之，又平狼山賊帥薛蘊，兵鋒日盛。唐光啟二年（886），福建觀察使陳巖表潮為泉州刺史。大順（890～891）中，巖卒，子堳范暉自稱留後，潮遣審知將兵攻之……由是盡有閩、嶺五州之地。〔註105〕

分析上引材料可知，王潮、王審知兄弟割據福建，依靠的是來自光、壽地區的移民隊伍。《資治通鑒》卷256唐僖宗光啟元年（885）正月條載：「（王）緒懼，悉舉光、壽兵五千人，驅吏民渡江……是月，陷汀、漳二州，然皆不能守也。」本條胡注稱：「王緒之兵自此入閩，為王潮兄弟割據之資。」〔註106〕所謂「割據之資」就是指王氏兄弟憑藉光、壽移民割據福建。與之爭奪福建控制權的另外一大勢力是福州觀察使陳巖，所部稱為九龍軍。《資治通鑒》卷256唐僖宗中和四年（884）十二月條載：「初，黃巢轉掠福建，建州人陳巖聚眾數千保鄉里，號九龍軍，福建觀察使鄭鎰奏為團練副使。……鎰畏巖之逼，表巖自代，壬寅，以巖為福建觀察使。巖為治有威惠，閩人安之。」〔註107〕陳巖的九龍軍顯然是福建本地勢力，並且一度取得了福州的控制權，治理地方也有一定的成績，然而其最終不敵王氏的移民隊伍。九龍軍敗給光、壽移民，這是福建國家化進程中本地豪酋不敵外來移民的明證。

---

〔註105〕《舊五代史》卷134，第1791頁。
〔註106〕《資治通鑒》卷256唐僖宗光啟元年正月條，第8442頁。
〔註107〕《資治通鑒》卷256唐僖宗中和四年十二月條，第8438頁。

　　嶺南地區也不乏移民。本文將從外地來到嶺南的人稱為北人，北人久居嶺南即為土人。嶺南土人雖然也是移民，但他們與福建的移民相比有所不同。土人的力量來自自己的家族，而土人定居嶺南後，需要很長時間的發展才能形成大族，如《三國志・吳書・士燮傳》載：「其先本魯國汶陽人，至王莽之亂，避地交州。六世至燮父賜，桓帝時為日南太守。」〔註108〕士燮的家族從遷居嶺南到成為一方大族就經歷了六代。而移民來到福建後則可以立刻發揮很大的影響，這是因為福建本土勢力不強，而移民的力量來源於整個移民集團，並非單獨依靠某一個大家族。前述陳元光開漳後，不僅陳氏「世守刺史」，部曲子弟也被授予司馬等職務。在王氏閩國中，由光、壽移民組成的「元從」隊伍是一支具有強大政治影響力的武裝。由於王氏家族未能處理好與光、壽移民集團的矛盾，以致於造成了閩國歷史上的多次政變。《資治通鑒》卷282後晉高祖天福四年（939）七月條：「初，閩惠宗以太祖元從為拱宸、控鶴都。」〔註109〕所謂「太祖元從」，即追隨王審知平定福建的光、壽移民隊伍。二都的統帥是「永泰朱文進、光山連重遇」。〔註110〕永泰縣屬福州，光山縣屬光州。又《資治通鑒》卷284後晉齊王開運二年（945）三月條：「初，光州人李仁達，仕閩為元從指揮使，十五年不遷職。」〔註111〕連重遇、李仁達都是光州人，指揮由「元從」組成的軍隊。王氏家族在閩國建立後，開始重用福建本地人，而光、壽「元從」卻被逐漸冷落，如李仁達者竟十五年不遷。這導致了王氏家族與光、壽移民集團的矛盾。「元從」軍隊的領導者連重遇、李仁達多次發動政變殺死王氏君主，而後他們都曾擁立福建本地人為名義上的君主，並由自己控制實權。〔註112〕這說明王氏家族需要依靠整個移民集團的力量才能穩定控制福建的局勢，一旦與這個集團對立，則其王位不穩。移民集團本身才是真正影響福建的關鍵因素。

　　總而言之，無論所起的作用是正面或是負面的，移民集團都是影響福建國家化的一個重要因素。

---

〔註108〕《三國志》卷49，第1191頁。
〔註109〕《資治通鑒》卷282後晉高祖天福四年七月條，第9332頁。
〔註110〕《資治通鑒》卷282後晉高祖天福四年七月條，第9333頁。
〔註111〕《資治通鑒》卷284後晉齊王開運二年三月條，第9414頁。
〔註112〕有關王氏家族與移民集團的矛盾，參見何燦浩《王閩三次福州兵變及其原因》，《福州大學學報》（哲學社會科學版），2001年第1期。

## 二、雲南：外部區域的影響

與嶺南相比，雲南國家化歷程最直觀的特點在於其經歷了漫長的國家化衰退期（西晉末年到隋）和中斷期（唐中葉到宋末）。嶺南國家化則總體上穩定推進，波動不大。雲南和嶺南開啟國家化的時間大致相同，至三國時期蜀漢國家可以從雲南獲取「軍國之用」，而孫吳對嶺南則「不必仰其賦入」，可見在經過兩漢三國的國家化之後，雲南的國家化程度和領土效益是比嶺南高的。那麼是什麼因素導致了後來雲南國家化的衰退與中斷呢？

首先是南中大姓勢力的增長。在漢晉時期，南中存在三種政治勢力：有朝廷任命的流官、從華夏移民中轉化而來的大族、土著少數族首領，後兩者在文獻中常被稱為南中大姓和夷帥。這三種勢力的互動及政治地位之升降，是影響雲南國家化的一個重要因素。這與嶺南北人、土人、蠻族族群結構變化影響國家化的情況非常類似。

尹東建先生對雲南地區流官、大姓、夷帥的互動及其對政治的影響作了比較充分的研究。據他考證，西漢中期以前，文獻中尚未見到豪族大姓在西南夷地區活動的蹤跡，直到兩漢之交南中大姓才嶄露頭角，東漢中期以後大姓把持郡縣權力的格局基本形成，逐步具備了與郡縣長吏分庭抗禮的能力。南中大姓崛起後，雲南的權力結構發生了變化：原先流官與夷帥的二元格局，演變為流官、大姓、夷帥三足鼎立。蜀漢對南中採取扶持大姓而壓制夷帥的政策，使大姓成為蜀漢在南中的統治支柱；而南中大姓也憑藉國家的扶持，合法地擁有了部曲，從而獲得強大的軍事實力。西晉初期曾發動南中大姓出征交州，結果以慘敗告終，南中大姓的實力大大受損。這使得晉廷不再看重南中大姓，改變了蜀漢以扶持為主的策略，轉而壓制大姓，部分大姓遂與夷帥聯合，最終釀成了兩晉之交的南中動亂。此後南中大姓或依附晉廷，或依附成漢，或聯合夷帥，展開了長期的爭奪。東晉滅成漢後在名義上收復了寧州，但實權已經落入大姓手中；而大部分大姓的實力在戰亂中被消耗掉，最後只剩下實力最強的爨氏，遂獨霸南中（本段上述內容主要參考尹建東等著《漢唐時期西南地區的豪族大姓與地方社會》）。〔註113〕可以看到，大姓崛起、

---

〔註113〕 尹建東等：《漢唐時期西南地區的豪族大姓與地方社會》，昆明：雲南大學出版社，2013 年，第三章《南中大姓的興衰及其與蜀漢、兩晉、成漢政權的關係》，第 105～134 頁；第五章《西南地區豪族大姓的權力結構與地方秩序及地方政治》164～191 頁。

流官夷帥二元格局演變為流官大姓夷帥三足鼎立、大姓與國家爭奪地方控制權，這些自東漢後期至西晉在雲南出現的情況，在大約同一時期的嶺南也同樣存在。區別在於，在與土人大族爭奪地方控制權的鬥爭中，國家在嶺南取得了勝利，在雲南卻遭到了失敗。這是因為除了族群結構的變遷外，雲南國家化還有另外一個因素在起作用。

漢唐時期雲南還存在另一個影響國家化的因素——外部區域的影響。這一點是嶺南所不具備的，也是對雲南地區歷史的研究中尚未受到重視的。

對雲南影響最大的外部區域是巴蜀地區。其一，從政區上看雲南和巴蜀長期隸屬於同一個地方行政體系的控制，而這個體系的中心在巴蜀。漢代雲南與巴蜀同屬益州，三國時期同屬蜀漢，晉代以後至南朝寧州屬益州都督區，唐代雲南隸屬劍南道。〔註114〕可見漢唐時期雲南地區在行政上受巴蜀地區統轄。

其次，從委任官員的籍貫上看，漢代南夷地區郡守大部分為巴蜀人。《雲南通史》整理了兩漢南夷地區有姓名可考的太守共 35 人，其中有籍貫的 20 人列表如下。

### 表20　兩漢西南夷地區太守籍貫〔註115〕

| 序　號 | 姓　名 | 任官地 | 籍　貫 |
|---|---|---|---|
| 1 | 文齊 | 益州 | 廣漢梓潼 |
| 2 | 王阜 | 益州 | 蜀郡成都 |
| 3 | 李顒 | 益州 | 巴郡墊江 |
| 4 | 景毅 | 益州 | 廣漢梓潼 |
| 5 | 董和 | 益州 | 南郡枝江 |
| 6 | 陳立 | 牂柯 | 蜀郡臨邛 |
| 7 | 常員 | 牂柯 | 蜀郡江原 |
| 8 | 張則 | 牂柯 | 漢中南鄭 |
| 9 | 劉寵 | 牂柯 | 廣漢綿竹 |
| 10 | 任貴 | 越嶲 | 越嶲 |
| 11 | 張翕 | 越嶲 | 巴郡安漢 |

〔註114〕關於東晉南朝益州督區的情況，參見胡阿祥《六朝疆域與政區研究》，第230、234、238 頁。
〔註115〕本表資料來自何耀華總主編《雲南通史》第二卷，第 73～75 頁。其中有一人在兩地任職的，不重複列出。

| 12 | 張璊 | 越嶲 | 巴郡安漢 |
|----|------|------|----------|
| 13 | 馮顥 | 越嶲 | 廣漢郪縣 |
| 14 | 趙溫 | 越嶲 | 蜀郡 |
| 15 | 鄭純 | 永昌 | 廣漢郪縣 |
| 16 | 張化 | 永昌 | 蜀郡 |
| 17 | 沈稚 | 永昌 | 巴郡 |
| 18 | 黎彪 | 永昌 | 巴郡 |
| 19 | 吳順 | 永昌 | 犍為僰道人 |
| 20 | 何汶 | 犍為屬國 | 蜀郡郫縣 |

上列 20 人，非巴蜀籍的只有董和（南郡）、張則（漢中）、任貴（越嶲）三人。其中任貴是在王莽時期自立為郡守，非朝廷所派；而越嶲郡是巴蜀與雲南的過渡帶。上列表格充分說明，在兩漢時期巴蜀是雲南官員的最主要來源地。蜀漢時期巴蜀人士仍然是雲南地方長官的重要來源之一。〔註116〕直到晉代，由於南中大姓的崛起，郡縣級別的長官才開始由本地大姓擔任。

其三，兩漢時期平定雲南蠻族叛亂，巴蜀是主要兵源地，這裡略舉幾例：《漢書・西南夷傳》載始元元年（前 86），益州、牂柯發生反叛，「發蜀郡、犍為奔命萬餘人擊牂柯」；〔註117〕王莽時，益州郡反叛，「發巴、蜀、犍為吏士」征討而三年無功，遂「大發天水、隴西騎士，廣漢、巴、蜀、犍為吏民十萬人」。〔註118〕《後漢書・南蠻西南夷傳》載建武十八年（42）益州郡蠻夷反叛，次年「發廣漢、犍為、蜀郡人及朱提夷，合萬三千人擊之」。〔註119〕

其四，巴蜀是國家力量進入雲南的最重要通道。儘管進入雲南的道路有多條，但從巴蜀南下是當時最便捷的通道。由今貴州地區向西進入雲南的道路在漢唐時期走的很少。交州水路可通雲南，但嶺南本身就是邊緣地區，且位置太過迂遠，在經略雲南的過程中，嶺南方面只能發揮策應的作用。由巴蜀經過越嶲郡（唐嶲州）和犍為郡（唐戎州）南下的兩條陸路是漢唐時期經略雲南的最重要通道。

總之，在雲南的國家化過程中，巴蜀地區既是提供人才、兵源的基地，又是最重要的通道。因而巴蜀的局勢會直接影響雲南。

〔註116〕 參見何耀華總主編：《雲南通史》第二卷，第 217～219 頁。
〔註117〕 《漢書》卷 95，第 3843 頁。
〔註118〕 《漢書》卷 95，第 3846 頁。
〔註119〕 《後漢書》卷 86，第 2846 頁。

　　《華陽國志‧南中志》記載西晉末年的南中變亂稱：「時李特、李雄作亂益州，而所在有事，救援莫至。」〔註120〕可見李特、李雄作亂益州是導致寧州陷入孤立無援境地的原因之一。成漢建立後，憑藉交通之便，很快就吞併了雲南。東晉試圖從嶺南突破。前文已述，廣州刺史鄧嶽於咸康二年（336）復夜郎、興古二郡，五年收復當時寧州的治所建寧郡。然而，東晉並沒有穩定控制寧州多久。《晉書‧成帝紀》咸康六年三月條：「李壽陷丹川，守將孟彥、劉齊、李秋皆死之。」〔註121〕劉琳校《華陽國志》認為「丹川」是「寧州」之訛。〔註122〕按晉時南中並無地名「丹川」，劉校是。成漢此戰一舉復寧州。可見就經略雲南而言，巴蜀具有地緣上的便利性。此後直到桓溫滅成漢，國家控制了巴蜀，寧州才復歸東晉管轄。梁末，西魏佔領巴蜀後，並沒有派兵進入雲南，僅僅是「遙授刺史」，雲南爨氏就歸順了西魏。以上事實都說明，巴蜀地區的政治格局對雲南有顯著的影響。

　　然而，由於巴蜀「險遠」，在整個東晉南朝時期，其局勢長期不穩，這導致國家很難通過巴蜀對雲南實施有效的控制。這就是除族群因素外雲南在東晉南朝時期國家化衰退的另一個原因。巴蜀在當時被視為「險遠」之地，劉宋時期蕭惠開據蜀，「太宗（明帝）以蜀土險遠，赦其誅責，遣惠開弟惠基步道使蜀，具宣朝旨」。〔註123〕《南齊書‧州郡志下》益州條稱：「方面疆鎮，塗出萬里，晉世以處武臣。宋世亦以險遠，諸王不牧。」〔註124〕《魏書‧邢巒傳》載邢巒伐蜀，曾對巴蜀的軍事地理作了分析：「揚州、成都，相去萬里，陸途既絕，唯資水路。……水軍西上，非周年不達。」〔註125〕進入巴蜀的陸路主要是從關中南下，但關中被北朝佔據，東晉南朝只能通過長江水路逆流而上，因而「非周年不達」。在這種情況下，東晉南朝對巴蜀這一險遠之地的控制力就顯得不足，該時期巴蜀動亂頻發。這裡簡單梳理一下成漢滅亡到西魏取蜀之間巴蜀的動亂：

　　永和三年（347）成漢滅亡，成漢遺臣鄧定、隗文等擁立范賁為帝，據成

---

〔註120〕常璩：《華陽國志》卷4，第51頁。

〔註121〕《晉書》卷7，第182頁。

〔註122〕常璩撰，劉琳校注：《華陽國志校注》卷9《李特雄期壽勢志》，成都：巴蜀書社，1984年，第691頁。

〔註123〕《宋書》卷87《蕭惠開傳》，第2202頁。

〔註124〕《南齊書》卷15，第298頁。

〔註125〕《魏書》卷65，北京：中華書局，1974年，第1440頁。

都;原晉振威將軍蕭敬文陷涪城,自稱益州牧。他們先後被益州刺史周撫平定。

興寧三年(365)梁州刺史司馬勳入蜀,次年被平定。

太和五年(370)李弘、李高作亂,不久被平定。

寧康元年(373)前秦攻佔巴蜀,太元十年(385)東晉克成都,復巴蜀。

義熙元年(405)譙縱割據巴蜀,義熙九年(413)被劉裕所滅。

元嘉九年(432)趙廣、程道養等人起兵反宋,元嘉十四年(437)被平定。

泰始二年(466)益州刺史蕭惠開在宋明帝與建安王劉子勛的內戰中支持子勛,後歸降。

永元元年(499)趙續伯起兵反齊,引發了巴蜀地區的大動亂,造成「群賊相聚」的局面。〔註126〕時值齊梁禪代,梁朝建立後原益州刺史劉季連不受代,舉兵反叛。至天監二年(503),「時益部兵亂日久,民廢耕農,內外苦饑,人多相食,道路斷絕,季連計窮」,遂歸降。〔註127〕

天監四年(505)北魏邢巒攻入巴蜀,益州人焦僧護又起兵作亂。天監十四年(515)北魏罷伐蜀之軍。但漢中被北魏佔據,大同元年(535)方收復。

承聖元年(552)蕭紀在成都稱帝。次年,西魏尉遲迥攻取巴蜀。

在大一統國家定都北方的時候,可以從關中進入巴蜀,再由巴蜀經略雲南。東晉南朝丟失了關中,只能靠長江水路維繫同巴蜀的脆弱聯繫,巴蜀遂由關中政權的戰略後方變為建康政權的險遠之地。從東晉到梁,該地區一直動盪不斷,不僅要面臨內部的民變(如趙廣、趙續伯)、地方官的割據或反叛(如譙縱、蕭惠開、劉季連),還要應對北朝的威脅(如邢巒、尉遲迥)。在這種情況下,國家對巴蜀尚且不能如臂使指,更遑論通過巴蜀去控制雲南呢?反觀嶺南,東晉南朝時期政治中心的南移反而使嶺南與其更加接近。國家從江西地區可以很便捷的出兵嶺南。當時江西地區設江州,《晉書·盧循傳》載盧循佔據嶺南後,徐道覆勸其北上,稱:「若平齊之後,劉公(裕)自率衆至豫章,遣銳師過嶺,雖復君之神武,必不能當也。」〔註128〕豫章郡屬江州。徐道覆認為劉裕平南燕後,可以很便利地從江州沿贛江而下、越大庾嶺,如此則盧循的軍隊難以抵擋。《南齊書·東南夷傳》稱:「永明三年(485),以司農劉楷為交州刺史,發南康、盧陵、始興郡兵征交州。……(李)叔獻懼為楷

---

〔註126〕《梁書》卷20《劉季連傳》,第308頁。

〔註127〕《梁書》卷10《鄧元起傳》,第199頁。

〔註128〕《晉書》卷100,第2635頁。

所襲，間道自湘川還朝。」〔註 129〕盧陵、南康均屬江州。南齊征李叔獻同樣
是從江西地區派軍隊，故李叔獻不敢從江西還朝，改從湖南北上。東晉南朝
經略嶺南，不僅可以從江西南下，還有海路可為策應。《宋書・自序》稱：「及
盧循逼京邑，高祖遣（沈）田子與建威將軍孫季高由海道襲廣州。」〔註 130〕
因此，我們可以看到孫吳至宋齊時期，嶺南土人大族雖然勢力強大並且與國
家爭奪嶺南的控制權，但最終未能徹底動搖國家對嶺南的統治；而在東晉滅
成漢、復寧州之後，在雲南連進行這種爭奪的跡象都看不到。這說明國家力
量已經難以進入雲南了。在雲南本地「晉弱夷強」，而大姓又遙尊建康正朔的
情況下，國家也只能滿足於維持名義上的統治。據《華陽國志・南中志》，太
安元年（302）永昌從事孫辨向朝廷上奏南中形勢，請求復置寧州，他說：「（南
中）七郡斗絕，晉弱夷強，加其土人屈塞，應復寧州，以相鎮慰。」〔註 131〕
這句話非常清楚地點明了南中國家化衰退的兩方面原因：一方面是族群因素，
大姓、夷帥等勢力的崛起（晉弱夷強、土人屈塞）衝擊著國家在雲南的統治
秩序；另一方面是外部影響，由於當時巴蜀已經陷入內亂，東晉國家的力量
難以進入雲南，雲南雖在封疆之內，其實形同孤島（七郡斗絕）。正是這兩方
面因素的共同作用，導致了雲南地區的國家化在東晉南朝時期逐漸衰退。

　　唐代，另一個外部區域對雲南的國家化產生了重大影響，即青藏地區。
唐代吐蕃在青藏高原崛起，成為唐在西部最大對手。在唐蕃對立的大背景下，
雲南不可避免地受到唐和吐蕃的雙重影響。自高宗後期開始，唐蕃雙方在雲
南地區展開激烈爭奪。據《新唐書・吐蕃傳上》，永隆元年（680）吐蕃攻克
唐在劍南地區的重要據點安戎城，「因並西洱河諸蠻」。〔註 132〕《舊唐書・張
柬之傳》稱：「姚州本龍朔（661～663）中武陵縣主簿石子仁奏置之……至垂
拱四年（688），蠻郎將王善寶、昆州刺史爨乾福又請置（姚）州。」〔註 133〕
據此，垂拱四年唐復置姚州，不久當地蠻族又陸續棄蕃附唐。《資治通鑒》卷
204 唐則天后永昌元年（689）五月條：「浪穹州蠻酋傍時昔等二十五部，先
附吐蕃，至是來降；以傍時昔為浪穹州刺史，令統其眾。」〔註 134〕《新唐書・

〔註 129〕《南齊書》卷 58，第 1018 頁。
〔註 130〕《宋書》卷 100，第 2447 頁。
〔註 131〕常璩：《華陽國志》卷 4，第 50 頁。
〔註 132〕《新唐書》卷 216 上，第 6078 頁。
〔註 133〕《舊唐書》卷 91，第 2941 頁。
〔註 134〕《資治通鑒》卷 204 唐則天后永昌元年五月條，第 6571～6572 頁。

南蠻下‧兩爨蠻傳》稱：「至長壽（692～693）時，大首領董期率部落二萬內屬。」〔註135〕可見雲南諸蠻族在唐、蕃之間叛服無常。張九齡撰《敕吐蕃贊普書》論及雲南蠻族的歸屬，稱：「又西南諸蠻，元是異類，或叛或附，恍惚無常。……彼此之間，有何定分？」〔註136〕這清楚地表明雲南地方勢力受到唐蕃雙方影響。在唐蕃對立的大背景下，唐對雲南的政策要服從於對吐蕃政策。如張九齡撰《敕蠻首領鐸羅望書》稱：「言念邊人，必籍綏撫；又逼蕃界，兼資鎮遏。卿宜纘承先業，以副朕心。……授卿襲浪穹州刺史。」〔註137〕可見唐廷任授鐸羅望刺史，用意之一就在於鎮遏吐蕃。又張九齡撰《敕劍南節度（副大）使王昱書》：「蠻夷相攻，中國大利，自古如此，卿所知之。然吐蕃請和，近與結約，群蠻翻附，彼將有詞。卿可審籌其宜，就中處置，使蠻落不失望，吐蕃又無憾詞。」〔註138〕上引敕書先稱「蠻夷相攻，中國大利」，即指示王昱應該扶持雲南蠻落，用以抗衡吐蕃；然而當時的大環境是「吐蕃請和，近與結約」，為了不授吐蕃以口實，唐玄宗指示王昱「審籌其宜，就中處置」，以期達到「蠻落不失望，吐蕃又無憾詞」的目的。可見唐對雲南的政策從屬於對吐蕃政策。雲南在唐代最終脫離國家化軌道，固然是由於南詔自身力量的增強以及唐廷措置失當，但也與吐蕃的影響密切相關。天寶九載（750）南詔反叛、攻陷姚州；次年鮮于仲通征討南詔。據《南詔德化碑》載，當時南詔首領閣羅鳳向鮮于仲通陳述利害：「贊普今見觀釁浪穹，或以眾相威，或以利相導。倘若蚌鷸交守，恐為漁父所擒。」〔註139〕《舊唐書‧南蠻傳》將閣羅鳳的話用直白的語言記載下來：「吐蕃大兵壓境，若不許，當歸命吐蕃，雲南之地，非唐所有也。」〔註140〕然而鮮于仲通執意討伐，導致南詔歸順吐蕃。據《南詔德化碑》載，吐蕃「分師入救」大敗唐軍，又將南詔「賜為兄弟之國」；唐廷「再置姚府」，吐蕃南詔聯兵出擊，「同圍府城」，「破如拉朽」；李宓出征雲南，吐蕃「神州都知兵馬使論綺里徐來救」，與南詔共破唐軍。〔註141〕此後，安史之亂爆發，唐廷無暇南顧，南詔遂徹底脫離了唐朝的

〔註135〕《新唐書》卷 222 下，第 6324～6325 頁。
〔註136〕張九齡撰，熊飛校注：《張九齡集校注》卷 11，第 647～648 頁。
〔註137〕張九齡撰，熊飛校注：《張九齡集校注》卷 12，第 691～692 頁。
〔註138〕張九齡撰，熊飛校注：《張九齡集校注》卷 8，第 547 頁。
〔註139〕樊綽撰，向達校注《蠻書校注》附錄二，第 322 頁。
〔註140〕《舊唐書》卷 197，第 5281 頁。
〔註141〕樊綽撰，向達校注《蠻書校注》附錄二，第 322～323 頁。

國家化軌道。

　　總之，除了族群結構變遷，雲南國家化還受外部區域的強烈影響。兩漢時期，大一統國家憑藉對巴蜀地區的掌控，以巴蜀為基地和通道進入雲南，使得雲南的國家化得以順利展開。東晉以後，巴蜀成為險遠之地且頻繁動亂，國家力量無法通過巴蜀進入雲南，遂導致雲南國家化逐漸衰退。而同一時期的嶺南與國家政治中心的距離反而較兩漢西晉時期拉近了，這種便利的條件使得國家力量可以直接投送到嶺南，與土人大族爭奪嶺南的控制權。唐代吐蕃的崛起使得青藏地區成為影響雲南的又一個區域。雲南在唐代最終脫離國家化軌道，固然是由於南詔自身力量的增強以及唐廷措置失當，但也與吐蕃的影響密切相關。如果沒有吐蕃直接的軍事援助，僅憑南詔的軍力，未必能抵擋唐軍的征討。吐蕃的干涉引發了連鎖反應，南詔在其支持下獨立，又在咸通（860～873）年間向嶺南進犯。嶺南國家化在此時才終於受到了外部區域的強烈影響。陳寅恪先生提出唐代外族盛衰之連環性及外患與內政之關係，吐蕃、南詔、唐之嶺南三者之互動就是一個典型例證。〔註142〕

## 三、黔中：周邊地緣態勢

　　儘管黔中地區交通條件不甚便利，但畢竟具有連通四方的區位優勢。在特定的周邊地緣態勢之下，國家需要借助黔中為「跳板」來經略其他地區，黔中的區位價值遂得以發揮；為了更好地利用這種價值，國家便採取各種措施來強化對黔中的控制與整合，這是黔中地區推進國家化的內在邏輯之一。

　　黔中的牂柯地區最初被納入國家化進程，就與當時的地緣態勢有關。《史記・西南夷列傳》載，唐蒙勸漢武帝經略南夷，稱：「竊聞夜郎所有精兵，可得十餘萬，浮船牂柯江，出其不意，此制越一奇也。」〔註143〕當時南疆地緣態勢的大背景是漢與南越兩國對立，而西南的夜郎國位居牂柯江上游，對南越有順流之勢。據此，唐蒙建議利用夜郎的區位優勢發動對南越的奇襲，而實施這一戰略的前提則是使夜郎臣服於漢朝。可見，西漢經略南夷是基於當時的地緣態勢，為征討南越服務。當然，漢武帝時期人們對西南地理的認識極為有限，可能並沒有意識到黔中距離番禺極為遙遠，多路分兵匯合於番禺的戰略事實上難以實現。據《史記・南越列傳》：「戈船、下厲將軍兵及馳義侯

〔註142〕陳寅恪：《唐代政治史述論稿》，北京：商務印書館，2011 年，第 355 頁。
〔註143〕《史記》卷 116，第 2994 頁。

所發夜郎兵未下，南越已平矣。」〔註144〕可見牂柯水路迂遠，夜郎兵尚未到達，南越的戰事已經結束了。儘管沒有達到出奇制勝的主觀目的，但西漢通過經略南夷，客觀上將牂柯地區納入了國家化進程。

　　唐初嶺南西部蠻族尚未全部歸附，在這一地緣態勢下，黔中對於國家力量進入該地區仍然具有「跳板」式的區位價值。《資治通鑑》卷195唐太宗貞觀十三年（639）六月條：「渝州人侯弘仁自牂柯開道，經西趙，出邕州，以通交、桂，蠻、俚降者二萬八千餘戶。」〔註145〕據研究，唐廷通過此次行動在黔中共設置了十三個羈縻州。〔註146〕在黔中設置羈縻州之目的即在於控制新開闢的牂柯通邕州道。不過隨著唐朝在嶺南統治的穩固，西南地區的地緣態勢發生了變化；從江西、湖南等地進入嶺南的道路也比牂柯通邕州道更為便捷。在這種情況下，黔中的區位價值隨之大大下降，其國家化步伐也放緩了。

　　唐末，西南地區的地緣態勢又發生變化。隨著南詔崛起並與唐敵對，黔中成為與南詔接壤的前沿地區。南詔曾一度攻陷黔中之播州，後為唐軍收復。當時唐廷也有人提出利用黔中的區位優勢對南詔進行多路征討。《蠻書·雲南界內途程》稱：「從邕州路至蠻苴芊城，從黔州路至蠻苴芊城，兩地路程，臣未諳委。……緣南蠻姦猾，攻劫在心，田桑之餘，便習鬥敵。若不四面征戰，兇惡難悛。」〔註147〕據此，唐代黔州有路通雲南，只不過樊綽當時並不清楚。不過樊綽認為南詔「兇惡難悛」，必須「四面征戰」方可降服。因此他建議「下堂帖令分析」黔州、邕州通雲南之路，以便發揮黔中的區位優勢以應對南詔。不過，由於唐詔戰爭發生於唐末，當時唐朝國力不足，對南詔只能防守，無力反擊。咸通七年高駢收復安南之後，唐懿宗即發布《大赦文》稱：「應安南、邕州、西川等道諸軍兵士，各守疆界，不用進師。仍委劉潼審詳事機，明國曉諭，如能重修和好，信使如初，朕當虛懷，一切不問。」〔註148〕唐僖宗即位後又「許其和親，不稱臣」。〔註149〕可知當時雖然與南詔為敵，但唐廷以屯兵自守、休戰議和為方針，黔中雖有區位之利而無所用。

　　由於交通條件惡劣，且恰好需要利用黔中區位價值的地緣態勢並不常見，

〔註144〕《史記》卷113，第2977頁。
〔註145〕《資治通鑑》卷195唐太宗貞觀十三年六月條，第6261頁。
〔註146〕郭聲波：《中國行政區劃通史·唐代卷》，第1253頁。
〔註147〕樊綽撰，向達校注：《蠻書校注》卷一，第18頁。
〔註148〕《全唐文》卷85，第896頁。
〔註149〕《資治通鑑》卷253唐僖宗廣明元年六月條，第8349頁。

故漢唐間黔中雖為連通四方之地，但國家化進程一直比較遲緩。這種情況直到元明時期才發生了根本性變化。一方面，隨著雲南重新被國家控制，在地緣上國家有了利用黔中為「跳板」以經略雲南的需求；另一方面，元代開闢了從湖南通雲南的驛道，其間正經過唐代黔中之地，這條道路成了此後通往雲南最便捷的道路，經過黔中經略雲南在交通上成為可能。在上述背景下，黔中地區的區位優勢凸顯出來。明代為了控制這條驛道進而經略雲南，在驛道所經地區採取了一系列國家化措施，包括置移民、開屯田、設衛所、立都司，以及正式設置政區——貴州布政使司，這使得該地的國家化程度大大提高。明代沈一貫《乞罷廣西貴州稅使揭帖》稱：

> 蓋貴州乃古羅施鬼國，地皆蠻夷，山多箐穴，水不涵渟，土無貨殖，通計民屯，僅十四萬石，為天下第一貧瘠之處。官戎歲給，全仰於湖廣、四川二省。蓋本非都會之地，從古不入版圖。我朝但因雲南而自此借一線之路以通往來。一線之外，悉皆夷峒，鷗張豕突，易動難安。〔註150〕

所謂「從古不入版圖」，是指國家對黔中南部的牂柯地區長期以羈縻置之，而這裡正是元代驛道之所經亦即明代貴州之地。引文清楚地說明，明代朝廷在貴州推動國家化，意在「借一線之路以通」雲南。〔註151〕《讀史方輿紀要·貴州一》稱：「貴州自元以來，草昧漸闢，而山箐峭深，地瘠寡利，蠻夷盤繞，迄今猶然。惟是滇南北上，必假道茲土，故疆理制置，不容不急焉。又其地界川、湖夷峒之間，師旅之費，大都仰給二省，時稱匱詘，若寄生然。」〔註152〕「必假道茲土」和「寄生」形象地表明了黔中地區統治資源的特徵——不是以「人」和「物」為主，而是以「地」即區位價值為主。如果存在恰當的周邊地緣態勢和可資利用的交通線，這種區位價值便會凸顯出來；而在黔中地區推進國家化的目的，就是通過強化政治管理、控制與整合，更好地利用這種價值。

---

〔註150〕沈一貫：《敬事草》卷5，《續修四庫全書》史部·詔令奏議類，第479冊，上海：上海古籍出版社，2003年，第274～275頁。

〔註151〕關於黔中地區國家化與通往雲南的「一線路」之關係，已經有學者作了研究，這裡不再贅述。楊志強：《「國家化」視野下的中古西南地域與民族社會——以「古苗疆走廊」為中心》，《廣西民族大學學報》（哲學社會科學版）2014年第3期。

〔註152〕顧祖禹撰，賀次君、施和金點校：《讀史方輿紀要》卷120，第5242頁。

# 第四節　國家化措施及領土效益的比較

## 一、福建

由於福建不存在強大的地方勢力，唐代在福建的國家化措施與嶺南有一些不同。

行政體系方面，福建不設羈縻政區，這是同嶺南的一個顯著差異。

選官方面，福建地區行南選的時間較短。福建起初也實行南選。不過，據《唐會要‧南選》載大足元年（701）七月二十九日敕：「桂廣泉建賀福韶等州縣，既是好處，所有闕官，宜依選例省補。」〔註153〕至此，福、建、泉三州實行北選，福建的南選區只剩下漳州。按：汀州置於開元二十四年（736），大足元年福建只有閩、建、武榮、漳四州；景雲二年（711）閩州改福州，武榮改泉州。上引大足元年敕中所見地名當為後世追改。《唐會要‧南選》又載貞元十二年（796）十一月敕：「其福建選補司宜停。」〔註154〕停福建選補司，則福建漳、汀二州的南選也一併停止。又載開成五年（840）七月潮州刺史林郇陽奏：「州縣官請同漳汀廣韶桂賀等州吏曹注官。」〔註155〕這裡明確提到漳、汀二州已經是「吏曹注官」，可見二州南選確實停止，與貞元十二年敕可以相互印證。前文已述，嶺南南選可能結束於文宗後期，而福建南選則結束於德宗貞元十二年，早於嶺南。

軍事方面，唐代福建征討蠻族的戰爭比嶺南少，規模也小，因而屯駐的兵力也少得多。《舊唐書‧地理志一》載：「長樂經略使，福州刺史領之，管兵千五百人。」〔註156〕《新唐書‧地理志五》福州條載：「有經略軍，有寧海軍，至德二載（757）置，元和六年（811）廢。」〔註157〕寧海軍兵力不詳，經略軍一千五百人，此外福建未見有鎮、戍分布，可知福建駐軍總兵力遠少於嶺南。

福建與嶺南在領土效益方面也有很大差異。前文已述，領土效益的影響因素有兩個，一是地區自身的自然環境、社會發展狀況，二是政治管理、控制、整合程度。試圖通過強化政治管理、控制、整合來提高領土效益的行為，

---

〔註153〕《唐會要》卷75，第1369頁。
〔註154〕《唐會要》卷75，第1370頁。
〔註155〕《唐會要》卷75，第1371頁。
〔註156〕《舊唐書》卷38，第1389頁。
〔註157〕《新唐書》卷41，第1064頁。

就是國家化。移民對福建領土效益的影響是「雙管齊下」的：既是影響福建國家化的重要因素之一，也是直接改變福建社會發展狀況的重要因素。唐代中後期至五代，隨著北方移民的大量遷入，福建地區的人口迅速上升，領土效益有了很大提高。據《舊唐書・地理志三》，天寶中福建五州戶口總數達到90686戶。〔註158〕這個數字雖然與嶺南比還有差距，但相對於隋代增加了六倍多。人口的增長在短時間內為福建提供了大量勞動力，其領土效益隨之提升。唐後期賦稅的主要來源地是江南八道，福建位列其中。咸通（860～873）唐詔戰爭中，福建成為了重要的軍糧供應地。《舊唐書・懿宗紀》咸通三年（862）五月條載：

> （陳磻石）奏：「臣弟聽思曾任雷州刺史，家人隨海船至福建，
> 往來大船一隻，可致千石，自福建裝船，不一月至廣州。得船數十艘，
> 便可致三萬石至廣府矣。」……於是康承訓之軍皆不闕供。〔註159〕

可見當時福建的糧食已經比較充裕，方能使「康承訓之軍皆不闕供」。至宋代，福建已經成為國內領土效益最高的地區之一。《輿地紀勝》福州四六條引張全真《閩帥到任謝上表》稱：「睠昔甌越險遠之地，為今東南全盛之邦。」〔註160〕

不過需要注意的是，儘管福建在宋成為「東南全盛之邦」，但並不意味著它繼續保有主要糧食產地的地位。前文已述，福建山地多，宜耕土地很少；唐以前福建限於人口不足，因而開發緩慢。唐五代時期是移民進入福建的高潮期，導致福建人口迅速增長。唐代元和（806～820）中福建共74467戶，而宋初467815戶，增長了接近5倍。〔註161〕人口的增長直接改變了福建當地的社會發展狀況，從而提升了福建的領土效益，但也使得本來耕地就不多的福建人地關係緊張起來。到了宋代，由於人地關係已經超過了一個臨界點，福建遂成為缺糧之地，當地人甚至「計產育子」，有殺嬰之風。

將嶺南與福建對比就會發現，漢唐時期的嶺南並不缺乏人口，問題在於國家需要通過各種國家化手段對人口數量龐大的蠻族加以控制，將蠻族人口轉化為向國家輸出領土效益的戶口。前文已述，由於蠻族的叛離、沒蠻為

---

〔註158〕《舊唐書》卷40，第1598～1601頁。
〔註159〕《舊唐書》卷19上，第652～653頁。
〔註160〕王象之撰，李勇先點校：《輿地紀勝》卷128，第4050頁。
〔註161〕李吉甫撰，賀次君點校：《元和郡縣圖志》卷29，第715～723頁。樂史撰，
　　　　王文楚等點校：《太平寰宇記》卷100，第1991、1997頁；卷101，第2012、
　　　　2017頁；卷102，第2030、2033、2035、2037頁。

奴、戰亂等多種因素的影響，唐後期嶺南戶口不僅沒有上升，反而有所下降。五代時期，儘管嶺南也有不少移民，但由於位置距中原過於遙遠，因而並非移民的首選遷入地。再加之嶺南宜耕土地的比例本較福建為高，因此到了宋代，嶺南依然地廣人稀，反而成為了福建的主要糧食供應地。〔註162〕唐宋嶺南與福建在人地關係及糧食供需方面的對比已有學者作了研究，本文不再詳述。〔註163〕筆者想強調的是，嶺南與福建兩個地區在提升領土效益方面呈現出明顯的差異：嶺南表現為一種「政治導向性」，而福建則是「經濟導向性」。兩種不同的路徑分別對應影響領土效益的兩方面因素：一是政治管理、控制、整合，二是自然環境、社會發展狀況。所謂「政治導向性」是指政治問題的解決、政治管控的實現是提升領土效益的最重要因素，比如唐後期嶺南財賦的提升就是在強化國家統治的前提下依靠行政手段榨取的結果，唐代嶺南戶口的增加則依賴於對蠻族裂地授官的政策。既然政治問題是最重要因素，那麼通過國家化解決或者緩和這些政治問題，就是實現領土效益提升的主要方式了。而所謂「經濟導向性」是指經濟問題的解決是提升領土效益的最重要因素，比如唐後期至宋代福建領土效益的提升就是依賴於移民遷入後解決了勞動力不足的問題。移民同時也影響了福建國家化，但這種影響未必總是正面的，比如唐末光壽移民集團進入福建後就形成了割據政權——王氏閩國。宋及宋以後，福建歷史進程中仍然存在強烈的「經濟導向性」特徵，只不過此時面臨的經濟問題不再是勞動力不足，而是人地關係緊張的情況下，如何平衡多元經濟模式中各方的利益。宋以後的福建人地關係依然緊張，加之依山傍海的自然環境，迫使當地形成了多樣化的經濟發展模式。除了傳統的糧食種植業，福建還有很多人從事茶業、鹽業、海外貿易等行業。當國家試圖壟斷或控制這些行業時，就會與民眾的經濟利益發生衝突，進而出現所謂「茶寇」「鹽寇」「海盜」等群體。一般來說，這些群體並非要在政治上與國家分庭抗禮，而是要實現各自的經濟訴求。這些政治問題都是由經濟問題派生而來的，這正是福建歷史進程中「經濟導向性」的表現。

〔註162〕 王麗歌、姜錫東：《宋代福建與兩廣地區的糧食生產與調運》，《中國農史》2011年第1期。

〔註163〕 王麗歌《宋代福建與兩廣地區人地關係比較研究》，河北大學碩士學位論文，2011年。

## 二、雲南

由於雲南在隋代已經脫離了國家化，因而唐代雲南的國家化不是繼承而是重啟。唐初國家通過招撫蠻族內附與武力開拓兩種方式將雲南重新納入國家化軌道。《新唐書·南蠻下·兩爨蠻傳》載：「爨蠻之西，有徒莫只蠻、儉望蠻，貞觀二十三年（649）內屬，以其地為傍、望、覽、丘、求五州，隸郎州都督府。」〔註164〕這是招撫蠻族內附的例子。同卷《松外蠻傳》載：「太宗以右武候將軍梁建方發蜀十二州兵進討，酋帥雙舍拒戰，敗走，殺獲十餘萬，群蠻震駭，走保山谷。建方諭降者七十餘部，戶十萬九千，署首領蒙、和為縣令，餘衆感悅。」〔註165〕又同卷《兩爨蠻傳》：「太宗遣將擊西爨，開青蛉、弄棟為縣。……高宗以左領軍將軍趙孝祖為郎州道行軍總管，與（任）懷玉討之……西南夷遂定。罷郎州都督，更置戎州都督。」〔註166〕這是武力開拓的例子。

地方行政體系方面，雲南以羈縻政區為主。隋唐之際控制雲南的大姓爨氏已經同化於當地蠻族，《隋書·史萬歲傳》即稱爨氏為「南寧夷」。〔註167〕因而唐代在雲南推動國家化，不像能蜀漢那樣利用南中大姓去壓制蠻族，而只能扶植蠻族豪酋作為國家的「代理人」，如前引《松外蠻傳》中所謂「署首領蒙、和為縣令」。由此產生的結果是，在政區設置方面，雲南絕大多數是羈縻政區，他們先後由南寧州都督府、戎州都督府、姚州都督府統轄。按：嶺南土人大姓李氏、杜氏雖然也有類似的「蠻化」現象，但由於嶺南的國家化持續推進、沒有中斷，因此在梁代對蠻酋裂地授官的同時，國家直接控制區得到了保持和拓展，這在唐代即體現為正州和羈縻州的同時增長。這與唐代雲南絕大部分政區為羈縻的情況截然不同。不僅如此，原為正州的南寧州於永徽三年（652）降為羈縻，改屬戎州。〔註168〕戎州雖然一直是正州，但其治所位於金沙江以北，對於雲南腹地的眾多羈縻州只能遙領而已。姚州是唐代在雲南腹地長期設置的唯一正州，但它也經歷了多次廢置升降。也就是說，有唐一代，在雲南其實一直沒有建立起一個堅固的統治支點。這與嶺南五府在

〔註164〕《新唐書》卷222下，第6315頁。
〔註165〕《新唐書》卷222下，第6322頁。
〔註166〕《新唐書》卷222下，第6315～6316頁。
〔註167〕《隋書》卷53，第1354頁。
〔註168〕關於唐代南寧州的建置沿革，參見郭聲波《唐朝南寧州都督府建置沿革新考》，《中國歷史地理研究》第一輯，廣州：暨南大學出版社，2005年。

唐代長期穩定存在的情況形成鮮明對比。

　　選官方式方面，由於雲南除姚州外的政區幾乎全是羈縻州，其長官自然均由蠻族首領世襲。

　　軍事體系方面，由於唐代國家在雲南的力量有限，而蠻族又受到外部區域──吐蕃的影響，導致當地蠻亂十分劇烈，攻城陷府、敗軍殺將之事頻見於史，這裡略舉幾例：《舊唐書·張柬之傳》稱：「（姚州）長史李孝讓、辛文協並為群蠻所殺。前朝遣郎將趙武貴討擊，貴及蜀兵應時破敗，噍類無遺。又使將軍李義總等往征，郎將劉惠基在陣戰死，其州乃廢。」〔註169〕此次蠻亂，導致姚州一度撤廢。所謂「前朝」，當在高宗時。武后垂拱四年（688）再置姚州。《新唐書·吐蕃傳上》，中宗景龍元年（707）：「會監察御史李知古建討姚州蠻，削吐蕃嚮導，詔發劍南募士擊之。蠻酋以情輸虜，殺知古，尸以祭天，進攻蜀漢。」〔註170〕此次雲南蠻族叛亂，就曾與吐蕃相聯繫。《蠻書》載：「及章仇兼瓊開步頭路，方於安寧築城，群蠻騷動，陷殺築城使者。玄宗遣使敕雲南王蒙歸義討之。歸義師次波州，而歸王及崇道兄弟爨彥璋等十餘人詣軍門拜謝，請奏雪前事。」〔註171〕唐欲築安寧城以開步頭路，卻因遭遇蠻亂而失敗。此次動亂還是依靠雲南蒙氏的力量而平定。而蒙氏最終也在吐蕃的協助下叛唐自立。為了應對內亂外患，唐代在姚州屯駐重兵。《舊唐書·張柬之傳》載武后時期姚州已經設置瀘南七鎮，但具體情況不詳。〔註172〕《通典·州郡一》載天寶（742～755）年間劍南節度使所轄軍隊中有：「雲南郡管兵二千三百人。澄川守捉雲南郡東六百里，管兵二千人。南江軍瀘川郡西二百五十里，管兵二千人。」〔註173〕雲南郡即姚州。《舊唐書·地理志一》劍南節度使條載：「南江郡，管兵三百人。」〔註174〕《新唐書·地理志六》姚州條：「有澄川、南江二守捉城。」〔註175〕唐長孺先生考證認為《通典》所載「南江」應為「南溪」之訛，其地在瀘州，不屬雲南；而《舊唐書》所載「南江郡」應為「南江軍」之訛，亦即《新唐書》所載「南江守捉」。〔註176〕據

〔註169〕《舊唐書》卷91，第2941頁。
〔註170〕《新唐書》卷216上，第6081頁。
〔註171〕樊綽撰，向達校注：《蠻書校注》卷4，第83頁。
〔註172〕《舊唐書》卷91，第2941頁。
〔註173〕《通典》卷172，第4483頁。括號內為原文注文。
〔註174〕《舊唐書》卷38，第1388頁。
〔註175〕《新唐書》卷42，第1086頁。
〔註176〕唐長孺：《唐書兵志箋正》卷2，第71～72頁。

此，姚州轄區內至少有三支常備軍，分別是部署於姚州的二千三百人、澄川守捉二千人、南江守捉三百人，共四千六百人。

唐代在雲南的統治並不穩固，領土效益也很低。《舊唐書・張柬之傳》論姚州稱：

> 今鹽布之稅不供，珍奇之貢不入，戈戟之用不實於戎行，寶貨之資不輸於大國，而空竭府庫，驅率平人，受役蠻夷，肝腦塗地，臣竊為國家惜之。……至垂拱四年，蠻郎將王善寶、昆州刺史爨乾福又請置州，奏言所有課稅，自出姚府管內，更不勞擾蜀中。及置州後，錄事參軍李棱為蠻所殺。延載中，司馬成琛奏請於瀘南置鎮七所，遣蜀兵防守，自此蜀中騷擾，於今不息。〔註177〕

唐代國家不僅無法從姚州獲得財賦、兵甲，反而需要抽調蜀中課稅來供給雲南，以致於「空竭府庫，驅率平人，受役蠻夷，肝腦塗地」。顯然，儘管唐廷在雲南竭力推動國家化，但並沒能收穫多少領土效益。再置姚州後，王善寶、爨乾福稱所需經費「自出姚府管內」，但即便如此也需要調動蜀中軍隊駐防姚州，以致於「蜀中騷擾，於今不息」。從這個角度看，姚州高度依賴巴蜀的供給，可以視為唐代國家以巴蜀為基地向雲南伸出的一個軍事前哨。唐廷花費巨大代價推動雲南的國家化卻沒能獲取多少領土效益，且這一國家化進程本身也以失敗告終；而嶺南國家化則帶來了領土效益的顯著提升，二者截然不同。

## 三、黔中

唐代黔中道長期領有十四正州：黔、夷、費、思、播、南、珍、溱、辰、錦、巫、業、溪、施；黔州又領五十左右的羈縻州。〔註178〕就地方行政體系而言，黔中與嶺南有一個比較明顯的不同，即黔中設有專職押領管內蠻族的使職。《舊唐書・南蠻下・牂柯蠻傳》載元和三年（808）五月敕：「自今以後，委黔南觀察使差本道軍將充押領牂柯、昆明等使。」〔註179〕據研究，押蕃使是唐代於緣邊地區設置的管理外交與民族事務的使職，有「押蕃落使」「押諸蕃部落使」等名稱，嶺南的押蕃舶使性質與之類似。〔註180〕唐後期邊疆少數

---

〔註177〕《舊唐書》卷91，第2940～2941頁。
〔註178〕黔州所領羈縻州，見《新唐書》卷43下《地理七下》，第1143頁。
〔註179〕《舊唐書》卷197，第5276頁。
〔註180〕黎虎：《唐代的押蕃使》，《文史》，2002年第2期。

族地區遍置押蕃使。〔註181〕然而除了嶺南節度使所兼押蕃舶使外，嶺南其餘四府尤其是設有大量羈縻州的桂、邕、安南，卻不設押蕃使。對此，郭聲波先生解釋「是因為統領羈縻州的桂管和邕管的方鎮叫『經略使』，本身就帶有經略邊疆民族地區的任務，與一般節度使不同。」〔註182〕據《通典・州郡二》：「又於邊境置節度、經略使，式遏四夷。」〔註183〕可見，經略使職在「式遏四夷」，管理羈縻府州也可以說在其職權範圍之內。問題是黔中觀察使也帶「經略使」銜，如《舊唐書・德宗紀上》建中元年（780）五月乙卯條：「右金吾衛大將軍李通為黔州刺史、黔中經略招討觀察鹽鐵等使。」〔註184〕為什麼黔中就要另設押蕃使呢？

筆者認為，這是因為押蕃使有一項經略使所不具備的職能，即外交職能。黎虎先生在《唐代的押蕃使》一文中總結了押蕃使的主要職能，包括：管理羈縻府州、督軍鎮撫、懷柔安撫、朝貢管理、接轉貢獻、上報蕃情、過所公驗管理七項。〔註185〕其實總結起來無非對內、對外二端。而對外職能，即接待、管理朝貢及過所公驗，是經略使所不具備的。

為什麼黔中地區設置了具有對外職能的使職，而嶺南的桂、邕、安南卻不需要呢？這是因為黔中地區存在大量化外蠻族。「化外」一詞，本含貶義。本文援用這個詞，是出於尊重文獻原有的表達方式及行文的方便。《唐律疏議・名例》化外人相犯條：

> 諸化外人，同類自相犯者，各依本俗法；異類相犯者，以法律論。

【疏】議曰：「化外人」，謂蕃夷之國，別立君長者，各有風俗，制法不同。其有同類自相犯者，須問本國之制，依其俗法斷之。異類相犯者，若高麗之與百濟相犯之類，皆以國家法律，論定刑名。〔註186〕

樊文禮先生認為上述「化外人」即外國人。〔註187〕郭聲波先生進一步指出，

---

〔註181〕關於唐後期押蕃使設置情況，參見郭聲波《中國行政區劃通史・唐代卷》，第1084頁。

〔註182〕郭聲波：《中國行政區劃通史・唐代卷》，第1084頁。

〔註183〕《通典》卷172，第4479頁。

〔註184〕《舊唐書》卷12，第326頁。

〔註185〕黎虎：《唐代的押蕃使》，《文史》，2002年第2期。

〔註186〕長孫無忌等撰，劉俊文箋解：《唐律疏議箋解》卷6，北京：中華書局，1996年，第478頁。

〔註187〕樊文禮：《唐代羈縻府州的類別劃分及其與藩屬國的區別》，《唐史論叢》第八輯，西安：陝西師範大學出版社，2006年。

外國其實包含藩屬國和獨立國。〔註 188〕根據引文，唐代法律對「化外人」的定義是「蕃夷之國，別立君長者」，其特徵是「各有風俗，制法不同」，因此如果同類化外人犯法，則「各依本俗法」。既然要「依其俗法斷之」，則「須問本國之制」；換句話說，唐朝國家應在詢問、調查的基礎上掌握了有關化外蕃夷的法律情況。唐代史料中記錄少數族群的文獻，往往會留下對其法律的記載，可能就於此有關。總之，化外、化內少數族群的差異在於：第一，是否有自己的國家、君主，第二，同類相犯時是否依其俗法。此外還有第三點是引文沒有提到卻非常關鍵的，即與唐廷是否存在朝貢關係。黔中地區的蠻族，雖然受封羈縻州官職，但他們均入唐朝貢，且有一些建立了自己的國家，並被授封王爵。唐廷所封的羅殿王，在宋代更是進一步發展，「有文書，公文稱守羅殿國王」。〔註 189〕另外，史傳中也記載了他們的法律制度。具體情況見下表：

**表 21　黔中蠻族情況**〔註 190〕

| 名　稱 | 地　望 | 國家君長 | 法律制度 | 朝貢冊封 |
|---|---|---|---|---|
| 東謝蠻 | 黔州之西 | | 小事杖罰，大事殺之，盜物倍還其贓。 | 貞觀三年（629）、建中三年（782）。 |
| 西趙蠻 | 東謝之南 | | 風俗與東謝同。 | 貞觀三年。 |
| 昆明蠻 | 以西洱河為境 | | | 武德（618〜626）中朝貢，後歲與牂牁使偕來。 |
| 牂柯蠻 | 昆明東九百里 | 有牂柯國。唐封其別帥為羅殿王，世襲爵。又封別帥為滇王。〔註 191〕 | 盜者二倍而償，殺人者出牛馬三十。 | 武德三年（620）、貞觀四年（630）、開元二十五年（737）、貞元七年（791）至十八年、元和四年（809）、七年、九年、十一年、長慶（821〜824）中、寶曆元年（825）、大和五年（831）至會昌二年（842）。 |

---

〔註 188〕郭聲波：《中國行政區劃通史・唐代卷》，第 1083 頁。

〔註 189〕范成大撰，孔凡禮點校：《桂海虞衡志・志蠻》，《范成大筆記六種》，北京：中華書局，2002 年，第 146 頁。

〔註 190〕本表資料據《舊唐書》卷 197《南蠻傳》，第 5274〜5276 頁；《新唐書》卷 222 下《南蠻傳下》，第 6318〜6321 頁。兩《唐書》內容相異的，以《舊唐書》為準。

〔註 191〕據中華書局點校本《新唐書》，羅殿王、滇王均為牂柯蠻別帥。然而記載牂柯蠻的文字先述「兵數出，侵地數千里。元和八年，上表請盡歸牂柯故地」

| 充州蠻 | 充州，牂柯別部 | | | 「亦來朝貢」。 |

　　據此，筆者認定黔中羈縻區的蠻族，至少有一部分屬於化外藩屬國和藩屬部落。他們需要來唐朝貢，這其中尤以牂柯、昆明朝貢次數最多。因此黔中專門設「押領牂柯、昆明等使」，目的就在於管理朝貢事宜。

　　再看嶺南地區的蠻族。無論是俚僚還是西原蠻，文獻中都找不到他們建國、立君長的情況，也沒有對其法律情況及朝貢的記載。武德五年（622）嶺南諸帥降唐後，一度於次年向唐廷進貢土產。《新唐書‧南蠻下‧南平獠傳》載：「（武德）六年（623），（甯）長真獻大珠，昆州刺史沈遜、融州刺史歐陽世普、象州刺史秦元覽亦獻筒布，高祖以道遠勞人，皆不受。」〔註192〕此次進貢以後，再也沒有相關記載。這說明這一事件不是藩屬國對宗主國的朝貢，而是地方官對中央的進貢，以示政治上的歸順。再者，對於唐代嶺南蠻族而言，即便居於羈縻州者，國家對他們也實現了一定程度的管理和控制。這種管理和控制首先體現於繳納財賦。儘管《新唐書‧地理志七下》稱「（羈縻府州）雖貢賦版籍，多不上戶部」，〔註193〕但文獻記載中有關羈縻府州繳納財賦的例子不少。〔註194〕樊文禮先生認為，貢賦版籍多不上戶部，是《新唐書》根據唐代實際情況作出的總結，羈縻府州按照規定是要繳納財賦的，只不過由於羈縻府州在現實中叛服不常，往往不能真正履行義務。〔註195〕劉統先生則認為「唐朝政府對羈縻部落是否承擔賦稅徭役，的確沒有一個明

---

云云，讀來令人費解；又記載會昌中封羅殿王事。而後記牂柯蠻地理位置、風俗法律及武德以來朝貢情況。這與《新唐書‧南蠻傳》先載地望風俗，再述其事蹟的體例顯然不合，且牂柯豈能自侵其地？筆者認為中華書局點校本《新唐書‧南蠻‧牂柯蠻傳》「昆明東九百里……又封別帥為滇王」一段（第6319頁），應與前面昆明蠻文字相銜接。羅殿王、滇王實為昆明蠻。下文所述「東距辰州二千四百里，其南千五百里即交州也」云云，應另作一段，記載的是牂柯蠻。原文在段落劃分和文字表述上都是有錯誤的。付豔麗《羅殿國來龍去脈及其歷史地位》一文即指出羅殿國為昆明蠻而非牂柯蠻，可以印證筆者的觀點（《中國社會科學報》，2017年6月19日，第5版）。

〔註192〕《新唐書》卷222下，第6326頁。
〔註193〕《新唐書》卷43下，第1119頁。
〔註194〕有關羈縻府州繳納財賦的例子，參見樊文禮《唐代羈縻府州的類別劃分及其與藩屬國的區別》，《唐史論叢》第八輯，西安：陝西師範大學出版社，2006年；劉統：《唐代羈縻府州研究》，第59～62頁。
〔註195〕樊文禮：《唐代羈縻府州的類別劃分及其與藩屬國的區別》，《唐史論叢》第八輯，西安：陝西師範大學出版社，2006年。

確的規定。」〔註196〕羈縻府州繳納財賦是否為唐代經制，還有商榷餘地。不過有一點是可以明確的：羈縻府州能否繳納財賦與其國家化的程度有關。無論制度如何規定，在現實中能夠繳納財賦的羈縻府州，一定是國家化程度比較高的地區。《舊唐書‧馬植傳》載植開成三年（838）奏疏：「當管羈縻州首領……總發忠言，願納賦稅。其武陸縣請升為州，以首領為刺史。」〔註197〕《新唐書‧南蠻下‧西原蠻傳》載董昌齡平定西原蠻之亂後的情況：「（邕管羈縻）十八州歲輸貢賦，道路清平。」〔註198〕李商隱《為滎陽公桂州署防禦等官牒》載：「我所羈縻，未為遐陋，既懸版籍，實集賦輿。言念蕃州，雖無漢守，豈得久容懦吏，有負疲人？……（突將凌綽）事須差知蕃州事。」〔註199〕蕃州為桂管羈縻州，「賦輿」即賦稅。以上是嶺南羈縻州繳納財賦的例子。此外，派駐官員、徵調軍隊也是國家管理、控制羈縻州的另外兩種體現。前引蕃州作為羈縻州，其長官由桂管以使司差攝的方式任命，第四章第二節已作詳述。元和中，黔中張伯靖作亂，黔中經略使崔能「更請調荊南、湖南、桂管軍為援，約西原十洞兵皆出」以討之。〔註200〕可知唐廷可以徵調西原蠻的軍隊。又《資治通鑒》卷249唐宣宗大中十二年（858）六月條：「峰州有林西原，舊有防冬兵六千，其旁七綰洞蠻，酋長李由獨，常助中國戍守，輸租賦。」〔註201〕林西原，即安南所管羈縻林西州。七綰洞蠻不僅輸租賦，且助唐戍守。以上所舉諸例，時間上集中於唐後期，地理上涵蓋了嶺南設有羈縻州的全部三個方鎮：桂管、邕管、安南，有力地證明在唐代後期，國家對嶺南不少羈縻州實現了有效的控制和管理。

　　將嶺南與黔中羈縻區進行對比就會發現，國家管理、控制羈縻區的各種證據見於嶺南而不見於黔中；有關當地蠻族法律、朝貢的記載則見於黔中不見於嶺南。劉統先生研究西北羈縻府州朝貢問題時發現，與唐關係密切的藩屬國朝貢次數反而較少。他解釋：這是因為當唐朝對這些地區實行羈縻統治之時，他們需要繳納財賦，關係也較為密切；當他們脫離了唐朝而獨立時，

---

〔註196〕劉統：《唐代羈縻府州研究》，第62頁。
〔註197〕《舊唐書》卷176，第4565頁。
〔註198〕《新唐書》卷222下，第6332頁。
〔註199〕李商隱撰，錢振倫、錢振常箋注：《樊南文集補編》卷8，《樊南文集》，第778～779頁。
〔註200〕《新唐書》卷222下《南蠻下‧東謝蠻傳》，第6331頁。
〔註201〕《資治通鑒》卷249唐宣宗大中十二年六月條，第8192頁。

雙方變為國與國的關係，就只是禮儀性地到長安朝貢了。〔註202〕這一觀點正可以解釋嶺南與黔中羈縻區的差異。嶺南不見朝貢記載，正是因為國家對當地蠻族實行了羈縻統治，唐廷與這些蠻族之間不是國與國的關係，而是中央與地方治下少數族群的關係。既然經略使本身有「式遏四夷」的職能，也就不必再設押蕃使了。而黔中不少蠻族雖然名列羈縻，卻實為藩屬國、藩屬部落，唐廷無法對他們進行實際的管理，只能通過朝貢、冊封維持名義上的藩屬關係，同時需要掌握其法律情況以備「同類相犯」時斷案之用。因此文獻中留下了他們入唐朝貢和法律情況的記載，而不見納賦、派官、徵兵等事。又因經略使不具備外交職能，故黔中另設押蕃使，管理藩屬入朝之事。嶺南五府中，管理羈縻州的桂、邕、安南均不設押蕃使，而廣州卻有押蕃舶使，這也是因為廣州為外貿港口，掌管海外藩國朝貢、貿易之事，因此設使押領。

以上是唐代黔中國家化措施的情況，就領土效益而言，黔中地區的統治資源以「地」為主，「人」和「物」則不占重要地位。由於唐代這一地區沒有恰當的地緣態勢和交通線路可供利用，因而其領土效益並不顯著。這一點和嶺南相比，差異也很明顯。

## 小結

在本章研究的基礎上，這裡對嶺南、福建、雲南、黔中的國家化特點及差異作一綜合的比對。

首先，福建是四個區域中最為特殊的。因為在福建被納入國家化進程的初始階段，國家就對這裡採取了以獲得人口資源為首要目標的措施。其後果是福建本土族群遭到了沉重的打擊，此後一直沒有形成強大的政治勢力參與或對抗國家化。又因為福建地處沿海，四周均被國家的領土包圍，外來異己勢力無法進入。這樣一來福建內部因人口不足而產生相對的權力缺失，國家化既沒有強大的阻力，也缺乏可資利用的本土勢力，因而一直處於緩慢推進的狀態。而最有可能進入福建填補這種權力缺失的就是來自中原的華夏移民。因此，移民集團一旦進入福建，就立刻成為影響福建國家化的重要因素，不需要像進入嶺南的移民那樣經過長期發展、成為大族之後才能發揮影響。當然，以上情況的出現，是以唐及唐以前福建人口較少的情況為前提的。福建

---

〔註202〕劉統：《唐代羈縻府州研究》，第 54～55 頁。

內部人口不足導致的另一個現象是，福建領土效益的提升主要依賴移民的輸入以解決勞動力問題，政治管控的影響則在其次，筆者將這種現象稱為「經濟導向性」。唐以後，福建歷史發展中的「經濟導向性」依然存在，只不過表現方式與漢唐時期有所不同。這與嶺南、雲南、黔中等地的國家化以政治控制先行的特徵（「政治導向性」）差異很大。

嶺南、雲南、黔中三地的國家化，既有相似性，又有差異性，這種差異性包括兩個方面：第一，同類影響因素在具體內容上的差異，如地理環境、交通條件的差異；第二，各自特有的因素存在差異。唐代嶺南國家化受到族群結構變化和前代的國家化政策的影響。前者在漢唐間雲南、黔中的國家化歷程中都曾發揮過作用；而後者則在嶺南表現的更為直接、明顯。這是因為從漢至唐嶺南的國家化從來沒有間斷過，唐代嶺南的國家化是在過去數百年的基礎上作進一步推進。雲南則不同，其國家化經歷了為時長久的衰退乃至中斷。唐代在雲南推行的國家化不是繼承而是重啟。當然，從歷史發展的邏輯來說，前事必然影響後事。只不過這種影響有時是直接的，有時是間接的。筆者強調的是，前朝沒有為唐代在雲南推行國家化留下多少可以直接利用的「遺產」。黔中的情況則介於二者之間，雖然在唐以前它多數時間處於國家疆域之內，但其中很大一部分地區如同雲南那樣經歷了國家化的衰退。

上述差異又進一步影響了三地在唐代的國家化進程。由於唐代嶺南國家化是在前代基礎上的推進，因此進行得比較順利。唐廷在嶺南建立了穩定的行政、軍事體系，推行有效的選官方式。嶺南地方割據的威脅在唐代得到了充分遏制，俚僚豪酋作為一種政治勢力在唐後期衰亡，唐代崛起的西原蠻儘管頻頻動亂，但也無法改變嶺南國家化逐步推進的總體趨勢。唐代對嶺南羈縻區的蠻族也實現了一定程度的有效管理，比如徵收賦稅、選任官員、徵調軍隊。上述這些國家化的成果使得唐代嶺南的領土效益顯著提高。而雲南則由於國家化的長期衰退，導致唐代國家力量重新進入此地時就伴隨著武力的開拓。在唐朝控制雲南以後，當地蠻族與國家的關係持續緊張，衝突不斷。唐廷在雲南的行政、軍事體系一直不穩定；除了姚州之外的政區多為羈縻州，自然也談不上選任官員；雲南的領土效益十分低下。針對這種情況，張柬之曾向武后提議：「伏乞省罷姚州，使隸巂府，歲時朝覲，同之蕃國。」〔註203〕但武后並未採納。黔中的情況介於嶺南、雲南之間。對於黔中的部分地區，

<hr>

〔註203〕《舊唐書》卷91《張柬之傳》，第 2941 頁。

國家以正州的形式加以有效的管理。對於集中連片分布的廣闊羈縻區，則設置專門的押蕃使管理。這一區域內的蠻族名為羈縻，實為藩屬。他們對唐廷僅僅以朝貢的形式保持聯繫。可以說，對黔中的羈縻區，唐朝真正實現了張柬之所謂的「歲時朝觀，同之蕃國」。

　　唐廷之所以對黔中羈縻區的國家化採取消極態度，是基於黔中地區統治資源的特點——以「地」即區位為主，「人」「物」不占重要地位。在缺乏恰當的地緣場景、又無可資利用的便利交通線的情況下，唐廷自然無意對該地區的國家化投入太多成本。這體現了「周邊地緣態勢」這一特色因素對黔中國家化的影響。而雲南則不同。張柬之請罷姚州意在與民休息，問題是唐廷在雲南推行國家化，並不單純針對雲南。雲南受到唐、蕃兩大勢力的影響，其本土勢力不附唐則附蕃。故唐廷經營雲南，意在抗衡吐蕃，實有不得已之處。由此看來，雲南似乎和黔中一樣具有了區位價值，但其實二者差異很大。對於國家來說，黔中發揮的是類似「通道」或「跳板」的作用，而雲南則是「終點」。與雲南相鄰的地區，西北是青藏高原，西部、南部是中南半島。唐廷在雲南推行國家化固然是為了對抗吐蕃，但這種對抗僅限於爭奪雲南本地的控制權，並沒有借助雲南進入吐蕃內部的情況；唐代溝通中南半島諸國，主要是通過海路，也沒有利用雲南為「跳板」從陸上開拓的情況。對於漢唐時期雲南與黔中在地緣格局中的不同角色，可以打個比方：大多數時候，雲南類似一個「窪地」，各種政治勢力自青藏、巴蜀、嶺南、兩湖等區域「流入」這一「窪地」，而黔中只是自兩湖入滇所途經的「通道」而已。因此，筆者將「外部區域的影響」視為雲南國家化一個特色因素。

# 結　論

　　唐代嶺南國家化是唐王朝對嶺南這一邊緣地區進行的政治管理、控制與整合，以嶺南領土效益的提升為最終目標，其過程表現為「中央—地方」「華夏—蠻族」「本國—鄰國」三對矛盾的演進。

　　兩漢時期，在嶺南占主導地位的族群是北人，他們壟斷了刺史、郡守的職位。蠻族處於被統治地位，政治地位低下，最高只能任縣的長官。這種二元對立的格局下，北人擔任的嶺南高層長官對中央的態度比較恭順，「中央—地方」的矛盾並不突出。然而自西漢末期以來，大量移民進入嶺南定居，成為土人。經過近百年的發展，其中一些家族成為大族，在東漢末年的動盪局勢中脫穎而出，在嶺南政治格局中佔據了一席之地。東漢末年至宋齊，土人大族按慣例可以出任郡守，但由於他們在地方上擁有強大的勢力，因此不斷以各種方式謀奪廣、交刺史之位。加之王朝中央政局不穩、嶺南軍政體系自身也存在隱患，因而「中央—地方」矛盾成為這一時期嶺南國家化的主要矛盾。梁陳隋時期，土人勢力衰落，國家也採取了一系列措施對嶺南軍政體系進行變革。但地方割據的隱患尚未被徹底消除。唐朝建立後，在保證統治效率的前提下遏制地方割據的隱患，成了嶺南國家化面臨的重要問題之一。唐朝採取的措施主要有以下諸端：首先，建立道、府、州、縣四層行政體系。嶺南採訪處置使或嶺南觀察處置使總攝嶺南行政，他們對下級行政機構「考察善惡，舉其大綱」，有間接管轄權；又將隋代的三大總管府增設為五個都督、都護府，直接管轄州縣。其次，建立與之配套的道、府兩級高層軍事機構。嶺南五府經略使或嶺南節度使總領嶺南「大小之戎，號令之用」，但他們對嶺南諸軍也只有間接管轄權。五府是嶺南軍事行動的核心，直接管轄諸軍、鎮、

成。五府彼此制衡，任何一府都沒有絕對的力量形成割據。再次，唐朝將承襲自隋代的都督選官制改為南選制，由中央派遣的南選使直接選補嶺南部分官員，從而將都督的選官權收歸中央。經過上述一系列國家化措施的推行，唐代嶺南幾乎沒有發生過重大的割據事件，嶺南成為動亂局勢中長期服從中央的地區之一。從六朝時期的「恃險數不賓」到唐代的「南海最後亂」，「中央—地方」這對矛盾在唐代嶺南得到了有效的緩和。

兩漢時期，尤其是東漢，在北人與蠻族的二元對立格局下，「華夏—蠻族」的矛盾是比較尖銳的。自東漢末年嶺南土人大族崛起後，中央與嶺南地方勢力爭奪嶺南控制權的鬥爭變得激烈，「中央—地方」矛盾成為了嶺南國家化的主要矛盾。東漢末年至宋齊，嶺南蠻亂的次數和烈度都處於低谷。梁陳隋時期，隨著俚僚豪酋的崛起，「華夏—蠻族」的矛盾再次尖銳起來。梁代國家以裂地授官、增置政區的方式將俚僚豪酋納入統治體系。俚僚豪酋的勢力一直延續到唐前期，如何處理與他們的關係成為唐代嶺南國家化面臨的又一難題。唐朝一方面延續了梁代裂地授官、增置政區的措施，不僅復置了一些已被撤廢的政區，又創置了大量新政區，將蠻族首領任命為長官，通過這種方式將他們納入國家化的軌道。另一方面，在唐後期以使司差攝替代南選，將嶺南的官闕向更大的群體開放，遏制蠻族豪酋世襲壟斷地方長官的特權。而對於起兵作亂的蠻族，唐廷則以武力征討與招撫相配合。從唐前期的俚僚豪酋，到唐後期的西原蠻，蠻族的動亂幾乎貫穿了唐代的歷史。在唐詔咸通戰爭爆發前，「華夏—蠻族」這對矛盾一直是唐代嶺南國家化的主要矛盾。

嶺南的外患始於東漢後期林邑國獨立，此後林邑與統治嶺南的歷代王朝互有征戰。然而直至唐大中八年（854）以前，外患都不是嶺南國家化的主要威脅。大中八年以後，南詔開始進犯嶺南，並於咸通（860～873）年間和唐朝爆發了激烈的戰爭。戰爭對唐代嶺南的軍事體系形成了衝擊。唐天寶（742～755）年間在嶺南部署了六軍、八鎮、四戍，總兵力不到兩萬人。唐後期嶺南五府的常備軍時有變遷。邕管和安南處於蠻亂及對抗南詔的前線，除了本鎮兵外還駐有鄰鎮行營。咸通戰爭爆發後，嶺南常備軍不敷使用，又以各種方式臨時擴充軍隊，包括徵招蠻族子弟從軍、招收自願從軍自備衣糧的義征，並大舉徵發外軍入援嶺南。此次戰爭徵發範圍極廣，對國力損耗極大，時人謂之「天下騷動」。這一時期「本國—鄰國」的矛盾第一次升級為嶺南國家化的主要矛盾。

　　唐代嶺南國家化措施對對當地的領土效益造成了多方面的影響。在財賦
方面，嶺南的領土效益得到顯著提高。唐以前，歷代王朝對嶺南並不仰其賦
入，從嶺南獲取的主要是貢或獻，其種類以珠寶珍玩為主，軍國之需為次。
這種情況在唐後期發生了改變。唐後期進奉之風大盛，嶺南進奉品中金銀數
額頗大，有助於軍國。唐前期嶺南雖然也繳納租稅，但其數額並不清楚，在
全國所佔比例應不大。唐後期嶺南向中央輸納錢、米的記載很多，證明當時
嶺南已經成為國家所倚重的穩定賦稅來源地之一。唐後期，鹽茶之利也成為
嶺南重要的收入來源。總之，唐後期國家從嶺南獲取的財賦大大增加。這種
增加並不單純依靠嶺南經濟的增長，更多是依靠行政力量的榨取。唐代嶺南
戶口的升降體現出與其他地區不同的特點：貞觀（627～649）時期嶺南戶口
較多，天寶（742～755）年間大體維持原狀，唐後期大幅下降。這與蠻族的叛
離、沉重的賦稅壓力、沒蠻為奴等行為有關。唐以前，嶺南地區軍隊出征的
次數很少，且多為特殊的軍事形勢所迫。隋及唐前期征遼之役中，國家大規
模徵調嶺南蠻族軍隊。這是以隋及唐初嶺南較多的在籍戶口為基礎的，且嶺
南還有徵招蠻族子弟參戰的機制。天寶年間，唐廷多次征討雲南，均以嶺南
軍隊策應巴蜀地區的主力。至唐後期，不再有嶺南軍隊出征的記載。總之，
唐前期嶺南的領土效益主要表現為國家對戶口的控制及對軍隊的徵調，而唐
後期主要表現為對財賦的獲取。

　　在唐代，與嶺南類似的南方邊緣地區還有福建、雲南、黔中。地理環境
與交通路線在四個地區的國家化進程中都產生了重要影響。相對而言，嶺南
擁有最為優越的自然條件。這表現為平原、盆地等宜耕地形所佔的比例大，
擁有集中分布的大平原，交通相對便利。除了地理環境與交通路線，四個地
區在國家化進程中各自存在一些特殊的因素。嶺南受到族群結構變遷和前代
國家化措施兩種因素的影響最大。在福建發揮主要作用的是移民。在雲南，
除了族群結構之外，外部區域的影響是另一個重要因素。而黔中則受到周邊
地緣態勢的影響。背景和影響因素的差異導致了四個地區國家化進程與領土
效益的不同。漢唐間，福建一直穩定地處於國家疆域之內，但由於勞動力的
不足，其領土效益長期低落。唐末五代時期移民大量入閩直接解決了勞動力
問題，從而使福建的領土效益顯著提高。因而福建領土效益的變遷體現出明
顯的「經濟導向性」，這是其特定背景所決定的。雲南地區因受外部區域的影
響，在東晉至隋和唐中期至宋兩個時期內，國家化嚴重衰退乃至中斷。黔中

地區由於缺乏適當的地緣場景，其區位價值長期無法彰顯，從而導致該地區在晉以後至唐宋時期都處於國家化的衰退狀態。於此不同的是，漢唐間嶺南國家化進程則表現出長期性和連續性，領土效益也穩步提升。

在嶺南的國家化歷程中，唐宋時期是一個轉折點。唐及唐以前，嶺南作為一個單獨的政治地理單元而存在；宋代，嶺南被劃分為廣南東路和廣南西路，從此廣東、廣西開始沿著各自不同的歷史軌跡前進，到了明清時期，兩廣之間已經形成了巨大的差異。宋代，廣西境內仍置有大量的羈縻政區，它們在元明清時期改稱土司。與此情況類似的還有貴州、雲南及四川、湖北的部分地區。因而在明清時期廣西更多地與貴州、雲南並稱西南諸省，而不是與廣東一同以「嶺南」的面貌出現。明代李化龍《敘功疏》稱：「國家方制萬里，日所出入之邦，悉為郡縣。獨西南諸省不廢土司（後略）。」〔註1〕《清史稿·土司傳》總序稱：「西南諸省……若粵之僮、之黎，黔、楚之瑤，四川之保羅、之生番，雲南之野人，皆苗之類。……湖廣之田、彭，四川之謝、向、冉，廣西之岑、韋，貴州之安、楊，雲南之刀、思，遠者自漢、唐，近亦自宋、元，各君其君，各子其子，根柢深固，族姻互結……皆蠻之類。」〔註2〕上述文獻都是將廣西與貴州、雲南並稱的例子。與廣西不同，清代屈大均在《廣東新語·地語》地條稱：「（廣東）蓋自秦、漢以前為蠻裔。自唐、宋以後為神州。」〔註3〕可見在明清時期，廣西仍被視為蠻族「根柢深固」之地，而廣東早已成為「神州」之一部分。「嶺南」這一概念在明清時也逐漸被廣東所獨佔，廣西則被排除。〔註4〕

最後，筆者嘗試對古代邊緣地區國家化進程中的規律作簡單的總結。「中央—地方」「華夏—蠻族」「本國—鄰國」是古代邊緣地區國家化的三對主要矛盾，國家總是傾向於削弱「地方」「蠻族」「鄰國」，但它們與國家化的關係是辯證的。比如在「中央—地方」矛盾中，過於削弱地方的權力，反而不利於中央對邊緣的控制。在邊緣地區，國家需要強有力的地方政府代表國家行使權力，唐代復置了隋代廢除的總管府就是例子。在「華夏—蠻族」矛盾中，蠻

---

〔註1〕 李化龍撰，王羋勹點校：《平播全書》卷5，《續黔南叢書》第一輯，貴陽：貴州人民出版社，2012年，第289頁。

〔註2〕 《清史稿》卷512《土司一》，北京：中華書局，1977年，第14203頁。

〔註3〕 屈大均：《廣東新語》卷2，第29頁。

〔註4〕 關於兩廣差異的形成及「嶺南」概念的變遷，參見趙世瑜《「嶺南」的建構及其意義》，《四川大學學報》（哲學社會科學版），2016年第5期。

族也並非單純作為國家化的對立面而存在。基於俚僚豪酋的崛起，梁代得以在嶺南增置政區，統治範圍大大擴展；而俚僚豪酋被納入國家化軌道後，也發揮了制約地方割據勢力的作用。反之，在福建由於缺乏可以依賴的本土勢力，國家化反而陷入滯緩的狀態。在「本國—鄰國」矛盾中，鄰國的存在對國家化固然是一個威脅，但也在客觀上強化了國家對邊緣地區的控制，如遭到南詔大舉進犯之後，唐廷將邕管經略使升級為嶺南西道節度使，提高其事權，並徵調兵力加強守禦；而在南詔侵犯較少的黔中地區則看不到這種措施。當然，「地方」「蠻族」「鄰國」如果力量過於強大，脫離了「中央」「華夏」「本國」的控制，又會阻礙或破壞國家化。總之，當三對矛盾處於動態平衡之中，國家化往往得以順利推進；當矛盾中的一方完全壓倒了另一方，國家化則可能出現滯緩或者衰退。

# 參考文獻

參考文獻按照傳世文獻（正史類，其他文獻類）、出土文獻、現代論著（著作，當代地方志，期刊論文，集刊論文，學位論文）分類。傳世文獻按照朝代排序，出土文獻、現代論著按照出版年排序。

## 一、傳世文獻

### （一）正史類

1. 司馬遷，史記〔M〕，北京：中華書局，1959。
2. 班固，漢書〔M〕，北京：中華書局，1962。
3. 陳壽，三國志〔M〕，北京：中華書局，1971。
4. 范曄、司馬彪，後漢書〔M〕，北京：中華書局，1965。
5. 沈約，宋書〔M〕，北京：中華書局，1974。
6. 蕭子顯，南齊書〔M〕，北京：中華書局，1972。
7. 魏收，魏書〔M〕，北京：中華書局，1974。
8. 房玄齡等，晉書〔M〕，北京：中華書局，1974。
9. 令狐德棻等，周書〔M〕，北京：中華書局，1971。
10. 姚思廉等，梁書〔M〕，北京：中華書局，1973。
11. 姚思廉等，陳書〔M〕，北京：中華書局，1972。
12. 魏徵等，隋書〔M〕，北京：中華書局，1973。
13. 李延壽，北史〔M〕，北京：中華書局，1974。
14. 李延壽，南史〔M〕，北京：中華書局，1975。

15. 劉昫等，舊唐書〔M〕，北京：中華書局，1975。

16. 薛居正等，舊五代史〔M〕，北京：中華書局，1976。

17. 歐陽修、宋祁，新唐書〔M〕，北京：中華書局，1975。

18. 歐陽修，新五代史〔M〕，北京：中華書局，1974。

19. 脫脫等，宋史〔M〕，北京：中華書局，1985。

20. 宋濂等，元史〔M〕，北京：中華書局，1976。

21. 張廷玉等，明史〔M〕，北京：中華書局，1974。

22. 趙爾巽，清史稿〔M〕，北京：中華書局，1977。

## （二）其他文獻

1. 墨子撰，吳毓江校注，墨子校注〔M〕，北京：中華書局，1993。

2. 韓非子撰，王先慎集解，韓非子集解〔M〕，北京：中華書局，1998。

3. 荀子撰，王先謙集解，荀子集解〔M〕，北京：中華書局，1988。

4. 戴德編，王聘珍解詁，大戴禮記解詁〔M〕，北京：中華書局，1983。

5. 戴聖編，鄭玄注，孔穎達正義，禮記正義〔M〕，北京：北京大學出版社，1999。

6. 許慎，說文解字〔M〕，北京：中華書局，1985。

7. 嵇含，南方草木狀〔M〕，北京：中華書局，1985。

8. 常璩，華陽國志〔M〕，北京：中華書局，1985。

9. 常璩撰，劉琳校注，華陽國志校注〔M〕，成都：巴蜀書社，1984。

10. 蕭統編，李善等注，六臣注文選〔M〕，北京：中華書局，1987。

11. 酈道元撰，陳橋驛校證，水經注校證〔M〕，北京：中華書局，2007。

12. 徐陵，徐孝穆集〔M〕，上海：商務印書館，1939。

13. 徐堅，初學記〔M〕，北京：中華書局，1962。

14. 許敬宗編，羅國威整理，日藏弘文本文館詞林校證〔M〕，北京：中華書局，2001。

15. 長孫無忌等撰，劉俊文箋解，唐律疏議箋解〔M〕，北京：中華書局，1996。

16. 李林甫等撰，陳仲夫點校，唐六典〔M〕，北京：中華書局，1992。

17. 張九齡撰，熊飛校注，張九齡集校注〔M〕，北京：中華書局，2008 年。

18. 杜甫撰，錢謙益箋注，錢注杜詩〔M〕，上海：上海古籍出版社，1958。

19. 真人元開撰，汪向榮校注，唐大和上東征傳〔M〕，北京：中華書局，1979。

20. 杜佑撰，王文錦、王永興、劉俊文、徐廷雲、謝方點校，通典〔M〕，北京：中華書局，1988 年。

21. 夏侯陽，夏侯陽算經〔M〕，北京：中華書局，1985。

22. 李吉甫等撰，賀次君點校，元和郡縣圖志〔M〕，北京：中華書局，1983年。

23. 林寶撰，岑仲勉校記，元和姓纂（附四校記）〔M〕，北京：中華書局，1994。

24. 韓愈撰，馬其昶校注，馬茂元整理，韓昌黎文集校注〔M〕，北京：中華書局，2014。

25. 柳宗元撰，尹占華、韓文奇校注，柳宗元集校注〔M〕，北京：中華書局，2013。

26. 元稹撰，冀勤校注，元稹集〔M〕，北京：中華書局，2015。

27. 白居易撰，謝思煒校注，白居易文集校注〔M〕，北京：中華書局，2017。

28. 李商隱撰，馮浩、錢振倫、錢振常箋注，樊南文集〔M〕，上海：上海古籍出版社，1988。

29. 杜牧撰，吳在慶校注，杜牧集繫年校注〔M〕，北京：中華書局，2008。

30. 樊綽撰，向達校注，蠻書校注〔M〕，北京：中華書局，1962。

31. 莫休符，桂林風土記〔M〕，北京：中華書局，1985。

32. 劉恂撰，商璧、潘博校補，嶺表錄異校補〔M〕，北京：中華書局，1974。

33. 李肇撰，曹中孚校點，唐國史補〔M〕//上海古籍出版，唐五代筆記小說大觀，上海：上海古籍出版社，2000。

34. 張鷟撰，恒鶴校點，朝野僉載〔M〕//上海古籍出版，唐五代筆記小說大觀，上海：上海古籍出版社，2000。

35. 孫光憲撰，林艾園校點，北夢瑣言〔M〕//上海古籍出版，唐五代筆記小說大觀，上海：上海古籍出版社，2000。

36. 尉遲偓撰，恒鶴校點，中朝故事〔M〕//上海古籍出版，唐五代筆記小說大觀，上海：上海古籍出版社，2000。

37. 王定保撰、陽羨生校點，唐摭言〔M〕//上海古籍出版，唐五代筆記小說大觀，上海：上海古籍出版社，2000。

38. 王溥，唐會要〔M〕，北京：中華書局，1960。

39. 王溥，五代會要〔M〕，上海：上海古籍出版社，2006。

40. 李昉等，太平御覽〔M〕，北京：中華書局，1960。

41. 李昉等，太平廣記〔M〕，北京：中華書局，1961。

42. 李昉等，文苑英華〔M〕，北京：中華書局，1966。

43. 王欽若等，宋本冊府元龜〔M〕，北京：中華書局，1988。

44. 王欽若等，冊府元龜〔M〕，北京：中華書局，1960。

45. 樂史撰，王文楚等點校，太平寰宇記〔M〕，北京：中華書局，2007 年。

46. 宋敏求，唐大詔令集〔M〕，北京：商務印書館，1959。

47. 司馬光，資治通鑒〔M〕，北京：中華書局，2011。

48. 呂大防等撰，徐敏霞校輯，韓愈年譜〔M〕，北京：中華書局，1991。

49. 曾公亮等撰，鄭誠整理，武經總要前集〔M〕，長沙：湖南科學技術出版社，2017。

50. 滕甫，征南錄〔M〕//紀昀，影印文淵閣四庫全書，臺北：臺灣商務印書館，1983。

51. 歐陽忞，輿地廣記〔M〕，北京：中華書局，1985。

52. 李燾，續資治通鑒長編〔M〕，北京：中華書局，1979。

53. 李心傳撰，徐規點校，建炎以來朝野雜記〔M〕，北京：中華書局，2000。

54. 李心傳，建炎以來繫年要錄〔M〕，北京：中華書局，1956。

55. 周去非撰，楊泉武校注，嶺外代答校注〔M〕，北京：中華書局，1999。

56. 范成大撰，孔凡禮點校，桂海虞衡志〔M〕，北京：中華書局，2002。

57. 王象之撰，李勇先點校，輿地紀勝〔M〕，成都：四川大學出版社，2005 年。

58. 王象之，輿地碑記目〔M〕，北京：中華書局，1985。

59. 祝穆撰，祝洙增訂，施和金點校，方輿勝覽〔M〕，北京：中華書局，2003。

60. 章傑，嶺表十說〔M〕//李璆、張致遠撰，郭瑞華、馬湃校補，校刻嶺南衛生方，上海：上海科技出版社，2003。

61. 李賢，大明一統志〔M〕，西安：三秦出版社，1990。

62. 吳士連，大越史記全書〔M〕，重慶：西南師範大學出版社，2015。

63. 黃佐，廣東通志〔M〕，香港：大東圖書公司，1977。

64. 張鳴鳳撰，李文俊校注，桂故校注〔M〕，南寧：廣西人民出版社，1988。

65. 何喬遠，閩書〔M〕，福州：福建人民出版社，1994。

66. 沈一貫，敬事草〔M〕//續修四庫全書編委會，續修四庫全書，上海：上海古籍出版社，2003。

67. 鄭若曾，安南圖志〔M〕//邊疆邊務文獻初編編委會，邊疆邊務資料初編·西南邊務，北京：中央編譯出版社，2011。

68. 李化龍撰，王羊勺點校，平播全書〔M〕//貴州省文史研究館，續黔南叢書第一輯〔M〕，貴陽：貴州人民出版社，2012。

69. 屈大均，廣東新語〔M〕，北京：中華書局，1985。

70. 顧祖禹撰，賀次君、施和金點校，讀史方輿紀要〔M〕，北京：中華書局，2005。

71. 汪淼編，黃盛陸等校點，黃振中審定，粵西文載校點〔M〕，南寧：廣西人民出版社，1990。

72. 彭定求等，全唐詩〔M〕，北京：中華書局，1999。

73. 董誥等，全唐文〔M〕，北京：中華書局，1983 年。

74. 嚴如熤撰，黃守紅標點，朱樹人校訂，苗防備覽〔M〕，長沙：嶽麓書社，2013。

75. 方世舉撰，郝潤華、丁俊麗整理，韓昌黎詩集編年箋注〔M〕，北京：中華書局，2012。

76. 徐松撰，趙守儼點校，登科記考〔M〕，北京：中華書局，1984。

77. 陸增祥，八瓊室金石補正〔M〕，北京：文物出版社，1985。

78. 謝啟昆撰，常懷穎校勘，粵西金石略〔M〕//中國西南文獻叢書編委會，中國西南文獻叢書第八卷，蘭州：蘭州大學出版社，2004。

79. 金鉷等，廣西通志〔M〕//中國地方志輯成·省志輯·廣西，南京：鳳凰出版社，2010。

80. 常恩、鄒漢勳，安順府志〔M〕，咸豐元年刻本。

81. 李厚基等，建陽縣志〔M〕，民國十八年鉛印本。

## 二、出土文獻

1. 國家文物局古文獻研究室、新疆維吾爾自治區博物館、武漢大學歷史系，

　　吐魯番出土文書（第八冊）〔M〕，北京：文物出版社，1987。

 2. 唐耕耦、陸宏基，敦煌社會經濟文獻真蹟釋錄（第二輯）〔M〕，北京：
　　全國圖書館文獻縮微複製中心，1990。

 3. 周紹良，唐代墓誌彙編〔M〕，上海：上海古籍出版社，1992。

 4. 吳鋼，全唐文補遺第三輯〔M〕，西安：三秦出版社，1996。

 5. 吳鋼，全唐文補遺第七輯〔M〕，西安：三秦出版社，2000。

 6. 周紹良，唐代墓誌彙編續集〔M〕，上海：上海古籍出版社，2001。

 7. 吳鋼，全唐文補遺第八輯〔M〕，西安：三秦出版社，2005。

 8. 胡戟，榮新江，大唐西市博物館藏墓誌〔M〕，北京：北京大學出版社，
　　2012。

 9. 西安市長安博物館，長安新出墓誌〔M〕，北京：文物出版社，2011。

10. 伍慶祿、陳鴻鈞，廣東金石圖志〔M〕，北京：線裝書局，2015。

## 三、現代論著

## （一）著作

 1. 馬司帛洛撰，馮承鈞譯，占婆史〔M〕，上海：商務印書館，1933。

 2. 吳廷燮，晉方鎮年表〔M〕//二十五史刊行委員會，二十五史補編，上海：
　　開明書店，1937。

 3. 吳廷燮，東晉方鎮年表〔M〕//二十五史刊行委員會，二十五史補編，上
　　海：開明書店，1937。

 4. 嚴耕望，兩漢太守刺史表〔M〕，上海：商務印書館，1948。

 5. 伯希和撰，馮承鈞譯，交廣印度兩道考〔M〕，北京：中華書局，1955。

 6. 唐長孺，唐書兵志箋正〔M〕，北京：科學出版社，1957。

 7. 北京大學地質地理系經濟地理專業1955級，中國河運地理〔M〕，北京：
　　商務印書館，1962。

 8. 馬司帛洛撰，馮承鈞譯，唐代安南都護府疆域考〔M〕//馮承鈞，西域南
　　海史地考證叢譯第一卷第四編，北京：商務印書館，1962。

 9. 周一良，魏晉南北朝史論集〔M〕，北京：中華書局，1963年。

10. 劉孝炎，唐代嶺南之區域研究〔M〕，臺北：華世出版社，1977年。

11. 孫蔚民，鑒真和尚東渡記〔M〕，上海：上海古籍出版社，1979。

12. 梁志明，越南情況簡介〔M〕，北京：戰士出版社，1980。

13. 梁方仲，中國歷代戶口、田地、田賦統計〔M〕，上海：上海人民出版社，1980。

14. 王仲犖，北周地理志〔M〕，北京：中華書局，1980。

15. 中國科學院《中國自然地理》編輯委員會，中國自然地理‧歷史自然地理〔M〕，北京：科學出版社，1982。

16. 譚其驤，中國歷史地圖集〔M〕，北京：中國地圖出版社，1982。

17. 王吉林，唐代南詔與李唐關係之研究〔M〕，臺北：聯鳴文化有限公司，1982年。

18. 中國地方史志協會，中國地方史志論叢〔M〕，北京：中華書局，1984。

19. 嚴耕望，唐代交通圖考〔M〕，臺北：臺灣商務印書館，1986。

20. 福建師範大學地理系福建自然地理編寫組，福建自然地理〔M〕，福州：福建人民出版社，1987。

21. 海南國土局，海南島〔M〕，北京：高等教育出版社，1988。

22. 廖正城，廣西壯族自治區自然地理〔M〕，南寧：廣西人民出版社，1988。

23. 查爾斯‧巴克斯撰，林超民譯，南詔國與唐代的西南邊疆〔M〕，昆明：雲南人民出版社，1988年。

24. 曾昭璇，曾憲中，海南島自然地理〔M〕，北京：科學出版社，1989。

25. 牟發松，唐代長江中游的經濟與社會〔M〕，武漢：武漢大學出版社，1989年。

26. 鹿世瑾，華南氣候〔M〕，北京：氣象出版社，1990。

27. 李樹藩，王科鑄，世界通覽〔M〕，長春：吉林人民出版社，1992。

28. 朱道清，中國水系大辭典〔M〕，青島：青島出版社，1993。

29. 霍治國，李世奎，王石立，中國氣候資源〔M〕，北京：科學普及出版社，1993。

30. 方國瑜，方國瑜文集第一輯〔M〕，昆明：雲南教育出版社，1994。

31. 譚其驤，長水集續編〔M〕，北京：人民出版社，1994。

32. 張震聲，壯族通史〔M〕，北京：民族出版社，1997。

33. 劉緯毅，漢唐方志輯佚〔M〕，北京：北京圖書館出版社，1997。

34. 葛劍雄主編，吳松弟著，中國移民史‧隋唐五代時期〔M〕，福州：福建

人民出版社，1997。

35. 毛漢光，中晚唐南疆安南羈縻關係之研究〔M〕//嚴耕望先生紀念集編輯委員會，嚴耕望先生紀念論文集，臺北：稻香出版社，1998。

36. 劉統，唐代羈縻府州研究〔M〕，西安：西北大學出版社，1998。

37. 胡守為，嶺南古史〔M〕，廣州：廣東人民出版社，1999。

38. 顧頡剛，中國疆域沿革史〔M〕，北京：商務印書館，1999。

39. 郁賢皓，唐刺史考全編〔M〕，合肥：安徽大學出版社，2000。

40. 曾昭璇，黃偉峰，廣東自然地理〔M〕，廣州：廣東人民出版社，2001。

41. 陳寅恪，金明館叢稿初編〔M〕，北京：生活·讀書·新知三聯書店，2001。

42. 李錦繡，唐代財政史稿〔M〕，北京：北京大學出版社，2001。

43. 李方，唐西州行政體制考論〔M〕，哈爾濱：黑龍江出版社，2002。

44. 葛劍雄主編，凍國棟著，中國人口史·隋唐五代時期〔M〕，上海：復旦大學出版社，2002。

45. 何仁仲等，貴州通史〔M〕，北京：當代中國出版社，2002。

46. 廖幼華，歷史地理學的應用——嶺南地區早期開發之探討（八）〔M〕，臺北：文津出版社，2004。

47. 黃永年，六至九世紀中國政治史〔M〕，上海：上海書店出版社，2004。

48. 岑仲勉，中外史地考證〔M〕，北京：中華書局，2004。

49. 胡阿祥，六朝疆域與政區研究〔M〕，北京：學苑出版社，2005。

50. 黃惠賢，陳鋒，中國俸祿制度史〔M〕，武漢：武漢大學出版社，2005。

51. 天一閣博物館，中國社會科學歷史研究所，天一閣藏明鈔本天聖令校正〔M〕，北京：中華書局，2006。

52. 賈志剛，唐代軍費問題研究〔M〕，北京：中國社會科學出版社，2006。

53. 王明珂，華夏邊緣：歷史記憶與族群認同〔M〕，北京：社會科學文獻出版社，2006。

54. 加藤繁，唐宋時代金銀之研究——以金銀之貨幣機能為中心〔M〕，北京：中華書局，2006。

55. 徐曉望，福建通史〔M〕，福州：福建人民出版社，2006。

56. 陳偉明，全方位與多功能：歷史時期嶺南交通地理的演變發展〔M〕，廣州；暨南大學出版社，2006年。

57. 嚴耕望，中國地方行政制度史‧魏晉南北朝地方行政制度〔M〕，上海：上海古籍出版社，2007。

58. 王文光，李曉斌，百越民族發展演變史：從越、僚到壯侗語族各民族〔M〕，北京：民族出版社，2007。

59. 邵津，國際法〔M〕，北京：北京大學出版社，2008。

60. 嚴耕望，嚴耕望史學論文集〔M〕，上海：上海古籍出版社，2009。

61. 陳國保，兩漢交州刺史部研究——交趾三郡為中心〔M〕，昆明：雲南大學出版社，2010。

62. 張國剛，唐代藩鎮研究〔M〕，北京：中國人民大學出版社，2010。

63. 周一良，魏晉南北朝史論集〔M〕，北京：北京大學出版社，2010。

64. 呂春盛，陳朝的政治結構與族群問題〔M〕，臺北：稻香出版社，2010。

65. 耿慧玲，越南青梅社鐘與貞元時期的安南研究〔M〕，香港：香港大學饒宗頤學術館，2010。

66. 王鋒，北部灣海洋文化研究〔M〕，南寧：廣西人民出版社，2010。

67. 唐長孺，山居存稿續編〔M〕，北京：中華書局，2011。

68. 何耀華，雲南通史〔M〕，北京：中國社會科學出版社，2011。

69. 胡寶清，廣西地理〔M〕，北京：北京師範大學出版社，2011。

70. 陳寅恪，唐代政治史述論稿〔M〕，北京：商務印書館，2011。

71. 周振鶴，中國歷史政治地理十六講〔M〕，北京：中華書局，2013。

72. 尹建東，漢唐時期西南地區的豪族大姓與地方社會〔M〕，昆明：雲南大學出版社，2013。

73. 廖幼華，深入南荒——唐宋時期嶺南西部史地論集〔M〕，臺北：文津出版社，2013。

74. 戶崎哲彥，唐代嶺南文學與石刻考〔M〕，北京：中華書局，2014。

75. 徐傑舜，李輝，嶺南民族源流史〔M〕，昆明：雲南人民出版社，2014。

76. 張爭勝，廣東地理〔M〕，北京：北京師範大學出版社，2016。

77. 西山尚志、王震，子海珍本編〔M〕，南京：鳳凰出版社，2016。

78. 閻根齊，南海古代航海史〔M〕，北京：海軍出版社，2016。

79. 周振鶴、李曉傑、張莉，中國行政區劃通史‧秦漢卷〔M〕，上海：復旦大學出版社，2017。

80. 胡阿祥，孔祥軍，徐成，中國行政區劃通史・三國兩晉南北朝卷〔M〕，上海：復旦大學出版社，2017。

81. 施和金，中國行政區劃通史・隋代卷〔M〕，上海：復旦大學出版社，2017。

82. 郭聲波，中國行政區劃通史：唐代卷〔M〕，上海：復旦大學出版社，2017。

83. 胡鴻，能夏則大與漸慕華風──政治體視角下的華夏與華夏化〔M〕，北京：北京師範大學出版社，2017。

84. 王承文，唐代環南海開發與地域社會變遷研究〔M〕，北京：中華書局，2018。

85. 陳仲安、王素，漢唐職官制度研究〔M〕，上海：中西書局，2018。

86. 孫繼民，唐代行軍制度研究〔M〕，北京：中國社會科學出版社，2018。

87. 吳宗國主編，劉後濱副主編，盛唐政治制度研究〔M〕，北京：中國人民大學出版社，2019 年。

## （二）當代地方志

1. 黔南布依族苗族自治州史志編纂委員會，黔南布依族苗族自治州志・地理志〔M〕，貴陽：貴州人民出版社，1986。

2. 貴州省地方志編纂委員會，貴州省志・地理志〔M〕，貴陽：貴州人民出版社，1988。

3. 重慶市地方志編纂委員會總編輯室，重慶市志〔M〕，成都：四川大學出版社，1992。

4. 漳州市地方志編纂委員會，漳州市志〔M〕，北京：中國社會科學出版社，1999。

5. 湖南省懷化地區地方志編纂委員會，懷化地區志〔M〕，北京：三聯書店，1999。

6. 湘西土家族苗族自治州地方志編纂委員會，湘西州志〔M〕，長沙：湖南人民出版社，1999。

7. 湖北省恩施土家族苗族自治州地方志編纂委員會，恩施州志〔M〕，武漢：湖北人民出版社，2013。

## （三）期刊論文

1. 羅香林，唐代嶺南道兵府軍鎮考〔J〕，文史雜誌，1944（03）。

2. 王毓瑚，唐代嶺南產銀與貨幣經濟發展〔J〕，文史雜誌，1946（6）。

3. 李問渠，彌足珍貴的天寶遺物——西安市郊發現楊國忠進貢銀鋌〔J〕文物，1957（04）。

4. 唐長孺，跋西安出土唐代銀鋌，學術月刊，1957（7）。

5. 白耀天，僮族源流試探〔J〕，史學月刊，1959（05）。

6. 賀昌群，東漢更役戍役制度的廢止〔J〕，歷史研究，1962（05）。

7. 竺可楨，中國近五千年來氣候變遷的初步研究〔J〕，考古學報，1972（01）。

8. 曾昭璇，黃少敏，珠江水系下游河道變遷〔J〕，廣東師範學院學報（自然科學版），1977（01）。

9. 張雄，唐代西原部族屬源流考〔J〕，中南民族學院學報（人文社會科學版），1981（02）。

10. 陳連慶，漢代兵制述略〔J〕，史學集刊，1982（02）。

11. 樊維岳，陝西藍田發現一批唐代金銀器〔J〕，考古與文物，1982（01）。

12. 張壽祺，關於侗族名姓的來源問題〔J〕，民族研究，1982（03）。

13. 方國瑜，唐代前期南寧州都督府與安南都護府的邊界〔J〕，雲南社會科學，1982（05）。

14. 齊勇鋒，中晚唐防秋制度探索〔J〕，青海社會科學，1983（04）。

15. 張澤咸，唐代「南選」及其產生的社會前提〔J〕，文史，1984（01）。

16. 張雄，從嶺南「俚僚」的反抗鬥爭看唐朝晚期的民族政策〔J〕，學術論壇，1984（06）。

17. 林超民，羈縻府州與唐代民族關係〔J〕，思想戰線，1985（05）。

18. 鄭超雄，廣西欽州俚僚酋帥甯氏家族研究〔J〕，廣西民族研究，1986（06）。

19. 陳偉明，唐五代嶺南道交通路線述略〔J〕，學術月刊，1987（01）。

20. 陳偉明，唐代嶺南用兵與安邊〔J〕，廣西民族研究，1987（04）。

21. 粟美玲，略論安南都護府的設置及其歷史作用〔J〕，廣西民族學院學報（哲學社會科學版），1987（04）。

22. 譚其驤，自漢至唐海南島歷史政治地理——附論梁隋間高涼洗夫人功業及隋唐高涼馮氏地方勢力〔J〕，歷史研究，1988（05）。

23. 何汝泉，唐代前期的地方監察制度〔J〕，中國史研究，1989（02）。

24. 史繼忠，試論西南邊疆的羈縻州〔J〕，思想戰線，1989（05）。

25. 譚其驤，再論海南島建置沿革——答楊武泉同志駁難〔J〕，歷史研究，

1989（06）。

26. 張國安，論梁代江湘交廣諸州豪強的興起〔J〕，河南師範大學學報，1989（02）。

27. 楊豪，嶺南宵氏家族源流新證〔J〕，考古，1989（03）。

28. 陳代光，論歷史時期嶺南地區交通發展的特徵〔J〕，中國歷史地理論叢，1991年（03）。

29. 雷學華，試論唐代嶺南民族政策〔J〕，中南民族學院學報（哲學社會科學版），1991（02）。

30. 王晶波，《異物志》的編纂及其種類〔J〕，社科縱橫，1993（04）。

31. 胡阿祥，六朝增置濫置政區述論〔J〕，中國歷史地理論叢，1993（03）。

32. 謝維揚，先秦時期中原周邊地區國家化進程的三種模式（上)〔J〕，華東師範大學學報（哲學社會科學版），1995（03）。

33. 謝維揚，先秦時期中原周邊地區國家化進程的三種模式（下)〔J〕，華東師範大學學報（哲學社會科學版），1995（04）。

34. 張偉然，唐代嶺南潘州的遷徙與牢禺二州的由來〔J〕，嶺南文史，1996（03）。

35. 寧志新，試論唐代市舶使的職能及其任職特點〔J〕，中國社會經濟史研究，1996（01）。

36. 艾沖，論隋代總管府制度的發展與廢止〔J〕，唐都學刊，1998（04）。

37. 王承文，唐代「南選」與嶺南溪洞豪族〔J〕，中國史研究，1998（01）。

38. 黎虎，唐代的市舶使與市舶管理〔J〕，歷史研究，1998（03）。

39. 段承校，唐代「南選」制度考論〔J〕，學術論壇，1999（05）。

40. 黃學成，古代欽州宵氏豪族〔J〕，欽州文史，1999（06）。

41. 何業恒，近五千年來華南氣候冷暖的變遷〔J〕，中國歷史地理論叢，1999（01）。

42. 胡守為，南朝嶺南社會階級的變動〔J〕，中山大學學報，2000（01）。

43. 何燦浩，王閩三次福州兵變及其原因〔J〕，福州大學學報（哲學社會科學版），2001（01）。

44. 黎虎，唐代的押蕃使〔J〕，文史，2002（02）。

45. 唐曉濤，唐代貶官與流人分布地區差異探究——以嶺西地區為例〔J〕，

玉林師範學院學報，2002（02）。

46. 呂麗，漢魏晉「故事」辨析〔J〕，法學研究，2002（06）。

47. 烏小花、李大龍，有關安南都護府的幾個問題〔J〕，中國邊疆史地研究，2003（02）。

48. 陳國保，安南都護府與唐代邊疆防禦體系的構建及影響〔J〕，中國邊疆史地研究，2003（02）。

49. 杜堯東、劉錦鑾、宋麗莉、錢光明，雷州半島乾旱特徵、成因與治理對策〔J〕，乾旱地區農業研究，2004（1）。

50. 彭豐文，西江督護與南朝嶺南開發〔J〕，廣西民族研究，2004（02）。

51. 劉佐泉，高涼馮氏族屬辨析〔J〕，湛江師範學院學報，2005（02）。

52. 陳明光，靳小龍，論唐代廣州的海外交易、市舶制度與財政〔J〕，中國經濟史研究，2005（01）。

53. 楊光華，兩晉南北朝涪陵郡置廢、州屬、領縣雜考〔J〕，中國歷史地理論叢，2006（03）。

54. 王文光，仇學琴，僚族源流考釋〔J〕，廣西民族學院學報，2006（03）。

55. 尹全海，移民與臺灣的「內地化」〔J〕，尋根，2006（06）。

56. 李兆華，傳本《夏侯陽算經》成書年代考辯〔J〕，自然科學史研究，2007（04）。

57. 葛繼勇，鑒真弟子法進的東渡活動與《進記》〔J〕，唐都學刊，2007（04）。

58. 王承文，論唐代嶺南地區的金銀生產及其社會影響〔J〕，中國史研究，2008（03）。

59. 劉景虹，論唐初高涼地區的正州化〔J〕，中國邊疆史地研究，2009（01）。

60. 黃樓，《進嶺南王館市舶使院圖表》撰者及製作年代考——兼論唐代市舶使職掌及其演變等相關問題〔J〕，中山大學學報(社會科學版)，2009（02）。

61. 魯西奇，中國歷史上的「核心區」：概念與分析理路〔J〕，廈門大學學報，2010（01）。

62. 魯西奇，內地的邊緣：傳統中國內部的「化外之區」〔J〕，學術月刊，2010（05）。

63. 魯西奇，中國歷史與文化的「區域多樣性」〔J〕，廈門大學學報，2010（06）。

64. 張達志，「兩稅三分」與「稅外加徵」——試論中晚唐藩鎮與屬州的財力

消長〔J〕，中國社會經濟史研究，2010（03）。

65. 何幸真，承襲、響應與發展——臺灣清史研究中的「漢化」論述〔J〕，史匯，2010（04）。

66. 蒙愛軍，國家化進程中的水族傳統宗族與社會〔J〕，西南民族大學學報，2010（05）。

67. 周瓊，瘴氣研究綜述〔J〕，中國史研究動態，2010（05）。

68. 王麗歌、姜錫東，宋代福建與兩廣地區的糧食生產與調運〔J〕，中國農史（哲學社會科學版），2011（01）。

69. 陳國保，論南詔入犯安南對唐代國家安全的影響〔J〕，雲南師範大學學報，2011（01）。

70. 艾沖，論唐代「嶺南五府」建制的創置與演替——兼論唐後期嶺南地域節度使司建制〔J〕，唐都學刊，2011（06）。

71. 李青淼、韓茂莉，從唐代鹽利看唐代中後期各地之鹽產量〔J〕，首都經濟貿易大學學報，2012（04）。

72. 陳徵平，劉鴻燕，試論歷史上皇朝中央對西南邊疆社會的內地化經略〔J〕，思想戰線，2012（02）。

73. 岳小國、陳紅，不被「整合」的向心力——民族走廊「國家化」研究〔J〕，青海民族研究，2013（02）。

74. 張中奎，清代苗疆「國家化」範式研究〔J〕，廣西民族大學學報（哲學社會學科版，2014（03）。

75. 楊志強，「國家化」視野下的中國西南地域與民族社會〔J〕，廣西民族大學學報（哲學社會科學版），2014（03）。

76. 陸翔、楊亭，「巴鹽古道」在「國家化」進程中的歷史地位〔J〕，成都大學學報（社會科學版），2014（05）。

77. 鄭維寬，梁瑋羽，王朝制度漸進視角下嶺南土酋族屬的建構——以欽州甯氏家族為中心〔J〕，成都理工大學學報，2014（02）。

78. 岳小國、梁豔麟，試論土司的「地方化」與「國家化」——以鄂西地區為例〔J〕，青海民族研究，2015（02）。

79. 羅凱，唐代容府的設置與嶺南五府格局的形成〔J〕，中國邊疆史地研究，2015（02）。

80. 何畏，政治因素對區域形成與演變的影響：基於漢晉南中的討論〔J〕，昆明學院學報，2015（04）。

81. 許倬雲，越、朝、日為何沒納入中國疆域〔J〕，國家人文歷史，2015（02上）。

82. 張江華，民胞物與、一視同仁——清代廣西土司地區的「國家政權建設」與國家化〔J〕，西南民族大學學報（人文社科版），2016（10）。

83. 劉瑞，漢代的初郡制度〔J〕，唐都學刊，2017（02）。

84. 江田祥，空間與政治：漢代交阯刺史部治所變遷及其原因〔J〕，社會科學家，2017（04）。

85. 魯西奇，制度的地方差異性與統一性：隋代鄉里制度及其實行〔J〕，中國社會科學，2017（10）。

86. 夏炎，試論六朝嶺南統治的獨特性〔J〕，河北學刊，2018（02）。

87. 趙一鳴，「坐而為使」：唐代地方監察制度變遷中的採訪處置使研究〔J〕，安徽大學學報（哲學社會科學版），2019（03）。

## （四）集刊論文

1. 朱捷元，陝西藍田出土的唐末廣明元年銀鋌〔J〕，文物資料叢刊第一輯，北京：文物出版社，1977。

2. 齊勇鋒，中晚唐賦入「止於江南八道」說辯疑〔J〕，唐史論叢第二輯，西安：陝西師範大學出版社，1986。

3. 劉美崧，《新唐書‧南平獠》辯誤——兼論欽州酋帥甯猛力及其家族的活動地域與族屬〔J〕，歷史文獻研究北京新第三輯，北京：燕山出版社，1992。

4. 孟彥宏，唐前期的兵制與邊防〔J〕，唐研究第一卷，北京：北京大學出版社，1995。

5. 王承文，從碑刻資料論唐代粵西韋氏家族淵源〔J〕，華學第一輯，廣州：中山大學出版社，1995。

6. 黃惠賢，有關高力士和廣東馮氏舊貫、世系的幾點補正〔J〕，魏晉南北朝隋唐史資料第十四輯，武漢：武漢大學出版社，1996。

7. 黃永年，說隋末的驍果——兼論本國中古兵制的變革〔J〕，燕京學報新三期，北京：北京大學出版社，1997。

8. 黃永年，對府兵制所以敗壞的再認識〔J〕，中國典籍與文化論叢第四輯，北京：北京大學出版社，1997。

9. 王承文，晉唐時代嶺南地區金銀的生產和流通──以敦煌所藏唐天寶初年地志殘卷為中心〔J〕，唐研究第十三卷，北京：北京大學出版，2007。

10. 王承文，晚唐高駢開鑿安南「天威遙」運河事蹟釋證──以裴鉶所撰〈天威遙碑〉為中心的考察〔J〕，中央研究院歷史語言研究所集刊第八十一本第三分，臺北：中央研究院歷史語言研究所，2010。

11. 歐清煜，馬墟河文化與陳頵〔J〕，德慶文史第二十一輯，德慶：德慶縣政協學習文史委員會，2005。

12. 郭聲波，唐朝南寧州都督府建置沿革新考〔J〕，中國歷史地理研究第一輯，廣州：暨南大學出版社，2005。

13. 賴瑞和，論唐代的州縣「攝」官〔J〕，唐史論叢第九輯，西安：陝西師範大學出版社，2006。

14. 林汀水，福建古代陸路交通幹線的開闢與變化〔J〕，歷史地理第二十一輯，上海：上海人民出版社，2006。

15. 樊文禮，唐代羈縻府州的類別劃分及其與藩屬國的區別〔J〕，唐史論叢第八輯，西安：陝西師範大學出版社，2006。

16. 樊文禮，唐代羈縻府州的南北差異〔J〕，唐史論叢第十二輯，西安：陝西師範大學出版社，2009。

17. 尤中，從滇國到南詔〔J〕，大理民族文化研究論叢第四輯，北京：民族出版社，2010。

18. 王承文，唐代「南選」制度相關問題新探索〔J〕，唐研究第十九卷，北京：北京大學出版社，2013。

19. 王承文，中古嶺南沿海甯氏家族淵源及其夷夏身份認同──以隋唐欽州甯氏碑刻為中心的考察〔J〕，魏晉南北朝隋唐史資料第三十一輯，上海：上海古籍出版社，2015。

20. 葉少飛，丁部領、丁璉父子稱帝考〔J〕，宋史研究論叢第十六輯，保定：河北大學出版，2015。

21. 李錦繡，押蕃舶使、閱貨宴與唐代的海外貿易管理〔J〕，隋唐遼宋金元史論叢第六輯，上海：上海古籍出版，2016。

## （五）學位論文

1. 曾華滿，唐代嶺南發展的核心性〔D〕，香港中文大學碩士學位論文，1973。

2. 林世清，唐代嶺南道研究〔D〕，中國文化大學碩士學位論文，1998。

3. 朱達鈞，唐代經營安南之研究〔D〕，國立中興大學碩士學位論文，2000。

4. 唐曉濤，唐代桂管地區貶官研究〔D〕，北京師範大學碩士學位論文，2001。

5. 彭文峰，唐後期河朔三鎮與中央政府經濟關係研究〔D〕，河北師範大學碩士學位論文，2003。

6. 張小永，隋代鷹揚府新考訂〔D〕，陝西師範大學博士學位論文，2005。

7. 左之濤，試論唐代羈縻府州與正州的轉換〔D〕，魯東大學碩士學位論文，2006。

8. 汪奎，南朝中外軍研究〔D〕，華東師範大學博士學位論文，2008。

9. 陳國保，安南都護府與唐代南部邊疆〔D〕，雲南大學碩士學位論文，2008。

10. 侯文通，論六朝及隋的南方土豪〔D〕，青海師範大學碩士學位論文，2009。

11. 陳翔，唐代中央與地方關係研究——以三類地方官為中心〔D〕，武漢大學博士學位論文，2010。

12. 楊凡，從馮氏家族的興衰看嶺南漢族社會的嬗變〔D〕，雲南大學碩士學位論文，2010。

13. 王麗歌，宋代福建與兩廣地區人地關係比較研究〔D〕，河北大學碩士學位論文，2011。

14. 梁瑞，唐代流貶官研究〔D〕，浙江大學博士學位論文，2011。

15. 李鵬飛，隋代鎮戍制度考〔D〕，南京師範大學博士學位論文，2013。

16. 車越川，俚人大族研究〔D〕，中南民族大學碩士學位論文，2013。

17. 王玉來，繼承與更始：隋代統一進程中的地域集團與政治整合〔D〕，華東師範大學博士學位論文，2013。

18. 文媛媛，唐代土貢研究〔D〕，陝西師範大學博士學位論文，2014。

19. 周鼎，「邑客」與「土豪」：唐代精英家族的轉型與地域社會的秩序〔D〕，華東師範大學博士學位論文，2016。

20. 王丹，唐宋以降紅水河上游地區土著族群的「內地化」進程〔D〕，廣西民族大學碩士學位論文，2016。

# 附錄　唐嶺南州沿革考

下文中《隋書》卷 31《地理志下》簡稱《隋志》,《舊唐書》卷 41《地理志四》簡稱《舊志》,《新唐書》卷 43 上《地理志七上》簡稱《新志》,郭聲波《中國行政區劃通史・唐代卷》簡稱《政區》。

## 一、十九繼承州

由於繼承州的情況比較清楚,這裡以簡表的形式列出隋郡與唐州的繼承關係,並附史料出處。

表 22　繼承州情況

| 唐　　州 | 隋　　郡 | 出　　處 |
|---|---|---|
| 廣州 | 南海郡 | 《舊唐書》卷 41,第 1711 頁 |
| 循州 | 龍川郡 | 《舊唐書》卷 41,第 1715 頁 |
| 潮州 | 義安郡 | 《新唐書》卷 43 上,第 1097 頁 |
| 高州 | 高涼郡 | 《舊唐書》卷 41,第 1721 頁 |
| 端州 | 信安郡 | 《舊唐書》卷 41,第 1717 頁 |
| 瀧州 | 永熙郡 | 《新唐書》卷 43 上,第 1097 頁 |
| 封州 | 蒼梧郡 | 《新唐書》卷 43 上,第 1098 頁 |
| 桂州 | 始安郡 | 《舊唐書》卷 41,第 1725 頁 |
| 藤州 | 永平郡 | 《舊唐書》卷 41,第 1722 頁 |
| 貴州 | 鬱林郡 | 《舊唐書》卷 41,第 1737 頁 |
| 廉州 | 合浦郡 | 《舊唐書》卷 41,第 1758 頁 |

| 崖州 | 珠崖郡 | 《舊唐書》卷 41，第 1761 頁 |
| 欽州 | 寧越郡 | 《舊唐書》卷 41，第 1746 頁 |
| 交州 | 交趾郡 | 《舊唐書》卷 41，第 1749 頁 |
| 愛州 | 九真郡 | 《舊唐書》卷 41，第 1752 頁 |
| 驩州 | 日南郡 | 《舊唐書》卷 41，第 1754 頁 |
| 振州 | 臨振郡 | 《舊唐書》卷 41，第 1764 頁 |
| 儋州 | 儋耳郡 | 《舊唐書》卷 41，第 1762 頁 |
| 連州 | 熙平郡 | 《新唐書》卷 43 上，第 1107 頁 |

其中需要注意的是，《新志》載封州「本廣信郡」，應為隋蒼梧郡。〔註1〕另外，據上表，隋高涼郡入唐為高州。然而《舊志》恩州也稱「隋高涼郡」。〔註2〕按《隋志》載隋高涼郡的治所是高涼縣，〔註3〕唐於此設高州，後改稱西平縣。貞觀二十三年（649），割西平、齊安、杜陵三縣置恩州，初治西平，後徙治齊安縣（後改恩平縣）。故此《舊志》稱恩州為隋高涼郡，是因為其州治一度與隋高涼郡相同。但恩州自開元十八年（730）以後長期治恩平，為南朝齊安郡舊治，因此《新志》稱其「本齊安郡」，〔註4〕本文從《新志》，將恩州列入「復置州」，詳見下文。

## 二、二十六復置州

### 1. 韶州

吳始興郡，梁東衡州。《三國志·吳書·三嗣主傳》甘露元年（265）十一月條載：「以零陵南部為始安郡，桂陽南部為始興郡。」〔註5〕《陳書·歐陽頠傳》載「梁元帝承制以始興郡為東衡州」，並任歐陽頠為刺史。〔註6〕此後東衡州一度撤銷。《陳書·文帝紀》天嘉元年（560）五月條稱：「分衡州之始興、安遠二郡，置東衡州。」〔註7〕天嘉元年再次置州的原因，據同書《侯安都傳》，本年三月侯安都奉命迎衡陽王昌回國並使之溺亡，文帝為了嘉獎他，在侯父卒後要迎其母至建康（侯安都是始興人），《傳》稱：「（侯安都）母固求

---

〔註1〕參見郭聲波：《中國行政區劃通史·唐代卷》，第 609 頁。
〔註2〕《舊唐書》卷 41《地理志四》，第 1720～1721 頁。
〔註3〕《隋書》卷 31《地理志下》，第 882 頁。
〔註4〕《新唐書》卷 43 上《地理志七上》，第 1100 頁。
〔註5〕《三國志》卷 48，第 1164 頁。
〔註6〕《陳書》卷 9，第 158 頁。
〔註7〕《陳書》卷 3，第 50 頁。

停鄉里，上乃下詔，改桂陽之汝城縣為盧陽郡，分衡州之始興、安遠二郡，合三郡為東衡州，以安都從弟曉為刺史，安都第三子秘年九歲，上以為始興內史，並令在鄉侍養。」〔註8〕顯然，侯安都立有大功，其母又不願離鄉赴都，故朝廷特為之設東衡州，並以其弟為刺史在鄉奉養老母，這是對侯安都功勞的特別恩賞。然而不久侯安都被文帝所誅，可能東衡州隨之撤銷。《陳書・宣帝紀》太建十三年（581）四月乙巳條載：「分衡州始興郡為東衡州，衡州為西衡州。」〔註9〕這是東衡州的再一次設立。《元和郡縣圖志・嶺南道一》韶州條：「隋開皇九年（589）平陳，改東衡州為韶州，取州北韶石為名。十一年廢入廣州……隋末陷賊，武德四年（621）平蕭銑，重於此置番州。貞觀元年（627）改為韶州，復舊名也。」〔註10〕總之，唐以前東衡州曾三設三廢：梁元帝一設，陳文帝二設，陳宣帝三設，隋平陳後又廢，唐復置。

2. 康州

晉晉康郡。《通典・州郡十四》晉康郡條載：「晉分置晉康郡，宋齊以下因之。隋平陳，廢晉康，併入信安郡。大唐復為康州，或為晉康郡。」〔註11〕

3. 新州

晉新寧郡，梁新州。《通典・州郡十四》新州條：「晉分置新寧郡，宋齊因之。梁置新州。隋屬信安郡。大唐亦為新州，或為新興郡。」〔註12〕

4. 春州

梁陽春郡。《隋志》高涼郡陽春縣條載：「梁置陽春郡。平陳，郡廢。」〔註13〕《舊志》春州條：「隋高涼郡之陽春縣」。〔註14〕據此，梁陽春郡至隋廢為陽春縣，唐於此復置春州。

5. 辯州

梁羅州。《通典・州郡十四》羅州條載：「梁陳置羅州及高興郡。隋平陳，郡廢，羅州如故；煬帝初廢州，並其地入高涼郡。大唐復為羅州。」〔註15〕

---

〔註8〕《陳書》卷8，第146頁。
〔註9〕《陳書》卷5，第98頁。
〔註10〕李吉甫撰，賀次君點校：《元和郡縣圖志》卷34，第900～901頁。
〔註11〕《通典》卷184，第4919頁。
〔註12〕《通典》卷184，第4922頁。
〔註13〕《隋書》卷31，第882頁。
〔註14〕《舊唐書》卷41，第1721頁。
〔註15〕《通典》卷184，第4939～4940頁。

另外，據《舊志》辯州條：「隋高涼郡之石龍縣。武德五年（622），置羅州，移治石城。於舊所置南石州，……貞觀九年，改南石州為辯州。」〔註16〕可知羅州設置不久，就移治他所，原羅州石龍縣改置南石州，後來又改稱辯州。

### 6. 恩州

齊齊安郡。廣州齊安郡，《南齊書・州郡志》不載。《輿地廣記・廣南東路》南恩州條：「齊立齊安郡。」〔註17〕《隋志》高涼郡海安縣條：「舊曰齊安，置齊安郡。平陳，郡廢。開皇十八年改縣名焉。」〔註18〕《舊志》恩州恩平縣條：「州所治……隋置海安縣。」〔註19〕

### 7. 邕州

晉晉興郡。《元和郡縣圖志・嶺南道五》邕州條：「晉於此置晉興郡。隋開皇十四年廢晉興郡為晉興縣，屬簡州，大業三年州廢，以縣屬鬱林郡。武德四年，於此置南晉州，貞觀六年改為邕州，因州西南邕溪水為名。」〔註20〕

### 8. 賓州

梁領方郡。《隋志》鬱林郡領方縣條：「梁置領方郡，平陳，郡廢。」〔註21〕《隋志》鬱林郡安成縣條：「梁置安成郡。平陳，郡廢」。〔註22〕《舊志》賓州條載「隋鬱林郡之嶺方縣」；本條又載賓州領縣三，嶺方縣即梁置領方郡之地；保城縣「梁置安城縣。至德二年，改為保城也」，而琅邪縣是從嶺方縣析置的；且天寶中賓州改郡，即名為「安城郡」，「至德二年九月，改為嶺方郡」。〔註23〕據此可知唐代的賓州是復設梁領方郡，又合併了安成郡之地。梁代這兩郡至隋代全部廢郡存縣，至唐又並兩縣之地設賓州，並從嶺方縣中析置琅邪縣，實際地理範圍沒有擴大。天寶元年（742）改州為郡，沿用梁代舊稱，取安城郡為名。但至德二載（757），出於對安祿山的厭惡，全國帶「安」字的地名普遍改名，如安城縣改保城縣。而安城郡則改從嶺方郡之名。

---

〔註16〕《舊唐書》卷41，第1744頁。
〔註17〕歐陽忞：《輿地廣記》卷35，北京：中華書局，1985年，第363頁。
〔註18〕《隋書》卷31，第882頁。
〔註19〕《舊唐書》卷41，第1721頁。
〔註20〕李吉甫撰，賀次君點校：《元和郡縣圖志》卷38，第945頁。
〔註21〕《隋書》卷31，第884頁。
〔註22〕《隋書》卷31，第884頁。
〔註23〕《舊唐書》卷41，第1732～1733頁。

### 9. 橫州

吳寧浦郡。《通典·州郡十四》橫州條:「吳置寧浦郡,晉因之、宋齊不改。梁又分置簡陽郡。隋平陳,二郡並廢,置簡州,後又改為緣州;煬帝廢州,屬鬱林郡。大唐割為橫州,或為寧浦郡。」〔註24〕這條史料記載橫州的沿革,《舊志》橫州條與此基本相同,但置於「寧浦縣」之下,不妥。〔註25〕可能是因為寧浦是橫州治所,因此致誤。另據《元和郡縣圖志·嶺南道五》,橫州樂山縣「陳於此置樂陽郡」、嶺山縣「梁於此置嶺山郡」,〔註26〕則唐代橫州治所與梁陳時寧浦郡相同,而州域相當於梁陳寧浦、簡陽、樂陽、嶺山四郡之地。

### 10. 潯州

梁桂平郡。《隋志》鬱林郡桂平縣條:「梁置桂平郡。平陳,郡廢。」〔註27〕《舊志》潯州條:「隋鬱林郡之桂平縣。」〔註28〕

### 11. 梧州

漢蒼梧郡。需要說明的是,隋代也設有蒼梧郡,但並非唐梧州所襲。《舊志》梧州條稱「隋蒼梧郡」是錯誤的。〔註29〕考證如下:

《隋志》蒼梧郡條:「梁置成州,開皇(581~600)初改稱封州。」本條首縣封川縣:「梁曰梁信。置梁信郡,平陳,郡廢。十八年改為封川。」〔註30〕本條蒼梧縣又稱:「舊置蒼梧郡。平陳,郡廢。」〔註31〕可知封川縣是梁代成州、梁信郡的治所,也是隋封州蒼梧郡的治所。蒼梧縣只是隋蒼梧郡中的一個普通屬縣而已。《通典》封州條:「今理封川縣。晉以前土地與晉康郡同。梁置梁信郡,兼置成州。隋平陳,廢梁信郡,改成州為封州;煬帝初,州廢為封川縣,屬蒼梧郡。大唐復置封州,或為臨封郡。」〔註32〕由此可知唐封州依舊治封川,是直接承襲隋封州蒼梧郡。

---

〔註24〕《通典》卷184,第4937頁。

〔註25〕《舊唐書》卷41,第1739頁。

〔註26〕李吉甫撰,賀次君點校:《元和郡縣圖志》卷38,第951~952頁。

〔註27〕《隋書》卷31,第884頁。

〔註28〕《舊唐書》卷41,第1730頁。

〔註29〕《舊唐書》卷41,第1728頁。

〔註30〕《隋書》卷31,第883頁。

〔註31〕《隋書》卷31,第883頁。

〔註32〕《通典》卷184,第4920頁。

《通典・州郡十四》梧州條：「秦屬桂林郡。兩漢為蒼梧郡，兼置交州，領郡七，理於此。晉以後並因之。梁屬成州。」〔註33〕《舊志》梧州蒼梧縣：「漢蒼梧郡，治廣信縣，即今治。」〔註34〕可知自漢以來，廣信縣即為蒼梧郡治所，梁代設立成州，治梁信郡，蒼梧郡一併歸屬成州管轄。隋代改成州為封州，治所依然是封川縣，兩個郡級政區（梁所置梁信郡、漢所置蒼梧郡）被撤銷。隋煬帝把封州改為蒼梧郡，只不過是借用前朝舊名，實際上此蒼梧郡與前代蒼梧郡既沒有承襲關係，治所也不同。唐梧州治蒼梧縣（漢廣信縣），是對自漢至陳長期延續之蒼梧郡的復置，與隋蒼梧郡沒有繼承關係。

## 12. 賀州

吳臨賀郡。《通典・州郡十四》賀州條：「吳分置臨賀郡，晉因之。宋文帝改為臨慶國。齊復為臨賀郡，陳因之。隋平陳；置賀州；煬帝初，廢為縣，屬始安、熙平二郡。大唐復置賀州，或為臨賀郡。」〔註35〕

## 13. 柳州

梁龍州。梁代置龍州，統馬平郡，郡治馬平縣，並統龍城縣。《中國行政通史・隋代卷》桂州龍城縣、馬平縣條，對此做了詳細考證，此不贅述。〔註36〕《新志》柳州條：「武德四年以始安郡之馬平置。」〔註37〕貞觀七年後龍城縣也屬柳州管轄，可知唐於梁代舊龍州地復置柳州。

## 14. 富州

梁靜州。《舊志》富州條載其領縣三：龍平、思勤、馬江，並敘富州沿革：「隋始安郡之龍平縣。武德四年，平蕭銑，置靜州，領龍平、博勞、歸化、安樂、開江、豪靜、蒼梧七縣。尋又分蒼梧、豪靜、開江三縣置梧州。九年，省安樂縣，貞觀八年，改為富州，以富川水為名。」〔註38〕《新志》富州條領縣與《舊志》同，龍平縣條稱：「武德四年析置博勞、歸化、安樂、開江四縣，尋以蒼梧、豪靜、開江隸梧州，九年省安樂、歸化、博勞。」〔註39〕馬

---

〔註33〕《通典》卷184，第4927頁。
〔註34〕《舊唐書》卷41，第1728頁。
〔註35〕《通典》卷184，第4917頁。
〔註36〕施和金：《中國行政區劃通史・隋代卷》，第483～484頁。
〔註37〕《新唐書》卷33上，第1107頁。
〔註38〕《舊唐書》卷41，第1727頁。
〔註39〕《新唐書》卷43上，第1107頁。

江縣條稱:「本開江,後隸梧州,又復隸柳州。長慶三年更名。」〔註40〕按:此處「柳州」是「富州」之訛,《新志》梧州條可證。據此,唐代富州長期領有龍平、開江、思勤三縣,思勤為唐天寶中新置,而龍平縣、開江縣則承自前代。

　　先看龍平縣:《隋志》始安郡龍平縣條:「梁置靜州,梁壽、靜慰二郡。平陳,並廢,又置歸化縣。大業初州廢,又廢歸化、安樂、博勞三縣入焉。」〔註41〕可知梁代在該地區設靜州,轄有梁壽、靜慰二郡,入隋後州郡俱廢,其地僅設龍平一縣,至唐復置靜州,後改名富州。

　　再看開江縣:《通典·州郡十四》富州條載:「梁為開江、武成二郡地。陳置靜州,改開江、武成二郡為逍遙郡。隋平陳,並廢為縣,屬始安郡。」〔註42〕《通典》認為,富州對應梁代的開江、武成二郡。據《中國行政區劃通史·三國兩晉南朝卷》,梁、陳開江郡有開江縣,武成郡有豪靜縣。〔註43〕據前引《舊志》《新志》可知,在靜州(也就是後來的富州)設置之初,確實曾管轄過開江、靜豪二縣,但它們不久即改屬梧州,而開江縣後來又復隸富州。所以,在唐代絕大多數時間內,從治所的承襲上看,富州是復置了梁之靜州,這也正是該政區本名靜州的原因;從轄區上看,唐富州相當於梁壽、靜慰、開江三郡。《通典》認為富州在梁代「為開江、武成二郡地」,是不準確的。

## 15. 融州

　　齊齊熙郡,梁東寧州。《元和郡縣圖志·嶺南道四》融州條:「蕭齊於此置齊熙郡,梁大同(535～545)中又於郡理置東寧州。隋開皇十八年改為融州,廢齊熙郡為義熙縣。大業二年州廢。武德四年平蕭銑,於義熙縣復置融州,因州界內融山為名。」〔註44〕

## 16. 牢州

　　齊定川郡。《通典·州郡十四》牢州條:「今理南流縣……宋分置南流郡。

〔註40〕《新唐書》卷43上,第1107頁。
〔註41〕《隋書》卷31,第883頁。
〔註42〕《通典》卷184,第4927頁。
〔註43〕胡阿祥、孔祥軍、徐成:《中國行政區劃通史·三國兩晉南朝卷》,第1485頁。
〔註44〕李吉甫撰,賀次君點校:《元和郡縣圖志》卷37,第928頁。

齊梁曰定川郡。」〔註45〕

### 17. 鬱林州

陳石南郡。《舊志》鬱林州條:「石南,州所治。……陳時置石南郡,隋改為縣也。」〔註46〕

### 18. 陸州

梁黃州。《通典‧州郡十四》陸州條:「梁分置黃州及寧海郡。隋平陳,郡廢,改黃州為玉州;煬帝初州廢,並其地入寧越郡。大唐復置玉州,上元二年(675)改為陸州,或為玉山郡。」〔註47〕

### 19. 峰州

吳新興郡,梁興州。《通典‧州郡十四》峰州條:「吳分置新興郡。晉改為新昌郡,宋齊因之。陳兼置興州。隋平陳,郡廢,改為峰州;煬帝初,州廢,併入交趾郡。大唐復置峰州,或為承化郡。」〔註48〕《隋志》交趾郡嘉寧縣條:「舊置興州、新興郡。」〔註49〕據此,似梁已設興州。據《讀史方輿紀要‧廣西七》太原府峰州城條載:「梁兼置興州。」〔註50〕從之。

### 20. 岡州

晉新會郡。《通典‧州郡十四》岡州條:「東晉末,分置新會郡,宋齊梁陳並因之。隋平陳,郡廢,置封州,後又改為允州,後又改為岡州。煬帝初,州廢,併入南海郡。大唐復置岡州,或為義寧郡。」〔註51〕

### 21. 象州

吳桂林郡。《通典‧州郡十四》象州條:「吳又分置桂林郡,晉、宋齊皆因之。隋平陳,置象州,因象山為名。煬帝廢入始安郡。大唐復置象州,或為象郡。」〔註52〕

### 22. 義州

梁永業郡。《隋志》永熙郡永業縣條:「梁置永業郡,尋改為縣,後省。開

〔註45〕《通典》卷184,第4943頁。
〔註46〕《舊唐書》卷41,第1731頁。
〔註47〕《通典》卷184,第4951頁。
〔註48〕《通典》卷184,第4950頁。
〔註49〕《隋書》卷31,第885頁。
〔註50〕顧祖禹撰,賀次君、施和金點校:《讀史方輿紀要》卷120,第5006頁。
〔註51〕《通典》卷184,第4915頁。
〔註52〕《通典》卷184,第4933頁。

皇十六年（596）又置。」〔註53〕據此，梁代設郡不久即廢，僅存一縣，陳代應無永業郡。《舊志》義州條：「隋永熙郡之永業縣。」〔註54〕《新志》記載相同。但義州治所在岑溪縣，諸書記載相同，考慮到義州屢經廢置，可能是在此過程中治所發生了變化。

23. 竇州

梁梁德郡。《隋志》永熙郡懷德縣條：「舊曰梁德，置梁德郡。平陳，郡廢。十八年改名懷德。」〔註55〕《新志》竇州條：「武德四年（621）以永熙郡之懷德置。以獠叛，僑治瀧州，後徙治信義。」〔註56〕據此可知竇州原本治懷德縣，是復置梁代的梁德郡，後因獠亂改治信義縣。前述義州的情況可能與此類似。

24. 山州

陳抱郡。《隋志》合浦郡抱成縣條：「舊曰抱，並置郡。」〔註57〕《政區》山州條認為山州治所龍池縣即南朝抱成縣，〔註58〕則山州為復置南朝抱郡。

25. 容州

齊北流郡。唐代容州本治北流縣，後移治普寧。《南齊書・州郡志上》越州條：「北流郡，永明六年（488）立，無屬縣。」〔註59〕《元和郡縣圖志・闕卷逸文》容州條稱南齊時又「廢北流郡置北流縣」〔註60〕則蕭齊一度設北流郡，無屬縣，此後又將其改為北流縣；唐代始於此復置容州。容州是唐代復置州中少數不由隋代撤廢的政區。

26. 雷州

梁南合州。《新志》雷州條載：「本南合州徐聞郡，武德四年（621）以合浦郡之海康、隋康、鐵杷置。」〔註61〕《隋志》合浦郡海康縣條：「梁大通（527～528）中……分立合州。大同（535～545）末，以合肥為合州，此置南合州。

---

〔註53〕《隋書》卷31，第883頁。
〔註54〕《舊唐書》卷41，第1727頁。
〔註55〕《隋書》卷31，第883頁。
〔註56〕《新唐書》卷43上，第1110頁。
〔註57〕《隋書》卷31，第885頁。
〔註58〕郭聲波：《中國行政區劃通史・唐代卷》，第719～720頁。
〔註59〕《南齊書》卷14，第268頁。
〔註60〕李吉甫撰，賀次君點校：《元和郡縣圖志・闕卷逸文》卷3，第1092頁。
〔註61〕《新唐書》卷43上，第1100頁。

平陳，以此為合州，置海康縣。大業（605～618）初州廢，又廢摸落、羅阿、雷川三縣入。」〔註62〕據此，梁置南合州，隋平陳後改為合州，治海康縣。煬帝廢州存縣。唐以海康縣復置雷州。

## 三、二十九創置州

### 1. 白州

隋末蕭銑在嶺南也設置州郡，其中前代所無而又被唐代繼承的為南州，本文也作創置州處理。《政區》白州條認為「武德元年（618），蕭梁割合州南昌、定川、北流三縣置南州」。〔註63〕

### 2. 勤州

《舊志》勤州條：「隋信安郡之高梁縣地。武德四年，置勤州。」〔註64〕

### 3. 潘州

潘州在唐代曾兩次設置，前後位置不同，其實不是同一州。這裡所列的是後潘州，潘州的廢置、遷徙經過，詳見張偉然《唐代嶺南潘州的遷徙與牢禺二州的由來》。〔註65〕

### 4. 瓊州

《舊志》瓊州條：「本隋珠崖郡之瓊山縣。貞觀五年（631），置瓊州。」〔註66〕

### 5. 萬安州

《新志》萬安州條：「龍朔二年（662）以崖州之萬安置。」〔註67〕

### 6. 禺州

《新志》禺州條：「乾封三年（668），將軍王杲奏析白、辯、竇、容四州置，總章二年更名。」〔註68〕並參見張偉然《唐代嶺南潘州的遷徙與牢禺二州的由來》。

---

〔註62〕《隋書》卷31，第884～885頁。
〔註63〕郭聲波：《中國行政區劃通史・唐代卷》，第649頁。
〔註64〕《舊唐書》卷41，第1724特。
〔註65〕張偉然：《唐代嶺南潘州的遷徙與牢禺二州的由來》，《嶺南文史》1996年第3期。
〔註66〕《舊唐書》卷41，第1763頁。
〔註67〕《新唐書》卷43上，第1101頁。
〔註68〕《新唐書》卷43上，第1111頁。

## 7. 岩州

《新志》岩州條：「調露二年（680）析橫、貴二州置。」〔註69〕

## 8. 繡州

《新志》繡州條：「武德四年（621）以鬱林郡之阿林縣及鬱平縣地置。」〔註70〕

## 9. 武安州

武安州，史籍不載其來源，據《政區》考證，上元二年（675）割交州武安、臨江二縣置龐州，後改武曲郡、武安州。〔註71〕

## 10. 羅州

《舊志》羅州條：「武德五年，於（石龍）縣置羅州，領……十一縣。六年，移羅州於石城縣，於舊所置南石州。」〔註72〕羅州原來治石龍縣，後來這裡改設南石州，又改辯州。在石城縣另設羅州。前後位置不同，其實不是同一州。因此《政區》把石城縣的羅州稱「後羅州」。〔註73〕這種經歷與潘州相似，所不同的是，後羅州是分割前羅州的一部分屬縣設立的。因此，本文把辯州（前羅州）列為復置州，而羅州（後羅州）列為創置州。

## 11. 昭州

《舊志》昭州條：「武德四年，平蕭銑，置樂州……（貞觀）八年（634），改為昭州。」〔註74〕

## 12. 蒙州

《舊志》蒙州條：「武德四年，置南恭州……貞觀八年，改為蒙州。」〔註75〕

## 13. 龔州

《舊志》龔州條：「隋永平郡之武林縣。」〔註76〕武林縣在唐以前未曾置州、郡級政區，龔州為唐創置。

---

〔註69〕《新唐書》卷43上，第1104頁。
〔註70〕《新唐書》卷43上，第1110頁。
〔註71〕郭聲波：《中國行政區劃通史·唐代卷》，第674頁。
〔註72〕《舊唐書》卷41，第1741頁。
〔註73〕郭聲波：《中國行政區劃通史·唐代卷》，第720頁。
〔註74〕《舊唐書》卷41，第1727頁。
〔註75〕《舊唐書》卷41，第1729頁。
〔註76〕《舊唐書》卷41，第1729頁。

14. 黨州

《新志》黨州條：「永淳元年（682）開古黨洞置。」〔註77〕

15. 平琴州

《廣西通志》直隸鬱林州容山縣條：「唐置。永淳元年析置平琴州，治焉。」〔註78〕

16. 長州

《新志》長州條：「唐置」。〔註79〕

17. 福祿州

《舊志》福祿州條：「龍朔三年（663），智州刺史謝法成招慰生獠昆明、北樓等七千餘落。總章二年（669），置福祿州以除之。」〔註80〕按謝氏為黔中大姓，而昆明也是黔中蠻族，不應在嶺南活動。這條記載有誤。據《政區》福祿州條考證，其州本為隋代征服林邑後所設的比景郡，林邑復國後寄治日南，有名無地。貞觀二年（628）析置三縣，始有實地。此後又屢經更名，並一度降為羈縻州，至神龍元年（705）改稱福祿州。〔註81〕因此福祿州名為沿襲隋代比景郡，實際上是創置州。

18. 武峨州

《新志》武峨州條稱其為：「唐置」。〔註82〕據《政區》武峨州條考證，原為羈縻州，開元二十六年（738）升級為正州。〔註83〕

19. 湯州

據《政區》湯州條考證，湯州為上元二年（675）開交州蠻獠地所置。〔註84〕

20. 澄州

《元和郡縣圖志‧嶺南道五》澄州上林縣條：「本漢領方縣地，武德四年

---

〔註77〕《新唐書》卷43上，第1110頁。
〔註78〕雍正《廣西通志》卷45，第135頁。
〔註79〕《新唐書》卷43上，第1114頁。
〔註80〕《新唐書》卷43上，第1114頁。
〔註81〕郭聲波：《中國行政區劃通史‧唐代卷》，第690頁。
〔註82〕《新唐書》卷43上，第1115頁。
〔註83〕郭聲波：《中國行政區劃通史‧唐代卷》，第696～698頁。
〔註84〕郭聲波：《中國行政區劃通史‧唐代卷》，第698頁。

（621）分置上林縣，在上林洞口，因以為名。」〔註85〕既稱「洞口」，當時招撫當地蠻族而置。

### 21. 嚴州

《舊志》嚴州條：「秦桂林郡地，後為獠所據。乾封元年（666），招致生獠，置嚴州及三縣。」〔註86〕

### 22. 淳州

據《政區》淳州條考證，淳州三縣都是析置的新縣，〔註87〕因此本文將淳州列為創置州。

### 23. 瀼州

《新志》瀼州條：「貞觀十二年（638），清平公李弘節開夷獠置。」〔註88〕

### 24. 籠州

《新志》籠州條：「貞觀十二年，李弘節招慰生獠置。」〔註89〕

### 25. 田州

《新志》田州條：「開元中開蠻洞置。」〔註90〕

### 26. 芝州

《新志》芝州條稱其為：「唐置。」〔註91〕《政區》芝州條考證，其為羈縻紆州析置新縣所置。〔註92〕

### 27. 宜州

《太平寰宇記·嶺南道十二》宜州條：「招降所置。」〔註93〕

### 28. 環州

《新志》環州條：「貞觀十二年（638），李弘節開拓生蠻置。」〔註94〕

〔註85〕李吉甫撰，賀次君點校：《元和郡縣圖志》卷38，第950頁。
〔註86〕《舊唐書》卷41，第1740頁。
〔註87〕郭聲波：《中國行政區劃通史·唐代卷》，第715～717頁。
〔註88〕《新唐書》卷43上，第1105頁。
〔註89〕《新唐書》卷43上，第1105頁。
〔註90〕《新唐書》卷43上，第1105頁。
〔註91〕《新唐書》卷43上，第1115頁。
〔註92〕郭聲波：《中國行政區劃通史·唐代卷》，第752～754頁。
〔註93〕樂史撰，王文楚等點校：《太平寰宇記》卷168，第3214頁。
〔註94〕《新唐書》卷43上，第1105頁。

## 29. 古州

《新志》古州條：「貞觀十二年，李弘節開夷獠置。」〔註95〕《政區》羈縻古州條考證，認為古州原為羈縻州，貞觀十七年升級為正州。〔註96〕

〔註95〕《新唐書》卷43上，第1105頁。
〔註96〕郭聲波：《中國行政區劃通史‧唐代卷》，第1218頁。

# 後　記

　　本書是以我的博士學位論文為基礎修改而成的。在此，我想向那些對我的博士論文給予過關心和幫助的人們表達感謝。

　　首先，我想感謝我的母親。在我忙於閱讀文獻、撰寫論文的時候，我的很多同齡人都已經工作、結婚、生子。她沒有催促我工作或結婚，還對我讀博給予了堅定的支持。在 2016 年（當時正值考博）以及 2019 年，家中都發生了變故；除此之外，讀博四年裏家中大大小小的事情也是層出不窮。很多家務事說起來毫不起眼，真正置身其間就會深感艱難。為了讓我安心讀書，母親付出了巨大的犧牲與努力來應對這些剪不斷、理還亂的家事。沒有母親為我做的一切，我是不可能順利完成四年學業、并寫出這篇文章的。

　　其次，我要感謝我的導師牟發松老師。本文從選題到開題再到論文的撰寫，都得到了老師的關心和幫助。在本文寫作期間，只要遇到與我論文有關的材料或文章，他都會主動提供給我。在修改論文時，從文章結構、內容、表述，到標點乃至引文頁碼等細節，凡有不妥之處，牟老師都作了批註。本文完成之後，也是經牟老師主動向出版社推薦，這才有機會出版。

　　感謝華東師範大學歷史系古代史教研室的諸位老師。黃純豔老師對我論文習作的投稿給予了很大支持。劉嘯老師在學習和生活中給了我很多指點和照顧。章義和老師、陳江老師、孫競昊老師、李磊老師、黃愛梅老師、包詩卿老師、王進鋒老師、黃阿明老師，都曾在課堂上或是開題、考核等場合給予我指導。此外，還要感謝參加我博士論文答辯的兩位外校專家——嚴耀中老師、湯勤福老師，他們對我的論文也提出了寶貴的意見。

　　感謝我的碩士導師張金銑老師，以及考博時為我寫推薦信的盛險峰老師。

沒有他們的指導和推薦，我連讀博的機會都不會有，更不用說完成學業、撰寫論文了。

感謝我的歷史啟蒙老師——柯曉莉老師，以及在基礎教育階段幫助過我的諸位良師。柯老師是我的初中班主任兼政治、歷史老師。我之所以能夠走上歷史工作的道路，與柯老師的教育和影響是分不開的。正所謂飲水思源，當我反思這篇論文之所以能夠產生時，不應忘記曾經默默奉獻的園丁。由於他們人數眾多，這裡只得一併致謝。

感謝我的同門：王玉來、周鼎、汪海、任立鵬、李金陽等諸位師兄，以及趙滿、武雨佳等諸位師弟師妹。我既無高超的學術水平，又缺乏待人接物的經驗。讀博期間，無論是在學習還是生活中，我都得到了他們的無私幫助。如本文第五章第一節提到正史中「楊湛清」作「楊清」係避唐敬宗李湛諱，是由任教於揚州大學的周鼎師兄提示；文中部分文獻是由趙滿師弟、武雨佳師妹幫助核對的。

感謝我的朋友程蘇慧，本文的英文標題、摘要、關鍵詞均是由她協助完成的。這對英語一向不好的我來說是幫了大忙。儘管這一部分內容沒有在書稿中出現，但我不會忘記這份功勞。

感謝華東師範大學，這是一所具有浪漫氣質和人性化管理方式的學府。讀博是艱苦的，但讀博的生活是愉快的。本後記修訂之時，正值一年一度的畢業季。每當看到朋友圈裏曬出的有關畢業的各種信息和照片，我總會回想起自己的華師歲月和畢業光景。感謝華東師大，感謝在這裡結識的朋友們，特別是我的同學兼球友徐笑運。在博士生普遍承受巨大精神壓力的今天，能夠和志趣相投的朋友一同在美麗的校園裏度過愉快的四年，我感到非常幸運。

我所經歷的是一個特殊的畢業季。2020 年春天，中國爆發了新型冠狀病毒疫情。當時，全國高校學生均困於家中，無法正常返校，而畢業生所受衝擊尤為嚴重，我的博士論文答辯更是採取了前所未有的網絡聯線形式。這是一段令我難忘的艱難經歷：防範疫情的緊張感，受疫情影響而造成的生活上的困難，修改論文的壓力，就業求職的壓力同時襲來。在此期間，牟老師以電話、郵件方式與我聯繫並進行指導，各位同門通過微信積極向我提供就業信息，幫我核對文獻。正因為有他們的幫助，我才得以在這樣艱難的環境中按時完成論文修改和答辯。再次向他們表示感謝！

最後，我要特別感謝本書的出版方——花木蘭文化事業有限公司，以及

公司有關工作人員。經牟老師推薦後，花木蘭文化事業有限公司同意簽約出版我的論文，並承楊嘉樂先生與我聯繫，協助相關事宜。在畢業不久就能得到出版方的認可，並獲得這樣的機會，令我受寵若驚。

　　我自知學力膚淺，這本不成熟的習作一定還存在諸多不足，我懷著戰戰兢兢的心情，隨時準備接受讀者的批評指正。

董文陽

2021 年 7 月 20 日